Gottfried Keller im Briefwechsel mit Paul Heyse

«Du hast alles, was mir fehlt...»

Gottfried Keller im Briefwechsel mit Paul Heyse

Herausgegeben und erläutert von Fridolin Stähli

Th. Gut & Co. Verlag

Dank gebührt

der Cassinelli-Vogel-Stiftung,
der Ernst Göhner-Stiftung,
der Ulrico Hoepli-Stiftung,
der Gottfried Keller-Gesellschaft,
dem Migros-Genossenschafts-Bund,
der Präsidialabteilung der Stadt Zürich,
der Pro Helvetia,
und der Dr. Adolf Streuli-Stiftung,

welche die Herausgabe des vorliegenden Bandes
mit grosszügigen Beiträgen unterstützt haben.

Buchgestaltung: Günter Weik
Druck: Zürichsee Druckerei Stäfa

ISBN 3-85717-062-X

Einleitung

Dichter in der Fremde

Gottfried Keller arbeitete seit Mitte April 1850 als Stipendiat der Zürcher Regierung an der Mohrenstraße Nr. 6 in Berlin an seinem Roman «Der grüne Heinrich». Der erste Band lag im Herbst 1851 gedruckt vor, der zweite folgte nach mehrmaligen Arbeitsstockungen erst anderthalb Jahre später im Dezember 1852. Der Roman – ein typischer Erstling – ist ein «Produkt der Erfahrung», wie Keller einmal seinem Verleger schreibt, und wurde unter Schmerzen und in Not zustande gebracht. Dem Abschluß des zweiten Bandes folgt zum ersten Mal ein hehres Lob des Verlegers Vieweg aus Braunschweig im Januar 1853: «...ich möchte keinen Roman gleichen Genres dem Ihrigen an die Seite stellen.» Noch einmal wird es Jahre dauern, der Verleger drängen, der Autor saumselig sein, bis der Roman zum Abschluß kommt – die letzten Seiten werden «buchstäblich unter Tränen geschmiert» (an Hettner, 9. Mai 1855); doch Keller schafft den Durchbruch, wird in Berlin, in der Fremde, ein Dichter.

Nach seinen Studien der romanischen Philologie und Literatur in Bonn und Berlin erhielt Paul Heyse – empfohlen von der Berliner Akademie – 1852 ein Stipendium des preußischen Kulturministeriums zur Erforschung provenzalischer Handschriften in italienischen Bibliotheken. Heyse sollte wie sein Vater eine universitäre Karriere einschlagen, das Studienjahr in Italien als Vorbereitung für seine Habilitationsschrift dienen. In Rom findet er durch Vermittlung Jacob Burckhardts, den er in Berlin kennengelernt und später, 1849, in Basel besucht hatte, rasch Kontakt zu zahlreichen bildenden Künstlern, Gelehrten und Dichtern: zu Arnold Böcklin, Franz Dreber, Johann Friedrich Overbeck, Ferdinand Gregorovius, um nur die bedeutendsten zu nennen. Mit seiner «offiziellen Arbeit», wie sie Heyse in seinen späteren «Jugenderinnerungen und Bekenntnissen» (1900) erwähnt, beginnt er am 12. November. Im Arbeitssaal der Bibliothek des Papstes, der Vaticana, forscht er nach ungedruckten romanischen Handschriften. Laut Bibliotheksordnung war es allerdings verboten, irgendwelche Abschriften zu machen. Heyse interessiert sich aber gerade für die noch nicht zugänglich gemachten Texte und versucht es trotzdem. Er wird dabei ertappt und am 8. Januar 1853 aus der Bibliothek Seiner Heiligkeit ausgewiesen. Das Arbeitsverbot machte ihm weitere Forschungen unmöglich, zumal andere Bibliotheken, wie die von Heyse erwähnte Barberiniana, wenig Ausbeute boten. Auch diplomatische Vermittlungsversuche konnten das Verdikt nicht umstoßen, ebensowenig die Verwendung des Königs von Bayern und die Bemühungen des preußischen Gesandten in Rom. Jetzt stand plötzlich ein anderes, freieres und fröhlicheres Leben offen, und Heyse genoß – wie er später festhielt – «alles Herrliche, was ein römischer Winter nur bieten konnte». Im Frühling reiste Heyse mit seinem Reisegefährten und Studienfreund Otto Ribbeck, der später angesehener Professor für klassische Philologie in Leipzig wurde, nach Süden weiter. Die Stationen: Neapel, Sorrent, Capri. Dort schrieb Heyse in tiefer Einsamkeit seine erste Novelle «L'Arrabbiata», zu der er «ausgiebige Studien nach dem lebenden Modell gemacht hatte» («Jugenderinnerungen und Bekenntnisse») und die lange Zeit als eine der vollkommensten deutschen Erzählungen galt: «eine außerordentliche Perle» (Theodor Storm).

Heyses Italienaufenthalt war in wissenschaftlicher Hinsicht wenig ergiebig, für den Schriftsteller und Menschen jedoch bedeutungsvoll. (1856 erscheinen bei Hertz, Berlin, und gleichzeitig bei Klincksieck, Paris, von Paul Heyse «Romanische Inedita aus italienischen Bibliotheken gesammelt», insgesamt zwölf bis anhin ungedruckte Schriften.) Aus der Vaticana, einem Zentrum der Wissenschaft, wurde der Professorensohn verstoßen, die Sorrentiner Zaubergärten empfingen hingegen den dilettierenden Musensohn und nährten in ihm den schöngeistigen Poeten, als welchen ihn die Zeitgenossen für die nächsten Jahrzehnte bewundern und bejubeln sollten.

Gottfried Keller und Paul Heyse: gedichtet haben sie beide schon in frühester Jugend. Kellers erster Gedichtband (1846) entsteht im Zusammenhang mit dem Werden des jungen Bundesstaates; ähnliches gilt für Heyse. Als Achtzehnjähriger schreibt er feurige Gedichte, parteinehmend für das Gedankengut der März-Revolution von 1848, als Neunzehnjähriger debütiert er im berühmten Berliner Schriftstellerkreis «Tunnel über der Spree» unter dem Pseudonym «Hölty», als Zwanzigjähriger publiziert er sein erstes Drama, dann wieder Verse. Beide Gattungen sollten aber nicht die Stärken des jungen Talentes sein. Auch Keller war kein großer Lyriker, und seine Dramenpläne scheiterten. Beide waren herausragende Epiker und schrieben ihre Meisterwerke – Novellen und Romane – in Prosa.

Fassen wir es formelhaft zusammen: Das Revolutionsjahr 1848 machte die beiden als junge Dichter in ihren Vaterstädten bekannt, Keller in Zürich, Heyse in Berlin; ihren literarischen Durchbruch erlebten sie aber in der Fremde im Winter 1852/53: Keller in Berlin, Heyse in Italien.

Professor oder Dichter?

Im Frühjahr 1854 erhielt Heyse überraschend eine Einladung von König Maximilian II. Dieser bot ihm an, nach München zu übersiedeln und dort mit einem Jahresgehalt von tausend Gulden zu leben; einzige Verpflichtung war die Teilnahme an den wöchentlich stattfindenden Symposien des Königs. Heyse nahm an und entschied sich damit für die Existenz des freien Schriftstellers. Diese Möglichkeit hatte er zwar schon nach dem Italienjahr in Erwägung gezogen, aus finanziellen Überlegungen aber verworfen. «Denn was ich an novellistischen, lyrischen und dramatischen Reisefrüchten neben meinen romanischen Fundstücken nach Hause mitbrachte, war nicht der Art, mich der Sorge um das tägliche Brod zu überheben. Zudem, auch wenn ich für mich allein verwegen genug gewesen wäre, mich auf gut Glück als ‹Schriftsteller› zu etablieren, ich hatte eine Braut, der ich es so wenig wie ihren Eltern zumuthen konnte, sich auf ein so leichtsinniges Abenteuer einzulassen» («Jugenderinnerungen und Bekenntnisse»). Der jetzige Entscheid *für den Dichter* war unter den neuen Voraussetzungen augenblicklich möglich, es war gleichzeitig eine Abkehr von der eingeschlagenen wissenschaftlichen Laufbahn, die Heyse ohne jeden Zweifel erfolgreich abgeschlossen hätte, ferner ein Abschied von seiner Heimatstadt Berlin.

Im selben Frühjahr 1854 ergeht auch an Gottfried Keller eine verlockende Anfrage: jedoch aus der Heimat und mit umgekehrter Botschaft. Keller wird am neugegründeten Polytechnikum eine Professur für Literatur- und Kunstgeschichte angeboten. Er lehnt ab und will «mit gutem Ansehen nach Hause kommen und als ein selbständiger Mann in jeder Hinsicht»: so formuliert schon im Dezember 1853 in einem Brief an seine Mutter. Das Dozieren konnte ihn nicht reizen, er verfolgte in Berlin hartnäckig seine dichterischen Pläne, und der Professor könnte den Dichter in ihm verdrängen. Erst mit der überraschenden, aber auch knappen Wahl zum Ersten Staatsschreiber des Kantons Zürich findet Keller neben seiner schwierigen Existenz als Dichter den in mancher Hinsicht wichtigen Brotberuf. Das Amt befreite ihn endlich von den jahrelangen quälenden pekuniären Verhältnissen und ermöglichte ihm, im Zürcher Staatswesen zu Würde und Ansehen zu gelangen.

Die Begegnung

Auf seiner dritten Schweizer Reise im Juli 1857 lernt Paul Heyse Gottfried Keller persönlich kennen. Heyse ist damals siebenundzwanzig Jahre alt, verheiratet und Vater von zwei Kindern, seit drei Jahren akkreditierter Hofdichter in München, Mäzen – er fördert die Künstler Bonaventura Genelli und Arnold Böcklin –, Gründer der Münchner Dichtergesellschaft «Krokodile», die die einheimischen Dichter mit den Berufenen am Hof zusammenführen sollte und anfänglich gegen den Willen des Doyens am Königshof, Emanuel Geibel, entstand, später aber unter seiner und Heyses maßgeblicher Führung bis 1883 Bestand hatte. Heyse hat zu dieser Zeit auch mit seiner ersten Novellensammlung (1855) und der «Braut von Cypern» (1856), einer Novelle in Versen, überschwenglichen Beifall geerntet. Ganz anders die Verhältnisse des um zehn Jahre älteren Keller in Zürich. Er lebt als Junggeselle und *freier,* d.h. oft unbesoldeter Schriftsteller bei seiner Mutter in Hottingen. Seine Anerkennung als Dichter ist nach dem erschienenen letzten Band des Romans «Der grüne Heinrich» (1855) und dem ersten Erzählband «Die Leute von Seldwyla» (1856) zweifellos gestiegen; doch bleiben die persönlichen Lebensumstände weiterhin unsicher, auch wenn Keller im Frühling 1856 seinem Freund aus der Heidelberger Zeit, Hermann Hettner, offenbaren kann: «Ich komme (...) wirklich seit vielen Jahren zum erstenmal wieder ganz zu mir selbst.»

Wichtig ist für Keller in dieser Phase der Umgang mit ortsansässigen Gelehrten und Künstlern. So pflegte er regen Kontakt mit Friedrich Theodor Vischer, Gottfried Semper und Richard Wagner, auch mit Jacob Burckhardt traf er zusammen, ferner mit seinen Landsleuten Wilhelm Baumgartner, Rudolf Koller, Karl Morel, Christian Heusser. Treffpunkt mit letzteren war öfter der «Muggenbühl», ein gerne besuchtes Gasthaus, leicht erhöht zwischen Sihl und See gelegen. Und eben an diesem Ort begegnen sich Keller und Heyse auf Vermittlung des gemeinsamen Bekannten Jacob Burckhardt am 4. Juli 1857. Folgende Anekdote hält der Keller Biograph Ermatinger fest: «Man hatte auf dem Muggenbühl gekneipt, und Burckhardt und Keller hatten Heyse nachts ins Schwert zurückbegleitet, wo er wohnte. Unter der Türe erklärte Heyse, er könne nicht anders, er müsse Keller einen Kuß geben. Es sei gewesen, erzählte Keller später, wie wenn ein Jüngferchen ihn geküßt» (E/B, S. 479).

Burckhardt seinerseits erwähnt Heyses Besuch in Zürich in einem Brief an Franz Kugler vom 5. August 1857: «Der Tag, welchen Paul mir hier schenkte, war überaus erfreulich; er hätte mir länger bleiben oder wiederkommen sollen. Gottfried Keller, der sonst schwer zu entflammen ist, spricht von ihm mit Begeisterung» (Jacob Burckhardt, Briefe, hrsg. v. M. Burckhardt, Basel 1955, Bd. III, S. 268 f.). Zwei Zitate aus Briefen Kellers an seine beiden Berliner Korrespondentinnen Lina Duncker und Ludmilla Assing am darauffolgenden Tag bestätigen das: «Paul Heyse war gestern auch einen Tag hier und ist ein allerliebstes Kerlchen. Wir waren sehr gemütlich.» Und: «Paul Heyse war vorgestern bei mir und sagte mir, daß die vom König von Bayern besoldeten Genies (er P. H. miteingeschlossen) alle auf ‹Die drei gerechten Kammmacher› schwören, und damit Punktum! Denn diesen Leuten glaube ich, da sie rühmen, was mir selbst am besten gefällt.» Im November desselben Jahres kommt Keller in einem Brief an Hettner noch einmal auf Heyses Zürcher Besuch vom 4. Juli zurück: «Paul Heyse wird in München das Berliner ‹Literaturblatt› (zum ‹Kunstblatt›) übernehmen. Dieses liebenswürdige Bürschchen war im Sommer bei mir und sagte mir, ich sei in München gut angeschrieben, insbesondere der große Geibel ließ mich grüßen.» Das mag Keller – bei aller Ironie der Formulierung – geschmeichelt haben, die Beziehung der beiden Dichter konstituierte sich aber im Moment gegenseitiger Sympathie und Bewunderung – Keller las schon in Berlin mit Begeisterung Werke des 24jährigen Heyse (vgl. an Hettner, 26. Juni 1854) – und machte sie später zu engagierten Gesprächspartnern.

Eine Vermutung: Heyses Gesprächshaltung mußte Keller herausgefordert haben. Wie glänzend Heyse als Gesprächspartner war, wenn man auf literarische Dinge zu sprechen kam, hat einmal Theodor Fontane treffend geschildert. Aus der Erinnerung berichtet er von einer Unterhaltung eines Sommernachmittags 1850 in Berlin, an der er mit mehreren Personen, darunter Heyse, teilnahm: «Das Gespräch... kam auf Hitzig und Chamisso, auf die gute alte Zeit der Musenalmanache, bald auf Schwab und Mörike, auf Freiligrath und Lenau. Parallelen wurden gezogen... So ging das Gespräch. Was ich später so oft zu beobachten Gelegenheit hatte, Heyse wurde sofort zum Mittelpunkt der Unterhaltung. Selbst Personen, die nur ungern auf ihr Rederecht Verzicht leisteten, ergaben sich ihm bald; auch der Eitelste empfand es als ein Vergnügen, ihn sprechen zu hören; man kam stillschweigend überein, ihn gewähren zu lassen. Er sagte oft starke Sachen, auch auf Gebieten wie Kirche und Politik, die über die Kunst, vielleicht auch über seine Kraft hinauslagen, aber kein Fall ist mir gegenwärtig, daß er durch Kühnheit seiner Redeweise jeweils Anstoß gegeben hätte. Er durfte alles sagen, Richtiges und Falsches. Sein rein auf die Sache gerichteter Eifer, dazu die Eleganz der Form, söhnten mit jedem Inhalt aus» («Aufsätze zur Literatur», München 1963, S. 95 f.). Aber auch auf Heyse hat dieser Zürcher Tag seine Wirkung gehabt. Es ist interessant, wie gerade Heyse in seinen ersten Briefen an Keller auch nach vielen Jahren immer wieder auf diese erste Begegnung Bezug nimmt (vgl. etwa Brief 7), obwohl sein Tagebuch von dieser Schweizer Reise lediglich die Reisestationen festhält.

Nöte der Annäherung

Trotz der gegenseitigen Betroffenheit, die die Begegnung gezeigt und ausgelöst hatte, kam es zunächst nicht zu einem Briefverkehr zwischen München und Zürich. Erst mehr als zwei Jahre später schreibt Keller an Heyse den ersten Brief. Heyse hatte ihm seine dritte Novellensammlung gewidmet – das hatte Keller veranlaßt zu schreiben. Auf diesen Brief antwortet Heyse nicht. Einen Grund zu suchen ist müßig; vielleicht hoffte Heyse auf eine baldige Begegnung mit Keller, von der ja dieser am Schluß des Briefes noch berichtet hat, vielleicht war Heyse aber auch zu diesem Zeitpunkt noch gar nicht interessiert an einem Briefkontakt mit Keller.

In den nächsten dreieinhalb Jahren wendet sich Keller dreimal an Heyse, ohne je einmal eine Antwort von ihm zu bekommen. Im Gegensatz zur offensichtlich geglückten mündlichen Kommunikation verläuft der Briefwechsel der beiden Literaten in der Anfangsphase sehr stockend. Im Verlaufe von elf Jahren werden in unregelmäßiger Folge zehn Briefe gewechselt. In den ersten vier Briefen sucht Keller das Gespräch mit Heyse. Er bewundert und verehrt ihn als den *großen Heyse,* fühlt sich ihm gegenüber als der Unterlegene, der «bis jetzt der Welt noch gar nichts Reelles genützt habe» (Keller an Assing, 5. Juli 1857). Im Reden über seine Person und sein Werk distanziert sich Keller häufig von sich selbst. Selbstannahme und Selbstverwerfung, Sich-zeigen-Wollen und Demütigung stehen im auffallenden Wechsel. Die Briefe nach der fünfjährigen Schweigepause (1864–69) enthalten Schuldgefühle und Gewissensbisse. Sie sind kühl und betont sachlich abgefaßt; die Anreden «lieber Freund» werden durch «verehrter Freund», «Verehrtester», «lieber Herr und Freund» ersetzt und signalisieren deutliche Distanz. Die ersten gewechselten Briefe der beiden Schriftsteller zeigen allerdings, daß es ihnen nicht etwa an Gesprächsstoff mangelte, sie wußten schlichtweg noch nicht, wie, in welcher Form sie kommunizieren sollten. Das anfängliche Scheitern der brieflichen Beziehung und die unerfüllten Bitten, die irgendwo zwischen München und Zürich in den ersten zehn Jahren hängengeblieben waren, belegen ferner auch, daß der Beziehungs- mit dem Inhaltsaspekt streng korrelativ verläuft. Die Nöte der Annäherung spiegeln wie oben angedeutet die jeweiligen Anrede- und Grußformeln wider. In einem Satz: Von einem innigen Verhältnis kann in den 60er Jahren noch nicht die Rede sein.

Der Weg zur Freundschaft

Die Briefe vom 10. Juni 1870 und 3. März 1871 stellen eine neue Beziehung zwischen den Dichtern her und lösen den Konflikt. Heyse bittet Keller, ihm und Hermann Kurz die Erlaubnis zum Abdruck der Erzählung «Romeo und Julia auf dem Dorfe» für den von ihnen geplanten «Deutschen Novellenschatz» zu erteilen. Keller fühlt sich durch diese Anfrage geehrt, macht sich aber in seiner bekannten Weise wieder klein: «... das übrige ist Ihre Sache, wie namentlich die Verantwortung der Ehre, welche Sie meinem Elaborätchen erweisen wollen» (Brief 11). Heyses Angebot konnte Keller nur recht sein, stand er doch zu diesem Zeitpunkt literarisch etwas in der Enge. Das Wohlwollen Heyses mag auch der Anstoß einer erneuten Öffnung Kellers gewesen sein.

Heyse nimmt den Ton auf, spricht ehrlich und offen zu Keller und bemüht sich um das Beziehungsverhältnis, indem er es explizit thematisiert: «Warum sieht man sich nicht! Warum lockt Sie gar nichts von allem Münchnerischen, das Ihnen doch einmal in Ihren ‹grünen› Tagen gefallen hat...» (Brief 12). Dann klagt er, «daß es eine Sünde und Schande sei, wie man umeinander komme statt zueinander» (ebd.). Keller antwortet postwendend darauf: «Warum man sich nicht sieht? Weil man faul und resigniert lebt und das am Ende noch für eine Tugend hält. Ich nahm mir jedes Jahr vor, nach München und der Enden (d.h. ‹ebendorthin›, F. St.) zu gehen, endlich wird's doch einmal dazu kommen» (Brief 13). Wenn beim Lesen dieser Stellen offenbar wird, daß die Beziehungsnot noch nicht endgültig beseitigt ist, so tritt wenigstens durch die Thematisierung derselben eine gewisse Entschärfung der Spannung ein. Das ermöglicht persönliche Bekenntnisse; so schreibt Keller noch im selben Brief: «In zwei Monaten wird es sich entscheiden, ob ich meine Amtsstelle, welche einen doch vor Mangel und den Wechselfällen des Bücherschicksals schützt, noch länger behalten oder wieder in die Linie der Literaturbeflissenen rücken werde. Auch im erstern Falle werde ich eine definitive Zeitanwendung einführen und mir die rechtmäßige Muße nicht mehr durch Geschäft oder unsere verfluchte südgermanische Kneiperei, die ich satt habe, rauben lassen. Schon letzten Winter hat mir die Lampe fleißig gebrannt, und ich bin fast fertig mit einem zweiten Bande von den ‹Leuten von Seldwyla›. Auch habe ich eine Anzahl Novellchen ohne Lokalfärbung liegen, die ich alle 1½ Jahre einmal besehe und ihnen die Nägel beschneide, so daß sie zuletzt ganz putzig aussehen werden» (ebd).

Über das Verhältnis Gottfried Kellers zum Staatsamt ist schon viel geschrieben worden; in seiner Autobiographie hat sich Keller zudem auch selbst darüber geäußert. Die oben zitierte Stelle scheint mir aber besonders aufschlußreich zu sein. Dieses persönliche Bekenntnis zeichnet ein deutliches Bild des Schreibers: sein Verhältnis zur Staatsstelle ist spannungsgeladen. Die Amtsstelle bietet ihm einerseits Schutz, Sicherheit und finanzielle Unabhängigkeit, andererseits muß ihn diese Schreibertätigkeit gequält haben. Keller will vom Amt loskommen, er will schreiben; die ersten zehn Jahre im Beruf, also von 1861 bis 1871 (bis zu dem Zeitpunkt, wo Keller diesen Brief verfaßt hat), haben die dichterische Produktion gehemmt; Keller hat praktisch nichts veröffentlicht. Schreiben heißt für Keller in diesem Zeitpunkt *neu geboren werden,* es führt aber auch zu schmerzlichen Erfahrungen in der Konfrontation mit einer feindlichen Wirklichkeit. Der Briefauszug dokumentiert somit sehr deutlich, daß auch das Verhältnis Kellers zur Literatur ambivalent ist. Auf der einen Seite steht ein drängendes Bedürfnis zur Literaturproduktion, auf der andern Seite eine seltsame Saumseligkeit wegen des Literaturbetriebs. Die Alkoholexzesse, die Prügeleien, Aggressionen, die Mundfaulheit und Eigenwilligkeit, die man Keller des öftern nachsagt und von denen auch die Legende immer wieder zu berichten weiß, sind meiner

Meinung nach nur in diesem Kontext zu verstehen, sind Erscheinungen, die nicht zuletzt dieser ambivalenten Grundhaltung Kellers entspringen. Bemerkenswert scheint mir ferner die Tatsache, daß Keller ein solches Bekenntnis einem Freund schreibt, der gerade in dieser Hinsicht keine Probleme zu haben scheint und von einer bewunderungswürdigen literarischen Produktionsweise lebt. Eine Entschuldigung Kellers also? Oder ein ernsthafter Vorsatz, es in Zukunft besser zu machen? Das Wörtchen «putzig» signalisiert jedenfalls die Gemütslage Kellers; er hat wieder eine Zukunft vor sich, harte Jahre sind überstanden, hell und leicht spricht er hier von seinen angekündigten Werken, die in der Folge auch in diesem Ton erscheinen werden: 1872 «Die sieben Legenden», 1874 «Die Leute von Seldwyla I und II» und 1876 die «Zürcher Novellen».

Zwischen 1870 und 1877 wird die Korrespondenz freundschaftlicher. Die Annäherung und Vertrautheit der beiden Briefschreiber ist wieder genau in der jeweiligen Anrede- und Grußformel ablesbar. Keller kann wieder «lieber Freund» sagen und schließt den Brief nicht mehr mit «Ihr ergebener G. Keller», sondern setzt das vertraulichere «Ihr alter G. Keller» an den Schluß. Dasselbe ist bei Heyse zu beobachten. Ein Gespräch über Literatur, deren Produktion und Rezeption kommt gleichwohl nicht eigentlich zustande. In dieser Phase wünschen die Dichter über literarische Dinge lieber mündlich zu sprechen (vgl. dazu die Anm. zu den Briefen 15 und 17).

In den Jahren 1871 bis 1877 zeigt sich Heyse als großzügiger Förderer Gottfried Kellers. Diese Jahre gelten für den Zürcher auch als die produktivsten nach seinem Berliner Aufenthalt. Briefstockungen müssen aber Lebensstockungen gewesen sein. Auf eine fast merkwürdige Weise spiegelt sich die schriftstellerische Entwicklung Kellers im Briefwechsel mit Heyse wider: *Glück* ließ ihn schreiben, *Not* schweigen und verstummen. Die Maximilians-Ordenssache kompromittierte Keller offensichtlich; der Briefwechsel gerät dadurch eher wieder ins Stocken (vgl. dazu die Briefe 16, 17 und 18 mit Anm.). Den drohenden Beziehungskonflikt löst Heyse mit seinem herzlichen und offenen Brief, in dem er durch die plötzliche Du-Anrede das Verhältnis grundlegend neu zu bestimmen versucht.

Höhepunkt der Beziehung

Gegen Ende der siebziger Jahre wird das Verhältnis der beiden Briefschreiber wie erwähnt intimer. Drei Begegnungen in diesem Jahrzehnt – zweimal besuchte Keller Heyse in München, und der August 1878 brachte das Ehepaar Heyse auf der Durchreise in Zürich für ein paar Stunden mit Keller zusammen – bestärken das sich anbahnende Freundschaftsverhältnis. Der Briefwechsel kommt erst jetzt – nach zwanzigjähriger Korrespondenz – in Fluß, wird persönlich, warm, vertraut. Heyse führte denn auch als Beweis seiner freundschaftlichen Gesinnung am 28. Mai des Jahres 1878 ohne viel Federlesens das vertrauliche «Du» ein. Trotz dieser Annäherung bleibt die Beziehung vorerst aber noch problematisch und nicht ohne gegenseitige Kränkungen. Keller kann das ihm von Heyse so spontan und herzlich anerbotene «Du» persönlich noch nicht annehmen. Er akzeptiert es vorerst einmal in seiner formalen Dimension. Es bedeutet für ihn, daß der Briefpartner ein erneutes Mal etwas für ihn, Keller, tut. Offensichtlich fühlt er sich gegenüber seinem Förderer und Bewunderer noch nicht gleichwertig.

«Dein Brief, lieber Freund, ist mir mit dem angebotenen Du ein rechtes Maigeschenk gewesen. Du wirst gedacht haben: ‹Ich habe schon so viel für ihn getan, daß mir zu tun fast nichts mehr übrig bleibt› usw. Nun, unsereins nimmt und frißt alles dankbarlich, was er bekommt, wie ein schmunzelndes Bettelweib» (Brief 23). Keller will nicht, daß Heyse ihn idealisiert, was dieser bis jetzt fortwährend getan hatte. Er ist vor sich selbst noch kein großer Dichter. Der «Grüne Heinrich», aber auch die Gedichte, die bis jetzt nur in einer «Notausgabe» vorliegen, befriedigen Keller nicht. Sie müssen alle noch einmal überarbeitet und in die ihnen gemäße Form gebracht werden. Sicher: Der Zürcher war auf Lob angewiesen, wie jeder Künstler das ist, aber das große Wohlwollen seines Münchner Freundes muß ihn wahrscheinlich auch zur Arbeit und zur privaten und öffentlichen Bestätigung gedrängt haben. Zu diesem Zeitpunkt befindet sich Keller aber gerade im schwierigsten Arbeitsprozeß, im Neufassen des Jugendromanes, und hat also kein Gehör für Vorschußlorbeeren von Heyse, der im «Du-Brief» noch überschwenglich ausruft: «Du hast alles, was mir fehlt, lieber Teuerster. Niemand betrachte ich mit wärmerem, froherem Neide, der eins ist mit dem herzlichsten Gönnen...» (Brief 22).

Der Schluß des Antwortbriefes vom 9. Juni 1878, der als Ganzes gesehen zum ersten Mal eine echte dialogische Struktur aufweist, wo also Keller genau auf Heyses Gedanken und Anspielungen eingegangen ist, läßt eher wieder auf eine bewußt gesetzte Distanz Kellers schließen. Die lapidaren Schlußworte «viele Grüße» stellen Kellers Bereitwilligkeit, Heyse fortan zu duzen, fast ein wenig in Frage. Das Verhältnis der beiden scheint also weiterhin ambivalent zu sein.

In den acht Briefen nach dem *Du-Brief*, also vom 9. Juni 1878 bis zum 27. Februar 1879, werden im Verlaufe des gegenüber dem Beginn des Briefwechsels vertraulicher und persönlicher werdenden Briefgesprächs Gründe ersichtlich, die diese Ambivalenz erklären lassen. Zieht man zur Bestimmung dieses Verhältnisses ferner die Äußerungen Kellers über den Freund an andere Korrespondenten bei, wird der latente Beziehungskonflikt noch deutlicher.

Drei Jahre vor der persönlichen Bekanntschaft mit Heyse schreibt Keller über ihn an Hettner. Er lobt dabei die neuesten Arbeiten des jungen Talents; Heyse stehe zwar noch «ganz in strikter Goethetuerei, ohne das, was seither geschah, in der Welt bemerken zu wollen; aber der Mensch ist ja noch ganz jung; möchten doch alle, welche ihm die Zukunft absprechen, sich erinnern, was sie eigentlich in jenem Alter gemacht und nachgeahmt haben; höchstens war es Heine statt Goethe. Und dann, wer so nachahmen kann und eine solche Sprache führt, wird gewiß einmal etwas Tüchtiges aufstellen, wenn die Rinde fällt» (an Hettner, 26. Juni 1854). Ähnlich äußert sich Keller im gleichen Jahr Ferdinand Freiligrath gegenüber. Die Begeisterungstöne nach der persönlichen Begegnung mit Heyse an Lina Duncker, Ludmilla Assing und Hermann Hettner sind oben zitiert worden. Die weiteren Begegnungen der beiden in den Jahren 1872 und 1876 beglükken Keller in gleicher Weise. Wieder strömt Keller in gleichzeitigen Briefen die nämliche Empfindung aus: Da ist immerfort die Rede von dem «liebenswürdigen und guten Paul Heyse» (an Assing, 24. Oktober 1872), von seiner «schönen und liebenswürdigen Erscheinung» (an Kuh, 28. Juni 1875), von dem «anmutvollen Dasein dieses seltenen Menschen» (an Petersen, 8. März 1877), der «lebt, wohnt und ist so schön mit den Seinigen in seinem Hause wie ein leibhaftiger Cinquecentist, den man nicht betrüben darf» (an Rodenberg, 16. November 1876). Zweifellos: Keller liebte diesen hochbegabten, mit allen Talenten ausgestatteten und begnadeten Menschen, freute sich über sein harmonisches Wesen und seine herzliche Gemütsart und bewunderte seine Schönheit.

Anders jedoch als den Menschen beurteilt er den Dichter Paul Heyse. Zwar anerkennt er ohne Einschränkung den Wert der ersten Novellensammlung, aber die Hast, mit der Heyse ein Buch nach dem andern auf den Markt wirft, stimmt ihn bald nachdenklich. Schon 1872 läßt er an Ludmilla Assing durchblicken, daß der gute Paul Heyse «ein bißchen zu viel schreibt» (an Assing, 24. Oktober 1872). Heyse muß auch gegen Ende der siebziger Jahre sein übermäßiges Produzieren mit einem bösen Nervenleiden büßen. Heyse klagt darüber an Keller: «So weit kam's, daß ich meiner teuren Nervenverweserin, meiner eigenen Frau, einen körperlichen Eid schwur, sieben Wochen lang mich nur als fruges consumere natus auf dieser öden Welt herumzutreiben» (Brief 25). Wie erstaunt aber muß Keller sein, wenn trotz solcher Klagen des Freundes die Produktion keineswegs stillsteht, sondern im gewohnten Eiltempo weiterläuft. An den Verleger Rodenberg schreibt er etwas verlegen und ironisch: «... wenn er (Heyse, F. St.) versichert, er könne nichts vornehmen und arbeiten, so kommen in der Regel gleich nachher auf verschiedenen Punkten Zeichen seines Fleißes zum Vorschein. Aber wir können allerdings nicht beurteilen, was er hervorbringen würde, wenn er sich froh und gesund fühlte» (an Rodenberg, 13. Mai 1878). Und noch deutlicher eine gleichzeitige Äußerung an Storm: «Meister Paulus aber macht so viele hübsche Verse bei allem Nervenleiden, das ihn drückt, daß ich anfange, mein blutiges Mitleid etwas im Zaume zu halten» (an Storm, 13. August 1878). Sogar in den Briefen an Heyse selbst läßt Keller die gleiche Einstellung durchschimmern, am 13. Dezember 1878 schreibt er: «Deinem Fleiße vermag ich übrigens mit meinem Lobe nicht mehr zu folgen im Schnellfeuer eines Briefes...» (Brief 27). Und später vorwurfsvoller: «Du hast deine Ärzte und Freunde schön bemogelt, da Du offenbar die ganze Zeit, wo Du ruhen solltest, produziert hast, Dramen, Novellen und weiß Gott was!» (Brief 67)

So sympathisch Keller also den Menschen Heyse findet, so kritisch betrachtet er das vielgeschäftige Literatentum seines jüngeren Freundes. Neben dem ausgesprochenen Mißtrauen ist aber auch eine geheime Bewunderung – vielleicht sogar versteckter Neid – festzustellen. Keller spricht da nämlich an einer Stelle von «duseligen Kopfschmerzen», die er sich aus reiner Faulheit zugezogen habe, und räsoniert in der Folge: «... es fragt sich also nur, wer von uns beiden, trauter Paule, der größere Esel ist, derjenige welcher sich krank arbeitet, oder der andere, welcher sich krank faulenzt, d.h. bis nachts 12 Uhr sitzt und liest» (Brief 29). Geradezu fasziniert von Heyses Produktivität scheint Keller in einem Brief an Sigmund Schott zu sein, wenn er ihm berichtet: «Was sagen Sie zu der neuen Novelle Heyses, ‹F.V.R.I.A.›, die jetzt in der ‹Neuen Freien Presse› erschienen ist? Diese reiche Produktivität ist wunderbar!» (an Schott, 4. Juli 1885)

Ende der siebziger Jahre steht Keller aber nicht nur der immensen «Produziererei» mit leisem Unbehagen gegenüber, sondern zieht auch bisweilen die poetische Originalität Heyses in Zweifel. Etwa über die Dramen des Münchners schreibt er in dieser Zeit an Storm: «Was ich kenne, ist mir mit ein paar Ausnahmen sympathisch; allein ich habe auch das Gefühl, daß er keine glückliche Hand mit den Stoffen hat; sie scheinen keine rechte Nötigung in sich zu haben. Es wäre vielleicht aber möglich, daß seine Sachen für die jetzigen Zustände einfach zu gut sind» (an Storm, 26. September 1879), und Storm bemerkt über das Novellenschreiben: «Ich meine, er hat auch wieder zu viel drucken lassen wollen; seine Novelle in der letzten ‹Rundschau› zeugt von großer geistiger Ermüdung. Aber er ist gegen uns beide ja noch ein Jüngling, und es kommt noch die Woge, die ihn wieder hebt» (an Keller, 20. September 1879). Unmißverständlicher äußert sich Keller drei Monate später: «Paul Heyses Zustand ist mir rätselhaft; er hat in ungefähr Jahresfrist einen Band der schönsten Verse gemacht, und doch soll er fortwährend krank sein. Vielleicht bringt eben das angegriffene Nervenwesen eine solche selbstmörderische Fähigkeitssteigerung mit sich. In diesem Falle habe ich gute Nerven, bin dabei aber ein ungeschickter Kopf. Spaß beiseite, glaub' ich fast es räche sich, daß Heyse bald seit dreißig Jahren dichterisch tätig ist, ohne ein einziges Jahr Ableitung oder Abwechslung durch Amt, Lehrtätigkeit oder irgend eine andere profane Arbeitsweise genossen zu haben. Ein Mann wie er, der wirklich zu konsumieren hat, wird und muß hiebei selbst mitkonsumiert werden; es ist nicht wie bei einem Drehorgelmann» (an Storm, 20. Dezember 1879). Diese Bemerkung entkräftet er, wenn er noch beifügt: «Aber man darf ihm nichts sagen; es ist zu spät; er muß sich trotz alledem erholen oder aufbrauchen. Auch Tieck und Gutzkow ist diese Lebensart nicht gut bekommen, ohne daß ich übrigens unseren idealen Paulus mit solchen literarischen Erzpraktikern vergleichen will.»

Bemerkenswert und nicht wenig erstaunlich ist die Tatsache, daß zur gleichen Zeit Heyse diesen Schaden selber empfindet; Storm gegenüber beklagt er sich, die Nachteile der Berufslosigkeit eingestehend, «daß das beneidenswertheste Geschenk der Götter, die unumschränkte Selbstherrlichkeit, eine geheime Tücke in sich birgt. Ich Atemloser habe nie einen Feiertag gekannt. Nun büß ich's» (an Storm, 15. Januar 1880). Liest man die Briefe Heyses an Keller und Storm, die jener zwei Jahre vor seinem fünfzigsten Geburtstag geschrieben hat, wird klar, daß Heyse in einer tiefen Persönlichkeitskrise stecken mußte. Zu seinem Nervenleiden und den sich daraus ergebenden zeitweiligen unbequemen Schreibunterbrüchen in seiner rastlosen Schriftstellerei und seinen Befürchtungen, alt zu werden, tauchen jetzt noch Publikumssorgen auf: «Ich hoffe mich mit gelinder Scharwerkerei durch den Winter zu bringen, habe die brotloseste unter meinen Künsten, das Dramenschreiben, wieder hervorgesucht, und da das deutsche Theater nur für Götterdämmerungsschwindel und armselige Possenreißerei die nötigen Mittel besitzt und das deutsche Publikum seines Theaters wert ist, kannst Du dir vorstellen, mit welchem Galgenhumor ich meine Schuldigkeit tue» (Brief 26). Und zwei Monate später: «Bei der geistigen Dürre dieser Zeit ist so ein lyrischer Sprühregen geradeso verloren, wie wenn im Hochsommer ein Kind mit seinem Gießkännchen die Chaussee sprengt» (Brief 28). Keller nimmt dieses Votum im nächsten Brief auf, unterstützt

Heyses Plan, die «Italienischen Gedichte» zu sammeln und in einem Bande herauszugeben, denn das Publikum soll sich eine «gebildete Dichtkunst» nicht ganz abgewöhnen «gegenüber dem poetischen Fuchsentum, das sich jetzt so breit macht» (Brief 29, vgl. dazu auch die Anm.).

Heyses Tragik bahnt sich hier an. Eine ganz andere Zeit als die, in welche der nunmehr fast fünfzigjährige Dichter hineingeboren wurde, bricht mit allen Vorzeichen an. Erinnert sei nur an die politischen und wirtschaftlichen Veränderungen, die sich radikal durchzusetzen beginnen, an die Philosophie Nietzsches, an Wagner und die neue literarische Moderne. Heyse, von Georg Brandes noch als ein moderner Zeitgeist bezeichnet, bleibt zurück. Dieses Unzeitgemäßwerden hat Heyse dann auch selbst realisiert. Im Brief vom 27. November 1878 geht Heyse zum ersten Mal, wenn auch mehr gefühlsmäßig, in eine Art Versenkung. Durch einen bis zum Exzeß getriebenen Fleiß versucht er, diese Krise zu überspielen, spricht im nächsten Brief von seinen dramatischen Plänen, von seinen «Versen aus Italien» – seine *Mißerfolge* will er vor sich selber vertuschen. Er ist nicht bereit, eine notwendige literarische Selbstkorrektur an sich vorzunehmen. Was Keller schon längst gelernt hat, nämlich mit seinen Mißerfolgen leben zu können, wird für Heyse in der Folge zum zentralen Problem.

Zusammenfassend kann gesagt werden, daß das ambivalente und oft problematische Verhältnis der beiden Dichter sich aus der zwiespältigen Einstellung Kellers gegenüber Heyse verstehen läßt. Einerseits hegt Keller Mißtrauen gegenüber der poetischen Originalität und Produktivität, anderseits bewundert und liebt er die herzliche und gemütvolle Persönlichkeit Heyses. Dazu kommt die Tatsache, daß gerade der Zeitpunkt, wo mehrere Umstände Heyses Erfolg und Persönlichkeit anzugreifen drohen, mit Kellers dichterisch erfolgreichster Zeit – mit der Neufassung des «Grünen Heinrichs» – zusammenfällt. Heyse selbst dagegen liebte nach eigenen Briefaussagen zu schließen und nach Petersen – neben Storm einem weiteren gemeinsamen Briefpartner – «den Menschen und Poeten (gemeint ist Keller, F. St.) ziemlich gleichmäßig» (Petersen an Keller, 27. August 1881).

In den von 1859 bis 1879 geschriebenen Briefen zeigen sich die beiden Dichter auf ihre charaktertypische, gegensätzliche Art und Weise. Während Keller sich fortwährend erniedrigt und sich selbst entwertet, sich also zurücksetzt, zeugen Heyses Briefe von einer selbstbewußten und souveränen Haltung. Dagegen ist den Briefen Kellers ein ungeheuer starker Wille zur Selbstfindung und öffentlicher Selbstbestätigung inhärent, welcher die Texte auf der impliziten Ebene spannungsgeladen und komplex erscheinen läßt. Dann bahnt sich eine Verschiebung an, die ganz offensichtlich durch Heyses Publikumssorgen ausgelöst worden ist (vgl. dazu die Briefe 32 bis 34 mit Anm., ferner den Anhang). Heyse zeigt sich in der Folge von einer ganz persönlichen Seite (vgl. Brief 34) und ist imstande, Keller seinerseits durch das uneingeschränkte Lob im Brief vom 21. Oktober 1880 von seiner Selbsterniedrigungsneigung zu erlösen (vgl. Briefe 46 und 47 mit Anm.). Der Fortgang der Korrespondenz wird diese Argumentationsweise in dem Sinne bestätigen, daß wir, was Keller betrifft, nur noch spärliche Selbstkritik antreffen und in Heyses nächsten Briefen auch von seinen Phantasien und Ängsten hören werden.

Der Höhepunkt der Freundschaft ist erreicht; die folgenden Jahre (1880 bis 1884) sind die schreibfleißigsten; mindestens fünf Briefe von ansehnlicher Länge fallen jetzt jährlich auf den einzelnen Korrespondenten. Und das ist nur ein äußerliches Zeichen ihrer innigen Verbundenheit. «Wegen meines verspäteten Dankes für Deinen guten Junibrief», schreibt Keller am 27. Juli 1881, «will ich mich nicht lange entschuldigen; vielmehr möchte ich die Aufmunterung ergehen lassen, daß wir uns ja kein Gewissen daraus machen wollen, so lange und so fröhlich zu schweigen, als es uns nicht anders gelingen mag, jederzeit gegenseitig der getreulichsten Gesinnung versichert» (Brief 52). Dieses aufrichtige Wort Kellers bezeugt die Beziehungsstärke der Freundschaft, wobei – das sei vorweggenommen – die Nachwelt Keller bald höher einschätzen wird als Heyse, was eine genauere Betrachtung des Verhältnisses in der Korrespondenz der letzten Jahre notwendig macht.

Die Kunst des behaglichen Plauderns

Gottfried Keller zählt zu den großen Briefschreibern des 19. Jahrhunderts. Er selbst schrieb einmal, daß er «mehr in Briefen nach aller Welt lebe als nach leiblichen Menschen». Keller bewahrte die an ihn gerichteten Briefe sorgfältig auf und ordnete sie fast pedantisch nach Absendern ein. Briefe haben ihm zweifellos etwas bedeutet – sie waren ausgewählte Gesprächspartner des Junggesellen. Seine Korrespondenz erledigte Keller auch nicht wie eine lästige Pflicht, sondern er pflegte seinen Briefstil und brachte es zu einer eigentlichen Briefkunst. Darüber an Wilhelm Petersen kurz nach der Beendigung des «Sinngedichts»: «Seit Neujahr habe ich alles Briefschreiben an Privat- und Freundessachen wieder einmal müssen liegen lassen, nicht weil ich nicht manche müßige Stunden oder Tage dazu gefunden hätte, sondern weil gerade das Briefeschreiben *con amore* mit dem Schriftstellern zu nah verwandt ist, wenigstens wie ich dieses treibe, und daher ein Allotrion zu sein scheint, wenn die Setzer auf Manuskript lauern» (an Petersen, 21. April 1881). Sein Schreiben und Reden ist ganz partnerbezogen, seine Briefe sind einfach, klar und direkt und vom Dialog geprägt. An Ludmilla Assing formuliert es Keller so: «Sie werden hoffentlich diesen Brief für nichts anderes nehmen, als was er sein soll, ein Stündchen Geplauder, damit Sie sehen, daß ich mich freundschaftlich nicht geniere und nicht anstrenge, klug zu tun!» (an Assing, 24. Oktober 1872)

Briefe schreiben hat aber für Keller noch eine andere Funktion: die Auseinandersetzung mit sich selbst. Die Selbstbetrachtung und kritische Analyse seiner eigenen Person hat Keller schon früh als eine dringliche Notwendigkeit empfunden. «Ein Mann ohne Tagebuch (habe er es in den Kopf oder auf Papier geschrieben) ist, was ein Weib ohne Spiegel. Dieses hört auf Weib zu sein, wenn es nicht mehr zu gefallen strebt und seine Anmut vernachlässigt, es wird seiner Bestimmung gegenüber dem Manne untreu; jener hört auf, ein Mann zu sein, wenn er sich selbst nicht mehr beobachtet und Erholung und Nahrung immer außer sich sucht. Er verliert seine Haltung, seine Festigkeit, seinen Charakter, und wenn er seine geistige Selbständigkeit dahingibt, wird er ein Tropf. Diese kann aber nur bewahrt werden durch stetes Nachdenken und strenges Beobachten seiner selbst und geschieht am besten durch ein Tagebuch» (W 21, S. 30f., Tagebuchnotiz v. Juli 1838).

Gottfried Keller hat nur als junger Mann (1837 bis 1848) ein Tagebuch geführt. Eine Lektüre der Briefe Kellers veranschaulicht aber, daß das Tagebuch-Schreiben als Funktion der kritischen Selbstbespiegelung im Akt des Briefeschreibens seine Fortsetzung fand. In den tagebuchartigen Briefstellen, wo Keller auf eine ganz persönliche und direkte Art auf sich selbst zu sprechen kommt, wo man merkt, wie er sich im Reden zum Adressaten von demselben abgewandt, ihn vergessen hat, da wäre im Gegensatz zur oben erwähnten *dialogischen Gesprächshaltung* Kellers eine sporadisch auftauchende *monologische Haltung* festzumachen. An einer Stelle des Briefwechsels mit Heyse reflektiert er über diesen Vorgang folgendermaßen: «Jetzt aber, mein Lieber, langweile Dich nicht zu sehr über die vielen Worte und nimm sie für nichts anderes als ein Mittel, mich selbst zu belehren und meine mangelhaften Gedanken einen Augenblick zu fixieren!» (Brief 52)

Auch Paul Heyse gehört zu den großen Briefschreibern des 19. Jahrhunderts, die diese Kunst «con amore» betreiben. Der Bremer Schriftsteller Otto Gildemeister charakterisierte ihn so: «Erst kommt seine Persönlichkeit, dann seine Briefe, dann seine Werke.» Neben dem leidenschaftlichen Tagebuchschreiben (vgl. Anm. zu Brief 66) korrespondierte Heyse mit vielen bedeutenden Persönlichkeiten des 19. Jahrhunderts, so mit Jacob Burckhardt, Albert Dulk, Marie von Ebner-Eschenbach, Theodor Fontane, Emanuel Geibel, Hermann Kurz, Fanny Lewald, Otto und Emma Ribbeck, Viktor von Scheffel, Theodor Storm, Richard Voss u. a. Heyse galt im Urteil seiner Zeitgenossen als ein Meister der Sprache. Man fand allgemein seinen Stil – ganz im klassischen Sinn – *schön* und *edel, kunstvoll* und *rein, durchsichtig* und *einfach.* Ein Vergleich mit Goethe bot sich an und wurde öfter auch angestellt. Mit Kellers Sprache jedoch verglichen – und das gerade in den Briefen –, muß man das Urteil korrigieren. Nicht selten wirkt die Sprache Heyses konventionell und gekünstelt, Kellersche Einfachheit und Originalität findet man nicht. Im Gegensatz zu den Briefen Kellers sind diejenigen Heyses in betonter Weise ichbezogen, auch wenn Heyse zur Sache und zur Person reden kann. Der Partnerbezug Heyses manifestiert sich in diesem Briefwechsel jedenfalls auffallend wechselhaft: Einmal platzt er förmlich mit dem «Du» herein, ein anderes Mal lobt er Keller über alle Maßen oder lädt ihn nach München oder Italien ein, um aber schon im nächsten Augenblick wieder nur noch von seinen Werken und Plänen zu berichten. Trotzdem spürt man in vielen Briefen einen warmen und vertrauten Ton, auch die innere Anteilnahme der Dichterfreunde ist viel stärker und herzlicher als etwa im Briefwechsel mit Storm. Bekanntlich stockte die Briefpost zwischen Zürich und Hademarschen mehrere Jahre und brach abrupt ab. Die etwas gleichgültige Beurteilung, die Kellers Lyrik bei Storm fand, und andere bittere Kritik, wie die über die «grausame Realistik» im Roman «Martin Salander», hatten Keller sichtlich verstimmt. Nicht so im Briefwechsel zwischen Keller und Heyse. Der Münchner verstand es immer wieder als Causeur und Unterhalter aufzutreten, über Kellers Gedichte schreibt er: «Ich habe es nicht lassen können, liebster Meister Gottfried, Deine frischgelegten lyrischen Eier unter vier Augen zu begackern. Nun hoff' ich, Du wirst kein Gesicht ziehen, sondern ausessen, was ich Dir eingebrockt habe. Schmeckt es Dir aus einer anderen Schüssel als der berlinischen besser, so bist Du natürlich padrone, padronissimo (68, Postkarte).

Das Verstummen Kellers

Gegen Mitte der 80er Jahre zeigt sich bei Keller eine wachsende Vereinsamung. «Ich habe hier durch die Jahre zerschlissene gesellige Verhältnisse, die Alten sind weg und die Jüngeren meistens alberne Streblinge oder sonst Esel, da bleibt man am liebsten allein», schreibt er am 19. Februar 1884 an Heyse. Nicht etwa, daß die Zeit über ihn hinweggegangen oder daß er in Vergessenheit geraten wäre, im Gegenteil, er wurde eine immer größere Berühmtheit und spielte nun wirklich und unangefochten die Rolle des «ersten Schöngeistes und *arbitri elegantiarum* des Jahrhunderts» (an L. Welti-Escher, Freitag nach Martini 1880). Seine Einsamkeit war also eine persönliche, eine selbst gewählte, zum Teil auch selbst verschuldete.

Heyse versuchte immer wieder, Keller in Gesellschaft zu bringen, und lud ihn mehrmals nach München ein. Keller reiste nur zweimal zu seinem Freund; später entschuldigte er sein Fernbleiben öfter wegen des schlechten Wetters, wegen Unpäßlichkeit oder Arbeitsstockungen, 1886 wegen seines Alters, wo man nicht mehr gerne auf den Eisenbahnen herumrutsche. So findet die letzte persönliche Begegnung der beiden Dichter im Spätsommer 1885 in Zürich statt. An Storm berichtet Heyse am 18. September: «Drei Tage blieben wir auf der Heimreise in Zürich, wo wir unseren Meister Gottfried... leider in sehr trüben Zuständen, an seine kropfkranke Schwester und eine ungemütliche Wohnung gebunden, verwaist und unfroh fanden. Er geht nur dreimal in der Woche zum Wein, die andern Abende verbrütet er ganz einsam bei einer Tasse Thee bis Mitternacht, nachdem schon sein Tag unmenschlich genug vergangen ist. Er war einsilbiger und unergiebiger als sonst...» An Keller selbst schreibt er ebenso besorgt drei Monate später: «Ich hatte Dich mit Kummer verlassen, da ich Deinen klausnerischen Zustand gesehen...» (Brief 100). Dann beginnt er von seiner «dramatischen Winterfahrt» zu sprechen vom «erklecklichen Sieg», um schließlich im neuen Jahr Kellers Besuch und seinen neuen Roman zu erbeten. Keller antwortet umgehend, gibt über die sichtlichen Theatererfolge Heyses seiner Bewunderung Ausdruck, vergleicht ihn mit dem ruhmvollen und reisefreudigen Karl dem Großen, lehnt aber die freundliche Einladung, nach München zu kommen, dankend ab. Seine abschließenden Arbeiten an seinem «Unglücksroman», der noch «bis in den Mai hinein Spießruten laufen muß in der ‹Rundschau›» (Brief 101), halten ihn zurück.

Erst zehn Monate später stellt sich Heyse wieder bei Keller ein, sichtlich enttäuscht darüber, daß Keller wieder nicht nach München gekommen war, was er doch noch im stillen gehofft hatte. Sofort wechselt er aber das Thema, beginnt von seinem neuen Roman zu reden, erzählt von seinem «Theaterteufel», dem er seine arme Seele verschrieben habe und der ihn zu «allerhand halsbrecherischen Affären» (Brief 102) verleitet habe. Keller antwortet nicht. Unterdessen erscheint bei Göschen sein letztes, mit viel Mühe und Not geschriebenes literarisches Werk, der Zeitroman «Martin

Salander». Heyses Urteil muß ihn verletzt haben (vgl. Brief 103 mit Anm.), denn der Briefverkehr zwischen München und Zürich gerät ins Stocken – Keller verfällt in ein fast dreijähriges Schweigen. Heyse versucht nicht, das Gespräch wieder in Fluß zu bringen, und so hätte wahrscheinlich der Briefwechsel mit der Äußerung Heyses über «Martin Salander» sein Ende gefunden, wenn nicht der Tod von Kellers Schwester Regula die beiden Freunde noch einmal nähergeführt hätte.

Am 14. Dezember 1888 erkundigt sich Heyse sehr behutsam nach seinem «brüderlichen Witwenstande» und macht dem Freund einen zart vorgebrachten Vorwurf, daß er der hiesigen «Keller-Gemeinde», als deren «Apostel» er sich verstand, keine Auskunft mehr über ihren verehrten Dichter zu geben vermöchte. Von seinen Arbeiten sprechend und daß er «faule Sommertage» verlebt hatte – was gemessen an seinen Publikationen in diesem Jahr nicht der Wahrheit entsprechen konnte –, beschließt er den Brief mit «Dein ältester Paul Heyse».

Keller fühlte sich durch die freundschaftlich und ernstgemeinte Anteilnahme angesprochen und sendet Heyse noch im selben Jahr einen Brief – seinen letzten. Es ist ein Schreiben voll Ernst und Schwermut, wie man es in der ganzen Korrespondenz der beiden nicht findet. Eigentlich ist es kein Brief, sondern vielmehr ein korrekt und streng abgefaßter Bericht zuhanden Heyses und seiner «Gemeinde», zugleich sein Abschied. In bildhaft schöner Weise dankt er Heyse zuerst, daß er ihm das Schreiben noch einmal ermöglicht habe, fährt dann fort, daß das Gerücht bezüglich einer Übersiedlung nach Wiesbaden unbegründet sei, und schließt den ersten Teil des Briefes mit der Feststellung, daß er dieses Jahr noch nichts gearbeitet habe, nicht zuletzt, weil ihm die Schwester langsam unter vielen für ihn schlaflosen Nächten gestorben sei. In den nächsten Abschnitten setzt er das Todesthema fort. «Inzwischen ist auch Th. Storm gestorben!» Fast kaltblütig steht der Satz in diesem Brief da; noch immer hatte Keller die Einwendung, die einst Storm betreffend der Salonfähigkeit seines «Sinngedichts» erhoben hatte, nicht vergessen. Dann erwähnt er Storms Novelle «Ein Bekenntnis», die wie Heyses kurz vorher erschienene Erzählung «Auf Leben und Tod» die Frage der Sterbehilfe literarisch thematisiert.

Heyse entschied sich positiv, Storm negativ (vgl. Anm. zu Brief 106). Am Leiden und langsamen Tod seiner Schwester trat Keller dann das Problem persönlich nahe, mühsam verhaltener Schmerz bricht aus den Zeilen hervor: «Meine Schwester konnte zuletzt nicht mehr liegen, noch sonstwie ruhen und konnte sich wegen wachsender Einschnürung der Kehle durch alte Verkropfung auch nicht mehr nähren. In aller Schlichtheit und Ehrlichkeit fragte sie mehrmals, ob man ihr denn nicht zur Ruhe verhelfen könne und wolle. In meiner Dummheit fragte ich erst in der letzten Woche den Arzt, einen Kerl, der angesichts des moribunden Zustandes die Ärmste immer nur mit Messungen, Thermometer, Pulszählen, Schläuche-in-die-Kehle-stecken-Wollen u.dgl. quälte, daß sie flehentlich aufschrie: ob er denn nicht lieber etwas Schlaf schaffen könne, worauf er gemütlich trocken sagte: Ja, ich kann etwas Morphium in das Mittel verordnen, das man holen muß. Hierdurch bekam sie jedesmal, wenn man es ihr gab, ein halbes oder ein ganzes Stündchen Ruhe und konnte den Kopf zum Schlummer anlehnen» (Brief 106).

Im Gegensatz zur Poesie hatte die grausame Wirklichkeit das Leid erfahrbar und die Entscheidung schwerwiegend gemacht. Im letzten Abschnitt zeigt Keller dann vollends, wie grausam ihm ums Herz ist. Ein unausgesprochener Abschied für ewig. «Ja so! Du gehst nächstens nach Weimar, dem Untergang der Welt beizuwohnen...» Keller versah diesen letzten Brief übrigens mit einem dicken, schwarzen Trauerrand.

Drei Tage später schreibt Heyse bereits zurück. «Nun begreif' ich wohl, liebster Freund, daß die Lippen Dir versiegelt waren. Neben solchem Jammer, wie Du mit der ärmsten zum Tode Verurteilten ausgestanden, versinkt einem die gesunde einstige Welt wie in einen Abgrund...» (Brief 107). Weiter geht er auf Kellers Schicksalsschlag nicht ein, sondern wechselt in seiner bekannten Art und Weise auf sein Dramen- und Novellenschreiben über. Den Brief beschließt er mit einer erneuten Aufforderung, Keller solle doch einmal nach München kommen, und schwärmt ihm von seiner Schwiegermutter Frau Schubart vor: «Du wirst Dich erbauen an der 73jährigen Frische meiner lieben Alten, die noch allabendlich in Wind und Wetter zu uns trabt und um ½10 Uhr, nachdem sie im Tarock mit bester Manier und schlechtestem Spiel ein paar Pfennige verloren, den nebligen Heimweg antritt.» Diese letzte Bemerkung wie auch seine theoretischen Ausschweifungen über die Katastrophendramatik Storms und seiner eigenen Stücke waren höchst unglücklich gewählt und müssen den trauernden und an seinen Gebrechen leidenden Keller verletzt haben.

Fast ein Jahr später meldet sich Heyse nochmals zu Wort, nachdem Keller auf den letztjährigen Brief wie auch auf den offenen Brief, den Heyse anlässlich des siebzigsten Geburtstages von Gottfried Keller in der «Allgemeinen Zeitung» abdrucken ließ, nicht geantwortet hatte. In diesem kurzen, sehr freundschaftlich geschriebenen Brief zeigt Heyse noch einmal seine Anteilnahme für Kellers Befinden. Er fragt ihn, wie er die «Jobelperiode» – gemeint ist der siebzigste Geburtstag – überstanden habe, ob es ihm gesundheitlich besser gehe (er muß von Drittpersonen erfahren haben, daß Keller in den Septemberwochen in Baden einen Kuraufenthalt gemacht hatte) und ob er auch wieder arbeiten könne. Ferner berichtet er, daß seine Frau ihn einst in Zürich habe aufsuchen wollen, daß sie aber leider an ein leeres Haus geklopft habe und nur Grüße hinterlassen konnte. Er schließt: «Du weißt, wie wir beide es meinen, auch wenn wir uns ganz still verhalten. Hab' gute Tage. Grüß' Böcklin und verstumme uns nicht ganz. Dein alter getreuer Paul Heyse.» Heyse hatte dazugelernt. Manchmal ist das Schweigen die beste und vornehmste Rücksichtnahme. Heyse wird im nachhinein gespürt haben, daß er in seinen letzten Briefen allzuoft in selbstbezogener Weise die eigene Werkstatt seines vielgeschäftigen Literatentums hervorgekehrt hatte, so daß Keller in seinen Antworten mehr als einmal blockiert worden sein muß.

Auf den letzten Brief Heyses antwortet Keller nicht mehr. Zu Beginn des Jahres 1890 wird er bettlägerig und völlig arbeitsunfähig. Aus dieser Zeit ist uns noch ein einziger Brief Kellers erhalten, den dieser an Sigmund Schott schrieb, dem er ein Jahr vorher noch berichtet hatte: «Der unselige Briefstreik, an welchem ich laboriere, scheint sich ... nicht so rasch zu heben...» (an Schott, 18. Mai 1889). Dieser Briefstreik machte sich schon seit

Mitte der 80er Jahre bemerkbar; in den letzten fünf Lebensjahren schrieb Keller nur noch verhältnismäßig wenig Briefe, mit Heyse wechselte er noch deren elf in dieser Zeit. Kellers Gesprächsbereitschaft ließ in diesen Jahren nach, auch machte sich jetzt zum ersten Mal der Altersunterschied der beiden Dichter bemerkbar.

Am 15. Juli, kurz vor seinem einundsiebzigsten Geburtstag, stirbt Gottfried Keller und verstummt für immer. Seine Werke aber bleiben uns ewig, wie das Heyse als erster in aller Öffentlichkeit sagte. Nach dem Tode Kellers schreibt er an Baechtold: «Es ist mir jedesmal wie eine persönliche Wohltat, wenn ich diesen herrlichen Menschen und einzig großen Poeten preisen höre, und ich entsinne mich nicht, die Fülle seines Wesens und seiner Schöpfungen jemals in einem leuchtenderen Spiegel erblickt zu haben» (Heyse an Baechtold, 19. Juli 1890, zit. n. A. Zäch [Hrsg.], Gottfried Keller im Spiegel seiner Zeit, Zürich 1952, S. 157).

Ruhm und Vergessen

Während Gottfried Keller gegen Ende seiner Lebens- und Schaffenszeit als Dichter immer bekannter und berühmter wurde, geriet der Dichter Paul Heyse ins Kreuzfeuer der Kritik (vgl. Brief 29 mit Anm.) und noch vor seinem Tode in Vergessenheit. Er, der wie kein anderer im 19. Jahrhundert mit einer ebenso viel bewunderten wie geschmähten Leichtigkeit des Produzierens sein Werk niederschrieb, der poeta laureatus der nachklassischen Zeit und designierte Goethe-Nachfolger, spielte um die Jahrhundertwende, dem Beginn der Moderne, bereits keine maßgebende Rolle mehr, obwohl er noch 1910 als erster deutscher Dichter mit dem Nobelpreis für Literatur ausgezeichnet wurde «als Beweis der Huldigung für das vollendete und von idealer Gesinnung geprägte Künstlertum, das er in einem langen, bedeutenden Wirken als Lyriker, Dramatiker, Romanschriftsteller und Verfasser weltberühmter Novellen verwirklicht hat» – so die Laudatio bei der Preisverleihung als letzte krönende Auszeichnung für den jahrzehntelang gefeierten Dichterfürsten und «Liebling der Frauenwelt» (Theodor Fontane) des bürgerlichen Zeitalters. Von späteren zeitgenössischen Dichtern wird Heyse als geschichtliches Phänomen und als Autor zweiten Ranges behandelt. Thomas Mann spricht in einem Brief an Maximilian Harden vom 30.8.1910 von Heyse als einem «fast unanständig fruchtbaren Epigonen». Dichterischer Eigenwert und Originalität werden ihm von der Kritik mit wenigen Ausnahmen abgesprochen. Man bezeichnet ihn als «Formkünstler», auch als «Bildungsdichter»; die scharfe Kritik und Abrechnung der Naturalisten mit der idealistischen Kunst Heyses vermengen sich ferner nicht selten mit antisemitischen – Heyses Mutter war Jüdin – und nationalistischen Einstellungen. Fontane zwar meinte 1890 noch, als Heyse bereits der heftigsten Polemik ausgesetzt war (vgl. Anm. zu Brief 29), man werde einst von einer «Heysezeit» sprechen, wie man das von der Goethezeit tut: «Die Tatsache, dass Du dreißig Jahre lang an der Tête standest, so ausgesprochen, daß Du Deiner literarischen Epoche sehr wahrscheinlich den Namen geben wirst, diese Tatsache kann durch keinen Radaubruder aus der deutschen Literaturgeschichte gestrichen werden» (an Heyse, 9. März 1890, aus: «Fontanes Briefe», hrsg. v. G. Erler, Berlin 1968, S. 264f.). Die Literaturwissenschaft hat dieser freundschaftlichen Mutmaßung niemals entsprochen, im Gegenteil, auch sie hat Heyse dermaßen zum Gegenstand ihrer Kritik gemacht, daß heute von ihm – zu Unrecht m. E. (vgl. dazu Anm. zu Brief 101) – kaum jemand mehr spricht.

Ein pauschales Urteil ist auf jeden Fall falsch, und die Textsammlung im Insel Verlag (Insel Klassiker, 1980) sowie der Nachdruck der von Erich Petzet besorgten und kommentierten Cotta-Ausgabe von 1924, der umfangreichsten und vollständigsten Werkausgabe von Paul Heyse (3 Reihen, 15 Bände), beim Olms Verlag, ferner bibliophile Einzelausgaben im Walter (1981) und Magnus (1988) Verlag beweisen, daß ein neues Interesse an diesem in Vergessenheit geratenen Münchner Dichter im Entstehen ist, das nicht zuletzt durch den Wandel in der zeitgenössischen Kenntnis und Anschauung des 19. Jahrhunderts geweckt worden ist.

Zeugnis und Urteil

Briefe sind Zeugnisse der Menschen und der Zeit und legen auch Zeugnis ab. In diesem Sinn ist jede Untersuchung eines Briefwechsels ein heikles und vertracktes Unterfangen: weil Briefe zu den persönlichsten, intimsten und unmittelbarsten literaturhistorischen Quellen zählen; weil in ihnen ein Ausdruck des Augenblicks, der flüchtigen Stimmung und reinen Zufälligkeit zum Gedächtnis werden kann. So vollzieht sich der Verstehensprozeß im wesentlichen im psychologischen Bereich, denn Verstehen bedeutet letztlich für einen Menschen, sich in ein anderes Wesen hineinzuversetzen. Falsche Urteile kommen immer dann zustande, wenn wir nicht begreifen, was uns der andere mitteilen wollte. Eine banale Erkenntnis.

Menschen sind Fenster füreinander, so formuliert es einmal Franz Kafka an seinen Jugendfreund Oskar Pollak. Briefe sind Fenster für die Schreibenden und später – naturgemäß unter anderen Gesichtspunkten – möglicherweise für Dritte. Ich komme nochmals zum Briefwechsel zwischen Gottfried Keller und Paul Heyse zurück: mit einem zusammenfassenden und abschließenden Urteil.

In einem großen Rahmen gesehen ist das Kernproblem der Beziehungs- und Persönlichkeitsstruktur der beiden Dichter ihre *Selbstwerteinschätzung*. Heyse, in seinen frühen Jahren begünstigt und durch glückliche Umstände rasch zum Dichteridol der nachklassischen Zeit emporgejubelt, besaß ein hohes Selbstbewußtsein und Selbstwertgefühl. Keller dagegen war durch sein notwendiges Ringen um Anerkennung mißtrauisch und selbstkritisch geworden. Diese Charakterverschiedenheit erschwerte das Briefgespräch, welches in den ersten zwanzig Jahren extrem spannungsgeladen und zwiespältig verläuft. 1880 löst sich dieser Konflikt; es folgen fünf schreibfleißige Jahre, in denen sich Keller und Heyse hauptsächlich über ihre gegenseitige Literaturproduktion unterhalten (vgl. dazu die Anm. zu den entsprechenden Briefen), sich ferner aber auch als genaue Kenner und scharfe Kritiker der zeitgenössischen Literaturszene ausweisen. Mit der Lebenskraft Kellers nimmt dann auch die Intensität des Briefwechsels ab.

So erstreckte sich die Korrespondenz zwischen Gottfried Keller und Paul Heyse über genau drei Jahrzehnte, vom November 1859 bis zum selben Monat im Jahre 1889. Daß Keller nicht leicht im Umgang war und daß seine Beziehungsschwierigkeiten bis ins Alter andauerten, ist bekannt. Auch der Briefwechsel mit Heyse widerspiegelt über lange Strecken etwas von dieser Not. Trotzdem: Keller anerkannte Heyse fast ohne Einschränkung und mit Bewunderung als einen großen Epiker im deutschen Sprachraum. Auf der Höhe seines Ruhmes hätte er ihm als einzigem Ebenbürtigkeit zugestanden. Storm schätzte er nur als Lyriker, Fontane und Raabe schrieben ihre großen Werke erst nach seinem Tode. Den Dramen Heyses gegenüber bleibt jedoch Kellers Urteil stets zweideutig, obwohl er das Bühnenschaffen seines Freundes immer wieder unterstützte. – Heyse seinerseits erkannte die Begabung seines Freundes – wie nur noch Hermann Hettner – früher als andere; er fühlte sich in gleichem Maße aber auch von der Person Kellers angezogen. In diesem Sinne ist der Briefwechsel ein Zeugnis einer wirklichen Freundschaft, die zwar nicht ohne Kränkungen verläuft, die aber auch nur prozeßhaft verstanden werden kann. Der ganze Briefwechsel gibt ein Doppelportrait dieser beiden Dichter und Menschen wieder und vermittelt tiefe Einblicke in ihre so radikal verschiedenen Lebensumstände, in die Entwicklung ihrer literarischen Persönlichkeit sowie in ihre privaten Nöte und Sorgen.

Ein Gespräch, das zwei Menschen miteinander geführt haben, nachzuvollziehen und gleichsam die beiden Redenden wieder lebendig zu machen, das war der zentrale Gedanke der vorliegenden Neuedition. Finden die Briefe noch Leserinnen und Leser, ist die Arbeit aufs schönste vollendet.

Aarau und Rom, im November 1989 *Fridolin Stähli*

Zur Edition

1. Die Handschriften und ersten Drucke

Der erste Biograph Kellers, Baechtold, schreibt in seinem dreibändigen Werk: «Unter allen dichtenden Freunden stand ihm Heyse am nächsten. Der Briefwechsel der beiden reicht von 1864–1889. Er betrifft – nach den Briefen Heyses zu urteilen – in erster Linie die gegenseitige Produktion. Keller folgte mit einem ungewöhnlichen Interesse der fruchtbaren Tätigkeit seines Freundes. Der Austausch des Persönlichen trägt einen sehr intimen Charakter. Mit aus diesem Grunde müssen die Leser dieses Buches leider auf Gottfried Kellers zahlreiche Briefe an Heyse verzichten: dieser konnte sich nicht entschließen, die ihm teuren Blätter den Augen vieler preiszugeben» (Baechtold III, S. 284 f.).

Heyse ließ, solange er lebte, die von Keller an ihn gerichteten Briefe nicht veröffentlichen; zur Klarstellung des Verhältnisses wären beide Briefteile erforderlich gewesen, da eine willkürliche Zitierweise von Briefen oder einzelnen Briefstellen nur Mißverständnisse oder Unverständnis hervorruft. Zwei Ausnahmen konnte ich zwar ausmachen. Der eine Brief Kellers an Heyse, datiert vom 7. Juni 1878 (d. i. der Antwortbrief Kellers auf Heyses «Du-Brief» vom 28. Mai), wurde von Emil Ermatinger in der «Rundschau» veröffentlicht, nachdem ihm der Brief noch vor dem Tode Heyses mit der ausdrücklichen Erlaubnis der Veröffentlichung übergeben worden war (vgl. E. Ermatinger, Gottfried Keller-Briefe, in: Deutsche Rundschau, hrsg. v. Bruno Hake, Jh. 1915/16, Bd. I, S. 413 f.).

Den zweiten Keller-Brief entdeckte ich im dritten Band der Keller-Biographie von Baechtold. Hier bleibt aber Heyse anonym und will nicht als Adressat genannt werden. Der Biograph umschreibt den Empfänger des Keller-Briefes vom 27. Juli 1881 mit folgenden Worten: «Einem befreundeten Dichter (gemeint wäre eben Heyse), der ihn auch darüber zur Rede gestellt hatte, antwortete Keller...» (Baechtold III, S. 272 f.).

Dagegen sind in die erste Keller-Biographie von Baechtold einige wenige Briefstellen Heyses eingegangen, die ihm wohl schon Keller selbst oder seine Erben zur Verfügung gestellt hatten. Im ganzen sind es vier Briefdokumente, wobei ein Brief fast vollständig, drei weitere als Fragmente abgedruckt sind (vgl. Baechtold III, S. 266, Heyse an Keller, 21. Oktober 1880; S. 275, Heyse an Keller, 12. Oktober 1881; S. 283 f., Heyse an Keller, 9. November 1875; S. 313, Heyse an Keller, 30. Dezember 1885).

Drei Heyse-Brieffragmente hat auch Ermatinger in seine Keller-Biographie von 1915/16 aufgenommen. Überhaupt hätte der Zürcher Germanist die gesamte Herausgabe des Briefwechsels zwischen den beiden Dichtern gerne selbst bewerkstelligt, da er den Brahms-Biographen und Freund Heyses, Max Kalbeck, nicht für den für diese Aufgabe geeigneten Mann hielt und seine Arbeit in der Folge auch scharf kritisierte. Dieser Herausgeberstreit wird aus einem heute unter der Signatur «E. Petziana, I,7; Beziehungen Paul Heyses zu Gottfried Keller (mit

Briefen)» (Staatsbibliothek München, Heyse-Archiv) verzeichneten Dokument ersichtlich.

Bis zur Veröffentlichung im Jahr 1919 im Westermann-Verlag (Braunschweig) sind also die von Max Kalbeck unter dem Titel «Paul Heyse und Gottfried Keller im Briefwechsel» herausgegebenen Briefe eigentlich noch unbekannt geblieben.

Der gesamte Briefwechsel (also sowohl die Briefe Kellers, das sind 56 Dokumente, als auch die Briefe Heyses, das sind 52 Dokumente) befindet sich heute in der Handschriftenabteilung der Zentralbibliothek in Zürich unter der Signatur: Ms GK 78c.1 bzw. Ms GK 79c. Die wenigen Briefe, die immer noch im Privatbesitz sind, wovon in der Bibliothek nur Kopien vorliegen, verzeichnet Helbling (Helbling 4, S. 448).

2. Die Ausgaben von Kalbeck und Helbling

An seinem 70. Geburtstag, im Jahre 1900, übergab Heyse die Keller-Briefe seinem Freund Max Kalbeck. Dieser erwarb nach dem Tode des Dichters auch die Zustimmung von Kellers Erben, stellte die Briefe zusammen und veröffentlichte 1919 einen ansehnlichen, edierten und kommentierten Briefband der beiden verstorbenen Dichterfreunde.

Kalbecks Problem als Herausgeber war die Freundschaft zu Paul Heyse. Ihm fehlte zuweilen die innere Distanz, was auch die Einleitung zum Ausdruck bringt, die sich wie Bruchstücke einer geplanten Heyse-Biographie präsentiert. Hier versucht der Herausgeber in keiner Weise, die Briefe der beiden Literaten unter das Mikroskop zu nehmen, die gegenseitige Beziehung auszuloten. Der Kern der einleitenden Gedanken ist der etwas zu simpel unternommene Versuch, eine antithetische Charakteristik der Korrespondenten nach ihrer menschlichen und poetischen Wesensart festzumachen. Notgedrungen ist dann Kalbeck dem Dichter und Menschen Gottfried Keller nicht ganz gerecht geworden.

Trotz dieser Kritik muß man die Leistung von Max Kalbeck anerkennen, der mit Akribie umfassendes Wissen in den Anmerkungen zusammengetragen hat. Der Herausgeber der vorliegenden Ausgabe hat von dieser Arbeit ohne Zweifel profitiert.

Angegliedert an die Zürcher Gottfried-Keller-Ausgabe (Verlag Benteli, Bern, 1926/49) liegen 1954 die Briefe Kellers vor (Gottfried Keller, Gesammelte Briefe in 4 Bde., hrsg. von Carl Helbling, Bern 1950–53; Bd. 3 = 2 Teilbde.). Die Ausgabe ist von Helbling so gestaltet worden, daß auch die einzelnen Briefpartner zum Wort kommen. Gottfried Keller selbst hat sich immer wieder gegen «einseitige Briefpublikationen» gewehrt. Die Korrespondenz zwischen Gottfried Keller und Paul Heyse findet sich im dritten Band (erste Hälfte), S. 9–123. Helbling hat nur wenige Briefe Heyses abgedruckt, z. T. auch nur Auszüge, die einen sachlichen Berührungspunkt andeuten. Ohne Gegenbriefe ist das Briefwerk ohne Zweifel reiner: Keller erscheint uns in einer ungeheuren Vielfalt direkt greifbar;

trotzdem sind Äußerungen Kellers – gerade etwa an Heyse – in hohem Maße abhängig von der jeweiligen Nähe oder Ferne des Partners. So äußert sich Keller zu Beginn des Briefwechsels ganz anders, als er dies am Schluß tut. D. h. also, daß ein Briefwechsel – auch wenn die «wichtigsten» Briefe abgedruckt sind – vom sachlichen Berührungspunkt in nuce nicht begriffen werden kann, wenn die Konstitution der Beziehung, die ja gerade im Briefgespräch ihre eigene oft extreme Dynamik entwickelt, nicht nachvollziehbar ist.

Die Anmerkungen Helblings sind knapp gehalten und stehen am Schluß des Bandes. Im wesentlichen konnte die Vorarbeit Ermatingers und Kalbecks benutzt werden.

Für den Keller-Heyse-Briefwechsel gilt es noch festzuhalten, daß gegenüber der Kalbeck-Ausgabe bei Helbling zwei Briefe von Gottfried Keller mehr abgedruckt sind: der Brief vom 10. Juni 1870 und der Brief vom 27. Januar 1879.

3. Zur vorliegenden Ausgabe

Der Th. Gut Verlag hat bisher drei Briefwechsel Gottfried Kellers herausgegeben: mit Marie Exner, der späteren Frau von Frisch, der «letzten Liebe» des Dichters, und ihrem Bruder Adolf Exner, dann mit dem von Keller selbst so bezeichneten «lieben Herrn und bestem Freund», dem Regierungsrat Wilhelm Petersen in Schleswig, und zuletzt mit dem bedeutenden Wiener Literaturhistoriker Emil Kuh. Die Korrespondenz Kellers mit dem Münchner Dichter Paul Heyse schließt sich obigen Ausgaben an und präsentiert sich wie diese als Liebhaberausgabe. So wird bewußt zugunsten der Lesbarkeit auf einen diplomatischen Abdruck der Briefe verzichtet. Die Briefe folgen den textgetreuen, aber in Rechtschreibung und Interpunktion normalisierten Drucken von Helbling (Gottfried Keller, Gesammelte Briefe, Benteli Verlag, Bern 1952, Bd. 3/1) und – was die Heyse-Briefe anbelangt – von Kalbeck (Paul Heyse und Gottfried Keller im Briefwechsel, Westermann Verlag, Braunschweig 1919). Druckfehler in den zitierten Ausgaben wurden dabei stillschweigend korrigiert. Die Briefdokumente, bei Kalbeck sind es 104, werden in der vorliegenden Ausgabe zum erstenmal vervollständigt. Insgesamt werden 108 Dokumente (2 Briefe der Helbling-Ausgabe, hier 11 und 30, und 2 Erstdrucke, hier 98 und 99, zusätzlich) abgedruckt: 50 Briefe, 5 Postkarten und 1 Telegramm von Keller an Heyse, 43 Briefe und 9 Postkarten (1 davon gemeinsam mit Storm) von Heyse an Keller. Unterstrichene Wörter sind kursiv gedruckt, ebenso die fremdsprachigen Ausdrücke in den Briefen Kellers; eckige Klammern [. . .] kennzeichnen Textergänzungen des Herausgebers.

Einleitung, Anmerkungen – die immer unmittelbar den jeweiligen Briefen folgen – und Anhang ergänzen sich gegenseitig.

F. St.

Verzeichnis der Briefe

Seite

Seite

Briefe

1: Keller an Heyse

Lieber Freund!

Professor Vischer hat mir Ihr neues Novellenbuch freundlich überbracht und mir gleich meinen Namen vorgewiesen, mit welchem Sie Ihr gutes Werk verunziert haben in anmutiger Laune des Wohlwollens.

Es ist mir schon mehrmals geschehen, daß ich mich ärgerte über Leute, welche diesem oder jenem Begabten nachrühmten, er sei zugleich auch von freundlicher und guter Gemütsart und frei von aller Abgunst; denn ich fand jederzeit, daß die Leute, die etwas Rechtes können, selbstverständlich auch sonst ordentliche Menschen seien, weil sie den Grund eines reinen Glückes in sich tragen. Und nun wundere ich mich doch selbst über Ihr gutes Herz, wenigstens insofern ich einen Pfeil desselben auf mich gerichtet sehe, ohne mir sagen zu können, mit was ich denselben mir zugezogen. Nun, ich danke Ihnen für den schönen Gruß und werde meinen Dank mit Werkheiligkeit dadurch betätigen, daß ich beim Verfertigen meiner eigenen Siebensachen recht fleißig an Sie denke, was freilich nur wieder mein eigener Vorteil ist. Die erste Novelle reiht sich prächtig dem «Mädchen von Treppi» und der «Rabbiata» an und ist mit der Mühle zugleich von der schönsten neuen Erfindung. Sie haben mit diesem Genre etwas ganz Neues geschaffen, in diesen italienischen Mädchengestalten einen Typus antik einfacher ehrlicher Leidenschaftlichkeit im brennendsten Farbenglanze, so daß der einfache Organismus verbunden mit dem glühenden Kolorit einen eigentümlichen Zauber hervorbringt. In der zweiten Novelle haben Sie mir ein Motiv wie eine Schnepfe vor der Nase weggeschossen, nämlich das feine Bummeln zweier Verliebter einen schönen Tag hindurch in einer schönen Landschaft, wodurch das bewusste Ende herbeigeführt wird. Damit soll mein nächstes Novellenbüchlein schließen, und es kommt sogar ein altes Kirchlein darin vor, in welchem eine Weinkelter steht und mit großem Geräusch gekeltert wird, während Sie ebenfalls eine mit Wein gefüllte alte Kirche haben. Ich werde das meinige Gotteshäuschen nun abtragen müssen, wenn ich nicht den Reminiszenzenjägern in die Hände fallen will. Alle vier Novellen sind wieder von der soliden selbstgewachsenen Erfindung, welche die Frucht der peripatetischen Übungen ist, die der Kopf mit dem Herzen anstellt. Die letzte, «Das Bild der Mutter», ist sehr stark gepfeffert und wird in manchem Boudoir etwas unsänftlich anstoßen.

Ich bin nun zunächst auf Ihr neues Drama begierig. Ich selbst habe nun Zeit, meine laufenden oder eher schleichenden Arbeiten baldigst abzuschließen, sonst muß man sich wieder neu besinnen, was ich eigentlich sonst schon geschustert habe?

Der Schiller macht uns hier ordentlichen Kummer, weil das Heer der Philister sich in zwei Lager geschieden hat, in einen feindlichen Muckerhaufen und in einen hohlen Enthusiastenhaufen, der durch übertriebene und unzweckmäßige Forderungen dem ersten in die Hände arbeitet, so daß wir «Comittierte», welche das Schifflein der Schillerfeier ehrenthalber durchschleppen müssen, den Tag verwünschen, wo wir es bestiegen. Glücklicher Weise hat das Schifflein eine gute Kajütenschenke, d. h. wir halten die Sitzungen in einem Wirtshause, wo wir einen trüblich karneolfarbigen Weinmost trinken, alle Tage frisch vom Lande hereinkommend.

Burckhardt hat uns, wie Sie wissen, böslich verlassen und schickt nur zuweilen einen Gruß. Ich hätte fast Lust, ihm ein recht mutwilliges und frivoles Buch zu dedizieren, um ihm in seinem frommen Basel eine rechte Unannehmlichkeit zu bereiten, mit einer Anrede, in welcher von nichts als den Wirtshäusern in der Umgebung Zürichs die Rede ist und etwa noch von einigen fingierten Schenkmädchen. Allein er dauerte mich doch zu sehr.

Nun seien Sie mir auch herzlichst gegrüßt. Nächstes Jahr werde ich Sie wohl einmal in München sehen, auch müssen Sie etwa wieder einen Schweizer Abstecher machen!

Ihr dankbar ergebener

Gottfried Keller

Zürich, 3. November 1859

Vischer: Friedrich Theodor Vischer (1807–1887), Dichter und Gelehrter, seit 1855 Professor für Ästhetik an der neugegründeten Eidgenössischen Technischen Hochschule in Zürich, später in Tübingen und Stuttgart. Gottfried Keller, 1855 noch in Berlin weilend, lehnte das Angebot eines Lehrstuhls am Zürcher Polytechnikum ab, vgl. dazu: Keller an seine Mutter, Berlin, 15. Februar 1855, und Keller an Hettner, Berlin, 9. Mai 1855, in: Helbling 1, S. 125 bzw. 407; weitere Lit.: Adolf Muschg, Professor Gottfried Keller?, in: Siebenundvierzigster Jahresbericht der Gottfried-Keller-Gesellschaft, Zürich 1979.

neues Novellenbuch: Paul Heyse, Vier neue Novellen (3. Sammlung), Hertz, Berlin 1859. Der Band enthält die Erzählungen: «Die Einsamen», «Anfang und Ende», «Maria Francisca» und «Das Bild der Mutter» und ist Gottfried Keller gewidmet. Die beiden ersten Novellen sind heute wieder greifbar, in: P. H., Werke, Bd. 1 u. 2, hrsg. v. Bernhard und Johanna Knick und Hildegard Korth, Insel, Frankfurt 1980.

Zwischen der ersten Begegnung der beiden Dichter in Zürich 1857 (vgl. unten) und 1859 ist Heyse offenbar ein eifriger Leser Gottfried Kellers geworden; das erfahren wir auch aus einem Brief Kellers an Ludmilla Assing vom 5. Juli 1857, vgl. Helbling 2, S. 59.

Mädchen von Treppi und Rabbiata: Paul Heyse, Neue Novellen (2. Sammlung), Cotta, Stuttgart 1858 und ders., Novellen (1. Sammlung), Hertz, Berlin 1855. Beide Texte (letzterer unter dem abgeänderten Titel: «L'Arrabbiata») sind in der Universal-Bibliothek des Reclamverlags (Nr. 8301) und in der Insel Werkausgabe (op. cit.) abgedruckt.

mit der Mühle: Vgl. Heyses Novelle «Die Einsamen».

mein nächstes Novellenbüchlein: erscheint erst 1881 in der «Deutschen Rundschau» unter dem Titel «Das Sinngedicht», ein Jahr später dann als Buchausgabe bei Hertz, Berlin; W 11. In den 50er Jahren hat Keller für den Novellenzyklus erst gerade die Rahmenhandlung festgelegt. Das im Brief angesprochene Motiv mit der Kelter im Kirchlein hat er nicht verwendet.

Ihr neues Drama: Paul Heyse, Die Sabinerinnen. Tragödie, Hertz, Berlin 1859. Erstaufführung: 20. Mai 1858 in München. Jacob Burckhardt schreibt am 4. Juli 1858 an Heyse: «... finde ich in den Sabinerinnen lauter Neues und Großes, eine Rechtfertigung vom Dasein Roms, ein unvergleichendes Ineinander von Haß und daraus entstehender Liebe, einen nothwendigen Complex von Fluch und Segen, kurz, das Drama ist wie die Entladung einer welthistorischen Batterie, und läßt mir so zu Muthe werden, daß ich anfange zu glauben, die römische Geschichte hätte ohne jenen ratto sich gar nicht weiter entwikkeln können. Alle künftigen Züge der römischen Physiognomie (welche ungleich die der großen Menschlichkeit überhaupt sind) sehe ich hier vorgebildet in lauter lebendigem individuellem Treiben und Thun», Der Briefwechsel zwischen Jacob Burckhardt und Paul Heyse, hrsg. v. Erich Petzet, München 1916, S. 65f. Und Keller schreibt am 31. Januar an Hermann Hettner: «Soeben habe ich das neue Drama von Heyse gelesen. Es ist eine durchaus hübsche und gediegene Arbeit, die, das Tagesniveau betrachtet, nicht viel zu wünschen übrig läßt», Helbling 1, S. 440.

Der Schiller: In der Schweiz fanden im Jahre 1859 an verschiedenen Orten Schiller-Gedenkfeiern statt. Keller war im Festausschuß zur Schillerfeier in Zürich, vgl. Keller an Ludmilla Assing, 30. November 1859, Helbling 2, S. 91; auch: «Prolog zur Schillerfeier in Bern», W 1, S. 264 ff.; ferner wohnte Keller ein Jahr später als Berichterstatter den Feierlichkeiten auf dem Rütli bei. Die Urkantone setzten dem Dichter mit der Inschrift am Mythenstein (heute «Schillerstein») «Dem Sänger Tells F. Schiller. Die Urkantone 1859» ein schlichtes, aber eindrückliches Denkmal. Heute leuchten die goldenen Buchstaben weit über den Urnersee; vgl. dazu Kellers kulturphilosophischen Aufsatz «Am Mythenstein», W 22, S. 121 ff.

Burckhardt: Jacob Christoph Burckhardt (1818–1897), Historiker und Kunstgelehrter. 1855 bis 1858 Professor für Kunstgeschichte am Zürcher Polytechnikum, ab 1858 o. P. für Geschichte in Basel. Heyse lernte den hochbegabten Wissenschaftler in Berlin bei Franz Kugler kennen und schloß mit dem Älteren eine enge Freundschaft, die sie beide bis ins hohe Alter pflegten, was der rege Briefwechsel zwischen Basel und München bezeugt. Das schönste Denkmal der Freundschaft zwischen Heyse und Burckhardt stellt das Vorwort zum «Italienischen Liederbuch» (1860) dar, das Heyse Jacob Burckhardt widmet. Der Burckhardt-Biograph Kaegi schreibt: «Nie ist der Liebe Burckhardts zu Italien schöner gehuldigt worden als mit dieser Widmung» (W. Kaegi, Jacob Burckhardt. Eine Biographie. Basel 1956, Bd. 3, S. 745). Burckhardt seinerseits überreichte Heyse als einem der ersten sein Hauptwerk «Die Cultur der Renaissance in Italien» zur kritischen Lektüre. Die Begegnung zwischen Heyse und Keller im Sommer 1857 in Zürich hat schließlich Jacob Burckhardt veranlaßt, vgl. dazu die Ausführungen in der Einleitung.

2: Keller an Heyse

Lieber Freund!

Ich erlaube mir, Herrn Maler J. S. Hegi aus Zürich, der aus Mexiko zurückgekehrt, mit einem herzlichen Gruß an Sie zu rekommandieren. Es ist mein ältester Freund und ein vortrefflicher Mensch. Wenn Sie ihm etwa zu einer gelegentlichen Bekanntschaft verhelfen können, im Kunstverein einführen etc., so würde ich dankbarlichst dafür gesinnt sein. Im übrigen inkommodieren Sie sich in keiner Weise.

Was meinen Fleiß betrifft, so hat er sich seit einiger Zeit gebessert, und ich glaube mit Zuversicht, dies Jahr noch mit 2 Produkten abzusegeln.

Ihr ergebener Gottfried Keller

Zürich, 23. August 1860

Hegi: Johann Salomon Hegi (1814–1896), Kunstmaler und Freund Gottfried Kellers. In den Jahren 1849 bis 1860 hielt sich Hegi in Mexiko auf, wo er umfangreiche Studien betrieb; vier Skizzenmappen mit Hunderten von Aquarellzeichnungen, die damals kaum Beachtung fanden und mit denen kein Geld zu verdienen war, heute jedoch einen hohen dokumentarischen Wert darstellen und Hegis zeichnerisches Talent beweisen, sind die Ernte dieses Studienaufenthaltes; vgl. dazu: Fridolin Stähli, Gefährdete Künstler. Der Briefwechsel zwischen Gottfried Keller und Johann Salomon Hegi. Edition und Kommentar, Artemis, Zürich und München 1985 und ders., Johann Salomon Hegi. Skizzen aus Mexiko 1849–1860. Museum Leuen-Gasse Zürich 1988/1989 (Ausstellungskatalog, hrsg. v. der «Stiftung Altamerikanische Kulturen»). – Hegi bleibt nur gerade einen Winter in München.

Kunstverein: Gegründet wurde der Münchner Kunstverein 1823. Er schuf in München ein eigenes künstlerisches Klima, schlug im Gegensatz zur Akademie – die eine idealistisch-historische Lehre vertrat – eine realistische Kunstrichtung ein und zog viele begabte Künstler nach München – so etwa verschiedene Künstlergenerationen aus der Schweiz. Sowohl Gottfried Keller als auch Johann Salomon Hegi waren Mitglieder während ihres Münchner Aufenthaltes (Hegi ab 1837, gemeinsam mit Keller dann in den Jahren 1840 bis 1842) und ständige Besucher des Kunstvereins. Keller hat hier auch nachweislich seine Bilder ausgestellt, vgl. dazu: Keller an seine Mutter, 27. Juni 1840; Helbling 1, S. 21. Der Kunstverein förderte vor allem die Landschafter unter den Malern; von dieser Gattung gingen dann auch Neuerungen aus, die bis ins 20. Jahrhundert bestimmend wurden. Ausführlich dokumentiert, in: «150 Jahre Kunstverein München», hrsg. vom Kunstverein München, München 1974.

mit 2 Produkten abzusegeln: 1860 erscheint kein literarisches Werk von Gottfried Keller. Wegen der Kürze der Formulierung scheint mir diese Stelle – auch was die Beziehung zu Heyse betrifft – bedeutungsvoll zu sein. Keller möchte auch so wie Heyse produzieren können. Der 30jährige Heyse hat schon in jungen Jahren ein ansehnliches Werk geschrieben: u. a. 4 Dramen, 3 Novellensammlungen, 5 Novellen in Versen, Gedichte, Übersetzungen. Andererseits steckt in dieser Aussage auch eine gewisse Aggression und Ironie – zumindest im Verb «absegeln» – gegenüber Heyse, der bis jetzt Literatur einfach «produziert» hat. Später mahnt Keller seinen Freund immer wieder zur

Mäßigung in seiner rastlosen Literaturproduktion. Sicher darf man aus dieser knappen Äußerung auch eine gewisse Distanzierung Kellers von seiner eigenen literarischen Arbeit herauslesen. 1861 erscheinen dann: «Das Fähnlein der sieben Aufrechten» (W 10) in Auerbachs «Volkskalender» und «Am Mythenstein» (W 22) in Cottas «Morgenblatt für gebildete Leser».

3: Keller an Heyse

Meine aufrichtige Teilnahme, lieber Freund, an dem herben Geschick, das Sie betroffen, und zugleich meinen Dank für die Freundlichkeit, auch in der Trauer meiner zu gedenken.

Ihr ergebener Gottfried Keller

Zürich, 9. Oktober 1862

dem herben Geschick: Am 30. September 1862 stirbt nach längerer Krankheit Heyses Frau Margarete, geb. Kugler. Sie hatten sich im Hause des Kunsthistorikers Franz Kugler in Berlin kennengelernt und 1854 geheiratet.

4: Keller an Heyse

Lieber Freund!

Da ich die Adresse meines Landsmannes Leuthold nicht besitze, so bitte ich Sie, der vielleicht dessen Aufenthalt kennt, ihm beiliegenden Brief zukommen zu lassen und nötigenfalls dessen Adresse erfragen zu wollen, z. B. bei Herrn Geibel usf.

Mit vielen Grüßen

Ihr Gottfr. Keller

Zürich, 19. Mai 1863
Wie geht es Ihnen, gut?

Leuthold: Heinrich Leuthold (1827–1879), Lyriker, Übersetzer, politischer Journalist; lebte seit 1857 in München, starb am 1. Juli 1879 in der psychiatrischen Anstalt Burghölzli in Zürich, nachdem er dort zwei Jahre lang interniert gewesen war. Leuthold gehört zu den Vergessenen der Schweizer Literaturgeschichte. Lit.: Karl Fehr, Heinrich Leuthold – verkanntes oder verkommenes Genie, in: Heinrich Leuthold, Die Schönheit, die ich früh geliebt. Gedichte, Briefe, Prosa. Werner Classen Verlag, Zürich 1985.

Geibel: Emanuel Geibel (1815–1884), Dichter und Übersetzer, seit 1852 Professor für Literaturgeschichte und Poetik an der Münchner Universität und Hauptfigur des Münchner Dichterkreises (vgl. dazu die Ausführungen in der Einleitung). Geibel und Leuthold haben sich in der von Julius Große und Paul Heyse gegründeten literarischen Vereinigung «Das Krokodil» (der Name stammt von Hermann Linggs Gedicht «Das Krokodil von Singapur») getroffen. 1862 geben sie gemeinsam «Fünf Bücher französischer Lyrik» heraus. Lit.: Heinrich Schneider, Die freundschaftlichen Begegnungen Heinrich Leutholds und Emanuel Geibels im Münchner Dichterkreis. Ein literaturgeschichtlicher und psychologischer Bericht mit bisher ungedruckten Briefen und Dokumenten, Lübeck 1961.

5: Heyse an Keller

München, 9. April 1864
Briennerstraße 27 a

Lieber Keller!

Von einem Ausfluge nach Tübingen heimgekehrt, eile ich mit einer Bitte bei Ihnen anzuklopfen, die ich schon unterwegs, da ich mit Prof. Vischer zusammentraf, Ihnen mündlich ans Herz zu legen sorgte. Hermann Kurz, der seit dem Winter nach Tübingen übergesiedelt ist und endlich von langen Notjahren aufzuleben anfängt, hat Ihnen geschrieben, daß er sehr glücklich sein würde, zu seinem neubegründeten Volkskalender einen Beitrag von Ihnen zu erhalten. Zu meinem Schrecken habe ich nun gesehen, daß er selbst im Gedränge neuer Verhältnisse und ungewohnter Arbeit noch immer nicht Stoff und Stimmung gefunden hat, seinen eigenen Beitrag zu schaffen, und da der Verleger ihm auf den Fersen sitzt, steht zu fürchten, daß er in den letzten vier Wochen nicht weiter kommen wird als in vier Monaten. Und so wäre das ganze Unternehmen in Frage gestellt, wenn nicht von anderer Seite geholfen wird. Die Hand, die *Sie* ihm boten, wäre allein imstande, das Projekt, das im Versinken ist, über Wasser zu halten.

Gottfried Keller im Alter von 48 Jahren

Sie können freilich nicht ermessen, wie beklagenswert dieser Ausgang sein würde. Auf einen Kalender mehr oder weniger käm' es ja auch am Ende nicht an, da das «längst gefühlte Bedürfnis» deutscher Nation nach Neuestem überschwenglich befriedigt wird. Aber von der äußeren Einbuße, die mein Freund dabei leiden würde, ganz abgesehen, wäre es ihm ein neuer Schlag zu allen alten Schlägen, wenn auch dieser Plan in herba zugrunde ginge, und würde ihn in seinem schwerblütigen Wahn, daß alles glücklos sei, was er angreife, von neuem bestätigen. Kommt dagegen von Ihnen eine jener kostbaren Novellen, um die Sie selbst der «bessere Mensch» zu beneiden sich nicht entbrechen kann, so stehe ich dafür, daß, wenn alle neun Musen schweigen, diese zehnte, der Neid, unserm Kurz die Asche von den Kohlen blasen und die alte dichterische Flamme wieder anfachen wird. Ja, schlimmstenfalls könnte der Kalender auch mit Ihrem, Riehls und meinem Beitrage für diesmal sich begnügen.

Lassen Sie mich oder unsern Kalendermacher selbst ein tröstliches Wort vernehmen, und seien Sie aufs herzlichste in alter Neigung gegrüßt von Ihrem

Paul Heyse

(zu Brief 5)

Kurz: Hermann Kurz (1813–1873) studierte Theologie in Tübingen und wurde nach einer Glaubenskrise (1836) freier Schriftsteller und Journalist in Stuttgart. In den Jahren 1856 bis 1863 litt er unter einem schweren Nervenleiden.

Ab 1863 ist er als Universitätsbibliothekar in Tübingen tätig; dort hat ihn Paul Heyse, mit dem er seit 1859 befreundet ist (vgl. Isolde Kurz, Hermann Kurz. Ein Beitrag zu seiner Lebensgeschichte, 2. erw. Aufl. Stuttgart und Berlin 1919, S. 203ff.), besucht.

Volkskalender: In Isolde Kurz' Lebensgeschichte über ihren Vater heisst es: «Ein Kalender, dessen Herausgabe gemeinsam mit Paul Heyse geplant war, sollte die Geldmittel zu unserer Uebersiedlung liefern; der Verleger sowie die literarischen und künstlerischen Mitarbeiter waren schon gewonnen, und der eigene Beitrag für den ersten Jahrgang, ein Landknechtsschwank in Versen von Hans Sachsscher Manier, reiste auf langen Gängen ins Freie der Vollendung entgegen. Auch für seine wissenschaftlichen Arbeiten, die ihm neben den poetischen stets am Herzen lagen, eröffnete der Kalender ihm ein aussichtsvolles Absatzgebiet. Das Unternehmen sah so wohlgegründet aus, daß gar kein Zweifel mehr aufkommen konnte, meine Mutter teilte des Vaters Jubel, und es gab in jenen Wochen landauf, landab keine zukunftsfrohere Familie als die unsrige. (...) Aber als der Plan der Uebersiedlung reifen sollte, da sagte das Schicksal nein: der erste Jahrgang des Kalenders kam nicht zustande, weil der Illustrator seine Arbeit nicht ablieferte, die glückverheißende Verbindung löste sich auf, und das ganze Unternehmen, an dem die Gestaltung unserer Zukunft hing, fiel ins Wasser» (Isolde Kurz, op. cit., S. 213). Weitere Lit.: Sigrid von Moisy, Paul Heyse: Münchner Dichterfürst im bürgerlichen Zeitalter, München 1981 (Ausstellungskatalog der Bayerischen Staatsbibliothek).

in herba: In diesem Kontext deutsch etwa mit «im Keim» zu übersetzen.

Riehls: Wilhelm Heinrich Riehl (1823–1897), Kulturhistoriker und Novellist, seit 1859 Professor für Kulturgeschichte an der Universität München.

6: Keller an Heyse

Verehrter Freund!

Ich bin veranlaßt, mich bei Ihnen wieder einmal in Erinnerung zu bringen, und gewärtige gerne, ob dies überhaupt noch möglich ist. Es lebt hier in Zürich eine junge Engländerin mit ihren Eltern, Miß Edith Hering, welche, wie es scheint, ein Bedürfnis nach allerlei Tätigkeit fühlt und nebst musikalischen Bestrebungen auch Schreibeübungen verfolgt. Diese Dame möchte nun die eine oder andere von Ihren Novellen übersetzen, und da sie vernahm, daß ich die Ehre habe, zu Ihren guten Bekannten zu zählen, so ging sie mich an, Sie um Ihre gütige Erlaubnis zur Ausführung ihres Vorhabens anzufragen.

Ich habe der Dame das Angemessene in Sachen vorgestellt; allein sie beharrte darauf, daß ich Sie anfragen möchte. Sie gedenkt das Übersetzte in einer englischen Zeitschrift erscheinen zu lassen und ersuchte mich, Ihnen zugleich zu sagen, daß eine solche bereits erschienene Übersetzung in einer Zeitschrift *Monkerly* oder *Ponkerly* oder *Konkerly-Echo* (ich verstand den Namen nicht) nicht von ihr, sondern von einer andern «Person» herrühre.

Um nun nicht einen schnöden Abschlag erteilen zu müssen, sehe ich mich eben genötigt, Sie mit der Sache zu behelligen und Sie um zwei Worte Antwort zu bitten.

Ich füge bei, daß ich glaube, das artige blonde Kind würde mit dem Raube nicht gerade weit springen und keinen großen Schaden anrichten.

Mit herzlichem Gruße

Ihr ergebener Gottfried Keller

Zürich, 5. Juli 1869

7: *Heyse an Keller*

München, 10. Juli 1869

Ich habe mich sehr gefreut, Verehrtester, Ihre Handschrift wiederzusehen. Ein Lebenszeichen auf Druckpapier erharren wir nun seit Jahren umsonst, und trotz des raschen Verkehrs zwischen Ländern und Städten ist es mir nicht so gut wieder geworden wie an jenem sehr unvergessenen Schlenderabend am Seeufer. Vor zwei Jahren übernachtete ich auf meiner Hochzeitsreise in Zürich und mußte, so hart es mich ankam, darauf verzichten, Sie heimzusuchen, da meine Zeit nicht mir gehörte. Und Sie scheint nichts wieder nach München zu locken seit Ihrer Grünen-Heinrichs-Zeit, die babylonische Sprach- und Stilverwirrung der bevorstehenden Kunstausstellung am wenigsten. Peccato! Ich habe so schöne Standreden für Sie in petto, alle gegen den sündhaften Geiz gerichtet, der Sie treibt, Ihren Schatz zu vergraben.

Aber da Sie nun einmal Staatsschreiber sind, sollen Sie dafür büßen. Ich habe eine kleine Geschichte geschrieben, die ich frevelhafterweise nach Bern ins vorige Jahrhundert verlegt habe. Nachträglich überfällt mich die Angst, ob ich nicht in den Lokalfarben, die ich nur im Fluge studieren konnte, mich hie und da täppisch vergriffen habe, so daß ein Ortskundiger ganz um die Illusion kommen muß. Besonders was die städtischen Einrichtungen, die

Nomenklatur der Behörden usw. betrifft, bin ich sehr unsicher trotz redlicher Bemühung. Denn gerade, was der Novellist an kleinstem Detail braucht, findet sich in keinem der vornehmen Geschichtsbücher. Wollten Sie mir nun die große Liebe und Güte antun, die Geschichte in den Korrekturbogen durchzusehen und die gröbsten Schnitzer am Rande zu brandmarken? Wenn Sie nicht antworten, nehme ich an, daß Sie die Zeit dazu haben und sonst keine Abneigung gegen dies Geschäft, und schicke Ihnen seinerzeit die Blätter unter Kreuzband.

Ihrem blonden Albionstöchterlein bitte ich zu sagen, daß alle meine Novellen vogelfrei sind, sobald es sich nur darum handelt, sie hinter das Gitter eines Feuilletons oder in eine Review einzusperren. Eine besondere Autorisation zur Übersetzung hat nur einen Sinn, wo es sich um eine eigene Herausgabe handelt, und da ich bereits mit Tauchnitz für seine German authors darüber einen Vertrag geschlossen habe, bin ich für die Übersetzung ganzer Bände ins Englische an ihn gebunden.

Leben Sie wohl, teuerster Freund.
In alter Gesinnung

Ihr Paul Heyse

Schlenderabend am Seeufer: Vgl. Anmerkung zu Brief 1.

Hochzeitsreise: Heyse verheiratete sich am 4. Juni 1867 mit Anna Schubart (1850–1930), die Hochzeitsreise führte sie nach Venedig.

Grünen-Heinrichs-Zeit: Keller bildete sich in den Jahren 1840 bis 1842 in München zum Kunstmaler aus; auch sein späterer Romanheld Heinrich weilt als Kunstjünger in München.

Staatsschreiber: Keller wurde 1861 zum Ersten Staatsschreiber des Kantons Zürich gewählt.

eine kleine Geschichte: Gemeint ist die spätere Novelle «Der verlorene Sohn»; P. H., Ges. Werke, Bd. 8, Novellen V, Berlin 1873; heute wieder greifbar, in: P. H., Werke, Bd. 2.

Albionstöchterlein: «Albion», keltische Bezeichnung für England; gemeint ist Edith Hering, die Heyses Novellen übersetzen wollte.

Tauchnitz: Verlagsbuchhandlung in Leipzig, 1837 von Christian Bernhard Tauchnitz (1816–1895) gegründet. Der Verlag ist durch die 1841 begonnene «Collection of British and American authors» berühmt geworden. Ab 1867 erschienen in diesem Verlag, später auch in andern, englische Übersetzungen der Werke Heyses.

Es fällt auf, daß die Werke des Münchners – und darunter vor allem die Novellen – sehr früh übersetzt worden sind, und zwar in die verschiedensten Sprachen; vgl. Paul Heyse. Eine Bibliographie seiner Werke, hrsg. v. Werner Martin, Hildesheim 1978, S. 81–89.

8: Keller an Heyse

Verehrter Freund,

Indem ich Ihnen mit Dank den Korrekturbogen Ihrer hübschen Novelle zurückschicke, bemerke ich nur in Eile, daß ich durch ein paar Korrekturen angedeutet habe, daß die regierende Behörde nicht Großer Rat, sondern Kleiner Rat hieß. Der Große Rat war die oberste souveräne Versammlung von 300 Mitgliedern.

Der Großweibel oder besser gesagt Standesweibel war und ist wie andere Weibel nur ein Ratsdiener und nicht intim mit den Geschlechtern und Ratsherren. Gleichwohl können Sie ihn zu dem Zweck gebrauchen, wobei die Verschwägerung etwas zu weitgehend ist.

Schultheißen, die man bis 1798 Exzellenz nannte, gab es im 17. Säkulum nur noch aus einer beschränkten Zahl adelicher Geschlechter, worunter kein Burkhard meines Wissens. Einige Namen sind: von Sinner, Erlach, Wattenwyl, Dießbach, Mülinen, Luternau, von Mai, von Steiger.

Das Rathaus kann nicht wohl zum Unterbringen der Leiche gebraucht werden. Es wird irgendeine Siechenhauskapelle oder dergleichen gewesen sein. Irre ich nicht, so befand sich ein Spital (nicht ein modernes elegantes Krankenhaus) unten an oder in der Aare. Sie können aber am besten irgendein unbestimmtes Lokal komponieren beim Mangel bestimmten Anhalts, ein ehemaliges altes Siechenhäuschen mit Kapelle und Totenkammer oder so was.

Ich danke Ihnen für den freundlichen Brief von neulich. Als Sie jüngst hier durchreisten, mochte ich Sie nicht belästigen, obgleich Ihr Wirt Ihre Anwesenheit zufällig in meiner Gegenwart verraten hatte. Kommen Sie einmal wieder, wenn Sie keine Aufregungs- oder Beruhigungsreise machen, nach Zürich. Vielleicht kann ich doch bald einmal nach München los kommen.

Ihr ergebener G. Keller

Zürich, 12. August 1869

den Korrekturbogen Ihrer hübschen Novelle: Keller würdigt die Novelle «Der verlorene Sohn» in keiner Weise, sein Ton ist sachlich und kühl, die persönliche Distanz scheint in den vorangegangenen Briefen nie größer gewesen zu sein. Verschiedene Gründe lassen sich aufzählen:

Während Heyse sich hatte entschließen können, ein zweites Mal zu heiraten, und ungebrochen an seinem literarischen Werk arbeitet (seit dem Keller zugeeigneten Novellenband, 1859, sind es in zehn Jahren 40 Publikationen!), ist Keller literarisch wenig fruchtbar (einzig 1865 erscheinen «Die mißbrauchten Liebesbriefe», W 8). Zwei Todesfälle trafen Keller in dieser Zeit tief. Am 5. Februar 1864 starb unerwartet seine Mutter; seine Verlobte Luise Scheidegger schied freiwillig aus dem Leben; von beiden war es ihm nicht vergönnt, berichtet der Biograph, Abschied nehmen zu können. Diese Todesfälle sollen zu den bittersten Erfahrungen seines Lebens gezählt haben (vgl. E/B, S. 381; ferner: Walter Baumann, Luise Scheidegger – die unbekannte Braut, in: W. B., Gottfried Keller. Leben. Werk, Zeit. Artemis, Zürich und München 1986). Zwischen 1864 und 1869 wurde zwischen Zürich und München auch nicht mehr korrespondiert, wobei es augenfällig ist, daß Keller in diesen Jahren sehr wenige Briefe schreibt.

Die knappe Beurteilung der Novelle mag auch mit deren Inhalt zusammenhängen. Die Erzählung zeigt eine trauernde, am Schluß verbitterte Mutter, die sich über den leichten Lebenswandel ihres in der Fremde weilenden Sohnes grämt.

Ein Jahr später kommt Keller allerdings lobend auf die Novelle zurück. Die Briefe vom 4. bzw. 10. Juni 1870 (vgl. ebd.) stellen eine neue Beziehung zwischen den Dichtern her und lösen den Konflikt, der sich in den 60er Jahren in den Briefen mehrmals offenbarte.

Aufregungs- oder Beruhigungsreise: Das ist eine kaltblütige Formulierung Kellers, die nochmals schlaglichtartig die Nöte der Beziehung in diesen Jahren widerspiegelt. Mit der «Aufregungsreise» meint Keller Heyses Hochzeitsreise von 1867; mit der «Beruhigungsreise» die Reise Paul und Anna Heyses nach Luzern, die sie nach dem Tode der erstgeborenen Tochter Anfang August 1869 unternahmen, wobei sie in Zürich kurz Aufenthalt machten.

9: Keller an Heyse

Lieber Herr und Freund!

Ich habe Ihnen gestern in Zerstreuung und Verwechslung der Zürcher- mit der Bernergeschichte eine Unrichtigkeit oktroyiert.

Sie können nämlich den *Großweibel* stehen lassen. Derselbe war in Bern in der Tat eine angesehene Person, Präsident des Stadtgerichts, und hatte auch die Polizeisachen unter sich. Immerhin war er *nicht* Mitglied des Kleinen Rats und wohl selten ein eigentlicher Patrizier. Dann steht irgendwo von 500 Gulden, was ich gestern vergessen. Bern hatte nie Gulden, sondern Pfunde und Kronen. Das Pfund betrug etwas über ½ Gulden jetziger süddeutscher Währung, die Krone etwas über 2 Gulden, wozwischen Sie nun wählen können.

Ihr ergebener G. Keller

10: Heyse an Keller

München, 4. Juni 1870

Sie sind es schon gewohnt, lieber Freund, meine Handschrift nur zu sehen, wenn ich etwas von Ihnen will, und hoffentlich erkennen Sie darin einen Beweis echter und rechter Freundschaft, den Wunsch nämlich, Ihre Staatsschreiberfeder auf privatem Postpapier nur zu bemühen, wenn die Not am höchsten ist, und niemand als Sie zu helfen vermag. So steht es nun einmal wieder, und ich wage es, Ihnen wieder vor die Augen zu treten, obwohl ich sogar den Dank für Ihren Beistand bei Gelegenheit des «Verlorenen Sohnes» noch immer auf dem Herzen habe.

Seit einem Jahr bin ich in Gemeinschaft mit Hermann Kurz in Tübingen drüberher gewesen, Material zu einem «Deutschen Novellenschatz» zu sammeln, den massenhaften Wust zu sichten, der sich seit Vater Goethe auf diesem fruchtbaren Felde angehäuft hat, um das Wenige – *beschämend* Wenige! –, was den Sukzeß der Tagesneugier überdauert, zusammenzustellen, mit kurzen Vorbemerkungen über die Autoren, die zuweilen gänzlich verschollen sind oder auf dem Wege dazu wären, wenn man ihre Reliquien nicht beizeiten abstäubte und ausmottete. So die Romantiker vor allen – von denen unglaublich wenig Unverwesliches übrigbleibt, wenn man einige Gewürze, Myrrhen und Balsam aus den Mumien nimmt, die pietätvolle Literatoren sorgfältig hineingestopft haben. Anderer zu geschweigen, zumal noch Lebender, die nie gelebt haben. Nun aber, da wir zwar keine bloße robba letteraria liefern wollen, sondern noch heute Genießbares und Schmackhaftes, dabei aber doch Manches mit unterläuft, das nur mit Vorbehalt munden kann, würde das Unternehmen nicht in so weite Kreise dringen, wie wir und der Verleger wünschen müssen, wenn wir von dem Neuesten und Schmackhaftesten nicht auch in jedem Bande eine Probe geben, gleichsam zur Belohnung und Aufmunterung pour la bonne bouche. Versteht sich, von jedem Autor, dessen Werke noch nicht freigegeben sind, nur eine Novelle. Und so kommen wir zu Ihnen, liebster Keller, mit der inständigen Bitte, uns – da Sie selbst zu milden Herzens sind, um Ihren eigenen Konsens zu weigern – nun auch die Erlaubnis Ihres Herrn Verlegers zu erwirken zur Aufnahme Ihres «Romeo-und-Julie»-Kleinods in unseren Hausschatz. Bisher haben sämtliche Verleger, an die wir uns gewendet, bereitwillig ihre Zustimmung gegeben, da das materielle Objekt, um das sich's handelt, kaum in Betracht kommt, prinzipiell auch nichts dem eignen Rechte vergeben wird, indem es klar ist, daß es sich hier nicht um Erleichterung der üblichen Freibeuterpraxis handelt, und endlich den meisten auch der Vorteil einleuchtet, wo die besten Namen genannt werden, den oder die *ihrer* Autoren nicht fehlen zu sehen. Diese Rücksicht freilich kann *Ihren* Verleger nicht bestimmen helfen. Sie bleiben, der Sie sind, auch wenn H. Kurz und P. Heyse keine Leute von Seldwyla zu kennen scheinen. Aber schön und gut und für uns mehr als das, für uns eigentlich unumgänglich wird es, wenn wir an dem Ort, wo Sie eintreten sollen, kein Loch lassen müßten, sondern uns Ihrer mit rechtem Stolz erfreuen könnten. Bitte, stellen Sie Ihrem Herrn Verleger die Sache vor und erwirken uns eine freundliche Gewährung – Ihre Antwort trifft mich hier bis zum 20. Juni, darüber hinaus in St. Moritz im Engadin, wohin ich meine leidende Frau begleite zu einer ernstlichen Badekur. Der Rückweg durch die Schweiz führt mich hoffentlich mit Ihnen zusammen, das im vorigen Jahre traurig Versäumte nachzuholen. Bis dahin Ihr sehr herzlich ergebener und getreuer

Paul Heyse

Material zu einem «Deutschen Novellenschatz»: In den Jahren 1871 und 1876 erscheinen 24 Bde. bei der Verlagsbuchhandlung Rudolf Oldenbourg in München.

In der Einleitung zum ersten Band wird nach einem kurzen historischen Abriß der Novelle die Bedeutung dieser Kunstform herausgestrichen. Die Herausgeber, Paul Heyse und Hermann Kurz, stellen der sich abzeichnenden Formauflösung strenge Gesetze gegenüber und versuchen einmal mehr – in der deutschen Literaturgeschichte durchdringen sich Novellenproduktion und Theorie seit Goethe –, die Gattung gültig zu definieren. «Wenn der Roman ein Kultur- und Gesellschaftsbild im Großen, ein Weltbild im Kleinen entfaltet, bei dem es auf ein gruppenweises Ineinandergreifen oder ein concentrisches Sichumschlingen verschiedener Lebenskreise recht eigentlich abgesehen ist, so hat die Novelle in einem einzigen Kreise einen einzelnen Conflikt, eine sittliche oder Schicksals-Idee oder ein entschieden abgegrenztes Charakterbild darzustellen und die Beziehungen der darin handelnden Menschen zu dem großen Ganzen des Weltlebens nur in andeutender Abbreviatur durchschimmern zu lassen» (Deutscher Novellenschatz, Bd. 1, S. XVIIf). Zur Verdeutlichung dieser theoretischen Definierung der Gattung verweisen Heyse und Kurz auf die Novelle «Der Falke» von Boccaccio und prägen damit die unter Heyses Namen bekanntgewordene *Falkentheorie* (vgl. auch P. H., Jugenderinnerungen und Bekenntnisse, Berlin 1900). Der Erzähler müsse sich auch «bei dem innerlichsten oder reichsten Stoff» zuerst fragen, «wo ‹der Falke› sei, das Specifische, das diese Geschichte von tausend anderen unterscheidet» (Deutscher Novellenschatz, Bd. 1, S. XX).

Am Schluß der Einleitung zum Novellenschatz formulieren die Herausgeber Ziel und Zweck der Sammlung. Sie wollen «das Beste, was in dieser Gattung geleistet ist» sammeln und in «übersichtlicher Folge» publizieren. Der Leser sollte unterhalten werden und zu «künstlerischem Genuß» (ebd.) kommen, zudem erhofften die Herausgeber, durch die Sichtung der zahlreichen Musternovellen auch einen Beitrag zur Geschichte der Novelle zu leisten.

robba letteraria: Heute la roba (ital.) ‹das Zeug›, hier im Sinne von ‹veralteter, verstaubter Literatur› zu übersetzen.

der Verleger: Rudolf Oldenbourg (1811–1903), gründete 1858 die gleichnamige Verlagsbuchhandlung mit Buchdruckerei und Buchbinderei in München.

Ihres Herrn Verlegers: Friedrich Vieweg & Sohn in Braunschweig, das Verlagshaus wurde 1786 gegründet und besaß eine berühmte Vergangenheit. Der Sohn Eduard Vieweg (1796–1869) interessierte sich 1850 für Kellers «Grünen Heinrich» und nahm dieses und in der Folge andere Werke des Zürchers in sein belletristisches Verlagsprogramm auf (vgl. Kellers Briefe an Eduard und Heinrich Vieweg, in: Helbling 3/2, S. 7–164).

zur Aufnahme Ihres «Romeo und Julie»-Kleinods: Kellers Novelle «Romeo und Julia auf dem Dorfe» erschien, in: «Die Leute von Seldwyla». Erzählungen, Braunschweig 1856; W 7. Weiterer Kommentar s. u. Anm. zu Brief 14.

11: Keller an Heyse

Lieber Freund!

Friedrich Vieweg & Sohn in Braunschweig haben mich durch Brief vom 8. Juni 1870 autorisiert, Ihnen «die Erlaubnis zum Abdruck der Erzählung ‹Romeo und Julie› in dem von Ihnen und Herrn Hermann Kurz herauszugebenden *‹Deutschen Novellenschatz›* zu erteilen».

Mit dieser Nachricht kann ich meinerseits den Gegenstand Ihrer freundlichen Zeilen vom 4. Juni erledigen; das übrige ist Ihre Sache, wie namentlich die Verantwortung der Ehre, welche Sie meinem Elaborätchen erweisen wollen. Kommt es wirklich so weit, so muß ich Sie aber bitten, mir auch einen der Nothelferdienste zu leisten, die Sie so schrecklich schön schildern. Die Erzählung leidet nämlich an einer schnöden prosaisch schnarrenden Schlußbetrachtung. Glücklicher Weise ist dieselbe aus mehreren Schwanzgelenken zusammengesetzt, welche man beliebig abschneiden kann. Ich bitte Sie also, in dem Exemplar, das Sie gebrauchen werden, entweder nach dem Satze «abermals ein Zeichen von der um sich greifenden Entsittlichung und Verwilderung der Leidenschaften» den Schwanz zu kappen, was sich malitiös und ironisch ausnehmen würde; oder den folgenden Absatz noch aufzunehmen und nach den Worten: «so daß die wahre Treue nie ohne Hoffnung ist» abzuschneiden, was dann mehr tugendhaft und wohlmeinend klänge. Die Wahl soll nun Ihre Nothilfe sein und vertraue ich ganz Ihrem Sinne. Sollten Sie wider Erwarten finden, daß die übrige Schlußnergelei doch stehen bleiben sollte (es war eine verjährte Stimmungssache), so können Sie's ganz stehen lassen; ich glaube aber, es ist ein entschiedener abfallender Mißklang.

Zu Ihrer Unternehmung wünsche ich herzlich Glück; sie wird aber ein mühevolles Ding sein.

Wenn Sie von Dankangelegenheiten sprechen, so habe ich Ihnen auch noch für Zuleitung der «Novellen in Versen» zu danken, die mir Ihr Verleger gesandt hat. Sie kamen gerade recht, da mir jemand die «Hermen» gestohlen hat oder vorenthält. Auf den «Verlorenen Sohn» habe ich auch noch zurückzukommen und zu preisen, wie Sie das Unabänderliche in der Leidenschaft, welches den Menschen so tragisch konsumiert und erhebt, auch in der Mutterliebe so schön zur Geltung brachten.

Es wird mich sehr freuen, wenn ich Sie diesen Sommer irgendwo zu sehen bekomme, obgleich ich den Grund von Herzen bedaure, der Sie in die Schweiz führt.

Mir hat die Angelegenheit in Sachen «Romeo und Julie» die Teufelei angerichtet, daß der Verleger bei diesem Anlaß auf Vollendung des zweiten Bandes der «Leute von Seldwyla» dringt, von dem er seit Jahren einen Teil in den Händen hat und dasteht wie einer, der einen Krug ohne Boden unter die Brunnenröhre hält. Ich gedenke ihn jetzt doch bis zum Herbst zu erlösen.

Mit allen Grüßen

Ihr alter G. Keller

Zürich, 10. Juni 1870

Brief vom 8. Juni: Gottfried Keller schrieb nach Heyses Anfrage bezüglich der Novelle «Romeo und Julia auf dem Dorfe» postwendend nach Braunschweig an seinen Verleger und ersuchte diesen, die Erlaubnis zum Druck im «Deutschen Novellenschatz» zu erteilen (vgl. Keller an Vieweg, 6. Juni 1870 und Antwortbrief Viewegs vom 8. Juni, Helbling 3/2, S. 149 f.).

einen der Nothelferdienste zu leisten: Heyse wählt keine der beiden von Keller vorgeschlagenen Varianten, sondern läßt gerade den ganzen Schlußabschnitt der Erzählung weg, vgl. dazu Brief 12.

«Novellen in Versen»: Die gesammelten «Novellen in Versen» erscheinen in der 2. Auflage beim Wilhelm Hertz Verlag, Berlin 1870 (1. Aufl. 1864).
die «Hermen»: Versdichtung P. Heyses, ersch. bei Hertz, Berlin 1854.
«der verlorene Sohn»: Vgl. Anm. zu Brief 8.

12: Heyse an Keller

München, 3. März 1871

Ich hatte mir ein Herz gefaßt, lieber Keller, und kraft der Vollmacht, die Sie mir erteilt, die Amputation vollzogen, wie beifolgendes Blatt ausweist, ohne Schaden für die lebendige Seele Ihres herrlichen Geschöpfes – dessen vollsaftige Jugendfülle mich bei jedem neuen Anblick immer in neues Entzücken versetzt. Nun aber «warnt mich was, daß ich dabei nicht bleibe», und auch Freund Kurz regt das Bedenken an, «ob der kurze *Eingang* nicht ein ebenso kurzes *Schlußwort* verlangt, und ob der Autor nicht vielleicht nachträglich selbst den besten Einfall dafür haben würde ["].

Wollen Sie sich's einmal ansehen, liebster Freund, und mich bald Ihre Gedanken von der Sache wissen lassen? Wir warten mit der Herausgabe der drei ersten Bände des Novellenschatzes, die Ihnen sofort zugehen sollen, nur bis zu Ihrem Plazet.

Kurz hat an Kinkel geschrieben wegen seiner Margret und einer Novelle von Johanna K., ohne Antwort. Sollten die leidigen Franzosenwirren daran schuld sein?

Warum sieht man sich nicht? Warum lockt Sie gar nichts von allem Münchnerischen, das Ihnen doch einmal in Ihren «grünen» Tagen gefallen hat und sich jetzt die beste Mühe geben würde, die alte Liebe nicht ganz verrostet erscheinen zu lassen! Während der Korrektur dieser Blätter habe ich mir zehnmal zugeschworen, daß es so nicht fortgehen solle, daß es eine Sünde und Schande sei, wie man umeinander komme statt *zu*einander. Aber leider! Der Schwüre der Liebenden lacht der alte Zeus! Gott besser's!

Ihr getreuester Paul Heyse

Amputation vollzogen: Vgl. Anm. zu Brief 11.

«warnt mich was, daß ich dabei nicht bleibe»: Goethe, «Faust», V 1235.

Kinkel: (Johann) Gottfried Kinkel (1815–1882), studierte Theologie in Bonn, später in Berlin, Umhabilitation, ab 1846 a. o. Professor für Kunst- und Literaturgeschichte in Bonn, später in London im Exil, seit 1866 Professor für Kunstgeschichte am Polytechnikum in Zürich. Kinkel war auch wie seine Frau Johanna (1810–1858) literarisch und publizistisch tätig. Gottfried Kinkels Novelle «Margret» wurde im 4. Bd., Johanna Kinkels «Musikalische Orthodoxie» im 7. Bd. des «Deutschen Novellenschatzes» abgedruckt.

in Ihren «grünen» Tagen: Vgl. dazu Anm. zu Brief 7.

Der Schwüre der Liebenden lacht der alte Zeus: Nach Max Kalbeck ein von Heyse öfter gebrauchtes Zitat (vgl. Kalbeck, S. 84). Es sind die Worte Julias in Shakespeares «Romeo und Julia», 2. Akt, 2. Szene.

13: Keller an Heyse

Lieber Freund!

Lassen Sie ja den abgehauenen Schwanz, wie er ist, und brennen Sie den Stumpf mit glühendem Eisen, damit nichts mehr herauswächst.

Warum man sich nicht sieht? Weil man faul und resigniert lebt und das am Ende noch für eine Tugend hält. Ich nehme mir jedes Jahr vor, nach München und der Enden zu gehen, endlich wird's doch einmal dazu kommen. In zwei Monaten wird es sich entscheiden, ob ich meine Amtsstelle, welche einen doch vor Mangel und den Wechselfällen des Bücherschicksals schützt, noch länger behalten oder wieder in die Linie der Literaturbeflissenen rücken werde. Auch im erstern Falle werde ich eine definitive Zeitanwendung einführen und mir die rechtmäßige Muße nicht mehr durch Geschäft oder unsere verfluchte südgermanische Kneiperei, die ich satt habe, rauben lassen. Schon letzten Winter hat mir die Lampe fleißig gebrannt, und ich bin fast fertig mit einem zweiten Bande von den «Leuten von Seldwyla». Auch habe ich eine Anzahl Novellchen ohne Lokalfärbung liegen, die ich alle 1½ Jahr einmal besehe und ihnen die Nägel beschneide, so daß sie zuletzt ganz putzig aussehen werden.

Kinkel hat sich von der deutschen Friedensfeier, der ich auch beiwohnte, ich weiß nicht in welcher Laune fern gehalten und hätte deswegen Herrn Kurz wohl antworten können. Wenn ich ihn sehe, so will ich ihm davon sprechen.

Die Franzosen, die mit ihren roten Hosen unsern feinern und gröbern Pöbel toll gemacht haben, sind wir nun los. Das Geheimnis der dicken Freundschaft liegt darin, daß leider ein Teil unsers Volkes sich selber für solche Teufelskerle hält, wie die Franzosen seien, und zwar weil sie ahnen, daß es *leichter* ist, denselben zu gleichen als den Preußen. Die Zeit muß da das Ihrige tun und *ad oculos* demonstrieren. Meinerseits gedenke ich, auch poetisch-schriftstellerisch vorzugehen und den Patriotismus einmal in Tadel statt in Lob zu exerzieren, und will sehen, ob mir die Bestien auch die Fenster einwerfen werden.

Ihr für alle Freundlichkeit dankbarer

G. Keller

Zürich, 2. April 1871

den abgehauenen Schwanz: Damit ist der in den vorhergehenden Briefen erwähnte Novellenschluß zu «Romeo und Julia auf dem Dorfe» gemeint.

Noch 1884 beschäftigte sich Keller mit diesem Werk. Als Josef Viktor Widmann, der vom jungen Komponisten Ferruccio Busoni angefragt worden ist, ob er für die Novelle ein Libretto schreibe, Keller von diesem Unternehmen berichtet, antwortet dieser: «Inzwischen bin ich Ihnen auch dankbar, daß Sie meine verhängnißvolle Dorfgeschichte, die mir wie ein gestutzter Pudel durch das ganze Leben nachläuft, nicht versifizieren wollten» (Keller an Widmann, 9. November 1884; Helbling 3/1, S. 249).

meine Amtsstelle: Keller bleibt bis 1876 im Amt des Staatsschreibers, das er laut mehreren Zeugen vorbildlich führte; vgl. dazu Emil Ermatinger, Gottfried Kellers Leben, 8. Aufl., Zürich 1950, S. 370–395 (Kap. 15 «Im Amt»), ferner Peter Stadler, Gottfried Keller und die Zürcher Regierungen, in: Sechsundfünfzigster Jahresbericht 1987 der «Gottfried Keller-Gesellschaft», Zürich 1988.

mit einem zweiten Band von den «Leuten von Seldwyla»: Dieser erscheint mit dem ersten Band 1874 bei Göschen in Stuttgart, W 7 und 8.

Anzahl Novellchen ohne Lokalfärbung: Keller spielt damit entweder auf die «Sieben Legenden» (ersch. 1872, W 10) oder auf die einzelnen Novellen des späteren Werkes «Das Sinngedicht» (ersch. erst 1881, W 11) an.

Friedensfeier: Deutsche feiern in Zürich am 9. März den Vorfrieden von Versailles. Der endgültige Friedensschluß des Dt.-Frz. Krieges erfolgte am

10. Mai in Frankfurt. Zu den Unruhen in Zürich vgl. auch Keller an Kuh, 3. April 1871; Helbling 3/1, S. 157f.

Aus Anlaß zum Friedensakt schrieb Heyse ein kleines Festspiel: P. H., Der Friede. Ein Festspiel für das Münchner Hof- und Nationaltheater, München 1871.

Die Franzosen... sind wir nun los: Zur Bourbaki-Armee, die im Februar 1871 auf schweizerisches Territorium übergetreten ist, vgl. Peter R. Jetzler, Elke Jetzler, Peter Bosshard, Der Übertritt der Bourbaki-Armee in die Schweiz 1871. Asyl für 87000. Zürich und Stuttgart 1986 (Ausstellungskatalog).

14: Keller an Heyse

Lieber Freund!

Ich bin mehrfach in Ihrer Schuld und komme beim Aussummen eines selbstverschuldeten obwohl festpflichtlich angeschafften Kopfwehs dazu, einiges nachzuholen.

Zuerst hatte ich versäumt, Ihnen auf die freundliche Mitteilung Ihrer Familienereignisse in jener Schicksalsnacht zu antworten, wo Sie ein Kind verloren und eines gewannen. Ich schwieg, weil ich nicht mit irgendeinem trivialen Concetto mich aus der Sache ziehen wollte. Wie ich aus Ihren gesammelten Gedichten ersehe, haben Sie die Sache am besten und schönsten selbst besorgt und auch die eigene Trauer zum Quell echter Poesie gemacht.

Dann habe ich Ihnen herzlichst für das neue Novellenbuch zu danken, das mir zugeschickt worden ist. Ich gratuliere Ihnen zu dem prächtigen und sympathischen Rahmen, mit dem Sie den alten «Zentaur» versehen haben, so daß diese flotte Erfindung nun ganz vermittelt und festgemacht ist.

Endlich danke ich Ihnen auch für den «Novellenschatz». Das scharlachfarbene Schmeichellob, mit welchem Sie meiner Nichtswürden gedacht haben, will ich nur mit der Bemerkung berühren, daß solche Ungerechtigkeit nur Feinde macht und mir z. B. bei den Philistern Zürichs, wenn ich zur Zeit Schulden hätte, unzweifelhaft die Kündigung derselben zugezogen haben würde. Wenn eine neue Auflage des «Novellenschatzes» nötig wird, so haben Sie vielleicht die Güte, die kleine Unrichtigkeit in der biographischen Notiz auszugleichen, daß mich die «Vaterstadt» zum Staatsschreiber gewählt habe. Ich bin nicht Bürger von Zürich, sondern vom Lande gebürtig und von der (Staats-)Regierung gewählt worden. Dann bin ich seit einigen Jahren nicht mehr Mitglied des Großen Rates, da ich meinen Wählern, meinen Herren Heimats-Bauern, nicht demokratisch genug war, als eine Staatsveränderung vor sich ging. Ich bin nämlich mehr Repräsentativ-Republikaner.

Den 24. Januar 1872

Vorstehendes liegt seit bald zwei Monaten auf meinem Tische und hat sich verkrümmelt, kommt aber jetzt wieder zum Vorschein. Ich will es nun doch absenden, da es Pflichterfüllungen enthält. Sie haben mir dieser Tage einen großen Ärger gemacht durch Erduldung einer Unbilde von Seite Gottschalls in den «Blättern für literarische Unterhaltung», indem er das Urteil eines einfältigen Engländers ohne alle Bemerkung abdruckt. Dieser ewige poetisierende Primaner Gottschall, das personifizierte Ergebnis der Sprache, «die für ihn dichtet und denkt», der nicht einen Tropfen eigenen Blutes rinnen lassen kann, fängt mit den Jahren an hämisch und miserabel zu werden. Das ist die Hauptsache, wenn man älter wird und die Haare grauen, auf sich zu achten, daß man kein Schweinhund wird. Zuweilen eine Nacht unter dem fallenden Tau zu schlafen, bei zunehmendem Monde, ist gut dagegen.

Ihr alter G. Keller

Zürich.

Familienereignisse in jener Schicksalsnacht: In der Nacht vom 4. auf den 5. April 1871 starb Heyses Sohn Ernst aus erster Ehe; wenige Stunden später wurde sein dritter Sohn Wilfried geboren. Aber auch diesen Sohn verloren die Eltern bald. Die Terzinen «Ernst» (I–VII, Ges. Werke, Bd. 1, Berlin 1872) und später «Wilfried, ein Tagebuch» (Ges. Werke, 4. Aufl., Bd. 1, Berlin 1889) drücken den Schmerz und die Trauer des Vaters aus.

das neue Novellenbuch: P.H., Ein neues Novellenbuch (9. Sammlung), Berlin 1871. Die erwähnte Novelle «Der letzte Zentaur», die Heyse für diese Sammlung umgearbeitet hatte, ist heute wieder greifbar, in: P.H., Werke 1980, Bd. 2.

für den «Novellenschatz»: Deutscher Novellenschatz», hrsg. v. Paul Heyse und Hermann Kurz. Dritter Band. München o.J. (1871).

Das scharlachfarbene Schmeichellob: Heyse hat für Kellers Erzählung «Romeo und Julia auf dem Dorfe» einen besonderen Platz reserviert. Die Novelle beschließt den dritten Band des «Novellenschatzes»; Tieck und Eichendorff als Vertreter der Romantik und Widmann als Bindeglied zwischen Romantik und Realismus gehen voran, wobei Keller mit seiner Novelle, gleichsam als Meister seiner eigenen Schule, als krönender Abschluß dargestellt wird. Heyse lobt und idealisiert Keller in seiner einleitenden Charakteristik. Er spricht von einem «novellistischen Talent allerersten Ranges» (P.H., Vorwort zu G. Kellers «Romeo und Julia auf dem Dorfe», in: «Deutscher Novellenschatz», III. Bd., München o.J., S. 325), von einem «Meister des epischen Stils» (ebd.). Er betont «seine maßvolle Objektivität» (ebd.), die einem Goethe verwandt sei «und sich doch wieder durch ein viel bunteres subjektives Farbenspiel und die Fülle humoristischer Reflexe von jenem unterscheidet» (ebd.). Paul Heyse tritt hier explizit als Förderer Gottfried Kellers auf; der Münchner will den Namen Keller, «der noch lange nicht nach Verdienst gekannt ist» (ebd., S. 237), einem größeren Publikum vorstellen und populär machen. An Hermann Kurz schrieb er am 15. März 1871: «Von Kellers Romeo und Julia sprechen immer noch nur die Eingeweihten. Es ist noch nicht zu einer zweiten Auflage gekommen»; zit. n. Monika Walkhoff, Der Briefwechsel zwischen Paul Heyse und Hermann Kurz, Diss., München 1967, S. 80.

Mitglied des Großen Rates: Gottfried Keller saß bis 1866 in der gesetzgebenden Behörde des Kantons Zürich.

eine Staatsveränderung: Das Amt des Staatsschreibers geht auf das Grundgesetz von 1831 zurück, war also mit der Regeneration geschaffen worden; 1869 kam es in Zürich zu einer Verfassungsänderung, die mehr demokratische Rechte enthielt. Keller glaubte, durch diese Umwälzung seines Amtes verlustig zu gehen (vgl. Brief 13), das geschah allerdings nicht; vgl. dazu: Peter Stadler, op. cit., S. 12ff.

einer Unbilde von Seite Gottschalls: Rudolf Gottschall (1823–1909), promovierter Jurist, Kritiker und Dichter, von 1865 bis 1888 Leiter der von Brockhaus verlegten «Blätter für literarische Unterhaltung».

Der Leipziger Kritiker veröffentlichte in der zweiten Oktobernummer des Jahrgangs 1871 der «Blätter für literarische Unterhaltung» einen Artikel über «Novellen von Paul Heyse und Friedrich Bodenstedt». Dabei geht er mit einigen Texten scharf ins Gericht. Heyses Novelle «Der verlorene Sohn» wird als «Sensationsnovelle» bezeichnet, «Der letzte Zentaur» als «akademisches Gespenst». Die eigenen Ausführungen untermauert er am Schluß mit einem negativen Urteil eines ungenannten Mitarbeiters der «Saturday Review» vom

16. September 1871, das nicht weiter kommentiert wird. Und genau dies hat Keller in Rage versetzt.

Sprache, «die für ihn dichtet und denkt»: Tabulae Votivae von Schiller und Goethe, Nr. 87, Dilettant: «Weil ein Vers dir gelingt in einer gebildeten Sprache,/ Die für dich dichtet und denkt, glaubst du schon Dichter zu sein» (Friedrich Schiller, Sämtliche Werke, Hanser Verlag, München 1984, S. 313).

15: Heyse an Keller

München, 25. März 1872

Lieber Freund!

Ich will meine Freude und Dankbarkeit nicht kalt werden lassen, zunächst auch, um den vielen Andern, die Ihnen ihr großes Ergötzen an dem kleinen Büchlein bezeigen werden, den Rang abzulaufen, da ich sonst als Ihr allergeneigtester Leser, der mit Ihnen durch Dick und Dünn geht, kein anderes Verdienst und Würdigkeit aufweisen kann, was Ihnen meine kritischen i. e. kritiklosen Zurufe wert machen könnte. In diesen selben Tagen habe ich zufällig eine andere Herzstärkung kennen und schätzen lernen, die in ihrer geistlich-profanen, magenwärmenden und adernbefeuernden Kraft die merkwürdigste Ähnlichkeit mit Ihren Legenden hat: jenen hochwürdigen Schnaps, Benediktiner genannt, der Ihnen hoffentlich nicht unbekannt ist. Wenn ja, so möchte ich Ihnen ein Fläschchen schicken, damit Sie die überraschende Ähnlichkeit studieren und den Vergleich hernach nicht mehr für eine Sottise halten. Ebenso tropfen- oder doch gläschenweise habe ich Ihr Büchlein genossen und gleich letzten Samstag, da ich es erhielt, meine «Krokodile» damit bewirtet, die über den «Vitalis» in ein unisones Schnalzen und Schmatzen ausbrachen.

Und nun ist denn doch endlich auch Ihr Siebenschlaf vollbracht, und Sie werden fortfahren, uns mitzuteilen, was Sie sich inzwischen Schönes haben träumen lassen. Ich für mein armes Teil bin eines dreiköpfigen Ungeheuers von Roman genesen und liege noch in Wöchnerschwäche danieder, was Sie auch diesen dürftigen Zeilen anmerken werden. Aber niemand entgeht seinem Schicksal, und ich Ungeduldigster aller schreibenden Sterblichen bin durch die Hammerschläge des vorigen April so mürbe geworden, daß ich ohne zu murren stillgehalten habe, als diese langatmige Plage über mich kam. Mit dem festen Versprechen, es nie wieder zu tun, grüßt Sie herzlichst

Ihr sehr getreuer Paul Heyse

dem kleinen Büchlein: G. Keller, Sieben Legenden, Göschen, Stuttgart 1872; W 10.

meine «Krokodile». Vgl. Anm. zu Brief 4.

«Vitalis»: Figur in Kellers Erzählung «Der schlimm-heilige Vitalis» im Band der «Sieben Legenden».

bin eines dreiköpfigen Ungeheuers von Roman genesen: P. H., Kinder der Welt. Roman. 3 Bde. (6 Bücher), Hertz, Berlin 1873. Dokumente zum Romanschreiber Heyse finden sich knapp, aber repräsentativ zusammengestellt, in: S. v. Moisy, op. cit., S. 107–113.

Keller hat auf diesen Brief nicht reagiert. Im Herbst desselben Jahres reist er aber dann nach München. Nach 13 Jahren treffen sich die beiden Literaten zum zweitenmal. Über diese Begegnung weiß man fast nichts, die mündlichen Bezüge liegen völlig im dunkeln und schlagen sich im folgenden Briefgespräch, das Heyse erst drei Jahre später wieder aufnimmt, nicht nieder. An Ludmilla Assing schreibt Keller am 24. September 1872: «Neulich war ich zehn Tage in München, zum erstenmal in Deutschland seit 1855! Ich habe den liebenswürdigen Paul Heyse gesehen, den sie jetzt auch anfangen zu malträtieren, weil er ein bißchen zuviel schreibt. Er wollt mich eines Abends in ein Gasthaus verlocken, wo er ein paar Schriftstellerinnen, durchreisende, worunter Julius Rodenberg und Claire von Glümer, bewirtete. Ich ließ mich aber nicht fangen, um nicht etwa Stoff zu einem Feuilletonbestandteil zu geben, falls ich mich etwa nicht courmäßig benähme. Nachher hatte Heyse Kopfweh, ich zwar auch, da ich in der Zeit mit einigen Malern gewesen war» (Helbling 2, S. 130).

Paul Heyse in mittleren Jahren

16: Heyse an Keller

München, 9. November 1875

Lieber Keller!

Ich komme als Klosterbruder zu Ihnen, und da mir seit diesem Frühjahr alles Briefschreiben durch meine rebellischen Nerven verleidet wird, muß ich es noch direkter anfangen, als mein verschmitzter Vorgänger, und ohne alle Umschweife bei dem «Auf den Zahn fühlen» zu Werke gehen.

Ich habe mir und Ihnen nicht helfen können, ich mußte Sie heute bei der Kapitelsitzung des Maximiliansordens zu Mörikes Nachfolger vorschlagen. Sie sind mit einstimmiger Akklamation begrüßt worden (Döllinger, Schack, Neureuther, Lachner, Giesebrecht und der Sekretär Staatsrat Daxenberger waren anwesend), und als einer Ihrer ältesten und getreuesten «geneigten Leser» freute mich's ungemein, daß man nachgerade auch in weiteren Kreisen zu wissen anfängt, was man an Ihnen hat. Wie ich von dem ganzen Ordensspuk denke, daß ich ebenso gerne nackt als mit dem Band im Knopfloch über die Straße ginge, daß ich aber das Andenken meines teuren König Max in jeder Weise hochhalte und mich daher nicht weigern konnte, mit im Kapitel zu sitzen – das alles glauben Sie mir auf mein ehrliches Gesicht ohne viele Worte. Da nun aber einmal dieser Orden besteht, der sich durch Selbstwahl rekrutiert, wäre es ihm eine größere Schande, wenn Sie draußen blieben, als Ihnen eine Ehre, darin zu sein. Nur – meint der Patriarch, unser *alt*katholischer – nur müsse man sich bei einem Schweizer Bürger zuvor versichern, ob er nicht etwa ein Vorurteil gegen dergleichen monarchische Sitten hege, ob er den Orden annehmen könne, dürfe, wolle. Und darum – meint der Patriarch – sollte ich, ehe der Antrag des Kapitels dem König vorgelegt wird – der stets nur einfach bestätigt und sich alles eigenen Votums enthält –, Ihren Sinn zu erforschen suchen, was ich hiermit getan haben will, zugleich mit der Bitte, mich Ihre hoffentlich zustimmende Antwort möglichst bald erhalten zu lassen.

Von anderen Sachen, von Ihren neuen Seldwylern, die mir nicht vom Tische kommen, von eigenem Dichten und Trachten, das sich erst seit ganz kurzem wieder regt, nach kläglicher Bärenhäuterei und unersprießlichen Heilversuchen – ein andermal, am liebsten mündlich. Kommen Sie nicht einmal wieder in unser gerade im Winter ganz vergnügliches Kunstdorf? Sie täten ein gutes Werk an

Ihrem treugesinnten Paul Heyse

als Klosterbruder: Vgl. Lessings «Nathan der Weise», I, 5.

Kapitelsitzung des Maximiliansordens: Dieser Orden wurde am 28. November 1853 von König Maximilian II. gestiftet und nach ihm benannt. Dieser bayrische Orden wurde jeweils an deutsche Gelehrte und Künstler verliehen, die sich besonders ausgezeichnet hatten. Nach dem Tode Eduard Mörikes schlägt Heyse seinen Freund Keller vor; der Orden konnte jeweils 70 Mitgliedern, nämlich 40 Männern der Wissenschaft und 30 Künstlern, verliehen werden. Paul Heyse wurde 1871 auf Lebenszeit in den Orden aufgenommen und bereits ein Jahr später in das Ordenskapitel berufen; vgl. dazu mit weiteren Dokumenten: S. von Moisy, op. cit., S. 178 ff.

Mörike: Eduard Mörike (1804–1875), Theologiestudium in Tübingen, Pfarrer bis 1843, Lyriker und Prosaschriftsteller.

Döllinger: Ignaz von Döllinger (1799–1890), kath. Theologe und Historiker, seit 1826 o. P. für Kirchengeschichte und Kirchenrecht in München, 1871 als Ultramontaner exkommuniziert.

Schack: Adolf Friedrich Schack (1815–1894), Lyriker, Erzähler, Dramatiker und Übersetzer. Er war ein hervorragender Kenner arabischer Kultur, seit 1855 in München am Hofe von König Max II.

Neureuther: Gottfried Neureuther (1811–1887), Architekt und Aquarellmaler, von 1857 bis 1882 Professor am Polytechnikum in München.

Lachner: Franz Lachner (1803–1890), Kapellmeister und Komponist, von 1836 bis 1865 Hofkapellmeister in München.

Giesebrecht: Wilhelm Friedrich Benjamin Giesebrecht (1814–1889), seit 1862 Professor für Geschichte in München.

Daxenberger: Sebastian Franz Daxenberger (1809–1878), studierte Jura und war ein Studienfreund des bayrischen Kronprinzen Maximilian, seit 1835 Sekretär des Kronprinzen, Parlamentarier in Frankfurt, seit 1866 Staatsrat.

König Max: Maximilian II. (1811–1864), König Bayerns von 1848–1864, studierte Geschichte und Staatswissenschaften. Durch die Berufung verschiedener Gelehrter und Künstler war er bemüht, München als geistiges Zentrum erscheinen zu lassen; vgl. S. von Moisy, op. cit., S. 46 ff.

meint der Patriarch: Vgl. Lessings «Nathan der Weise», I, 5.

Ihren neuen Seldwylern: Gemeint ist der dritte und vierte Band der «Leute von Seldwyla» (II), 1874 bei Göschen in Stuttgart erschienen; W 8.

Bärenhäuterei: Ein Bärenhäuter ist sprichwörtlich verstanden ein Faulenzer. Denn wenn die Germanen keinen Krieg führten, so neigten sie zum Müßiggang und lagen zu Hause auf der Bärenhaut. Hier übertreibt Heyse natürlich; denn in den Jahren 1874 und 1875 ist er äußerst produktiv: 1874 zeichnet er als Herausgeber der 5bändigen «Gesammelten Werke» von Hermann Kurz, 1875 erscheinen: «Neue Novellen» (10. Sammlung); «Ehre um Ehre», Schauspiel in 5 Akten; «Im Paradiese», Roman, 3 Bde.; ferner «Giuseppe Giusti, sein Leben und seine Dichtungen», hrsg. u. übers. von Paul Heyse.

17: *Keller an Heyse*

Zürich, 11. November 1875

Liebster Freund!

Sie halten einem das goldene Füllhörnchen Ihres Wohltuns über dem Kopfe wie ein Damoklesschwert; ehe man sich's versieht, kommt wieder ein Guß.

Wählen Sie sich aus den ungeheuern Speichern meiner Dankbarkeit aus jede Gesinnung und jede Tathandlung, die Ihnen behagt.

Wegen der Maximilians-Ordenssache will ich mich nicht lang bei Komplimenten und Betrachtungen über meine Unwürdigkeit etc. aufhalten. Leider hängen die Trauben, wie der Patriarch und Kirchenvater richtig ahnte, auch anderweitig zu sauer. Ich schicke Ihnen unter Kreuzband die schweizerische Bundesverfassung, aus deren Artikel 12 Sie kurzweg ersehen wollen, daß den eidgenössischen Beamten die Annahme von dergleichen untersagt ist. Nun bin ich zwar kein sölchener; allein als Schreiber der alten Republik Zürich bin ich doch auf einem so exponierten Pöstchen oder Schemelchen, daß die analoge Anwendung der Bundesvorschrift von selbst geboten ist.

Ich muß Sie also herzlich dankbar bitten, die Sache in aller Stille einzubalsamieren und einschlafen zu lassen. Dies geschieht *sans phrase,* und Sie werden mir auch glauben, daß ich damit keinerlei politisch pharisäische Kannegießerei treiben will. Vielmehr anerkenne ich es als Ehre und Freude, unter Umständen auch in solcher Form einem Verbande Vortrefflicher angehören zu dürfen.

Auf der andern Seite will ich mich hinwieder auch nicht über meine heimatlichen Einrichtungen blasiert erheben. Fragliches Postulat gehört zu den Instinkten der Selbsterhaltung der Demokratie (und zwar einer historisch ausgewachsenen) und muß daher respektiert werden. Wir haben hier ein Konkretum gegen ein Konkretum, möge es niemals einen blutigeren Konflikt geben.

Von Ihrem angegriffenen Zustande hatte ich gehört und denselben verwünscht; aber beinahe habe ich *puncto* Nerven robuster kurzer Dickknopf [sic!] darin für meine Faulheit eine Rechtfertigung gesucht. Hoffentlich ist die Besserung von Dauer. Halten Sie doch lieber etwa ein Jährchen mit den Arbeiten etwas zurück, damit die Dezennien, die Ihnen noch winken, nicht gefährdet werden.

Über Ihre letzten Sachen, die ich eben nachzulesen im Begriffe bin, hoffe ich ebenfalls mündlich plaudern zu können. Im Oktober hatte ich fest vor, für acht Tage nach München zu kommen, und nur das Regenwetter hat mich abgehalten. Nun denk' ich daran, diesen Winter es zu tun, wenn es etwa klare hübsche Wintertage gibt. Denn in solcher Situation muß man während des Tages die Freunde in Ruhe lassen und herumbummeln können, damit sie des Abends einem um so williger Gesellschaft leisten.

Grüßen Sie Fries und Herrn Neureuther (den Architekten) schönstens von mir, wenn Sie selbige sehen. Fries soll ja die Skizze bereit halten, nach der er mir den Mund wässrig gemacht. Übrigens werde ich ihm auch bald einmal schreiben.

Ihr altergebener Gottfr. Keller

Wegen der Maximilians-Ordens-Sache: Vgl. Anm. zu Brief 16.

Ihre letzten Sachen: P. H., Neue Novellen (10. Sammlung), Hertz, Berlin 1875 und ders., Im Paradiese. Roman. 3 Bde., Hertz, Berlin 1875.

Fries: Bernhard Fries (1820–1879), Landschaftsmaler aus Heidelberg; Studienaufenthalte in Rom, Düsseldorf, Genf (bei Alexandre Calame), Berlin und Paris, arbeitet nach seiner zweiten Romreise (1853/54) in München. Nähere Bekanntschaft haben Keller und Fries in Heidelberg gemacht; vgl. Keller an Hegi, 28.1. bzw. 19.2.1849, Helbling 1, S. 214; über die weitere Beziehung vgl. den Briefwechsel zwischen Keller und Fries, Helbling 2, S. 481–487.

Herrn Neureuther (den Architekten): Vgl. Anm. zu Brief 16; gemeint ist also nicht dessen Bruder Eugen Napoleon N. (1806–1882), Landschafts- und Figurenmaler, Zeichner, Lithograph und Radierer, Prof. an der Kunstgewerbeschule in München.

die Skizze: Fries schickt Keller im Frühjahr 1877 zwei Skizzen, die dieser über seinem Schreibtisch aufhängt, «wo sie einen famosen Effekt machen», wie er in seinem Dankesbrief schreibt; vgl. Helbling 2, S. 485.

werde ich ihm auch bald schreiben: Vgl. Helbling 2, S. 483.

Erst im September 1876 reiste Keller nach München und nicht im Winter 1875/76, wie im obigen Brief angekündigt. Interessant dabei ist allerdings die Tatsache, daß er diesen Besuch Heyse nicht direkt bekanntmacht.

Nachdem Keller im Juli 1876 seine Amtsstelle als Staatsschreiber niedergelegt hat, schreibt er an seinen Münchner Freund Fries: «Erzogen bin ich nun endlich auch, wie ich glaube, so daß ich wohl wieder in die Freiheit hinaustreten darf» (Helbling 2, S. 483); im selben Brief erkundigt er sich auch, ob Paul Heyse zu dieser Zeit in München sei. «Ich möchte ihn gerne wegen Handwerkssachen sprechen, da ich mich nun um den ‹goldenen Boden› des Handwerks werde kümmern müssen» (ebd., S. 484). Auch Adolf Exner wird von der Münchner Reise orientiert, Keller macht ihm sogar den Vorschlag, im selben Hotel zu logieren; vgl. Helbling 2, S. 258. Und über Heyse heißt es im Brief: «Ich hoffe auch halbwegs, Paul Heyse sei dann zu Hause, der sich ein zierliches Haus gebaut hat» (ebd., S. 259). In den folgenden Briefen erfährt man von der Begegnung nichts; ein Brief Kellers an Rodenberg bestätigt dann aber das Zusammentreffen: «Ich war neulich bei ihm in München, er lebt, wohnt und ist so schön mit den Seinigen in seinem Hause wie ein leibhafter Cinquecentist, den man nicht betrüben darf» (Helbling 3/2, S. 347). Gottfried Neureuther baute Heyses 1873/74 erworbenes Haus in der Luisenstrasse in München im Stile der Neo-Renaissance um. Die Villa Heyse wurde zu einem geistigen und geselligen Ort in München.

18: Keller an Heyse

Zürich, 9. Dezember 1876

Lieber Freund!

Wenn die «Augsburger Allgemeine Zeitung» nicht lügt, so haben Sie die Mine nun doch angezündet, die Sie mir gelegt haben! Mögen Sie dafür im Dies- oder Jenseits den Lohn empfangen, der Ihnen gebührt!

Für den Fall, daß die Sache wirklich und unwiderrufen ist, bitte ich Sie (das haben Sie sich selbst zugezogen) um eine gütige

Anleitung, was man, nach Empfang der bezüglichen Anzeige oder Zustellung, zu tun hat, ob man z. B. an den König selbst schreiben muß, ob man das Wort Dank gebraucht, oder welches, und wie lang das Schreiben sein darf, ohne unschicklich zu sein. Ich denke, es wird nur das Notwendigste in möglichst wenig Zeilen zu sagen sein. Was mich zu diesen pedantischen Informationen bewegt, ist der Wunsch, dem armen Herren, der auf so unfreiwillige Weise mit einem Unbekannten in Berührung kommt, nicht auffällig zu werden durch Verletzung der Form, Verspätung usw.

Empfehlen Sie mich der gnädigen Frau Gemahlin, den Fräulein Töchtern und dem kleinen Telemach, der hoffentlich schon im Plato liest und nie nach seinem Papa ausreisen muß!

Ihr alter Esel G. Keller

P. S. Daß ich *puncto* Ordensfrage jetzt keine Schwierigkeiten mehr erheben kann, haben Sie richtig vorausgesetzt; auch bin ich gerade als Republikaner zu stolz, die Ehrenweisung, die ja publik geworden ist, einzuheimsen und zugleich mit einer Ablehnungsszene zu prunken, besonders neben Freund Auerbach, der ein guter Kerl ist.

so haben Sie die Mine nun doch angezündet: Keller erhält den Maximilians-Orden im Dezember 1876 trotz seiner Ablehnung. Heyse hat nur Kellers Demission im Staatsdienst abgewartet. Die «Augsburger Allgemeine Zeitung» meldete am 6. Dezember: «S. M. der König hat sich allergnädigst bewogen gefunden, den Kl. Maximiliansorden für Wissenschaft und Kunst, auf statutengemäßen Vorschlag des Ordenskapitel, zu verleihen... 2. im Gebiet der Kunst Berthold Auerbach in Berlin und Gottfried Keller in Zürich.» Im Januar 1883 erhält auch Storm auf Anregung Heyses als Nachfolger des verstorbenen Franz von Dingelstedt den Orden. Ihm gegenüber äußert sich Keller rückblickend folgendermaßen: «Zu dem Maximilians-Orden wünsche ich Ihnen schönstes Glück, da die Art, wie man ihn erhält, eine wirklich artige ist, nämlich rein durch freundschaftliche oder genossenschaftliche Neigung. Ich selber habe ein paar Unannehmlichkeiten dabei gehabt, indem sozialdemokratische Blätter mich, als ich mich in irgend einer Sache mußte vernehmen lassen, sofort einen Ordensjäger und Fürstendiener nannten, obgleich ich auf eine erste Anfrage Heyses, als ich noch im Amte war, die Sache umgehend abgelehnt hatte, ohne ein Wort darüber verlauten zu lassen» (Helbling 3/1, S. 489). Einerseits nahm also Keller die Ordensangelegenheit humorvoll auf – das belegt nochmals der Brief 20 –, andererseits war ihm die Sache peinlich; er fühlte sich als Republikaner wohl etwas kompromittiert.

dem kleinen Telemach: Wilfried, Heyses jüngster Sohn.

Freund Auerbach: Berthold Auerbach (1812–1882), Studium der Rechte, später Philosophie und Geschichte, Schriftsteller des Biedermeier; für die Beziehung der beiden vgl. Helbling 3/2, S. 183–206.

19: Heyse an Keller

München, 13. Dezember 1876

Wenn Sie mir's nur in diesem Leben verzeihen, lieber Freund, was ich nolens nolenti Ihnen im eigentlichsten Sinne auf den Hals gezogen habe, so will ich mit dem Jenseits schon fertig werden. Übrigens warten Sie nur, bis Sie das Kleinod mit Augen gesehen und unter irgendeinem weiblichen Beistand «anprobiert» haben. Sie werden sich wundern, wie gut es Ihnen zu Gesicht steht. Das erste und letzte Mal, daß ich mich, nur um meinen alten Freund Liebig nicht ernstlich böse zu machen, dazu bewegen ließ, den Kopf durch diese Schlinge zu stecken, machte ich auf meine Frau einen solchen Effekt, daß ich in der Tat unsere schnöde Krawattenmode beklagte, die uns nicht erlaubt, dergleichen im Laden zu kaufen und uns bei solchen Gelegenheiten wie die Biedermänner im 16. und 17. Jahrhundert einmal schön zu machen.

Nun habe ich mich heut erst genau erkundigen können, wie Ihnen am wenigsten Unbequemlichkeiten mit den Formalitäten erwachsen könnten. Ich mußte damals einen Schreibebrief an Seine Majestät, mit welcher ich über den Geibelschen Fuß gespannt war, verfassen und zog mich möglichst ungeschickt aus der Affäre, da ich viel zu weitläufig und aufgeknöpft mich äußerte. Wie mir aber der Sekretär des Ordens, Staatsrat Daxenberger (als Carl Fernau unser Kollege à la mode de Bretagne), heute nachmittag an einem feierlichen Ort vertraute – wir hatten eben einem alten Schauspieler die letzte Ehre erwiesen –, brauchen Sie nur an den bayrischen Gesandten in Bern, der Ihnen das corpus meines delicti und das Brevet zustellen wird, den Empfang zu melden und ihn zu ersuchen, Seiner Majestät Ihren ehrfurchtsvollen Dank in Ihrem Namen zu wissen zu tun, worauf Ihr Gewissen sich auf die andere Seite legen und ruhig weiterschnarchen mag.

Stehen Sie mit dem Dichter des Georg Jenatsch in mündlichem oder brieflichem Verkehr, so erweisen Sie mir einen grossen Gefallen, wenn Sie nun auch mir einen Dank abnehmen. Das Buch hat mich aufs tiefste ergriffen, die prächtigen Figuren, der herbe Erzklang des Stils, die wundersame Szenerie. (Der Schluß allein, der Vollzug der Rache nach alledem, was inzwischen vorgegangen, trübte mir den Genuß.) Dergleichen sagt sich so bequem hinterm Rücken und sieht pedantisch oder gespreizt aus, wenn man es in einem eigenen Brief zu Protokoll geben soll. Auch in der neuesten «Dichterhalle» schwimmt ein Meyersches Gedicht als Fettauge auf der salzlosen Wassersuppe.

Und wie bin ich nach Ihrer Minnesangnovelle Nr. 2 lüstern worden durch Nr. 1, und gerade dies Heft ist lange heraus und mir noch nicht zugekommen. Ich werde Freund Rodenberg dieser Tage mahnen. Freundlichste Grüße von meinen Frauenzimmern und dem Bübchen, das einen Abscheu gegen das Abc zu erkennen gibt, der zu schönen Hoffnungen berechtigt. Wir sind leidlich wohl und denken Ihrer getreulich.

Ihr alter P. H.

Freund Liebig: Justus von Liebig (1803–1873), berühmter Chemiker, mit 21 Jahren als Professor nach Gießen berufen, 1852 kam er an die Universität München, 1853 wurde er von König Maximilian II. zum Vorstand des Kapitels des Maximilians-Ordens ernannt.

an seine Majestät: Ludwig II. (1845–1886), König von Bayern 1864 bis 1886.

über den Geibelschen Fuß gespannt: Ludwig II. entzog Emanuel Geibel das mit dessen Vater festgemachte Ehrenhonorar, worauf Heyse sofort auf seine Pension verzichtete; vgl. dazu ein Briefentwurf Heyses, in: S. von Moisy, op. cit., S. 97f.

Staatssekretär Daxenberger: Vgl. Anm. zu Brief 16; er dilettierte unter dem Pseudonym Carl Fernau in der Belletristik.

einem alten Schauspieler die letzte Ehre erwiesen: Heinrich Büttgen (1821–1876), gehörte seit 1849 der Münchner Hofbühne an.

Dichter des Georg Jenatsch: Gemeint ist Kellers Landsmann Conrad Ferdinand Meyer (1825–1898); 1876 erscheint sein wichtigstes Prosawerk «Jürg Jenatsch», das er nicht *Roman,* sondern «Eine Bündnergeschichte» nannte. Keller steht seit Oktober 1876 in brieflichem Kontakt mit Meyer, das Verhältnis der beiden Zürcher bleibt aber kühl, Keller auf Distanz, das belegt die Korrespondenz überdeutlich; vgl. Helbling 3/1, S. 315–342.

in der neuesten «Dichterhalle»: «Die deutsche Dichterhalle», gegründet und herausgegeben von Oskar Blumenthal, später von Ernst Eckstein, war in den siebziger Jahren eine beliebte Literaturzeitschrift; Keller mokiert sich allerdings in einem Brief an Widmann über dieses Publikationsorgan, das er «seit 3 Jahren zum Spaße» (Keller an Widmann, 23. Sept. 1875; Helbling 3/1, S. 217) abonniert habe.

ein Meyersches Gedicht: C.F. Meyer, Im Gebirg, später (1882) «Vision» betitelt.

Minnesangsnovelle: Kellers Novelle «Hadlaub» erschien 1876 in zwei Teilen in der «Deutschen Rundschau» («Herr Jacques. Hadlaub» im November- und «Hadlaub», Schluß, im Dezemberheft).

Freund Rodenberg: Julius Rodenberg (1831–1914), Dr. iur., gründete 1874 in Berlin die «Deutsche Rundschau», die er bis zu seinem Tode redigierte. Er war auch ein hervorragender Feuilletonist und Kritiker und schrieb selber Erzählungen, Dramen und Gedichte. Die Beziehung zu Gottfried Keller dokumentiert der teilweise gedruckte Briefwechsel der beiden, in: Helbling 3/2, S. 331–424.

20: Keller an Heyse

Zürich-Enge, 26. Dezember 1876

Lieber Freund!

Ich danke Ihnen tausendmal für die hülfreiche Hand. Das Kleinod und Dekret war schon da, und ich befolgte augenblicklich Ihren Rat. Ich bin durch den Witz veranlaßt worden, zum ersten Mal einen letzten Willen zu redigieren, indem ich einen Zettel zu der kleinen Schachtel legte des Inhalts, daß dieselbe nach meinem Tode nach München zurückzusenden sei, nach Maßgabe der Ordensstatuten. So kommt man in die Gewohnheit des Testierens hinein.

Nun sollte aber wohl auch etwas dem Kapitel gegenüber geschehen, was aber nur stattfinden kann, wenn dasselbe über solche Gegenstände Verhandlungen pflegt und ein Archiv hat, überhaupt Eingaben entgegennimmt. Sollte letzteres der Fall sein, so spannen Sie den Schirm Ihrer Güte nochmals über mir auf und geben mir einen Wink.

Im Januar werden Sie also mit einer Novelle meine neue Sandfuhre wie eine Dynamitpatrone auseinandersprengen in der «Rundschau»; doch wird es nicht so grauslich aussehen, wie wenn eine «Geier-Wally» dazwischengekommen wäre, denn da kann gar keiner mehr aufkommen.

Ihre Mitteilung für C. F. Meyer habe ich mit Vergnügen besorgt. Wegen der Exekution am Schlusse bin ich auch Ihres Geschmacks. Er hat sich die Gruppe nicht plastisch vorgestellt, sonst hätte er den Beilschlag vermieden und die Sache zwischen den Männern austragen lassen. Der rasende Ritt der Bluträcher durch das Land, welcher historisch ist, hätte ihm den richtigen Stil angeben sollen.

den 1. März 1877

Sie sehen an Vorstehendem, daß es wenigstens am guten Willen nicht gefehlt hat; ich lasse das Veraltete stehen und ergänze es durch den Dank für Ihre neuen Novellen in der «Rundschau» und «Westermann», für das cicisbeische Epos und die Sonette. Sie machen ja Verse wie am ersten Maimorgen Ihres ersprießlichen Lebens.

Das meinige (Sonett) betreffend, hat es mir sofort einen zierlichen Vorfall eingetragen. Obiger C. Ferdinand Meyer, welcher eine Art pedantischer Kauz ist bei aller Begabung, schrieb mir, in der Befürchtung daß ich die Charge mit dem Shakespeare der Novelle als bare Münze aufnehmen und so das Wohl meiner Seele und der Kanton Zürich Schaden leiden könnte, augenblicklich einen allerliebsten feierlichen Brief, in welchem er mir die Tragweite und insoferne Anwendbarkeit des Tropus auseinandersetzte und zwischen den Zeilen Grenzen und nötigen Vorbehalt diplomatisch säuberlich punktierte, ein wahres Meisterwerklein allseitiger Beruhigung. Meine Antwort war aber nicht minder kunstreich und darf sich gewiß sehen lassen. Daß ich dabei einen mißbilligenden Seitenblick auf *Sie* werfen mußte, werden Sie wohl begreifen!

Übrigens häufen sich Ihre Übeltaten gegen mich in so erschrekkender Weise, daß ich nun ernstlich auf einen Rachefeldzug denken muß.

Im «Nolten» Mörikes habe ich seither auch und zwar zum ersten Male gelesen. Ich war in einer fortwährenden Sonntagsfreude über all das Schöne und all die Spezialschönheiten, bis am Schluß ich in das tiefste und traurigste Mißbehagen geriet wegen der mysterios dubiosen Weltanschauung einer Dämonologie, die nicht einmal religiöser Art ist. Was soll denn um Gottes willen das Auge voll Elend des gespenstisch abziehenden Helden sagen? Und wo geht er denn hin mit der Zigeunerin? Das berechtigte Geheimnis einer solchen Tragödie haben Sie meines Erachtens in Ihrem Jugendperseus klassisch und harmonisch einfach und gut ausgedrückt usw.

Grüßen Sie doch gütigst die Familie Fries von mir; ich werde dem Meister Bernhard bald einmal schreiben.

Sie empfehlen mich gewiß auch der eigenen hochverehrten Sippe und bleiben gut Ihrem

G. Keller

Zürich-Enge: Als Staatsschreiber wohnte Keller in seiner Amtswohnung an der Kirchgasse, dann mietete er in der ehemaligen Außengemeinde Enge, zwischen Sihl und See gelegen, eine auf einer Anhöhe gelegene Wohnung, das «Bürgli» genannt.

für die hülfreiche Hand: Keller dankt Heyse für seine Hinweise zum Dankesschreiben bezüglich des Maximilians-Ordens; vgl. auch Anm. zu Brief 18.

mit einer Novelle meine neue Sandfuhre... auseinandersprengen: P.H., Die Frau Marchesa. Vorabdruck in der «Deutschen Rundschau», Berlin 1877, Bd. 10, S. 1 ff. Kellers Novelle «Der Narr auf Manegg» erscheint in der Aprilnummer.

«Geier-Wally»: Wilhelmine von Hillern (1836-1916), Tochter der Dramatikerin Charlotte Birch-Pfeiffer, Schauspielerin und Erzählerin. «Die Geier-Wally». Eine Geschichte aus den Tiroler Alpen, 2 Bde., erschien in der Januarnummer 1875 der «Deutschen Rundschau», Bd. 2, S. 1–53.

Ihre Mitteilung für C. F. Meyer: Vgl. Anm. zu Brief 19.

Wegen der Exekution am Schluß: Keller schrieb am 3. Oktober 1876 an Meyer: «Über den Beilschlag am Schlusse muß ich mir freilich das Protokoll noch offen behalten»; Helbling 3/1, S. 318.

Ihre neuen Novellen in der «Rundschau» und «Westermann»: Die oben erwähnte Novelle «Die Frau Marchesa», später, in: P. H., Neue moralische Novellen (11. Sammlung), Berlin 1878; heute greifbar, in: P. H., Werke 1980, Bd. 1, und «Zwei Gefangene». Novelle. Vorabdruck in «Westermanns Monatshefte», Braunschweig 1876/77, Bd. 41, S. 337 ff., später, in: P. H., Das Ding an sich und andere Novellen (12. Sammlung), Berlin 1879.

für das cicisbeische Epos: Im Märzheft der «Westermanns Monatshefte» erscheinen von Heyse die Terzinen «Der Cicisbeo» (der Titel ist die ital. Bezeichnung für ‹Hausfreund mit verdächtigen Absichten›).

und die Sonette: Im Februarheft des Jahres 1877 erscheinen in der «Deutschen Rundschau» zwölf Sonette von Paul Heyse, «Dichterprofile» betitelt; einige sind wieder abgedruckt, in: P. H., Werke 1980, Bd. 1.

Das meinige (Sonett) betreffend: Gottfried Keller erscheint zwischen der Dichterin Annette von Droste-Hülshoff und Theodor Storm, hier fällt denn auch der vielzitierte Tropus «Shakespeare der Novelle»:

Wie an der Regenwand, der nüchtern grauen,
Der Bogen funkelnd steht in freud'ger Helle,
So dürfen wir an deiner Farbenquelle
Im grauen Duft des Alltags uns erbauen.

Der Schönheit Blüt' und Tod, das tiefste Grauen
Umklingelst du mit leiser Torenschelle
Du darfst getrost, ein Shakespeare der Novelle,
Dein Herb und Süß zu mischen dir getrauen.

Dem Höchsten ist das Albernste gesellt,
Dem schrillen Wehlaut ein phantastisch Lachen,
Um Heil'ges lodern Sinnenflammen schwüler.

So sehn wir staunend deine Wunderwelt.
Der Dichtung goldne Zeit scheint zu erwachen
Auf euren Ruf, unsterbliche Seldwyler.

Wie Keller im Brief erwähnt, stellt sich sofort C. F. Meyer mit einem «allerliebsten feierlichen Brief» bei ihm ein, die Meinung Heyses teilend. «Auch ich wüßte, die *Art* des Eindruckes auf den Leser und die Mischung nicht nur des Tragischen und Komischen, sondern überhaupt Ihrer poetischen Kräfte erwägend, keinen sich ungesuchter bietenden Vergleichspunkt als den Humor und die Tragik des großen Briten» (Helbling 3/1, S. 318). In seiner Antwort auf Meyers Glückwünsche erinnert Keller dann an den von Vilmar als «Shakespeare des Dorfes» gerühmten Jeremias Gotthelf, dessen Bäume durch diese Benennung auch nicht in den Himmel gewachsen seien, und nennt Heyses ehrlich gemeintes, wohlüberlegtes Lob eine «unbedachte Guttat» (Helbling 3/1, S. 319). Keller reagiert auf Meyers Brief äußerst gereizt, was nur aus seiner verletzten Empfindlichkeit und dem schwierigen Beziehungsverhältnis der beiden Landsleute zu verstehen ist.

Kellers und Shakespeares dichterische Verfahrensweise ist durchaus vergleichbar: realistisch und poetisch zugleich; vgl. dazu auch Kellers Erzählung «Pankraz, der Schmoller»; W 7, S. 50.

Übrigens häufen sich Ihre Übeltaten: In den Jahren 1871 bis 1877, in denen zwar nur wenige Briefe gewechselt wurden, zeigt sich Heyse als Förderer und Bewunderer des Werkes von Gottfried Keller. Zu Julius Rodenberg soll Heyse einst gesagt haben: «Es macht viel größeres Vergnügen, ihn (Keller, F. St.) zu lesen, als selbst gelesen zu werden»; Rodenberg an Keller, 17. Oktober 1876; Helbling 3/2, S. 346. Literarisch tritt er für einen Dichter ein, der in dieser Phase zwar eben wieder mit Schreiben beginnt, der aber in größeren Kreisen und vor allem in Deutschland noch kaum bekannt war (vgl. dazu etwa: W. Olbrich, Die Aufnahme Gottfried Kellers in Deutschland, Diss., München 1911).

Einer der ausgewiesensten Heyse-Kenner, Erich Petzet, weist an einer Stelle seiner Biographie (E.P., Paul Heyse, Ges. Werke, Stuttgart/Berlin 1924, III. Reihe, 15. Band, S. 745) darauf hin, daß Heyse immer wieder mit Vorliebe für solche Dichter eingetreten sei, deren künstlerische Bedeutung der Menge noch nicht aufgegangen war, wie neben Keller auch für Eduard Mörike, Theodor Fontane, Theodor Storm und Hermann Kurz – um nur die wichtigsten deutschen Autoren zu nennen.

Im «Nolten» Mörikes: Vgl. Anm. zu Brief 16; der Roman «Maler Nolten» erschien 1832, kurz nach der Lektüre Kellers kam es zu einer veränderten Auflage in 2 Bde. bei Göschen, Stuttgart 1877.

in Ihrem Jugendperseus: P. H., Perseus. Eine Puppentragödie, 1854 als Versdichtung in den «Hermen» erschienen.

21: *Keller an Heyse*

Zürich, 23. Juni 1877

Lieber Freund!

Ich habe gestern zu meinem Nachmittagskaffee, um mich von einer trockenen Lektüre zu erholen, einmal wieder Ihren «Letzten Zentaur» hervorgenommen und den einleitenden Teil davon gelesen. Ich geriet darüber in eine seltsame Stimmung, in welcher ernsthafte Vorsätze auftauchten und ich auch Ihrer gedachte. Eine Stunde später erhielt ich Ihre neue Trauerbotschaft; wie sie mich berührte, kann ich Ihnen vielleicht in ruhigerer Zeit besser sagen. Mit diesen Zeilen möchte ich mich nur als Leidtragender in Ihrem Hause einfinden, welches ja so lieb und wohnlich ist, daß sogar die

Moiren sich herbeidrängen, wenn auch nachgerade etwas zu täppisch.

Glauben Sie und Ihre verehrte Frau Gemahlin an meine volle Teilnahme.

Ihr ergebener Gottfr. Keller

Ihren «Letzten Zentaur»: Vgl. Anm. zu Brief 14.

in welcher ernsthafte Vorsätze auftauchten: Die Geschichte spielt im Münchner Malermilieu, Keller wird sich an seine eigene Studienzeit als Maler erinnert haben. Im Brief 24 (s. d.) erzählt er Heyse dann eine schmerzliche Erfahrung aus dieser Zeit. In den folgenden Briefen kommt immer wieder Kellers Roman «Der grüne Heinrich» zur Sprache, und es besteht kein Zweifel, daß Keller zu dieser Zeit intensiv mit der Umarbeitung seines Romans beschäftigt ist, was Äußerungen an andere Freunde bestätigen; vgl. dazu: E. Ermatinger, Gottfried Kellers Leben, Zürich 1950, S. 504–523.

Ihre neue Trauerbotschaft: Am 19. Juni starb Heyses sechsjähriger Sohn Wilfried, vgl. auch Anm. zu Brief 14. An Petersen schreibt Keller am 18. Juli: «Es ist doch merkwürdig, wie das Schicksal in jedem Haus seine offene Pforte hat. Wo ihm fast gar kein Angriffspunkt verstattet scheint, da quartiert es einfach den plumpen groben Tod als Besatzung ein» (Helbling 3/1, S. 356).

22: Heyse an Keller

München, 28. Mai 1878

Als ich nach Hause kam, lieber Keller, und mit Seufzen den Berg aufgestapelter Novitäten betrachtete, der in sieben Monaten zu einer bedenklichen Höhe angewachsen war, begrüßten mich trostreich in dem Wust die beiden neuen Bände der Zürcher Novellen. Nun haben mich in dieser wunderlichen Stimmung, aus der ich noch immer nicht wieder auftauchen kann, immer noch von Stimmen des Verlorenen umklungen und von fast spukhaften Gesichten auf Schritt und Tritt begleitet, Deine schönen festen Gestalten zum erstenmal wieder mit einem warmen Anteil an etwas Fremdem durchdrungen, und heute die lieblichen, ganz mit Deinem Blute getränkten Verse in der Rundschau, und ich will es nicht länger aufschieben, Dir die Hand zu drücken. Ich setzte mehr als einmal an, in dem römischen Winter Dir einen Gruß zu schicken, aber so sehr ich von dem guten Willen guter Menschen, und dem Deinen insbesondere, mit mir Geduld zu haben, überzeugt bin, so klar bin ich doch auch über die Unmöglichkeit, meinen gebundenen und zusammengeschnürten Zustand einem Freunde verständlich zu machen, der nichts Ähnliches besessen und verloren hat. Ich merke es nur zu deutlich meinen ältesten Intimen an, daß sie die Köpfe schütteln und die Achseln zucken, weil die ganze Apotheke von philosophischen Hausmitteln mir nicht auf die Beine helfen will. Ich bin aber leider so mürbe geworden, daß selbst das Aufrütteln durch die Scham vor mannhafteren Kreuzträgern nicht mehr bei mir verfängt. Mein armes Weib schleppt zu allem Andern ihre physischen Leiden hin, bei mir ist wieder der alte Nervenbelagerungszustand ausgebrochen und hält jede rüstige Arbeit nieder. Nun sollen wir im Juli Hochzeit halten, dann ins Engadin zum heiligen Moritz wallfahrten, der schon einmal ein Wunder an uns getan. Aber wenn wir uns auch ein wenig zusammengeflickt haben, am Besten wird es darum immer noch fehlen.

Ich merke jetzt erst, daß ich ins Du hineingeraten bin. Es wäre schön, wenn auch Du es so natürlich fändest, wie es mir war und ist. Ein leichtsinniges Smollieren ist's doch wahrhaftig nicht, wenn Du bedenkst, wie lang es her ist, daß wir den ersten Trunk Wein miteinander getan haben.

Ich habe die sieben Aufrechten wiedergelesen, mit jener allerwohltätigsten Rührung, die aus dem einfach Echten und Liebenswürdigen quillt. Die Ursula war mir zuerst fremder, die schönen scharfen Züge des ersten Teils gingen mir gleich ins Blut, dann verkühlte sich etwas der Anteil, da die Hauptfiguren zurücktraten, nun aber blieb auch hier eine ganze, reine, starke Nachwirkung zurück, und ich finde, daß alles so sein muß. Du hast alles, was mir fehlt, lieber Teuerster. Niemand betrachte ich mit wärmerem, froherem Neide, der eins ist mit dem herzlichsten Gönnen, da alles Gute des andern auch uns zugute kommt. Lebe wohl; laß einmal von Dir hören. Mein «Frauenzimmer» grüßt schönstens und hofft Dich bald einmal wiederzusehen.

Treulichst Dein Paul Heyse

Als ich nach Hause kam: Heyse und seine Frau verreisten unmittelbar nach dem Tode ihres Sohnes nach Italien. Sieben Monate versuchten sie, in Rom, Neapel und Florenz ihr Leid zu vergessen. Storm schreibt an Keller: «Die beiden hätten zu Hause bleiben sollen; wenn sie jetzt heimkehren, wird ihnen ihr Kind wie ein Gespenst auf Treppen und Gängen entgegenkommen» (Der Briefwechsel zwischen Theodor Storm und Gottfried Keller, hrsg. v. Peter Goldammer, Berlin 1967, S. 11). Keller zeigt sich im Antwortbrief milder und ernster: «... ich glaube nicht, daß sie den Winter in München so gut ausgehalten hätten wie in Italien. Ich kann nicht beurteilen, wie es einem zumut ist, wenn man ein Kind verliert; allein ich glaube doch, es würde mir gehörig unheimlich, wenn man mir so hinten herum eins nach dem andern, drei-, sechs-, zwölfjährig wegholte. Da ist man wie der Hund im Kegelspiel» (Helbling 3/1, S. 422).

die beiden neuen Bände der Zürcher Novellen: G. K., Zürcher Novellen, 2 Bde., Göschen, Stuttgart 1978; W 9 u. 10.

Verse in der Rundschau: Vgl. Anm. zu Brief 23.

im Juli Hochzeit halten: Hochzeit der ältesten Tochter Julie.

dann ins Engadin: Kuraufenthalt im Engadin, vgl. auch Brief 25.

daß ich ins Du hineingeraten bin: Ohne es zu merken, gerät Heyse im lobenden Reden über Kellers neuestes Werk ins «Du» hinein. Er versucht dadurch, das Verhältnis grundlegend neu zu bestimmen: intimer, vertrauter, persönlicher. Interessant ist, daß Heyse (der jüngere) sowohl Keller als auch Storm das «Du» im Brief anträgt, und nicht etwa im persönlichen Gespräch. Heyse an Storm, 21. April 1876: «Während Du aquis submersus warst, lieber Storm, – entschuldige, aber das ‹Sie› will mir durchaus nicht mehr aus der Feder, und ich dächte, da wir schon über unsere ‹silberne Freundschaft› hinaus sind, sollten wir's uns endlich bequem machen...» (C. A. Bernd, Der Briefwechsel zwischen Theodor Storm und Paul Heyse, Bd. II, Berlin 1970, S. 12).

den ersten Trunk Wein miteinander: Vgl. Anm. zu Brief 1.

die sieben Aufrechten: G. K., Das Fähnlein der sieben Aufrechten, in: Ders., Zürcher Novellen, Stuttgart 1878.

Die Ursula: G. K., Ursula, in: Ders., Zürcher Novellen, Stuttgart 1878.

23: Keller an Heyse

Zürich, 9. Juni 1878

Dein Brief, lieber Freund, ist mir mit dem angebotenen Du ein rechtes Maigeschenk gewesen. Du wirst gedacht haben: «Ich habe schon so viel für ihn getan, daß mir zu tun fast nichts mehr übrig bleibt» usw. Nun, unsereins nimmt und frißt alles dankbarlich, was er bekommt, wie ein schmunzelndes Bettelweib. Deine leidenden Zustände will ich weder betrösten noch anzweifeln; wenn es Dir vergnüglich zu Mut wäre, würdest Du nicht klagen, und jeder hat die Seite, wo ihn das Unheil packen kann. Ich kann mir auch denken, daß das Zuzweitsein von Mann und Frau gewisse Leidenskategorien verdoppelt, wenigstens erscheinen diese dadurch nach außen hin feierlicher und tiefer oder mit einer Art von Erhöhung usf. Gewiß ist nur, daß ich herzlich teilnehme und Besserung wünsche.

Indessen nimmt mich wunder, was Du schaffen willst, wenn Dir wieder wohl sein wird, da Du so schon fleißiger oder produktiver bist als mancher gesunde Kaffer. Übrigens, was mich betrifft, bist Du ein bißchen ein Schmeichelkater mit nicht undeutlichen Krallen. Wenn ich alles habe, was Dir fehlt, so braucht Dir bloß nichts zu fehlen, und ich habe säuberlich gar nichts. Solche Vexierbuketts kann jeder dem andern unter der Nase wegziehen. So verhält es sich auch mit der Anführung meines Winterliedchens in Deinem meisterhaften «Seeweib». Das Buch kam mir erst vor vier Wochen in die Hände, und als ich an die Stelle kam, war ich ganz verblüfft und dachte nur: Donnerwetter! Als aber nachher das Buch beiseite geschafft wurde in der Novelle, hatte ich genau das Gefühl eines hospitierenden Nachbarknäbleins, das wegen begangener Unnützlichkeiten aus der Stube gebracht wird und heult. Dessen ungeachtet erfreute mich an den «Neuen Moralischen» der schon von Georg Brandes hervorgehobene Falke, der wiederum durch alle diese Novellen so ungebrochen weiterfliegt.

Mit meiner letzten Zürcher Geschichte, der «Ursula», hat Dich der ahnungsvolle Engel nicht betrogen bezüglich des ersten Eindruckes. Das Ding ist einfach nicht fertig, die zweite Hälfte mit sehenden Augen nicht ausgeführt, weil mir der Verleger wegen des üblichen Weihnachtsgeschäftes auf dem Nacken saß. Das Versespektakel in der «Rundschau» wird sich leider noch einmal wiederholen, obgleich Du, wie mir Rodenberg schreibt, mit wohltönenden Sonetten dazwischenfahren wirst. Ich muß eben noch einiges der Art fortsündigen, damit ich eine Notausgabe meiner «sämtlichen Gedichte» zuweg bringe.

Die Verlobungsanzeige aus Rom habe ich seinerzeit erhalten und wünsche nun dem Fräulein und den Eltern das landesübliche Maß von Glück und noch eine gute Handvoll als Zugabe. Alle zehn Finger halte ich ausgespreizt wie eine Höckerin, die eine Metze Kirschen generös aufgetürmt hat. Nachher wünsche ich eine fröhliche Hochzeit.

Wenn Ihr Euch nicht vorher in der Schweiz sichtbar macht, so komme ich vielleicht im September für ein paar Tage nach München, wo ich inzwischen zu grüßen bitte, wer sich etwa hiefür darbietet, Fries, Schneegans etc.

Vor allem aber die verehrten Inhaberinnen des Frauenzimmers.

Wegen der Berliner Ereignisse brauche ich nicht extra zu kondolieren, da man hier ebenso konsterniert und Böses fürchtend ist als draußen im Reiche. In einem Bierlokal wurde dieser Tage ein sozialdemokratischer deutscher Literat, der sich in spöttischem Sinne äußerte, von hiesigen Bürgern hinausgeschmissen, *tout comme chez vous.* Viele Grüße.

G. Keller

meines Winterliedchens in Deinem meisterhaften Seeweib: P. H., Das Seeweib, in: Neue moralische Novellen (11. Sammlung), Berlin 1878. Kellers Gedicht «Winternacht» (W 1, S. 79) wird in der oben erwähnten Novelle bei einer abendlichen Tischrunde vorgetragen. Die Erzählerin leitet ihren Vortrag so ein: «Da ist ein Gedicht, das ist wie lauter Musik und dabei so recht für unsere heutige Gesellschaft, wo man nur von melancholischen Dingen hören will. Ihr müßt nur vorlieb nehmen mit meinem schlechten Lesen. Dann las sie:

‹Nicht ein Flügelschlag ging durch die Welt,
Still und blendend lag der weiße Schnee,
Nicht ein Wölkchen hing am Sternenzelt,
Keine Welle schlug im starren See.

Aus der Tiefe stieg der Seebaum auf,
Bis sein Wipfel in dem Eis gefror;
An den Ästen klomm die Nix' herauf,
Schaute durch das grüne Eis empor;

Auf dem dünnen Glase stand ich da,
Das die schwarze Tiefe von mir schied;
Dicht ich unter meinen Füßen sah
Ihre weiße Schönheit Glied für Glied.

Mit ersticktem Jammer tastet' sie
An der harten Decke her und hin.
Ich vergeß' das dunkle Antlitz nie,
Immer, immer liegt es mir im Sinn!›»

(aus: P. H., Das Seeweib, Berlin 1878, S. 203)

an den «Neuen Moralischen»: Heyses 11. Novellensammlung («Jorinde», «Getreu bis in den Tod», «Die Kaiserin von Spinetta», «Das Seeweib» und «Die Frau von Marchesa»), vgl. oben.

Die Novelle «Die Kaiserin von Spinetta» ist zusammen mit andern Liebesgeschichten in einer bibliophilen Ausgabe im Walter Literarium neu aufgelegt worden. Bernd Jentsch, der Herausgeber dieser kleinen Anthologie, hat dazu ein aufschlußreiches Nachwort verfaßt. Paul Heyse, Die Kaiserin von Spinetta und andere Liebesgeschichten, Walter, Olten 1981.

von Georges Brandes hervorgehobene Falke: Georges Brandes (1842–1927), bedeutendster dänischer Kritiker des ausgehenden 19. Jahrhunderts, lebte von 1877 bis 1883 in Berlin, ab 1907 Professor in Kopenhagen. In seinem Werk «Moderne Geister – Literarische Bildnisse aus dem 19. Jahrhundert», Frankfurt 1882, wird auch Paul Heyse abgehandelt.

In der «Deutschen Rundschau» (März 1876) betonte Brandes, daß Heyse seine «Falkentheorie» beim Schreiben seiner Novellen getreu anwende; zur «Falkentheorie» vgl. Anm. zu Brief 10.

«Ursula»: Vgl. Anm. zu Brief 22.

weil mir der Verleger ... auf dem Nacken saß: Aus einem Brief an Ferdinand Weibert (1841–1926), Inhaber der Verlagsanstalt Göschen in Stuttgart, geht allerdings hervor, daß Keller selbst den Termin für das Erscheinen seiner «Zürcher Novellen» (als Buchform) festgelegt hat; vgl. Keller an Weibert, 24. Juli 1877 (Helbling 3/2, S. 274). Die folgenden Briefe dokumentieren die terminlichen Schwierigkeiten, die Keller mit der letzten Erzählung «Ursula» (urspr. «Hansli Gyr», vgl. Keller an Weibert, 11. August 1877) hatte; vgl. Helbling 3/2, S. 275–281.

Das Versespektakel in der Rundschau: Im Juniheft der «Deutschen Rundschau» erschienen fünf Gedichte Kellers (vgl. W 2/1, S. 168f., S. 149f., S. 174f., S. 172f., S. 25), im Augustheft dann nochmals drei (vgl. W 2/1, S. 137ff., S. 170f.; W 1, S. 200ff.); vgl. dazu den Briefwechsel zwischen Keller und Rodenberg, Helbling 3/2, S. 355–361.

mit wohltönenden Sonetten: Im Juliheft der «Deutschen Rundschau» erscheinen Paul Heyses «Skizzen aus Neapel» (S. 1–11), die später (1880) in die «Verse aus Italien» aufgenommen werden. Storm kritisiert diese Verse gegenüber Keller in einem Brief scharf: «Ich gäbe was drum, wenn unser lieber Freund Heyse sich sein ‹Skizzenbuch› verkniffen hätte» (Helbling 3/1, S. 426). Kellers Antwort ist versöhnlicher: «Vielleicht kommt auch erst die rechte lyrische Zeit für Heyse, wenn ihm die Reime einst nicht mehr so leicht fallen und dafür die Erinnerung mit ihrer Macht ins Leben tritt...» (Helbling 3/1, S. 430).

eine Notausgabe meiner «sämtlichen Gedichte»: Keller selbst hat an seinen Gedichten immer wieder die schonungsloseste Kritik ausgeübt, insbesondere gegenüber Heyse (vgl. die folgenden Briefe), dann in den Briefen an Freiligrath, Baumgartner, Weibert, E. Kuh, Theodor Storm u. a., auch in seiner «Autobiographie» (1876).

Verlobungsanzeige aus Rom: Vgl. Anm. zu Brief 22.

Höckerin: Kleinverkäuferin, vgl. Grimm, Deutsches Wörterbuch, Bd. 10, Sp. 1652.

eine Metze Kirschen: Ein kleineres Trockenmaß, vgl. Grimm, Deutsches Wörterbuch, Bd. 12, Sp. 2152f.

im September für ein paar Tage nach München: Im August 1878 trifft Keller das Ehepaar Heyse in Zürich. An Storm schreibt Keller am 13. August über diese Begegnung: «Paul Heyse und seine Frau sind ein paar Stunden in Zürich gewesen, als sie nach St. Moritz im Engadin reisten. Die Frau ist sehr leidend, und es ist peinlich und schmerzlich, ein so anmutiges Wesen so zu wissen. Meister Paulus aber macht so viele hübsche Verse bei allem Nervenleiden, das ihn drückt, daß ich anfange, mein blutiges Mitleid etwas im Zaune zu halten» (Helbling 3/1, S. 429f.).

Fries: Vgl. Anm. zu Brief 17.

Schneegans: Ludwig Schneegans (1842–1922), Schriftsteller, seit 1870 durch Vermittlung Heyses Hofdichter Ludwigs II., später in der Schweiz, zuletzt in Wien.

Berliner Ereignisse: Kurz aufeinander (11. Mai und 2. Juni) wurden auf den deutschen Kaiser Wilhelm Attentate verübt.

24: Keller an Heyse

Zürich, 2. Juli 1878

Liebster Freund! Nicht um ein triviales Wurst wider Wurst loszulassen, sondern aus wirklichem Antrieb sende ich meinem «Letzten vom ...ten *pass.*» (welches ich hiemit zu bestätigen mich beehre) noch einen Gruß nach. Die 25 Sonette habe ich am Samstag und die «Reisebriefe» heute abend erhalten und erfreue mich an beidem ausnehmend. Sagen muß ich Dir aber, daß ich Heinrich Dreber, den Du im ersten Reisebrief so trefflich besingst, in München als einen hübschen blonden Malerjüngling gekannt und viel mit ihm verkehrt habe; wir waren arm wie Kirchenmäuse und aßen eine Zeitlang für 8 Kreuzer zusammen zu Mittag in einem abgeschiedenen Gartenwirtschaftchen hinter Bretterzäunen zwischen der Lerchen- und Schützenstraße. Man mußte in der Nähe des Stachus durch einen engen Pfad hingelangen. Dann hab' ich wohl 25 Jahre nichts mehr von ihm gehört noch gesehen, bis ein hiesiger Mäzen plötzlich ein halbes Dutzend größerer Bilder von ihm aus Rom mitbrachte. Etwa drei Jahre später kam er selbst einmal nach Zürich, es wurde eine etwas künstliche Zusammenkunft durch jenen Mäzenaten veranstaltet, und ich fand einen ausgemergelten, kränklichen, gebrochenen Menschen, den mein knopfiges Äußere wahrscheinlich abschreckte, denn wir brachten nicht einmal mehr das ehmalige Du hervor. Vermutlich hatte er mich doch ganz vergessen gehabt, da ich in München auch gar nichts Rechtes gekonnt hatte, während er unter seinem sonnigen Goldhaar schon ein reiches Können beherbergte. Er besaß einen Schatz unvergleichlicher Bleistiftstudien aus der Sächsischen Schweiz etc., die aussahen wie veredelte, geradezu vervollkommnete Dürersche Kupferstiche, und malte Landschaften *à la* van Eyck und Dürer.

Um aber auf unsern Hammel, den Paul Heyse, zurückzukommen, so scheint mir doch dessen Melancholie dem Albrecht Dürerschen Frauenzimmer gleichen Namens so ähnlich zu sehen wie ein Ei dem andern, in dem Sinne, wie sie der selige Doktor Parthey in Berlin in einem verschollenen Kunstbüchlein gar artlich und verständig interpretiert hat, nämlich als die Mutter einer unaufhörlichen Tätigkeit, umgeben von allen Attributen der Kunst und Wissenschaft. Denn schon höre ich von neuen Fruchtbarkeiten, die in Aussicht stehen. Halte aber diesen Ausfall nicht für eine Aufdringlichkeit.

Jetzt will ich schnell noch den Scheffel lesen im «Nord- und Süd-»Heft, von Bartsch, was mir aber ledernes Zeug zu sein scheint. *Ad vocem* Leder fällt mir das Wichserezept von Mörikes Hutzelmännlein ein, das mich neulich wieder gaudiert hat: «Ein Ledder wohl zu halten, nach Ledders Natur etc.» Diese kristallene schuldlose und doch so überlegene Schalkhaftigkeit hat doch kein zweiter usw. Nun aber gute Nacht und glückliche Hochzeitsreise. Sollte dieser überflüssige Brief Dich nicht mehr erreichen, so leg ihn zu dem übrigen, was Du nicht bekommen hast. Es ist 10 Uhr nachts, ich werde jetzt gleich eins rauchen!

Dein resp. Euer G. Keller

25 Sonette: Vgl. Anm. zu Brief 23.

die «Reisebriefe»: In der Monatsschrift «Nord und Süd», redigiert von Paul Lindau, erschienen im Juli- und Augustheft 1878 vier Briefe Heyses: an Arnold Böcklin, Florenz (wieder abgedruckt, in: P. H., Werke 1980, Bd. 1, S. 110ff.); Otto Ribbeck, Leipzig; Wilhelm Hertz, Berlin, und an seine in München gebliebene Familie. Keller erhielt von Heyse Separatabzüge.

Heinrich Dreber: Heinrich Dreber (genannt Franz-Dreber, 1822–1875), Landschaftsmaler, weilte von 1841 bis 1843 in München, dann in Rom, wo ihn der junge Heyse zusammen mit andern Künstlern 1852 kennengelernt hatte. Heyse erwähnt ihn in seinen «Jugenderinnerungen und Bekenntnissen», op. cit., S. 130.

Die Stelle deutet auch darauf hin, daß Keller mit seinem Roman «Der grüne Heinrich» beschäftigt ist, was aber gegenüber Heyse noch nicht explizit ausgesprochen sein soll. Bei der zweiten Fassung sind insbesondere die Münchner Zeit und der Schluß (vgl. folgende Briefe) umgearbeitet worden (vgl. auch Anm. zu Brief 21).

van Eyck: Jan van Eyck (um 1390–1441), niederl. Maler.

Dürer: Albrecht Dürer (1471–1528), Maler, Kupferstecher und Zeichner in Nürnberg.

Doktor Parthey: Gustav Parthey (1798–1872), Altertumswissenschaftler und Buchhändler. Die Besprechung des Dürerschen Werkes «Die Melancholie» (1515) ist abgedruckt, in: «Zerstreute Gedanken-Blätter über Kunst», Heft 4, Berlin 1840. Vgl. ferner Kellers Gedicht «Melancholie», in: W 15/1, S. 93f. und W 2/1, S. 155f., das durch Dürers Kupferstich inspiriert worden ist (darauf verweist v. a. die später hinzugefügte 5. Strophe).

von neuen Fruchtbarkeiten: Keller denkt an die beiden Dramen «Elfriede» (1877 bei Hertz, Berlin, ersch.) und «Graf Königsmark» (ebd.) von Heyse. Am 2. September 1878 sollte «Graf Königsmark» in München aufgeführt werden, dazu kam es jedoch nicht (vgl. Brief 80); am 3.2.1879 kommt es in Straßburg zur Uraufführung des Trauerspiels «Elfriede», nachdem die geplanten Aufführungen in München und Leipzig zuvor gescheitert waren (vgl. dazu: S. von Moisy, op. cit., S. 116).

Bartsch: Karl Bartsch (1832–1888), Germanist in Heidelberg; sein Artikel über den Dichter Joseph Viktor Scheffel (1826–1886) erschien im Bd. 6 der Zeitschrift «Nord und Süd», S. 53ff.

Mörikes Hutzelmännlein: Eduard Mörike, Das Stuttgarter Hutzelmännlein, 1853 bei der Schweizerbartschen Verlagsbuchhandlung in Stuttgart gedruckt.

St. Moritz mit dem Piz Crasta Mora (Bleistiftzeichnung von P. Heyse)

25: Heyse an Keller

München, 7. Juli 1878

Liebster Freund, Deine listigen Auslassungen über Vexiersträußchen und Ähnliches hatten meine harmlose Seele ums Haar in die Falle gelockt, und Du hättest dann eine schöne belehrende Abhandlung über das, was mir fehlt und Du noch zu allem obendrein besitzest, im schönsten und rundschaulichen Essaystil zu lesen bekommen. Davor bewahrten mich damals meine Feinde, die Herren Nerven, die strenge Wache hielten und mir keinerlei Ein- und Ausfall erlaubten, bis ich sie durch geheuchelten Gehorsam so weit eingeschläfert hatte, daß ich mich wieder über den Kordon hinauswagen konnte. Ich mußte es freilich sofort büßen, wurde, nachdem ich mich auf der alten Novellenweide fröhliche zehn Tage lang herumgetummelt hatte, schmachvoll wieder eingefangen und in weit strengere Haft geschlagen. So weit kam's, daß ich meiner teuren Nervenverweserin, meiner eigenen Frau, einen körperlichen Eid schwur, sieben Wochen lang mich nur als fruges consumere natus auf dieser öden Welt herumzutreiben. Da wir in St. Moritz mit nächstem uns unter ähnliches Herdenvieh mischen wollen, werden mich hoffentlich keine Meineidsgelüste anwandeln. O Teuerster, Mutter Melancolia ist eine kluge Frau, daß sie ihren Kindern allerlei Gerät zum Scharwerken anbietet. Man führe ja geradezu aus der Haut, wenn man wie eine arme Spinne sich nur das Netz seiner grauen Gedankenfäden webte und nicht einmal eine oder die andere Fliege darin fangen dürfte. Meine Vielgeschäftigkeit, von der ich Dir gestern zwei ziemlich handfeste Proben geschickt, hat keinen andern Grund, als daß mir seit Jahr und Tag der goldene Müßiggang nicht mehr schmecken und gedeihen will. Aber nichts mehr davon. Ich soll meinem etwas verschlissenen Gemüt ein hochzeitliches Mäntelchen umhängen, da übermorgen unsere Braut eine junge Frau werden wird. Um die Mitte des Monats treten wir dann unsere Wallfahrt zu dem Engadiner Blut- und Eisen-Heiligen an, und da uns unsere Jüngste mit der Großmama ein Streckchen begleitet, sieht es sehr danach aus, als ob wir Zürich nicht rechts liegen lassen könnten. Es reicht freilich höchstens zu einem Vormittag und wäre also nur eine Birne für den

Val Suvretta mit Piz Albana und Piz Julier (Bleistiftzeichnung von P. Heyse)

Durst. Indessen kenne ich meine Pappenheimer über den Wolken und weiß, daß es ihnen eine Kleinigkeit ist, auch die Birne, in die ich schon eben einbeißen will, mir noch aus der Hand zu schnellen. Also will ich einstweilen nichts gesagt haben. Kommt es nicht dazu, so mußt Du mit Deinem erprobten Glück im Herbst mich hier entschädigen.

Lebe wohl und sei sehr gegrüßt von uns allen. – Ich will noch hinzufügen, daß jeder, der in den letzten Wochen in meine Stube kam, Deine Narrenmesse sich vortragen lassen mußte.

Der Allerdeinigste P. H.

fruges consumere natus: Anspielung auf Horaz' Epist. 1, 2, 27 «Nos numerus sumus et fruges consumere nati», übers. etwa: ‹Wir sind bloß eine Null/Zahl (eigentl. kein Wesen), geboren, um Feldfrüchte zu vertilgen.›

Mutter Melancolia: Vgl. Anm. zu Brief 24.

unsere Braut: Vgl. Anm. zu Brief 22.

Zürich nicht rechts liegen lassen könnten: Vgl. Anm. zu Brief 23.

Deine Narrenmesse: Kellers in der «Deutschen Rundschau» (vgl. Anm. zu Brief 23) erschienenes Gedicht «Der Narr des Grafen von Zimmern».

26: Heyse an Keller

München, 27. November 1878

Liebster Freund, Dr. Jakob Baechtold hat mir Aushängebogen der Leutholdschen Gedichte zugeschickt, an denen Du auch teilhast. Ich ziehe es daher vor, meinen Dank an Dich zu richten, und bitte Dich, einen freundlichen Gruß an Deinen Mitherausgeber zu bestellen. Die Blätter selbst geben mir mancherlei Rätsel auf. Ich spüre darin herum nach Symptomen eines geistigen Leidens, wie es bei Lenau und Hölderlin so befremdlich rührend oft zwischen den lieblichsten Zeilen spukt. Hier aber finde ich nichts dergleichen (vielleicht bringen es die weiteren Bogen), und der Rückblick in die Zeit, wo wir mit diesem in ungenügender Selbstzucht seinen eigenen Wert aufzehrenden Gesellen ganz hoffnungsfroh verkehrten, ihn aus seiner Neid-Umstachelung herauszulocken suchten, bis wir das unfruchtbare Geschäft aufgeben mußten, stimmt mich unselig. Denn wirklich sind hier edle Kräfte kläglich zerrüttet worden, weil es am Besten gefehlt. Aber Du wirst mehr von ihm wissen. Mir ist er, seit einem hämischen Angriff auf einen guten Freund in einem hiesigen Winkelblatt, nicht wieder über die Schwelle gekommen.

Das Jahr geht zu Ende, ohne Dich uns gebracht zu haben, und das flüchtige Vorwort an jenem Züricher Abend versprach doch so fest einen ganzen Band, den wir hier zusammenschwatzen wollten. Meine Schwiegermutter wollte Dich eines Nachmittags am hiesigen Bahnhof im Gewühl gesehen haben. Wir warteten aber vergebens. Und ich hätte es so nötig gehabt. Die sieben mageren Wochen im Engadin liegen mir noch in den Gliedern – eine wahre Höllenzeit! –, und obwohl jetzt meine arme Seele wieder ein wenig Fett ansetzt, ist's noch weitab von dem Leben aus dem Vollen, an das ich früher gewöhnt war. Ich hoffe mich mit gelinder Scharwerkerei durch den Winter zu bringen, habe die brotloseste unter meinen Künsten, das Dramenschreiben, wieder hervorgesucht, und da das deutsche Theater nur für Götterdämmerungsschwindel und armselige Possenreißerei die nötigen Mittel besitzt, und das deutsche Publikum seines Theaters wert ist, kannst Du Dir vorstellen, mit welchem Galgenhumor ich meine verfluchte Schuldigkeit tue.

Siehst Du Ferd. Meyer, so grüß ihn schönstens. Du aber sei aufs allerschönste von meinen Damen gegrüßt, in deren Brett Du einen gewaltig großen Stein hast. Meine Frau hat eben, zum dritten oder vierten Male, sämtliche Seldwyler genossen.

Addio!

Von Herzen Dein Paul Heyse

Dr. Jakob Baechtold: Jakob Baechtold (1848–1897), seit 1878 Lehrer an der Höheren Töchterschule in Zürich, dann Privatdozent und seit 1887 Professor für Literatur an der Universität Zürich. Er hat das Verdienst, die erste Biographie Kellers geschrieben zu haben. Zum Verhältnis zwischen Keller und Baechtold vgl. u. a. ihre gewechselten Briefe, in: Helbling 3/1, S. 271–314.

Leutholdschen Gedichte: Die Gedichte Leutholds (zur Person vgl. Anm. zu Brief 4) erscheinen 1879 bei Huber, Frauenfeld, nachdem sich Jakob Baechtold und Gottfried Keller für diese Ausgabe, ebensosehr für den kranken Dichter, eingesetzt haben. Als Herausgeber erscheinen sie allerdings in der Publikation nicht namentlich. Bei der neuen Ausgabe (2. verm. 1880) rät Keller in einem Brief an Baechtold, den Herausgeber (Baechtold) anzugeben, sonst aber nichts zu ändern (vgl. Helbling 3/1, S. 310). Baechtold schreibt für die 3. verm. Aufl. des Gedichtbandes v. 1884 dann trotzdem eine Einleitung und fügt ein Porträt Leutholds bei.

Lenau: Nikolaus Lenau (eig. Nikolaus Franz Niembsch, 1802–1850), Lyriker, stirbt nach einem unsteten Leben in geistiger Umnachtung.

Hölderlin: (Johann Christian) Friedrich Hölderlin (1770–1843), Dichter, weilte über 30 Jahre als «Wahnsinniger» im Tübinger Turm. Die beiden Namen tauchen auch wieder in der oben erwähnten Einleitung zum Gedichtband bei Baechtold auf. Auch Baechtold findet wie Heyse in diesem Brief, daß solche Vergleiche problematisch sind, verweist dann allerdings auf Wilhelm Waiblinger, dessen Dichterschicksal ihm zu demjenigen Leutholds passender erscheine.

an jenem Zürcher Abend: Vgl. Anm. zu Brief 23.

das Dramenschreiben: In den Briefen der 80er Jahre wird Heyse vermehrt auf seine dramatischen Projekte und Arbeiten zu sprechen kommen. 1884 will er sogar der Novellendichtung ganz abschwören, weil «nun der Dramatiker definitiv das Wort ergriffen» (Brief 85) habe. «An so ein Ding von Geschichtchen» (Brief 87), gemeint sind die Novellen, habe er nie seine ganze Kraft verwenden können. Eine einmal geschriebene Erzählung habe er kein zweites Mal mehr bearbeitet, korrigiert oder verbessert. Er scheute dagegen nie, an dramatische Entwürfe «eine zweite, dritte und letzte Hand zu legen» (ebd.). Diese werkgeschichtliche Tatsache ist erstaunlich und mag ein Grund sein, weshalb Heyse Mitte der 80er Jahre dem Drama und dem Theater seine ganzen Kräfte opferte.

Das Publikum kennt und anerkennt jedoch Heyse zunächst «nur» als Novellisten und schätzt die Schauspiele weniger. So erstaunen die immer wiederkehrenden Verzweiflungsseufzer Heyses, der ob der Verständnislosigkeit des Publikums zu leiden hatte, kaum. Die folgenden Briefe werden dies mehrfach und deutlich bestätigen. Wie zwiespältig Heyse selbst zu seinen Dramen und zum Theater, für das er ja seine Stücke schrieb (immerhin etwa 70 an der Zahl bis zu seinem Tod 1914!), stand und wie verzweifelt er um Anerkennung und Beifall rang, zeigt auf eine erschütternde Weise auch sein um 1900 festgehaltenes Bekenntnis «Mein Verhältnis zum Theater» in den «Jugenderinnerungen und Bekenntnissen», op. cit., S. 363–383. Da zeigt sich noch einmal die Tragik Heyses, dem es nicht bestimmt war, ein «Auserwählter» zu sein (vgl. dazu den **Anhang**).

Götterdämmerungsschwindel: Hier spielt Heyse auf Richard Wagners Gesamtkunstwerk an, dem er ablehnend gegenüberstand. Lit.: S. v. Moisy, op. cit., S. 230–235.

27: Keller an Heyse

Zürich, 13. Dezember 1878

Lieber Freund! Ich danke Dir voraus für Brief und Buch, von welch letzterem mir das «Ding an sich» neu war und mich schon durch das reichliche anmutige Geplauder über den Paulus an sich erquickt hat. Es führte mich ergänzend in eine Zeit zurück, wo ich grämlich in Berlin saß und von dem Jünglingsgenie reden hörte. Zu jener Zeit war ich auch einmal, von Scherenberg eingeführt, in einer Sonntagssitzung der Tunnelgesellschaft, obskur wie eine Schärmaus und ungefähr auch von ihrer Gestalt. Auf dem Präsidentenstuhl saß Franz Kugler und hieß Lessing, ein Gardeoffizier las eine Ballade vor; bei der Umfrage kam ich auch an die Reihe und grunzte: Wrumb! worauf das Wort sofort dem nächsten erteilt wurde.

Deinem Fleiße vermag ich übrigens mit meinem Lobe nicht mehr zu folgen im Schnellfeuer eines Briefes; das Neuste für mich sind die Beiträge in «Kunst und Leben». Die «Reisebriefe» sind wieder reizend, um berlinerisch zu sprechen; Du wirst eine flotte neuartige Sammlung zusammenkriegen; die Novelle «Frau v. F.» ist ganz individuell notwendig in jeder Falte und sieht aus wie ein Unikum.

Nach München zu kommen, hat mich das fortwährend schlechte Wetter verhindert; ich habe denn auch kein Wort über Deine Theatererlebnisse im September gelesen, da ich in solchem Dinge das Geschick habe, immer die betreffenden Journalnummern zu verfehlen, die dergleichen enthalten. Arbeite indessen nur fleißig fort an Deinen Szenarien! Diese Partie ersetzt Dir das Holzhacken des Chamisso, und eines Tages wird es lauter Zedern- und Sandelholz sein, was Du gehackt hast, und Du wirst den Teufel schon einmal am Schwanz packen!

An Leutholds Gedichten habe ich weiter nichts gemacht, als einen Teil durchgesehen. Er muß seine Unarten jetzt schwer büßen und ist in einem Zustande des halben Bewußtseins wie ein Schatten der Unterwelt. Er hebt Zigarrenstummel auf, die man wegwirft, wenn man mit ihm im Parke der Irrenanstalt geht, und steckt sie sogleich in den Mund, obgleich man ihm zukommen läßt, soviel er rauchen darf. Schickt man ihm einige Flaschen Wein, so sauft er sie schnell und behauptet nachher, die Ärzte hätten sie ihm gestohlen! Mich wünschte er immer zu sehen; sobald ich aber das erstemal kam, fing er trotz aller Gedächtnisschwäche und Verwirrung sofort von dem «Orden» (!) an, wie es sich damit verhalte usf. Er meinte Deinen Maximiliansorden und hatte natürlich eine maliziöse Meinung. Ich halte aber dafür, daß das Elend mehr vom Mangel einer grundlegenden Erziehung herrührt, und wäre es nur diejenige eines stillen armen Bürgerhauses gewesen. Daß Du keine Lenauschen oder Hölderlinschen Spuren gefunden, ist wohl begreiflich; denn sein Zustand ist lediglich die Folge physischer Aufzehrung, seine psychischen oder geistigen Bedürfnisse waren, wie die Gedichte zeigen, sehr einfacher und mäßiger Natur. Für die schweizerischen Verhältnisse aber hat seine Gedichtsammlung einen formalen Wert, da wir diesfalls an Roheit und Kritiklosigkeit leiden, und ich helfe absichtlich diesen Wert hervorheben.

Daß ich bei Deinen verehrten Damen einen Stein im Brett habe, beweist, was ich immer gedacht habe, daß es rechtlich denkende Leute sind; ich empfehle mich wohldenselben stets aufs neue, auch dem trinkbaren Fräulein, mit welchem ich einmal einen Schoppen ausstechen werde.

Ferdinand Meyer schreibt einen Roman «Thomas a Becket», welcher gewiß hübsch und klug ausfallen wird. Ich selbst werde nun das nächste Jahr endlich fleißig sein und aufräumen. Grüße auch Friesens etc.

Dein G. Keller

«Ding an sich»: P. H., Das Ding an sich und andere Novellen (12. Sammlung), Hertz, Berlin 1879. Die Titelnovelle (eine Ich-Erzählung) spielt im Studentenmilieu in Bonn, wo Heyse 1849 seine Studien aufgenommen hatte; drei Jahre später promovierte er in Berlin zum Dr. phil. Keller arbeitete in diesen Jahren «grämlich in Berlin» an seinem Roman «Der grüne Heinrich».

Scherenberg: Christian Friedrich Scherenberg (1798–1881), Schauspieler und Dichter, Mitglied der Dichtergesellschaft «Tunnel über der Spree».

Tunnelgesellschaft: Die Berliner Dichtergesellschaft «Tunnel über der Spree», in die Heyse von seinem späteren Schwiegervater Franz Kugler eingeführt worden ist und dort als noch nicht Zwanzigjähriger großes Ansehen genoß, aber bei älteren Mitgliedern auch Neid hervorrief (vgl. P. H., Jugenderinnerungen und Bekenntnisse; op. cit., S. 87–92: interessant auch die

Ausführungen Fontanes, Mitglied von 1844–1859, in seiner Autobiographie «Von Zwanzig bis Dreissig», Berlin 1898, darin 3. Kap.: Franz Kugler und Paul Heyse). Auch Keller hatte in Berlin vom «Jünglingsgenie» gehört, zu einer Begegnung der beiden kam es allerdings in Berlin nicht.

Franz Kugler: Franz Theodor Kugler (1808–1858), Kunsthistoriker, Dichter, Zeichner und Radierer, Lehrer Jacob Burckhardts, Förderer Heyses in Berlin; vgl. auch Anm. zu Brief 3.

Beiträge in «Kunst und Leben»: Eine zweite Serie sog. «Reisebriefe (vgl. Anm. zu Brief 24), die in Bodenstedts «Kunst und Leben. Ein neuer Almanach für das deutsche Haus», Stuttgart o. J. (1878) erschienen sind: an Bernardino Zendrini, Palermo; an Joseph Viktor von Scheffel, Stuttgart; an Ludwig Laistner, München, und an Wilhelm Hemsen, Stuttgart.

«Frau von F.»: P. H., Frau von F. und andere römische Novellen (13. Sammlung), Hertz, Berlin 1881; Vorabdruck in «Kunst und Leben» (1878), S. 1–43.

Deine Theatererlebnisse im September: Vgl. Anm. zu Brief 24.

das Holzhacken des Chamisso: Adelbert Chamisso (1781–1838), dt. Dichter und Naturforscher. Im Gedicht «Nachhall» (1833) wird das Versiegen der Quelle des Gesangs beklagt, gleichzeitig aber auch davor gewarnt, die Liedkunst zum gemeinen Handwerk zu machen.

An Leutholds Gedichten habe ich weiter nichts gemacht: Ein Brief an Baechtold belegt, daß Keller dann doch einige Gedichte Leutholds redigieren wird; am 20. Juni 1879 schreibt er an Baechtold: «Die Gedichte, die Sie mir geschickt, muß ich, mit Ausnahme der «Feueridylle» fast alle nach bereits bestehenden Korrekturen verbessern» (Helbling 3/1, S. 303).

einen Roman «Thomas a Becket»: C. F. Meyer, Der Heilige, ersch. 1880 als Novelle.

28: Heyse an Keller

München, 13. Januar 1879

Ich hatte mir's wohl gedacht, liebster Freund, daß hinter der ganzen Sache nur eine Wichtigmacherei des Herrn Merhoff stecke, höchstens eine Unkenntnis der wirklichen Lage bei den betreffenden Maßgebenden. Nun bin ich durch Deine getreuliche Informierung über das Schicksal des Unglücklichen völlig beruhigt. Inzwischen habe ich die Gedichte nun vollständig kennengelernt und über die seltene Formgewalt bei so geringem eigenem Gehalt mich mehr und mehr verwundert. Daß dergleichen auf die Länge nicht guttut und eine geistige Erkrankung mit herbeiführen muß, ist mir so klar, wie daß der Chylus, wenn er keine solide Nahrung aufzulösen bekommt, die eigenen Magenwände anfrißt. Nur gewisse barocke grimmige und grillige Naturlaute durchbrechen die Platensche Grundtonart, in denen ich den wunderlichen Gesellen wiederfinde, wo er in der Kneipe grinsend hinterm Glase saß und wartete, bis einem Mitzecher recht wohl in seiner Haut wurde, um ihm dann irgendeinen Widerhaken ins blühende Fleisch zu schleudern.

Ich habe Dir Deinen letzten Brief sehr gedankt; er traf mich gerade in einer morosen Verfassung, wo ich mich mit meinen tückischen Nerven herumschlug und einer Herz- und Rückenstärkung sehr bedürftig war. Seitdem ist so weit Friede geworden, daß ich einen alten Lieblingsstoff habe ausgestalten können, die Historia von jenen wackeren Schorndorfer Weibern, die ihre Männer im Rathause eingesperrt hielten, um die Stadt gegen Melac zu verteidigen.

Wie gern hätt' ich dabei gelegentlich in Deine Farbentöpfe getunkt, aber ein Schelm macht's besser, als er kann, und ich muß mich damit trösten, daß gerade das «Anzüglichste» Deiner Art und Kunst im groben Lampenlicht doch nicht zu seinem Rechte käme.

Ich habe nun wieder mit teuren Eiden meiner lieben Frau gelobt, die nächsten sechs Wochen kein neues Werg auf den Wocken zu tun, und will sehen, ob man auch in unserm öden nordischen Winter sich so lange durch bloßes Herumschleudern [sic!] warm halten kann. Im stillen bastle ich an allerlei «Versen aus Italien», die bereits zu einem kompletten Bande angeschwollen sind und endlich, bloß «um damit zu räumen», zum Verleger wandern werden, ohne daß ich mir einbildete, irgend jemand anders als meine alten Freunde Velduo und Velnemo werde was davon haben. Bei der geistigen Dürre dieser Zeit ist so ein lyrischer Sprühregen geradeso verloren, wie wenn im Hochsommer ein Kind mit seinem Gießkännchen die Chaussee sprengt.

Meiner Frau fängt's an, ein ganz klein wenig erträglicher zu gehen. Sie und das trinkbare Fräulein grüßen Dich angelegentlichst. Die schlummernden Talente der letzteren sind noch im alten Jahr wieder geweckt worden bei einem Besuch ihrer Schwester und ihres Schwagers, welche sie eines schönen Vormittags zum Achatz mitnahmen und in die eleusinischen Mysterien eines Bockfrühstücks einweihten, wobei die junge Novize Deiner guten Meinung von ihr alle Ehre machte.

Wenn Du C. F. Meyer siehst, sag' ihm Dank für seinen letzten Brief. Wann erscheint denn sein Heiliger? Und wie lange sollen wir auf Deinen Gedichtband warten? Hast Du wieder einmal Gelegenheit, den armen Irren zu sehen, so sag' ihm einen Gruß und ein freundliches Wort über seine Posthuma bei lebendigem Leibe. Ich höre, daß Du auch ein öffentliches Wort darüber gesagt hast. Könnte man dessen nicht habhaft werden?

Lebe wohl, Teuerster, und bleibe mir gut.

In alter Treue Dein Paul Heyse

Platensche Grundtonart: August Graf von Platen (1796–1835), Dichter, allg. als Formgenie anerkannt.

Schorndorfer Weibern: P. H., Die Weiber von Schorndorf. Historisches Schauspiel in vier Akten, Hertz, Berlin 1881, Uraufführung im selben Jahr in Karlsruhe.

«Verse aus Italien»: Ersch. 1880 bei Hertz, Berlin, vgl. Anm. zu Brief 23.

meine alten Freunde Velduo und Velnemo: Vgl. P. H., Perseus. Eine Puppentragödie (1854). Ähnlich wie in Tiecks «Gestiefeltem Kater» wird in Heyses Stück, das m. W. nie öffentlich aufgeführt worden ist, im zweiten Zwischenakt das Publikum, das hier nur aus zwei fiktiven Figuren Bel Duo und Bel Nemo besteht, ins Spiel miteinbezogen. Im Selbstgespräch des Dichters (ego und alter ego) geht es um das Lesen der eigenen Literatur. Die Quintessenz der Frage: «Wer soll das lesen?», lautet: «Vel duo vel nemo» (zwei oder niemand, d. h. ich und du bzw. das ego und alter ego des Dichters) – der Text findet also keine Leser, der Dichter bleibt mit dem Text alleine.

Achatz: Ehemaliges Bierlokal in München, idyllisch gelegen; hier verkehrte Paul Heyse des öftern mit Hermann Lingg, Karl Stieler, dem Dichter Wilhelm Hertz u. a.

sein Heiliger: Vgl. Anm. zu Brief 27.

auf Deinen Gedichtband: Kellers «Gesammelte Gedichte» erscheinen erst 1883.

den armen Irren: Gemeint ist Leuthold, vgl. Anm. zu Brief 26.

ein öffentliches Wort darüber: Gottfried Kellers Anzeige der Gedichte Leutholds in der «NZZ», 12. Dezember 1878; vgl. W 22, S. 208–211 und 393–395.

29: Keller an Heyse

Zürich, 25. Januar 1879

Ich bin seit acht Tagen trockener Philoktet, das heißt Fußschmerzler ohne ein Loch, und weiß ich nicht, was es ist, es sitzt nur in der Wade. Dazu beginne ich ab und zu duselige Kopfzustände zu spüren, und zwar aus Faulheit, weil ich zu wenig laufe und wohl auch zu wenig schreibe; es fragt sich also nur, wer von uns beiden, trauter Paule, der größere Esel ist, derjenige, welcher sich krank arbeitet, oder der andere, welcher sich krank faulenzt, d. h. bis nachts 12 Uhr sitzt und liest. Für heut abend schwanke ich, ob ich ein paar Gedichtanfänge nebst Bleistift vornehmen will, was am Ende die Augen und Nerven nicht verdirbt, oder an Dich schreiben, was sogar eine Erholung ist. Letzteres scheint die Oberhand gewonnen zu haben, da ich schon mitten drin stecke.

Auf den Merhoffschen Leutholds-Verdruß ist, wie Du vielleicht bemerkt hast, ein anderer in der «Augsburger Allgemeinen Zeitung» gefolgt, wo eine recht philiströse Maß- und Kritiklosigkeit sowie eine ärgerliche Entstellung und Verkehrung der Tatsachen durch den Baseler Mähli mit y sich breit macht. Meine kleine Anzeige in einer hiesigen Zeitung lasse ich Dir zugehen; ich eröffnete damit die heimatliche Besprechung und glaubte schon ziemlich unverschämt und kritiklos verfahren zu sein. Und nun diese tolle Salbaderei.

Ich hätte fast Lust, Deine Gemahlin zu besingen für die guten Räte, die sie Dir das Überarbeiten betreffend gibt, sowie auch für die eigene gesundheitliche Anschickung zur Besserung! Möge es in zwiefacher Hinsicht so fortgehen, damit der junge Süffel, das Fräulein, um so ungehemmter seinen Bierreisen obliegen kann. Übrigens wollen wir sie jetzo aus dieser unartigen Neckerei entlassen, sonst fängt sie zuletzt doch an, um wenigstens etwas davon zu haben.

Die italienischen Gedichte in einem Bande zusammen zu haben, wird sehr erfreulich sein, erstlich um sie nicht immer zusammensuchen zu müssen, und zweitens, damit das Publikum sich eine «gebildete Dichtkunst» nicht ganz abgewöhnt gegenüber dem poetischen Fuchsentum, das sich jetzt so breit macht. Die Ludovisische Meduse hat mich um so mehr ergriffen, als ich eine größere Photographie von ihr und nun auch einen geeigneten Kommentar dazu besitze neben den Schulschriften. Zu der Schorndorfer Komödie wünsche ich Glück und Segen. Die junge Frau oder das kleine Mädel, die ihren Eingesperrten in besonderer Kur haben, werden ihre Sache schon machen, und die Generalabrechnung wird auch lustig sein. Leider kann ich aber im Ernste nichts dazu sagen, denn der Stoff ist mir zu wenig gegenwärtig.

Wie es mit Ferdinand Meyers Roman steht, kann ich nicht sagen; denn ich frage ihn nie, weil der wunderliche Kauz mir nie eine klare und runde Antwort gibt. Er ist immer etwas mißtrauisch, weil er weiß, daß ich seine Mitarbeiterschaft an der «Deutschen Dichterhalle» nicht billige. Und nun denke Dir meine Verblüffung, als ich neulich denselbigen Meyer, wohl bedeckt von einem gewissen Paul Heyse, Wilbrandt, Geibel, Schack, Lingg, einer ganzen *salva guardia* alter Hähne, aufmarschieren sah. Wie der Priester Eli wäre ich fast vor Schreck über die bösen Buben rückwärts vom Bänklein gestürzt, wenn es nicht eine Lehne hätte!

Leutholden werde ich bald einmal besuchen und ihm von Dir sagen; der arme Kerl träumt jetzt, er könne nicht mehr ausgehen, weil die allgemeine Verehrung, die ihm auf allen Straßen mit Kniefällen und Hauptentblößungen entgegenkäme, beschwerlich würde.

Mit meinen Gedichten sieht es kritisch aus; in Unbildung und Mißleitung angefangen, müssen sie sehen, durch das Alter noch etwas zugestutzt zu werden; was dabei herauskommt, ist nicht schwer zu denken, und doch kann ich meinerseits die Sache nicht liegen lassen, um wenigstens den Wiederabdruck des ganz Schlechten zu hindern.

Inzwischen muß ich mich noch einige Wochen unsichtbar in München herumtreiben, mit dem Grünen Heinrich nämlich, der zu einer neuen Ausgabe gelangt. Er erzählt seinen saubern Lebensroman jetzt bis zum Ende selbst, und da bin ich eben daran, die Unmöglichkeiten des 4. Bandes umzumodeln, nachdem ich die drei andern Bände korrigiert habe. Trotzdem wird der Schmöker doch nur etwa um 18 Bogen kleiner.

Grüße Fries von mir, auch Hermann Lingg, der mich im Herbste mit einem Besuche beehrt hat.

Auch die medusische Erinnerung an den Perseus in Florenz hat mich gefreut. Jenes genievolle Puppenspiel und die kleine «Furie» sind mir immer noch wie zwei Sonnenblicke aus meinem letzten Wohnzimmer am Berliner Bauhof. Ich erzählte damals Varnhagen davon, dem angeblichen Allteilnehmer; er kannte keine Zeile, nicht einmal den Titel der Sachen.

Lebewohl, vergiß mein nicht.

Dein G. Keller

Merhoffschen Leutholds-Verdruß: Keller schreibt in dieser Sache zwei Briefe an Baechtold (vgl. Helbling 3/1, S. 300f.) bzw. an C. F. Meyer, letzterem berichtete er am 15. Januar 1879: «Paul Heyse schreibt mir von sich aus, daß er wegen Heinrich Leuthold nun beruhigt sei, ‹daß hinter der ganzen Sache nur eine Wichtigmacherei des Herrn Merhoff stecke› usw. Wer und wo dieser ist, weiß ich nicht...» (Helbling 3/1, S. 324).

ein anderer in der «Augsburger Allgemeinen Zeitung»: Hier erschien eine Rezension der Gedichte Leutholds des Basler Philologen Mähly (Mähli, 1828–1902), mit der weder Baechtold noch Keller einverstanden waren, vgl. Helbling 3/1, S. 300f.

Meine kleine Anzeige: Vgl. Anm. zu Brief 28.

Die italienischen Gedichte: Vgl. Anm. zu Brief 28.

dem poetischen Fuchsentum: Anspielung Kellers auf die neue literarische Bewegung des Naturalismus, die Ende der 70er Jahre in Deutschland stark aufkommt. Besonders Heyse gerät in den 80er Jahren ins Kreuzfeuer ihrer scharfen Kritik. In der im Jahre 1885 in München erscheinenden Zeitschrift «Die Gesellschaft» wird von allem Anfang an der Kampf um die neue Kunstauffassung mit unerbittlicher Härte gegen Heyse geführt. Man vgl. die kritischen Auseinandersetzungen mit Heyse in der «Gesellschaft», Monatszeitschrift für Literatur und Kunst, hrsg. v. M. G. Conrad und Karl Bleibtreu: Jg. 1885, S. 15f., 72, 74–81, 266, 292, 313–316, 326f., 517f., 631, 958; Jg. 1886, Bd. 1, S. 232; Bd. 2, S. 311; Jg. 1887, S. 397f.; Jg. 1888, S. 176, 410, 1042 und im kritischen Teil: S. 266; Jg. 1889, S. 281, 589, 967–984, 1022, 1142, 1672. Heyse, der «Münchner Idealist», wird gleichsam der Antipode der neuaufkommenden lit. Bewegung, deren Entstehen ohne seine Selbstdarstellung in diesem und im Briefwechsel mit Storm nicht ganz verstanden werden kann.

Die Ludovisische Meduse: In Heyses Haus hing an der Treppenwand ein Abguß dieses antiken Kunstwerkes. Den «geeigneten Kommentar» konnte

Keller in Form eines Distichons im Januarheft 1879 der Zeitschrift «Nord und Süd» nachlesen, unter dem Titel: P. H., Museum von Neapel und Rom.

Schorndorfer Komödie: Vgl. Anm. zu Brief 28.

Meyers Roman: Vgl. Anm. zu Brief 27.

Mitarbeiterschaft an der «Deutschen Dichterhalle»: C. F. Meyer veröffentlichte hier gelegentlich Gedichte.

Heyse, Wilbrandt, Geibel, Schack, Lingg: Keller hat die «Deutsche Dichterhalle» mehr «zum Spaße» abonniert (vgl. Anm. zu Brief 19). Im ersten Januarheft 1879 (die Zeitschrift erschien monatlich mit zwei Nummern) findet Keller von den oben genannten «alten Hähnen» die folgenden Gedichte (S. 1–6): «Frühlingswunder» v. E. Geibel, «An die Erwählte» v. A. Wildbrandt, «In Florenz» v. P. Heyse, «Auf dem Libanon» v. A. F. Graf von Schack, «König Etzels Schwert» v. C. F. Meyer und «Habent sua fata» v. H. Lingg.

Priester Eli: Vgl. Samuel, I. Buch, 4, 18.

Mit meinen Gedichten: Vgl. Anm. zu den Briefen 23 und 28.

unsichtbar in München herumtreiben: Hier erwähnt Keller zum erstenmal explizit seine Arbeit an der Neufassung des «Grünen Heinrich» (vgl. Anm. zu den Briefen 21 und 24) gegenüber Heyse, in einem Zeitpunkt also, wo die ersten drei Bände schon beinahe beendet waren. An Kuh, Petersen u. a. schreibt er von seinem Vorhaben schon drei Jahre früher (vgl. Helbling 3/1, S. 204 bzw. S. 349). Befürchtete Keller, daß Heyse diese schwierige und zum Teil schmerzvolle Vergangenheitsbewältigung (vgl. dazu den Schluß des Briefes 37) nicht verstehen würde und nicht nachzuvollziehen vermöchte? Ein klärender Hinweis für eine solche Vermutung liefert der Brief Kellers an Storm vom 13. August 1878: Im ersten Teil des Briefes dankt Keller Storm für die «handwerklichen Ratschläge und Winke», die dieser ihm für die Umgestaltung des «Grünen Heinrich» erteilt hatte. Am Schluß des Briefes kommt er auf Heyses Lyrik zu sprechen: «Vielleicht kommt auch erst die rechte lyrische Zeit für Heyse, wenn ihm die Reime nicht mehr so leicht fallen und dafür die Erinnerung mit ihrer Macht ins Leben tritt» (Helbling 3/1, S. 430). Entsteht Literatur also erst, wenn man an ihr arbeiten muß und wenn die «Erinnerung mit ihrer Macht ins Leben tritt»? Keller befand sich in diesem Jahr in einem fortwährenden Erinnerungsprozeß und wollte Heyse damit nicht belasten – Heyse mußte selbst einmal diese «Macht» erfahren.

Fries: Vgl. Anm. zu Brief 17.

Lingg: Hermann Lingg (1820–1905), Arzt und freier Schriftsteller in München, Mitglied des Münchner Dichterkreises, vgl. Anm. zu Brief 4. Aufgearbeitet ist dieses Kapitel der Literaturgeschichte durch: Michail Krausnick, Paul Heyse und der Münchner Dichterkreis, Diss., Bonn 1974.

jenes genievolle Puppenspiel: P. Heyses «Hermen», 1854.

meinem letzten Wohnzimmer: Keller wohnte am Berliner Bauhof vom April 1854 bis November 1855.

Varnhagen: Karl August Varnhagen von Ense (1785–1858), Politiker und Schriftsteller in Berlin.

30: Keller an Heyse

Zürich, 27. Januar 1879

Lieber Vielgeplagter! Nun geht der Teufel wegen Heinrich Leuthold von neuem los. Wilhelm Hertz hat in gleichem Irrtume hieher geschrieben von der letzten Irrenhausklasse, Not und Verlassenheit etc. und will sogar den König von Bayern um Geld angehen lassen. Es ist, als ob die raffinierteste Bosheit uns hier all das zuwege brächte, um uns wegen der dämonischen Katze recht ins Geschrei zu bringen. Sei doch so gut, Herrn Hertz aufzuklären, daß nichts Weiteres geschieht, und sag ihm, das, was er erwirken wolle, sei teils schon vorhanden, teils könne es, sobald nötig, in hiesiger Gegend vollkommen aufgebracht werden. Leuthold sitzt in einem hellen geräumigen Zimmer mit Sofa und allem andern, hat auf seiner Abteilung einen Billardsaal zur Verfügung, hat einen guten Tisch und füttert sich so gut wie die andern Insassen der Klasse, die alle dem wohlhabenden Mittelstande angehören. Nur ganz reiche Leute befinden sich in der ersten Klasse.

Es liegt noch Geld für ihn bei einer Bank; das Honorar der Gedichte ist noch gar nicht berührt (800 Franken fix und überdies der ganze Reingewinn, den der Verleger hergeben will), und wenn das alles gebraucht ist, so hat es hier genug Leute, die etwas tun werden.

Wie lange der Zustand des armen Kranken sich hinzieht, ist ungewiß; außer dem paralytischen Leiden hat er auch die Schwindsucht, allein die Ärzte sagen, dabei könne er noch ein Jahr und länger existieren.

Nun verzeih diese neue Belästigung Deinem

Gottfr. Keller

Dieser Brief ist bei Kalbeck nicht abgedruckt, in der Briefausgabe Helblings erscheint er nicht im Band 3/1, sondern im «Nachtrag» zum 4. Band, S. 400.

wegen Heinrich Leuthold: Vgl. Anm. zu Brief 29, ferner die Briefe zwischen Keller und Baechtold (Helbling 3/1, S. 300f.) und zwischen Heyse und Leuthold, in: «Das literarische Echo», 16, Sp. 1034–36.

31: Heyse an Keller

München, 27. Februar 1879

Wir haben die Rollen getauscht, Liebster. Ich liege auf der faulen Haut und lasse einen Brief nach dem andern über mich kommen, ohne nur eine Feder zu rühren. Inzwischen wird der arme Teufel von einem posthumen Poeten, um den Du Dich so christmildiglich bemüht hast, vielleicht schon seine armselige Hülle abgestreift und die Himmel- oder Höllenfahrt angetreten haben. Wenigstens meldete kürzlich erst eine Zeitung, daß er auf dem Sprunge sei. Sonderbare Humore spielt das Schicksal! Hätte er seinen Ruhm noch erlebt, er wäre wahrscheinlich vor Freude toll geworden. Wer weiß aber, ob ihm seine Tollheit nicht mit zum Ruhme verholfen hat. Denn gewisse kritische Menschenfreunde warten mit dem Loben immer so lange, bis es den Betroffenen nicht mehr freuen kann. Von allem was über das Bändchen gedruckt zu lesen war, ist Dein Spruch das einzige, was bei der Wahrheit blieb, nur daß Du den amicus Plato trotzdem nicht verleugnetest, bewies mir, wie denn doch von Deinem Staatsschreibertum immerhin etwas hängen geblieben ist. Wenn ich nur nicht dächte, es käme post festum, würde ich dem Unglücklichen auch noch ein gutes Wort hinübersenden. So aber graut mir vor dem Gedanken: mein Brief begegnet einem höhnisch verzerrten Totengesicht.

Auch ist's besser, nichts Überflüssiges zu unternehmen, wenn's schon zur äußersten Notdurft kaum noch reichen will. Ich hatte gehofft, mein langes Schweigen durch die fertigen Schorndörflerinnen zu rechtfertigen. Wie ich aber angesichts des Manuskriptdruckes Musterung über meine streitbaren Unterröcke halte, ergab sich, daß ich sie, so wie sie waren, nicht vor den Feind – das teure Theaterpublikum – führen dürfe, ohne eine Schlappe zu erleiden. Ich habe daher zu guter Letzt den Kriegsplan geändert und eine neue Aufstellung durchgeführt – ein ganzer Akt mußte umkomponiert werden – und erlebe nun, daß einige meiner ersten Leser eifrig am alten festhalten, während die Mehrzahl den neuen vorzieht, so daß ich nun so klug wäre wie zuvor, wenn ich nicht doch im Stillen ein wenig gescheiter geworden wäre. Indessen ist mir der Mut zum Druckenlassen vergangen, und ich will die erste Aufführung abwarten, eh ich die letzte Hand an das Ding lege.

Von Dir weiß ich Neues und Gutes durch unseren Kapellmeister, Deinen leidenschaftlichen Apostel, der ebenso talentvoll Tarock wie Bach spielt und mit beidem dann und wann unsere Abende, die in tiefster Menschenfinsternis vergehen, zu trösten sucht. Wir sind durch den ganzen Karneval nicht über unsere Schwelle gekommen, bis auf das Fräulein, das sich nach Herzenslust satt tanzen konnte.

Was die Dichterhalle betrifft, so bitt' ich, Dich zu erinnern, wie oft es Dir begegnet ist, daß Du einem Bettler, der das Geld doch nur zu versaufen im Verdacht stand, dreimal feierlich Deine Grundsätze, Vagabunden nicht zu unterstützen, vorgehalten, um hernach doch in die Tasche zu greifen, damit Du den Kerl nur aus dem Zimmer brächtest. Übrigens ist es noch fraglich, ob die Einrichtung eines solchen öffentlichen Lokals, wo jeder sein lyrisches Wasser abschlagen kann, nicht doch sanitätspolizeiliche Vorteile hat, gegenüber dem früheren Brauch, daß jeder sich seinen Winkel suchte, und wenn es in der stillen Stube seines besten Freundes sein mußte.

Lieber Meister Gottfried, ich wünsche Dir gute Tage und Wochen, um endlich Deinem Grünen den neuen Reisepaß auszufertigen. Wir warten sehr ungeduldig auf seine fröhliche Urständ. Weib und Kind und Kegel grüßen. Wenn Du den Jenatsch-Dichter sehen solltest, sag' ihm ein freundliches Wort von

Deinem ewigsten Paul Heyse

der arme Teufel von einem posthumen Dichter: Gemeint ist Heinrich Leuthold.
Dein Spruch: Vgl. Anm. zu Brief 28.
Schorndörflerinnen: Vgl. Anm. zu Brief 28.
unseren Kapellmeister: Hermann Levi (1839–1900), dt. Dirigent, von 1872–1896 wirkte er als Hofkapellmeister in München, ab 1894 als Generalmusikdirektor für Oper und Konzert.
Was die Dichterhalle betrifft: Vgl. Anm. zu Brief 29.
Deinen Grünen: Kellers Roman «Der grüne Heinrich».

32: Keller an Heyse

Zürich, 9. November 1879

Ich weiß zwar nicht, ob der große Menschen- und Musterfreund, so sich Paulus Heyse nennt, jetzt zu Hause ist; aber daran kann ich mich nicht kehren, da ich die Abwicklung einer Reihe bald jähriger Briefschulden beginnen muß, wenn ich nicht Bankerott machen und als schlechter *Nonpayant* ausgestoßen werden will. Nach Kundgabe meiner Hoffnung, daß Du und Dein Haus dermalen dem Herren dienen in guter Gesundheit und Lebensfreude, will ich vorerst zur Abstattung meines herzlichsten Dankes übergehen: 1. für den liebenswürdigen Februarbrief, welcher meinen schlechten Witz wegen der «Dichterhalle» zu umständlich behandelt hat; ich war natürlich froh, Deinen Beitrag überhaupt nur gesehen zu haben. 2. für die Geburtstagsdepesche vom 19. Juli, zu welcher Du leider Dich durch die alten und jungen Trunkenbolde, die nach dem Vorwande eines opulenten Winkelgelages gelüstete, hast verleiten lassen. Aber g'freit hat's mi ganz anzengruberisch. 3. für die «Verse aus Italien», welche freilich die Klagen über angegriffene Nerven unheimlich erscheinen lassen; denn wer in Jahresfrist einen Band solcher Verse von Stapel läßt, von dem sollte man meinen, er habe Nerven wie Stahlsaiten. Nun, wenn wir's nur haben! Freilich kommt in Betracht, daß wer keine schlechten Verse machen kann, wie so viele andere Leute, eben sich mit guten den Schnupfen holen muß.

Von Deinen Schorndörflerinnen habe ich nichts mehr erfahren; wenn man hier die Blätter nicht systematisch liest, so vernimmt man nichts dergleichen, was seine Vor- aber auch Nachteile hat.

Und nun hat seither der Tod in unserer Nähe gepirscht! Fries, Leuthold, Zendrini! Von diesen stillen Leuten geht mir Fries am nächsten, den ich noch mehrmals zu sehen hoffte, obgleich er mich in München beim Bilderbeschauen immer beaufsichtigte und terrorisierte. Dafür lernte man auch; denn er verstand auch von dem was, was er nicht selber machte, und hatte bei aller Modernität seines Wesens Sinn und Pietät für die Früheren.

Leuthold sah in seinem Sarge ruhig und kolossal aus wie ein gefallener Häuptling; ein paar Tage vorher hatte mich Baechtold noch mit Wein hingeschleppt; da war er ganz elend und sprach nicht mehr, hielt aber das Glas fortwährend mit beiden Händen und ließ nicht nach, bis er es geleert, obschon man es ihm wegziehen wollte. Es war freilich nichts mehr zu verderben. Eine Zigarre steckte er noch in Brand, legte sie aber kopfschüttelnd weg, nicht ohne Bedauern. Seinen Ruhm, soweit er von Unberufenen ausging, hätte er in gesunden Tagen nicht verdaut und wahrscheinlich auch in Jahresfrist überlebt; denn er hatte doch zu wenig Eigenes in sich. Der arme Kerl hat übrigens in der letzten Zeit etwa Laute von sich gegeben, woran zu erkennen war, daß er innerlich brütete und an Gefühlen eines Büßenden litt. Das hatte zum Elend noch gefehlt, daß ein erziehungs- und ratloses Kind noch die paar Bockssprünge bereuen soll, die es gemacht hat, nachdem es ausgesetzt worden ist.

Zendrini hatte ich vor einem Jahre nur einen Moment gesehen, als er mit seiner jungen Frau hier herumsprang. Nun wollen wir aber den kleinen Totentanz stillstehen lassen.

Den «Grünen Heinrich» will ich Dir schicken, sobald der letzte Band heraus ist. Der dritte kommt nächstens. Aber wohlgemerkt ohne die Zumutung, daß Du die 4 Bände wirklich durchlesen sollst! Ich mußte viel mehr umschreiben, als ich ursprünglich dachte; die zweite Hälfte sah *zu* einfältig aus, und endlich mochte ich das Zeug fast nicht mehr ansehen und verbrachte die Zeit mit der Vorbereitung anderer Sachen. Jetzt muß ich endlich dran glauben, und meine Hoffnung ist, daß die alte Sünde unbemerkt ablaufe; denn viel zu retten war doch nicht daran: Ich lasse den Hering leben und mit der Judith-Figur aus der ersten Hälfte wieder zusammenkommen.

Die übrigen Früchte Deines Fleißes kann ich nicht alle anführen; die Novelle in der «Rundschau» ergötzte und erfreute mich trefflich; den Roman in Versen in Lindaus Zeitschrift konnte ich noch nicht zu Hause lesen usw.

Gestern habe ich, im Widerspruche zu meiner obigen Bemerkung, in der «Augsburger Allgemeinen Zeitung» eine Erzählung der Fabel von Wilbrandts neuestem Stück gelesen, «Tochter des Fabricius». Ohne der dramatischen Ausführung vorgreifen zu wollen, kommt mir die Erfindung doch etwas künstlich und absonderlich vor und scheint mir an dem Blutmangel der Notwendigkeit zu leiden. Wenn die mühelos kristallenen Fabeln und Typen im Drama abgespielt sind (was sie noch nicht sind), so hemme man lieber die Produktion, statt sich mit dem Ausgrübeln von «Fällen» abzuquälen. Wozu braucht eigentlich alle Tage Theater zu sein? Es will mich zuweilen bedünken, daß diejenigen, die es alle Tage brauchen, am wenigsten die rechte Religion dafür haben.

Ferdinand Meyer hat im Herbst im Gebirge den Arm gebrochen, soll aber jetzt hergestellt sein. Sein «Thomas Becket» erscheint in der «Rundschau»; ich habe noch keine feste Auffassung davon.

Bitte Herrn Kapellmeister Levi zu grüßen bei Sicht, und er möge weiter grüßen bei den ihm bewußten Bekannten. Leider wurde aus meiner diesjährigen Münchnerfahrt nichts, teils wegen Regenwetter, teils weil ich sie nicht glaubte verdient zu haben. Vorgegeben wurde, die Ausstellung sei zu schlecht, nach den Berichten.

Nun empfiehl mich der verehrten Gemahlin und dem Fräulein Tochter und laß früher, als es die Gerechtigkeit gebietet, etwas von Dir hören.

Dein getreuer G. Keller

anzengruberisch: Ludwig Anzengruber (1839–1889), Wiener Schauspieler, Redakteur, Dramatiker und Erzähler, bekannt für sein vom Dialekt gefärbtes Hochdeutsch, das ihm großen Erfolg in ganz Deutschland sicherte.

Von Deinen Schorndörflerinnen: Vgl. Anm. zu den Briefen 28 und 31.

Fries, Leuthold, Zendrini: Alle drei starben 1879; vgl. Anm. zu den Briefen 17 bzw. 4, 26, 29, 30, 31 und über Zendrini: Keller an Heinrich Kitt, 17. August 1879, in: Helbling 4, S. 202 f.

Zendrini ... gesehen: Vgl. Helbling 4, S. 202.

sobald der letzte heraus ist: Der letzte Band des Romans erscheint erst im Herbst 1880, vgl. Postkarte 41 und Brief 46.

Die Konfrontation mit dem Tod gleich dreier Freunde und gleichzeitig die Beschäftigung mit Heinrich, der am Schluß untergeht, mußten Keller zu Bewußtsein bringen, daß die «andern» starben, Heinrich und seine Freunde, daß er aber weiterlebte und weiterlebt. Bezogen auf den Roman aus seiner Jugendzeit heißt das: durch sein eigenes Weiterleben entstand allmählich eine größer werdende Diskrepanz zwischen seiner Person und dem Romanhelden. Im Brief, in dem Keller Heyse mitteilt, daß viel mehr umzuschreiben ist, als er gemeint habe, steht dann auch: «... die zweite Hälfte sah zu einfältig aus...» Keller ändert den Schluß rigoros. «Ich lasse den Hering leben...», mit andern Worten: Keller macht sich daran, seinen weiteren Werdegang zu reflektieren, seine – jetzt allerdings aufgegebene – bürgerliche Existenz als Politiker und Staatsschreiber in literarische Form zu fassen. Das Autobiographische findet nun seinen Fortgang, der Roman wird neu gegliedert, was auch besagt, daß Keller sich selbst gleichsam zurückläßt. Das Neue: ein Bekenntnis zur Vielfalt, zur Vielfältigkeit des Lebens, der «die Einfalt des Todes» weichen muß? Bedeuten die Worte an Heyse: «Jetzt muß ich endlich dran glauben, und meine Hoffnung ist, daß die alte Sünde unbemerkt ablaufe...» den Neubeginn Kellers und widerspiegelt sich dieser nicht auch in der Setzung der Ich-Form? Ist die Ich-Form ein Ausdruck dafür, daß Keller, der nun ein anderer geworden ist, jetzt in der Lage ist, sich selbst ins Gesicht zu schauen, auch die Grautöne zu akzeptieren, wobei ihm der Preis winkt, einen neuen Erzählstil gefunden zu haben, der als *poetischer Realismus* umschrieben wird? Offen bleibt noch die Frage, wem gegenüber Keller zu sündigen meinte. Ohne näher darauf einzugehen, soll auf eine (mindestens) dreifache Schuld hingewiesen werden: gegenüber dem Staat, dem Keller während 15 Jahren diente, gegenüber der Kunst und gegenüber dem Leben schlechthin, das in seinen Möglichkeiten über lange Zeit hinweg die beiden Tätigkeiten erst hervorbrachte und sie umschloß.

die Novelle in der «Rundschau»: P. H., Die talentvolle Mutter, Vorabdruck in der «Deutschen Rundschau», Berlin 1879, Bd. 20, S. 337 ff.

Roman in Versen: P. H., Die Madonna im Oelwald. Novelle in Versen. Vorabdruck, in: «Nord und Süd», 1879, Bd. 9, S. 343–357, und Bd. 10, S. 63–84.

von Wilbrandts neustem Stück: A. Wilbrandt, Tochter des Fabricius, kommt 1883 zur Aufführung.

Wozu braucht eigentlich alle Tage Theater zu sein: Kellers Beschäftigung mit technischen und ästhetischen Gesichtspunkten des Dramas ist bekannt. Im Briefwechsel mit Hermann Hettner kommt sehr deutlich zum Ausdruck, mit welcher Energie sich Keller der dramatischen Kunst zu bemächtigen versuchte. «In seinen langen Briefen an Hettner», schreibt der Biograph Ermatinger, «die er vor allem zur eigenen Klärung schrieb, hat er sich aufs gründlichste mit dramaturgischen Fragen auseinandergesetzt. Da begegnen wir bedeutenden Betrachtungen über das Drama der Klassiker und das neu zu schaffende Schauspiel, über die Mittel dramatischer Wirkung, über die zukünftige Komödie, über dramatische Motive und einzelne Dramatiker...» (E/B, S. 246). So erstaunt es nicht, daß wir auch von Keller einige dramatische Arbeiten, die er z. T. schon als Jüngling – vor seinem zwanzigsten Lebensjahr – begonnen hatte, überliefert haben. Sein Wunsch aber, einmal ein «ordentliches Drama» zustande zu bringen, blieb unerfüllt und ist nur noch aus den vielen Plänen und dramatischen Entwürfen der Heidelberger Zeit herauszulesen. An seinem siebzigsten Geburtstag soll Keller zornig gesagt haben: «Da sehe man, in welcher Zeit wir leben, daß man ihn als berühmten und großen Dichter feiere, während er doch nicht einmal im Leben ein ordentliches Drama zustandegebracht habe» (E/B, S. 339). Vgl. dazu auch die Ausführungen von I. Smidt im Anhang des Briefwechsels zwischen «Gottfried Keller und Emil Kuh», hrsg. u. erl. von I. Smidt und E. Streitfeld, Th. Gut & Co. Verlag, Stäfa (Zürich) 1988, S. 198–203.

Eine Tragik Kellers also, der vergeblich während Jahrzehnten mit der Form des Dramas gerungen hatte und dessen Bemühungen schließlich fruchtlos geblieben waren? Schweigt er deshalb über seine heimliche Leidenschaft gegenüber Heyse und Storm, mit denen er doch sonst alle literarischen Probleme ausführlich bespricht? Eine Ausnahme macht der Brief 65, s. d.

Sein «Thomas Becket»: Vgl. Anm. zu Brief 27.

Kapellmeister Levi: Vgl. Anm. zu Brief 31.

33: Keller an Heyse

Zürich, 16. März 1880

Liebster Freund! Als sich nach meinem letztjährigen Geburtstagsschwindel das Kopfweh allmählig verzogen hatte und ich Dein freundliches Telegramm zum Angedenken weglegte (nebst ein paar Flaschenetiketten, so meine saubern Freunde mit Zitaten aus meinen ungesammelten Werken geziert hatten), sah ich in einem Nachschlagewerk nach, wann eigentlich *Dein* Geburtstag sich abzuspielen pflege? Ich fand den 15. März. Als ich einige Zeit später noch herausklügelte, daß der diesjährige Tag, der dem Cäsar den Tod gebracht, Dich mildiglich um die Ecke des ½ Jahrhunderts herumschiebe, und als ich bald darauf eines Abends späte aus dem Wirtshaus kam, machte ich in vorsichtiger Begeisterung nachstehenden Vierzeiler auf Vorrat, um ganz sicher Dich telegraphisch damit überfallen zu können. Eine etwas geistreichere Ausgestaltung behielt ich mir vor. Bis vor acht Tagen behielt ich beides im Auge, dann – – kurz, heute den 16. März gewahre ich, daß gestern der 15. gewesen ist! Genug! Du verstehst mich!

Doch sollst Du nicht ganz darum herum kommen; das Telegramm würde so gelautet haben, wenn ich es nicht verschlafen hätte:

Hier auch ein Blättlein deines Kranzes!
Ein halb Jahrhundert ist kein ganzes;
Ein Doppelbecher sei dein Leben:
Wend um, trink fort, gieß nichts daneben!

Dein überall zuspätkommender Freund und Bruder

Gottfr. Keller

Flaschenetiketten: Die Sprüche sind abgedruckt, in: E/B, S. 536.

um die Ecke des ½ Jahrhunderts herumzuschieben: Wie erst vom nächsten Heyse-Brief her besser ersichtlich sein wird, trifft Keller auf einen wunden Punkt seines Freundes: Alter, Tod. Er bringt wieder die Todesthematik ins Spiel – er erinnert an die Iden des Märzes; die Wendung «um die Ecke des halben Jahrhunderts herumschieben» mag die Assoziation Heyses hervorgerufen haben: «um die Ecke bringen» – töten also –, diesmal jedoch nicht freischwebend, wie im vorherigen Brief, sondern mit einem in Heyses Leben einschneidenden Ereignis, das mit grossem Pomp gefeiert wird, mit einem Anlaß, dem Heyse zwiespältig entgegensah. Der nächste Brief zeigt klar, soviel sei vorweggenommen, wie Heyse seinen 50. Geburtstag wie auf einem Berggipfel stehend erlebt: von allen gepriesen, bejubelt, vor sich aber sieht er tiefen Abgrund, Greisentum, Tod. Keller verpaßt das Geburtstagsdatum. «Bis vor acht Tagen behielt ich beides (gemeint sind der telegraphische Überfall und die «geistreichere Ausgestaltung» des Vierzeilers) im Auge, dann – kurz, heute, den 16. März, gewahre ich, daß gestern der 15. gewesen ist! Genug! Du verstehst mich!» Ist Kellers Versäumnis wirklich so verständlich, oder versteckt er sich nicht vielmehr hinter einem «Du verstehst mich», das eine Gegenfrage kaum aufkommen läßt? Es bleibt die Tatsache: Keller war blokkiert – Gedanken über die Hintergründe können nur spekulativer Art sein. So wäre es möglich, daß Keller eine tiefe Ahnung davon hatte, was das Fest seinem Freund bedeuten könnte, ihm, der ständig über seine – es wird nie ganz klar, worum es sich genau handelt – Gebrechen jammert, über sogenannte Nervenleiden, die ihn zu Heilkuren zwingen, was vor allem literarischen Produktionsausfall (der Ausdruck sei erlaubt!) und eine gewisse Vereinsamung zur Folge hat. Für Heyse heißt «Leben» künstlerisches Schaffen, Gesellschaftsleben usw., abnehmende Schöpferkraft aber Tod. Wollte ihn Keller schonen? Wird daraus auch ersichtlich, weshalb Keller – jetzt nachträglich, verspätet – gleich zweimal Todesassoziationen in seinen Entschuldigungs-Glückwunsch-Brief einwebt? Oder hatte Keller gar Angst, der Vierzeiler im besonderen würde Heyse zu sehr erschüttern, etwa der Gedanke, daß erst ein durchlebtes Leben zum ganzen Leben wird, was vor allem auch dessen Schattenseiten, Mühsal, Krankheit, Tod einschließt? Wußte Keller, daß vielleicht gerade dies Heyse ermangelte? Für diese Vermutung würde die Stelle «in vorsichtiger Begeisterung» sprechen. Und angenommen, Keller war auf dem besten Weg zu dieser seiner Lebensphilosophie, hatte er dann Angst, seinem Freund seine sich angeeignete Lebensstärke vorzuzeigen und anzupreisen? Angst vor Macht? Fragen lassen sich stellen, können aber nicht zu schlüssigen Antworten führen, insbesondere, weil sich Heyse zu diesem «Vorfall» nicht äußert. Dann, etwas wehmütig-humorvoll grüßt Keller mit: «Dein überall zu spät kommender Freund und Bruder».

34: Heyse an Keller

München, 21. März 1880

So wäre ich denn glücklich über den Berg, liebster Freund, und obwohl das Hinabsteigen auf der Schattenseite sein Unbequemes hat, spür' ich bis jetzt noch wenig davon, da gute Menschen sich verschworen haben, mit allerlei Freudenfeuern meine ersten Schritte zu illuminieren, und es auch an anderen Ergötzlichkeiten nicht gefehlt hat. Man macht freilich ein dummes Gesicht dazu, bei lebendigem Leibe allerlei posthume Lieb und Ehre erfahren zu müssen, und kommt sich schließlich vor lauter nil nisi bene wenigstens mezzo morto vor. Ich zumal, der ich München allen anderen Hauptstädten vorgezogen habe, weil man hier im tiefsten Inkognito sogar berühmt werden kann, und der ich in Rom vor zwei Jahren folgendes vielleicht etwas unartiges Sonett verfaßte:

Ich ward begabt von meiner guten alten
Mutter Natur recht mütterlicher Maßen,
Doch das Talent, verehren mich zu lassen,
Hat sie mir leider gänzlich vorenthalten.

Ich ginge lieber splitternackt im kalten
Dezember durch die volksbelebten Gassen,
Als ohne die vertracktesten Grimassen
Spießruten der Bewundrung auszuhalten.

Nicht scheuer Stolz verleidet mir das Gaffen,
Nein, weil es Brauch ist bei den Gläub'gen allen,
Nach ihrem Bild den Götzen sich zu schaffen.

Drum, seh' ich herdenweis zur Andacht wallen
Die Lämmer, Wölfe, Känguruhs und Affen,
Wünsch' ich der Welt in Gnaden zu gefallen.

Indessen bin ich noch glimpflich weggekommen, und zumal haben mir den Rücken gestärkt die Händedrücke meiner alten guten Freunde, an deren Gefallen mir sehr viel gelegen ist, und denen ich noch dies und das zuliebe tun möchte, um meinen guten Willen zu beweisen. Und es ist endlich wieder Aussicht dazu. Deine schöne lange Epistel vom 9. November, liebster Bruder, lag, seit ich sie empfing, unverrückt an demselben Platz in meinem Pult, wo sie mir täglich mehr als einmal in die Augen fallen mußte. Ich hatte mir's aber zugeschworen, nicht eher von mir hören zu lassen, als bis ich's ohne Ächzen und Krächzen tun könnte, und dazu wollte den langen, faulen, kümmerlichen Winter hindurch, da ich zu allem gesunden Werk verdorben war, nicht Rat werden.

Nun hat sich vor etwa sechs Wochen das heranschleichende Greisentum wieder zum Rückzug entschlossen, ich konnte eine in Rom ausgebrütete, ziemlich blutreiche Geschichte niederschreiben, vierzehn Tage in meiner Vaterstadt Berlin mich herumwirbeln lassen und hernach fünfzig Jahre alt werden, ohne diese verschiedenartigen Ausschweifungen wie sonst mit bösem Nervenspuk entgelten zu müssen. Ich hoffe sogar, wenn ich mich zum zweitenmal ins Fichtelgebirge verkrochen und dort meine acht Wochen in der Hängematte verschaukelt, respektive in der Wickel verschwitzt habe, wieder ein ganz ordinärer Mensch zu werden, von dem keine Bulletins mehr ausgehen sollen.

In besagter Hängematte gedenke ich mich des Grünen Heinrichs wieder einmal recht con amore und durchaus nicht sine studio zu erfreuen. Du mußt also den vierten Band notwendig in den nächsten Wochen fertigbringen, denn schon Anfang Juni geh' ich von hier fort, während mein treues Weib in Karlsbad ihres armen jungen Leibes pflegt, und das lange Fräulein bei Freunden und

Verwandten zu Gast ist. Ich soll Dich aufs allerschönste von ihnen grüßen. Daß Du im letzten Herbst zu dem großen Kunstbankrott nicht gekommen bist, war mir Deinet- und unsertwegen nicht leid. Ich saß damals in strenger Quarantäne und hätte Dich höchstens als ein Ausstellungsobjekt beschauen können, da mir aller Menschenverkehr untersagt war. Dahin soll's nicht wieder kommen. Liebster Freund, laß einmal – und bald – wieder von Dir hören, ich schreibe dann geschwind wieder, ich habe noch manches auf dem Herzen, wozu es heute nicht mehr reicht. Das beste wäre freilich, Du sähest Dir einmal das alte München im Wonnemonat an, wo es sein bestes Gesicht aufsteckt. Ein paar gute Tage mit Dir hätt' ich mir wohl verdient.

Lebe wohl.

Dein alter ewiger Paul H.

etwas unartiges Sonett: Unveröffentlichtes Sonett Heyses, vgl. dazu und zum ganzen Brief im **Anhang** einen längeren Kommentar.

ziemlich blutreiche Geschichten: P. H., Die Hexe vom Corso, Vorabdruck in der «Wiener Allgemeinen Zeitung» 1880; aufgenommen in die 13. Novellensammlung «Frau von F. und andere römische Novellen», Hertz, Berlin 1881.

sine studio: Tac. ann. 1,1: sine ira et studio, übers. etwa ‹ohne Zorn und Eifer›. Heyse will jedoch mit Liebe und Leidenschaft den «Grünen Heinrich» Kellers lesen.

Kunstbankrott: Gemeint ist die zweite internationale Kunstausstellung, die 1879 in München stattfand.

35: Keller an Heyse

Zürich, 29. März 1880

An diesem schönen Ostermontag will ich Dir, lieber Freund Paulus, zuvörderst Glück wünschen wegen der gesundheitlichen Wendung zum Bessern! Möge es so weitergehen, bis Du aussiehst wie ein oberbayerischer Holzknecht, unbeschadet dem Hange zu schriftlichen Arbeiten. Die Geburtstagsfeier habe ich in einer Beschreibung mitgenossen und neben der Ananasbowle namentlich die Riegelhäubchen der vier biervertilgenden Münchnermädchen bewundert. Dein Sonett ist lustig und ein wenig ungerecht; freilich auch wieder gerecht, wenn man sieht, wie die Pietät der Leute meistens diejenige der Hühner ist, welche das Futter links und rechts verstreuen und vergeuden, um ihren kleinen Kropf zu füllen, auch wohl sich in den Napf stellen und es hinter sich wegscharren.

Hast Du den Band «Werke von Georg Büchner» schon angesehen? Dieser germanische Idealjüngling, der übrigens im Frieden ruhen möge, weist denn doch in dem sogenannten Trauerspielfragment «Wozzek» eine Art von Realistik auf, die den Zola und seine «Nana» *jedenfalls* überbietet, nicht zu reden von dem nun vollständig erschienenen «Danton», der von Unmöglichkeiten strotzt. Und dennoch ist vielleicht diese Frechheit das einzige sichere Symptom von der Genialität des so jung Verstorbenen, denn das übrige ist ja fast alles nur Reminiszenz oder Nachahmung; keine Spur von der Neuartigkeit und Selbständigkeit eines «Götz» oder der «Räuber», als sie zu ihrer Zeit entstanden.

Mein Schicksalsbuch, «Der Grüne Heinrich», wankt langsam seinem zweiten Ende entgegen. Ich komme nur selten auf eine hellere Spur, da das Unglückswesen von Anfang an bedachtlos und verfehlt angelegt war. Darum dauert es auch so lang, da keine Freude dabei ist. Es wird zur Not eine Art Lesebuch vorstellen für Leute wie unser Freund Petersen in Schleswig; der schwärmt für die Schmerzenskinder, die man hat, die Früchte jugendlicher Fehltritte usw.

Empfehle mich recht freundlich der Frau Dr. Heyse und der Fräulein Tochter, wenn diese nicht gerade bei Achatz oder im

Zürich 29 III 80.

An diesem schönen Ostermontag will ich Dir, lieber Freund [illegible], zuvörderst Glückwünsche wegen der gesundheitlichen Wendung zum Bessern! Möge es so weiter gehen, bis Du ausziehst wie ein eroberungssüchtiger Feldhauptmann, [illegible] dem Hange zu schriftlichen Arbeiten. Die Geburtstagsfeier habe ich in einer [illegible] mitgemacht und neben der [illegible] namentlich, die [illegible] der eine [illegible] [illegible] bewundert. Dein [illegible] [illegible] und [illegible] wenig [illegible] auch wieder [illegible], wenn man sieht, wie die [illegible] der [illegible] Anhänger der Zeitung ist, welche der [illegible] liebe und [illegible] [illegible], um ihren [illegible] [illegible] zu füllen, auch

wol sich in den Weg stellen und es
hinter sich weg schauen.
Hast du den Band Werke von Georg
Büchner schon angesehen? Dieser geniale
~~Ideal~~ Idealjüngling, der übergewordenen
Kinder ... weiß ich, dass in
dem sog. Feuerfragment Woyzeck
einen Realistik ..., die den Zola
ohne Worte jedenfalls überbietet, auch
zu andern an denen nur vollständig ein-
schimmern Dichter, der an Unmöglichkeiten starb. Und dennoch Büchner ist
keinesfalls der einzige schon Jüngsten
an der Genialität des jüngst verstorbenen
... . Es ist alles eine Be-
mühung oder Verfassung; keine
Spur von der Reinlichkeit und Vollstän-
digkeit eines Geistes oder der Dichtung,
als sie ... entstanden.
Mein Schicksalsbuch, der ganzen ...

wandelt langsam seinem zweiten Ende entgegen. Ich traure nicht selten auf den selben Schlich, die des Unglücks-ursprung von Anfang an bedachtlos und unaufhaltsam gelegt war. Darum dauert es auch so lang, da kein Grund dabei ist. Es wird zu Wolf ein Lesebuch hergestellt für Schulen, wo unser Freund Petersen in Schleswig der Schwiegervater für die Schwiegerkinder, die mir fast die besten jugendlichen Schlachtrosse u.s.w.

Empfehle mich hochachtungsvoll freundlich der Frau Doctor herzlich und der Fräulein Tochter, wenn diese nicht gerade bei Aufsatz oder im Schulbureau sitzt, und bleibe gut dem [illegible] alten Kauz Alles das Beste wünschenden

Gottfr. Keller

Hofbräu sitzt, und bleibe gut Deinem alten Euch allen das Beste anwünschenden

Gottfr. Keller

Dein Sonett ist lustig und ein wenig ungerecht: Vgl. **Anhang**.

«Werke von Georg Büchner»: Georg Büchner (1813–1837), Privatdozent an der Universität Zürich, als Erzähler und Dramatiker zu Lebzeiten nicht anerkannt; die erwähnte Ausgabe stammt von Karl Emil Franzos: G. B., Sämtl. Werke und handschriftl. Nachlaß, Frankfurt/M 1879.

Zola und seine «Nana»: Emile Zola (1840–1902), Begründer und Hauptvertreter des frz. Naturalismus; «Nana» ist der neunte Roman des Zyklus «Les Rougon-Macquart, ersch. 1879/80.

Götz: J. W. Goethe, Götz von Berlichingen, 1771.

Räuber: F. Schiller, Die Räuber, 1781.

eine Art Lesebuch ... für unseren Freund Petersen: Gottfried Keller korrespondierte mit Wilhelm Petersen (1835–1900), Regierungsrat in Schleswig, von 1876 bis 1890. (Der Briefwechsel ist von Irmgard Smidt im Th. Gut & Co. Verlag vollständig herausgegeben und umfassend erläutert worden.) Paul Heyses Briefe an Petersen (es existieren über 100, wobei lediglich vier Gegenbriefe überliefert worden sind) sind noch ungedruckt. Petersen war ein begeisterter Leser des «Grünen Heinrich» und machte Keller in seinem ersten Brief Vorschläge für eine Neufassung; vgl. Petersen an Keller, 28. Mai 1876, in: I. Smidt, op. cit., S. 39 ff. und andere Stellen.

Achatz: Vgl. Anm. zu Brief 28.

36: Heyse an Keller

München, 1. August 1880

Hier kommen endlich die tapferen Weiber, liebster Freund. Spät genug, und doch immer noch zu früh. Denn ich weiß es nur zu gewiß, daß wir lange warten können, bis auf dem deutschen Theater und im lieben Publikum eine Ahnung aufdämmert, es gebe noch andere Humore, als was die Herren «Veilchenfresser» und «Doktor Klaus» dafür ausgeben, und wenn sich einer, wie Schreiber dieses, mit einem Stück (und Stoff), wie jener Schorndörfliche, zwischen zwei Stühle zu setzen scheine, da er weder ein Rühr- noch ein Possenspiel zu liefern wünsche, sondern eine nachdenkliche Komödie, in welcher beide Teile recht und unrecht haben, so sei das eben der Humor davon. Hier wollen sie's damit versuchen, ohne groß Zutrauen zu dem sogenannten Erfolg, und ich werde wohl – trotz meiner bösen Vogelschau – meine Haut zu Markte tragen. Doch möcht' ich zunächst von Dir wissen, ob, von allem Theaterglück abgesehen, das Ding, so wie es ist, einiges Lebensrecht beanspruchen könne. Ich habe mich weislich – oder törichtermaßen? – gehütet, eine beliebige spannende Fabel in das harmlose historische Anekdötchen hineinzudichten, um das Spezifische darin nicht zurückzudrängen. Nun mag's darüber gar zu harmlos ausgefallen sein, und wenn ich merken sollte, daß gute Freunde nur sehr schonend seiner sich zu erfreuen vermögen, wäre ich am Ende noch so klug, das ganze Büchlein zu kassieren, das überhaupt noch nicht ausgedruckt ist, bis auf zwölf Exemplare. Von diesen sende ich Dir das erste, was Du also als eine Verhandlung bei beschränkter Öffentlichkeit betrachten magst.

Ich bin vor acht Tagen aus meiner Wasserkunst entlassen worden, durch die nasse Stäupe des Wellenbades so an allen Gliedern gelähmt, daß ich lange brauchen werde, bis ich meiner alten Schwachheiten wieder schmerzlos mich erfreuen kann. Am 25. August wollen sie meinen seligen Ludwig von Bayern zum Wittelsbacher Familienfest wieder aus dem Grabe heraufbeschwören. Sobald diese wundersame Urständ glücklich vorüber ist, gedenke ich mit meinem lieben Weibe, der eine Erfrischung herzlich nottut, auf vierzehn Tage in die Schweiz zu gehen, und wüßte gern, ob Du mir – um Luzern herum oder sonst auf einem Gipfelchen mittlerer Höhe – eine behagliche, nicht internationale Pension mit sehr guter Kost und erprobter Luft nachweisen kannst, da wir den im Bädeker besternten großen Hotels uns nicht anvertrauen mögen. Ein stiller, nahrhafter und komfortabler Winkel, wie ihn Deine klugen Landsleute sonst nicht an Fremde verraten. Mitte September gehen wir dann wohl noch über den Gotthard an einen der Seen.

Sieben Wochen lang hab' ich in der Hängematte nach dem Grünen Heinrich geseufzt. Nun kann ich ihn mir vielleicht in Person abholen. Lebe wohl, Teuerster. Frau und Tochter grüßen Dich herzlichst.

Dein alter ewiger Paul Heyse

die tapferen Weiber: Vgl. Anm. zu den Briefen 28 und 31.

die Herren «Veilchenfresser» und «Doktor Klaus»: Stücke von Gustav von Moser (1825–1903), preuß. Jägeroffizier, Verfasser von Possen, Lustspielen und Schwänken, bzw. Adolph L'Arronge (eigentl. A. Aaron, 1838–1908), Komponist, Bühnendichter und Theaterdirektor.

Am 25. August: Geburtstag des 1868 verstorbenen (1848 als König zurückgetretenen) Ludwig I. von Bayern.

meinen seligen Ludwig von Bayern: Heyses Drama «Ludwig der Bayer», 1862 (Uraufführung am 29.4.1862 im Münchner Hoftheater).

37: Keller an Heyse

Zürich, 9. August 1880

Lieber Freund! Tausendfältigen Dank für Brief und «Weiber von Schorndorf». Ich will nun trachten, meine «schonende Freude» (ein ingeniöser Ausdruck!) mit Deinem dramatischen Hypochondrismus möglichst zärtlich zu vermählen, ohne der Aufrichtigkeit Eintrag zu tun. Da muß ich denn zuvorderst bekennen, daß Du mit der gewählten Auffassung und Behandlung recht hast. Der erste flüchtige Eindruck war bei mir, es dürfte ein bißchen bunter und breitspuriger sein; allein am gleichen Tag noch, eh' der Brief nachkam, fand ich, dadurch käme man sogleich ins sogenannte Shakespearisieren hinein, im bekannten Stil der bekannten Übersetzung, und dann würden alle feineren Leute sagen: *connu!* So aber hast Du ganz das Richtige getroffen, indem Du das Motiv aus sich selbst heraus sich hast entwickeln lassen und nichts dazu getan als die höhere ethische Frage. Eine gute Ausstattung und Inszenierung, welche ja auf jeder Seite mitdichtend vorgesehen ist, muß das deutlich herausstellen. Beim Lesen hat mir, beiläufig gesagt, in ein paar Interjektionen und proverbialen Wendungen die Manier etwas zu tief gegriffen erscheinen wollen. Da ich aber auf der Bühne nicht zu Hause bin, so mag diese Bemerkung nichtig sein. Die Charaktere des Bürgermeister-Paares, der Tochter und Abels sind gewiß durchaus glücklich und das übrige entsprechend daran gewachsen. Nur die eigentlich militärische Aktion der Weiber ist mir, für jetzt noch, zu unvermittelt. Selbst der Kommandant scheint mir zu wenig verwundert über das Phänomen. Die

Wahrscheinlichkeit hätte gewonnen, wenn die Handlung in *einem* Zuge, während die Ratsherren eingeschlossen blieben, vor sich gegangen wäre; aber dann hätte die Unterwerfung und Reue der Weiber, das beidseitige Rechthaben etc. nicht herbeigeführt werden können, und so zeigt es sich wieder, daß der Herr und Dichter recht hat.

Wegen des Erfolges solltest Du Dich doch endlich nicht mehr grämen, sofern Du's überhaupt je getan hast. Ich habe neulich wieder Deinen «Hadrian» und die «Sabinerinnen» gelesen und mich abermals gewundert, daß die Hamlet-Spieler und die virtuosischen Heroinen sich nicht längst auf die Prachtsrollen, die in diesen Werken bereitliegen, geworfen haben. Es ist eben heutzutage alles dummes Viehzeugs, das nur durch einen Zufall mit der Nase auf das grüne Kraut gestoßen wird. Doch statte ich meine Glückwünsche unverfroren jetzt schon ab! Mit aller Glut meiner schonenden Freude!

Betreffend einen Luftkurort, wie Ihr ihn wünscht, wüßte ich zur Stunde mit einiger Sicherheit nur den Ort *«auf dem Stoß»,* eine von gesunder und milder Luft umspielte Höhe bei Brunnen am Vierwaldstättersee zu nennen. Ich war noch nie dort; aber viele Zürcher und andere Schweizer gehen gerne hin und rühmen den Aufenthalt. Ein anderer beliebter Luftort ist Schwarzenberg in der Pilatusgegend. Da aber die Gäste dort zahlreich aus der Klasse der Schullehrer und kleinen Geschäftsleute stammen, die gewöhnlich nicht wissen, was gut ist, so fürchte ich, die Verpflegung könnte nicht ganz nach Wunsch sein. Aber fröhlich muß es dort zugehen; denn im Winter bilden sich in den Städten Vereine ehemaliger Schwarzenberg-Gäste, die kleine Erinnerungsfeste mit Tanzvergnügen für die Frauen abhalten und also nicht warten mögen, bis es wieder Sommer ist. Über die Nahrung habe ich indessen nie klagen gehört. Der «Stoß» aber wird mehr gerühmt.

Wenn ich die Freude haben soll, das genesende Königspaar Ende dieses Monates zu sehen, so kann ich den Grünspecht unseligen Andenkens persönlich überreichen. Ich habe ein Schmerzensjahr darüber zugebracht. Die Geld- und Hungersachen z.B. waren mir so zuwider, daß ich sie monatelang liegen ließ, wie wenn sie mir *in natura* bevorständen. Unverdienter Weise bleibt der Kerl jetzt leben usw. Deinen Fleiß in Novellen und andern Dingen beobachte ich sehr wohl, verspare aber das Lesen auf die Buchform, da ich auf dem Museum keine Novellen lese. Mit meinen neuen oder alten Novellchen will Rodenberg im Novemberheft anfangen. Es gibt wieder Lalenburgergeschichten, wie Storm meine göttlichen Erfindungen nennt.

Dein G. Keller

auf der Bühne nicht zu Hause bin: Vgl. Anm. zu Brief 32.

Deinen «Hadrian» und die «Sabinerinnen»: P. H., Hadrian. Tragödie in fünf Akten, Hertz, Berlin 1865 (wahrscheinlich nie aufgeführt) und Die Sabinerinnen. Tragödie in fünf Akten, Hertz, Berlin 1859 (Uraufführung in München 1858).

auf die Prachtsrollen ... geworfen haben: Heyses Stücke waren mit wenigen Ausnahmen (s. S. v. Moisy, op. cit. S. 113 f) nicht sehr bühnenwirksam (vgl. auch Anm. zu Brief 26); die Wiener Schauspielerin Julie Rettich (ab 1830 an der Burg) hatte dem jungen Heyse mehrfach geschrieben, daß seine Szenen zwar poetisch, aber nicht dramatisch seien; vgl. S. v. Moisy, op. cit., S. 113.

den Grünspecht: Keller meint seinen Roman «Der grüne Heinrich».

auf dem Museum: Lesegesellschaft in Zürich.

mit meinen neuen oder alten Novellchen: Damit sind die Novellen des 1882 in Buchform erscheinenden Werkes «Das Sinngedicht» gemeint. Vorabdruck in der «Deutschen Rundschau» 1881 und 1882.

Lalenburgergeschichten: «Das Lalebuch. Wunderseltzame, Abentheurliche unerhörte, und bisher ungeschriebene Geschichten und Taten der Lalen zu Laleburg», ersch. 1597 in Laleburg (d.i. Straßburg). Storm schrieb in einem Brief an Keller vom 15. Juli 1878, daß die Rahmenerzählung der Landvogt-Novelle «zu sehr ins Lalenbuchgenus» gehe (Helbling 3/1, S. 425).

38: Keller an Heyse

Liebster Paulus, sollte es noch opportun sein, so will ich nachträglich *puncto* Kurort noch melden, daß nach neuern Informationen der «Gurnigel» zwischen Bern und Thun ziemlich das sein dürfte, was Ihr sucht. Die Luft am schönsten und die Verpflegung unzweifelhaft. Es ist eines der vorzüglichsten *Schweizer*kurorte, fast lauter Basler, Westschweizer, Zürcher etc. Hinreichende Kleidung in dieser Jahreszeit zu empfehlen.

Es soll eine eigene «Gurnigelpost» von Bern abgehen. Wirt: Gebrüder Hauser. Soll ich überhaupt irgendwo bestellen, so telegraphiere, wo nicht – nicht.

Dein G. Keller

Zürich, [25.] August 1880

Wünsche heute großen Sieg bei Ampfing und dem Heysemann 2!

Sieg bei Ampfing: Am 25. August, dem Wittelsbacher Familienfest (vgl. Anm. zu Brief 36), wurde Heyses Drama «Ludwig der Bayer», Hertz, Berlin 1862, wieder aufgeführt. 1322 fand die Schlacht bei Ampfing statt. Im 4. Akt, 1. Szene heißt es in Heyses Stück, auf das Keller anspielt:

Nach der Ampfingschlacht,
Da es zum Nachtmahl schmale Bissen gab,
Da spracht Ihr gütig: Jedem Mann ein Ei
Dem Schweppermanne zwei.

39 (Postkarte): Heyse an Keller

München, 25. August 1880

Liebster Freund, wir gedenken am 28. (Samstag) nachmittags in Zürich einzutreffen, und es wäre sehr schön, wenn Ew. Liebden Zeit fänden, uns abends gegen 7 Uhr im «Falken» aufzusuchen. Mündlich ausführlichen Dank für den Brief und seine Weisungen, über die wir noch mehr verhandeln müssen. Der «Stoß» ist nur durch einen zweistündigen Ritt zu erreichen, was meiner Frau Liebsten nicht sehr zuträglich wäre. Unsere Gedanken haben sich inzwischen auf Schöneck gerichtet. Auf den «Grünen» freuen wir uns höchlich. Herzlichen Gruß! Bald mündlich.

Dein getreuer P. H.

auf Schöneck: Bei Beckenried über dem Vierwaldstättersee gelegen.

40 (Postkarte): Heyse an Keller

[Schöneck-Beckenried,] 2. September 1880

Wir sind in Schöneck bei Beckenried hängengeblieben, liebster Freund, durch Föhn, allerlei provisorische Unwohnlichkeit und einen Weisheitszahn meiner Frau fürs erste noch nicht zu sonderlichem Behagen gelangt, aber entschlossen, eine Woche hier auf ferneren Götterwink zu warten, der uns wahrscheinlich noch auf zehn Tage nach Engelberg weist. Wenn Du also gute Wünsche und einen «Grünen» für uns übrig hast, sende sie hieher. Hätten wir solche Schwüle hier auf halber Höhe vermutet, so wären wir ohne rechts und links zu schauen, nach dem kühlen und nahrhaften Gurnigl gefahren. Indessen ist's hier still und nur der Mangel an ebenen Spazierwegen unliebsam. Daß ich neulich so frühzeitig aufbrechen mußte, war mir leid genug. Aber l'homme propose, la femme dispose, gerade wenn sie keinerlei Zwang ausüben möchte. Grüße Dr. Baechtold, und laß uns auf ein ausgiebigeres Wiedersehen bei der Rückreise hoffen.

Hic et ubique

Tuissimus

Dr. Baechtold: Vgl. Anm. zu Brief 26.
Hic et ubique Tuissimus: ‹Hier und überall der Deinigste›.

41 (Postkarte): Keller an Heyse

Zürich, 4. September 1880

Gleichzeitig mit diesem sende ich 3 Bände des bewußten Wälzers ab und will suchen, den 4. auch noch während Eueres Aufenthaltes in Helvetien nachsenden zu können, damit die heilige Zeit in

M. M^{orum} nachher nicht muß damit angebrochen werden. Natürlich alle heißen Wünsche für besten Erfolg dortiger Luft etc. Auch hier ist's jetzt heiß, möge es so bleiben bis zu den Iden *Octobris,* wo man

Wenn Ihr wieder kommt, so müssen wir uns besser isolieren. Es tat mir leid, daß die ganze Schoppengesellschaft mir nachlief neulich und wir fast nichts reden konnten, z. B. von Petersen, den wir einmal mit einem selbständigen Diskurs bedenken müssen. 1000 Grüße.

G. K.

3 Bände des bewußten Wälzers: Im November 1879 erschienen bei Göschen, Stuttgart, die ersten drei Bände des «Grünen Heinrich» («Neue Ausgabe»).

M. M^{orum}*:* Monachium Monachorum = München.

neulich: Auf Heyses Reise in die Innerschweiz trafen sich die beiden Dichter am 28. August in Zürich (vgl. Postkarte 39).

Petersen: Vgl. Anm. zu Brief 35.

42 (Postkarte): Heyse an Keller

Montreux, Pension Mooser, im Oktober 1880

Wir sind auf unsrer letzten Station angelangt, liebster Freund, und denken noch 8–10 Tage stille zu liegen und süße Trauben zu essen, ehe wir in den sauren Münchener Apfel einbeißen. Wenn der vierte Grüne uns hier aufsuchte, wenn auch nur in den Aushängebogen, die ich Dir pünktlich zurückliefern würde, wäre es eine große Wohltat. Die ersten drei habe ich mit höchster Wonne und Dank gegen den Geber so guter und vollkommener Gaben mir zu Gemüte geführt, und meiner Frau will nichts anderes darauf schmecken. «Ihr habt mein Volk verführet, verführt Ihr auch mein Weib?» [sic!] Da aber nichts daran zu ändern ist, muß ich's eben leiden. In Engelberg zehn kühle und wenig sonnige Tage, jedoch war uns himmlisch wohl dabei, nach der Schönecker Brutwärme (die mir übrigens allerlei ausgebrütet hat). Auf dem Heimweg mußt Du dir's gefallen lassen, nochmals heimgesucht zu werden, wahrscheinlich ohne meinen Anhang. Ich melde Dir noch den Tag. Lebe wohl. Frau und Kind grüßen schönstens.

Dein ältester und getreuester P. H.

der vierte Grüne: Der vierte Band des Romans «Der grüne Heinrich» («Neue Fassung») erscheint im Druck erst Mitte Oktober (vgl. Brief 46).

43 (Postkarte): Keller an Heyse

Zürich, 7. Oktober 1880

Nach Empfang Deiner honigsüßen Karte bin ich doppelt untröstlich, weder ein Exemplar des 4. Bandes noch die fertigen Aushängebogen schicken zu können, auch auf die Gefahr hin, daß gegen das Ende hin das Wetter umschlägt. Seit Wochen warte ich täglich darauf, und es kommt nichts. Sollte es heute noch geschehen, so kann ich doch nichts mehr senden, da die 8–10 Tage Eueres Dortseins inzwischen ablaufen. Hoffentlich kann ich Dir den Band mitgeben, wann Du herkommst, worauf ich mit Sehnsucht warte. Deine neue Novelle in der «Rundschau» habe ich noch nicht lesen können, weil wieder einmal ein Heft ausgeblieben ist, was alle Jahre ein paarmal geschieht. Ich weiß nicht, ob man solche Hefte nachfordern darf, da das Ganze geschenkt wird. Bisher habe ich sie nachgekauft. Gott segne Deinen Fleiß und dessen Pläne. Grüße heftigst die Damen, insonderheit die große Gönnerin, welche ich schleunigst unter das Gestirn meiner Musen versetzen werde.

Dein G. K.

Deine neue Novelle: P. H., Die Dichterin von Carcassone erschien nicht im Oktoberheft der «Deutschen Rundschau», sondern erst im Dezemberheft, Berlin 1880, Bd. 25, S. 325 ff. Diese Novelle ist heute wieder greifbar, in: P. H., Werke 1980, Bd. 2.

die große Gönnerin: Damit ist die Frau Heyses gemeint. Anna Heyse verehrte Keller als Dichter über alle Maßen, besonders der «Grüne Heinrich» machte ihr einen starken Eindruck. Keller pflegte sie mündlich auch «Große» oder «Hohe Gönnerin» zu nennen.

44 (Postkarte): Heyse an Keller

Montreux, 9. Oktober 1880

Der Überfall wird also übermorgen (Montag) ins Werk gesetzt werden, und zwar dennoch mit gesamter Macht, da ich Weib und Kind nicht, wie ich vorhatte, nach Lindau vorausschicke. Wenn Du Dich daher gegen 7 Uhr im Falken einfinden wolltest, lieber Teuerster, könnte man überlegen, wo man einander am unbeschriensten froh würde. Wir blieben etwa ein paar Stündchen zu fünfen und setzten uns dann noch selbander in einen stillen Winkel. Wegen des Rundschau-Oktober-Heftes hast Du mich fälschlich im Verdacht. Dort hat Freund Storm den Novellen-Platz eingenommen und ich nur etwas Erbauliches beigesteuert, das mich bei allen Kindern Gottes wieder zu Gnaden bringen wird. Natürlich würd' ich fehlende Hefte einfach reklamieren. Es liegt sicher nur an einem liederlichen Administrationsorgan. Und somit bis auf Näheres und Allernächstes

Dein alter getreuer P. H.

Frau Anna und die lange Tochter grüßen sehr.

Wegen des Rundschau-Oktober-Heftes: Vgl. Anm. zu Postkarte 43.

Freund Storm den Novellen-Platz eingenommen: Theodor Storms Erzählung «Die Söhne des Senators» erschien im Oktoberheft der «Deutschen Rundschau».

etwas Erbauliches beigesteuert: Heyse übersetzte Manzonis «Inni sacri» (Heilige Hymnen) im selben Heft.

die lange Tochter: Heyses jüngste Tochter Clara.

45 (Postkarte): Keller an Heyse

Zürich, 17. Oktober 1880

Damit Du nicht glaubst, liebster Freund, daß es sich bei neulich besprochenen Dingen etwa um pedantische Autobiographiererei handle, schicke ich Dir nachträglich eine alte «Gegenwart», Dir und den Deinen eine gute, wirkliche und eine herrliche Zukunft wünschend.

Dein unverbesserlicher G. K.

bei neulich besprochenen Dingen: Am 11. Oktober trafen sich Keller und Heyse wie vereinbart im Hotel Falken in Zürich. Aus der Postkartennotiz geht hervor, daß die beiden vor allem über den «Grünen Heinrich» gesprochen haben müssen. Dabei scheinen sie sich besonders über das autobiographische Moment im Roman unterhalten zu haben.

eine alte «Gegenwart»: Paul Lindau, Die Gegenwart. Wochenzeitschrift für Literatur, Kunst und öffentliches Leben. X. Bd. Nr. 51 und XI. Bd. Nr. 1 1876 bzw. 1877. Die beiden Nummern enthielten «Autobiographisches von G. Keller», vgl. W 21, S. 7–22 und 262–265; dazu auch Helbling 3/2, S. 321 ff.

46: Heyse an Keller

München, 21. Oktober 1880

Ich habe gleich alles andere beiseite geschoben, liebster Freund, und mich in diesen vierten Band versenkt, die erste Nacht weit über meine Polizeistunde. Seitdem umklingen mich die hellen und tiefen Stimmen, die durch das ganze Werk gehen, wie ein mächtig figurierter Gesang, mit dem der Grundton meines eigenen Wesens so im Einklang ist, daß ich ein unsägliches Wohlgefühl mit mir herumtrage. Ich bin daher gar nicht geneigt und auch sehr ungeschickt, etwas darüber zu sagen, was diese Gesamtstimmung artikulierte, und womit Du, als Stifter dieser Wirkung, irgend etwas anfangen könntest. Vielleicht werde ich dem Werk, das ich bisher wie eine wundersam von der Natur gebildete Erzstufe mit allerlei inkrustierten Edelsteinen bestaune, noch einmal mit gelassener technischer Spitzfindigkeit beikommen, da es denn doch nicht ohne allerlei Weisheit und Plan zusammengefügt ist. Und so viel kann ich heute schon sagen, daß die Wandlung, die es erfahren, mir über alles Hoffen geglückt scheint, da nichts schwerer ist, als seinen eigenen alten Ton wiederfinden und Neues an alte Fugen anschmiegen. Ich bin nun durch die Lösung der Schicksalrätsel dieses Deines wundersamen Doppelgängers in die reinste und froheste Rührung versetzt worden und wünschte nicht das Geringste davon- oder dazugetan. Immer von neuem hat mich staunen machen, wie zwischen den alten und neuen Partien, die durch Jahrzehnte auseinanderliegen, nicht der leiseste Unterschied an innerer Reife und lauterer Menschlichkeit zu spüren ist, mit anderen Worten, welch ein ganzer Kerl in der unerbittlichsten Bedeutung des Wortes Du schon warst, als Dir zum ganzen Künstler noch einiges fehlte. Und so sehe ich meinen alten Glauben, daß der *Mensch* bei aller Kunstübung das A und O sei, triumphierend wieder bestätigt. Es wird sehr kluge Leute geben, die in ihrer ästhetischen Orthodoxie an diesem und jenem in Deinem Buche ein Ärgernis nehmen zu müssen sich einbilden; aber ich bin fest überzeugt, daß dem starken und gediegenen Strom des Lebens, der durch diese Blätter rauscht, selbst der eingerammteste Pfahl-Kritiker nicht widerstehen kann. Hieran hätte ich nun wieder etliche Liebeserklärungen zu knüpfen, die mir aber mündlich besser glükken – obwohl literae nicht rot werden sollen –, weil in der Liebe das umständliche Formulieren schwarz auf weiß immer einen leidigen pedantischen Anstrich bekommt. Du kennst mich nachgerade, und zum Überfluß haben wir uns ein paar gute Stunden erst kürzlich wieder gegenübergesessen. Laß Dir also diesen Händedruck genügen, mein Allerteuerster.

Meine Frau liest nun, und mit ihr werde ich alles von neuem durchgenießen. Ich ertappe mich alle Augenblicke darauf, daß ich diese und jene Seite wieder aufschlage und gleich wieder fortgezogen werde. Die Traumgedichte haben mir's nicht zum wenigsten angetan. Ein Meisterstück, wie bei aller leisen spielenden Symbolik doch das wahre Wesen der schlafwandelnden Phantasie überall gewahrt bleibt, nirgend eine dichterische Umgestaltung uns nüchtern macht. Und dann bin ich in Hulda verliebt, und Dortchen ist nun gar zum Anbeißen, und der «Bruder Grave» mein spezieller Freund, und über alle und alles die Mutter, die ich mit Augen zu sehen meine. «Du bist ein gebenschter Mensch!» sagte *meine* Mutter zu mir in ihrem alttestamentlichen Überwallen von Zärtlichkeit. Ich habe nichts Besseres zum Abschiede für Dich gebenedeiten Menschenfischer.

Lebe wohl. Dein P. H.

Schönsten Dank für die Nummern der Gegenwart. Du hättest Dich nicht aufrechter und schlichter aus der Affäre ziehen können, und vieles darin war mir sehr neu und willkommen. Von Frau und Tochter tanti saluti.

diesen vierten Band: Vgl. Anm. zu Postkarte 42.

dieses Deines wundersamen Doppelgängers: Heyse weiß (Keller hat ihn auch gewarnt, vgl. Postkarte 45 und Anm.), daß Gottfried Keller und Heinrich Lee nicht identisch sind – Heinrich ist ja eine erdichtete Figur –, daß aber beide Menschentypen im Zusammenhang gesehen werden müssen und nur so verstanden werden können. Heyse erfaßt in diesem Brief das Wesen Gottfried Kellers sehr gut, erkennt den Menschen Keller durch das Kunstwerk, begreift, wie dieser durch Not und Bedrängnis Schalen und Hüllen abgestreift hat und in einem allmählichen, wenn auch schmerzvollen Prozess zu dem geworden ist, als was er ihn in diesem Brief bezeichnet: zum großen und ganzen Künstler.

erst kürzlich wieder gegenübergesessen: Heyse traf auf der Rückreise von seinem Kuraufenthalt am 11. Oktober im Hotel Falken in Zürich mit Keller zusammen.

Traumgedichte: In den Kapiteln 6 und 7 des vierten Bandes «Der grüne Heinrich».

Hulda... Dortchen... «Bruder Grave»: Figuren des Romans.

meine Mutter: Julie Heyse (geb. Saaling) stammt aus einer jüdischen Berliner Familie. «Gebenschter Mensch» meint ‹gebenedeiter Mensch›.

Dank für die Nummern der Gegenwart: Vgl. Postkarte 45 und Anm.

Landschaft mit Eichen (Aquarell von Keller)

47: *Keller an Heyse*

Zürich, Samstag nach Martini 1880

Du hast mich nicht wenig beruhigt, liebster Freund; denn wenn ich von dem Tenor Deines lieben Briefes auch abziehen muß, was billigermaßen nur Deinem eigenen edeln Wesen innewohnt und gutzuschreiben ist, so bleibt mir noch genug übrig, um mich vor mir selbst bestehen zu lassen. Die beiden Grundübel des Grünlings: die unpoetische Form der Biographie und die untypische Spezialität der Landschaftsmalerei, bleiben freilich als Kielwasser unverändert und lassen das Schiff nie fröhlich fahren.

Auch danke ich Dir feierlichst, daß Du mich so freundschaftlich ein bißchen mit unterstehen lässest unter den Poetensegen Deiner Mutter.

Deine Novelle ist im Novemberheft der «Rundschau» wieder nicht gekommen; dafür die hübsche Geschichte Wilbrandts, an der mich nur die kühle *Verniade* mit der Venus etwas chokiert. Indessen werde ich immer begieriger auf die neuen Provençalen Deiner Muse. (Wilbrandts Hamann aus dem «Abendstern» ist zum Teil von ungewöhnlicher Energie und tiefer Wahrheit in der Schilderung; nur scheint mir das Ende nicht ganz entsprechend: diese sanften Nazarener Gesichter sind in der Regel nicht so unglücklich, sondern werden öfter dick und fett.)

Ein weiteres Vergnügen hatte ich neulich daran, daß Dein Herr Verleger Wilhelm Hertz mir im voraus den Verlag der von der «Rundschau» angekündigten Novellen anbot, was mich Deiner guten Gesellschaft wegen eitel machen würde.

Grüße und empfehle mich freundlich der verehrten Gemahlin und schätzbarsten Fräulein Tochter. Noch schäme ich mich, wie ich mich letzthin verleiten ließ, Euch im Gasthof um Abendessen und einen Schoppen Extrawein zu schinden. Einstweilen konnte ich sagen:

Mit Euch, Frau Doktor, zu soupieren,
Ist ehrenvoll und ist *Gewinn!*

Und das, nachdem Ihr so schmählich Hunger gelitten in meinem schönen Vaterlande.

Nächstes Jahr wollen wir's besser machen.

Dein dankbares Christengemüt, das Dich allen bekannten und unbekannten Göttern Athens anempfiehlt,

G. Keller

die unpoetische Form der Biographie: Eine Biographie hat in der Regel nichts mit Fiktion und Erfindung zu tun, sie zielt allein auf Wahrhaftigkeit und will eine gelebte Wirklichkeit getreu nachzeichnen. Sie kann also naturgemäß nicht poetisch sein.

Kellers Held Heinrich ist aber ein heimlicher Poet. Betrachtet man den Schluß des Romans genauer, wird das deutlich.

Auf dem Schloß versucht der Graf, Heinrich, der in München aus Not alle seine Bilder für wenig Geld veräußern mußte, noch einmal zum Malen zu bewegen; doch dieser hat endgültig erkannt, daß er kein Künstler ist (vgl. W 6, S. 157). «Das langsame, kaum mehr von Hoffnung beseelte Hervorbringen eines einzigen Gedankens durch die Hände schien voller unnützer Mühsal zu sein, wenn in der gleichen Zeit tausend Vorstellungen auf den Flügeln des unsichtbaren Wortes vorüberzogen» (ebd., S. 57f.). Hier wird gleichsam angegeben, in welcher Richtung Heinrichs neues Interesse und seine eigentliche Begabung liegen: beim Wort. Untersucht man ferner die Erzählperspektiven des Romans, so ist Heinrich der alleinige Verfasser seiner Lebensgeschichte – und diese ist Literatur, Heinrich also ein Dichter, ein Poet, wenn das im Horizont der Fiktion auch nirgends reflektiert wird. Da erfährt der Leser nur noch, daß Heinrich ein Jahr nach seiner Rückkehr in die Heimat «die Kanzlei eines kleinen Oberamtes» (ebd., S. 307) besorgt und später Vorsteher eines Amtskreises wird. Die Malerei wird mit keinem Worte mehr erwähnt. Der Kunstjünger ist ein Amtsmann und Bürger geworden, insgeheim jedoch einer anderen Kunst mächtig: derjenigen des «unsichtbaren Wortes». Und die Worte Heinrichs bleiben auch tatsächlich «unsichtbar», weil er für seinen Text kein Publikum hat. Gerhard Kaiser formuliert diese Erkenntnis folgendermaßen: «Der grüne Heinrich ist als monologischer Schreiber ohne künstlerisches Bewußtsein konzipiert. Er schreibt für sich und wenige vertraute Freunde, denen er sich mit seinem Buch mitteilt, weil er im Leben keiner vollen Mitteilung fähig ist. Sein Schreiben ist Produkt und Zeugnis einer Beziehungsstörung. Keller aber ist ein Autor und wendet sich an ein Publikum, indem er die als monologisch fingierte Niederschrift seines Helden und Erzählers veröffentlicht. Der Monologist Heinrich ist mit sich allein; der Romancier Keller führt ihn seinen Lesern vor» (G. Kaiser, Gottfried Keller, München und Zürich 1985, S. 57). In diesem Punkt unterscheiden sich Held und Dichter radikal, die autobiographische Linie wird am Schluß durchschnitten.

und die untypische Spezialität der Landschaftsmalerei: Vgl. dazu Keller an Petersen, 21. April 1881: «Heinrich schlägt sich auf die Seite der sog. Gedankenmaler in der Landschaft, wie sie damals noch im Ansehen waren. Bei besserm Unterricht und mehr Mitteln zur Ausdauer würde er sich der Richtung der J. Koch, der Lessing, Schirmer usw. nicht ohne Glück angeschlossen haben»; Irmgard Smidt (Hrsg.) Mein lieber Herr und bester Freund. Gottfried Keller im Briefwechsel mit Wilhelm Petersen, Stäfa 1984, S. 170.

lassen das Schiff nie fröhlich fahren: Hier formuliert Keller nochmals seine Bedenken in bezug auf seinen umgearbeiteten Roman, allerdings in dieser Form das letzte Mal gegenüber seinem Freund Heyse. Keller bleibt zwar – wie oben ausgeführt – kritisch, setzt sich aber nicht mehr zurück, nimmt sich selbst an und kann «vor sich selbst bestehen». Das sind neue Töne bei Keller. Er ist in diesem Zeitpunkt auf der Höhe seines Ruhms und Schaffens angelangt, und er weiß das. Am Freitag nach Martini schickt er einige Selbstporträts an Lydia Welti-Escher und schreibt dazu, daß sie «schofel geraten» seien und «eher das Bild eines alten Vorsingers und Schnapsbruders vorstellen, als dasjenige des ersten Schöngeistes und arbitri elegantiarum des Jahrhunderts»; Helbling 4, S. 221. Das ist nur scheinbare Ironie: Keller war sich zu diesem Zeitpunkt seiner Bedeutung bewußt.

Deine Novelle: Vgl. Anm. zu Postkarte 43.

die hübsche Geschichte Wilbrandts: Adolf Wilbrandt (1837–1911), Journalist, Prosaautor und Dramatiker, 1881 bis 1887 Direktor des Burgtheaters in Wien. Die erwähnte Novelle «Der Gast vom Abendstern» erinnert Keller teilweise an Jules Verne, der bekanntlich phantasievolle naturwissenschaftliche Zukunfts- und Reiseromane geschrieben hat.

Dein Herr Verleger Wilhelm Hertz: Ludwig Wilhelm Hertz (1822–1901), seit 1847 Inhaber der Besserschen Buchhandlung in Berlin und des Verlages W. Hertz. Der Verleger Heyses macht Keller das Angebot, die Buchausgabe des «Sinngedichts» zu übernehmen; vgl. dazu Keller an Hertz, 10. November 1880; Helbling 3/2, S. 427 f. und für die Beziehung zum Verlag: ebd., S. 427–470.

Mit Euch . . .: Vgl. Goethes «Faust», V 941 f.

48: Keller an Heyse

Zürich, 30. Dezember 1880

Lieber Freund! Ich weiß zwar nicht, ob Ihr aus Paris zurück seid; wenn aber das Brieflein auch ein wenig warten muß, so frißt es ja kein Heu. Mag es also mit guten Wünschen schwanger wie ein Hering mit Rogen ruhig vor Anker liegen bleiben, bis Ihr kommt!

Nachdem ich dergestalt mich glücklich ins dritte Bild hinübergeschwindelt habe, will ich zu dem schreiten, was nächst den herzlichsten Neujahrswünschen für Dich und die Deinen Hauptzweck dieser schriftlichen Arbeit ist, nämlich zum Danke für die «Frau v. F. und die römischen Novellen», die ich durch Deinen Verleger bestens erhalten habe. Die Bitternis, es wie der sel. Lessing auch einmal so gut haben zu wollen wie andere Leute, welche in der «Frau v. F.» so meistermäßig wiedergegeben ist, habe ich von neuem mit dem Behagen nachempfunden, mit welchem man hinter dem Fenster geborgen in ein Unwetter hinausschaut. Von der «Talentvollen Mutter» genoß ich nur noch schnell, um in der Manier unseres Musterdilettanten Petersen zu reden, die famose Schlußentwicklung und ging dann zu den mir noch neuen Stücken über. Ich will nur schnell noch meine Verwunderung ausrufen, wie es nach all dem Geschaffenen immer noch möglich ist, eine so neu lebendige Gestalt hervorzubringen wie die Hexe, das unvergängliche alte Schönheitswesen nur so schlechtweg mit einem Schlage als nagelneue Münze auszuprägen, die ihren vollwichtigen Wert hat. Auch Storm ist einigermaßen verblüfft über die neuen Fischzüge, die Du tust. Bei Anlaß dieser Hexe fällt mir eine Grübelei ein, die ich schon wiederholt angestellt, nämlich daß der «Laokoon» hinsichtlich des malerischen Schilderungswesens einer Revision unterzogen werden dürfte. Seit er geschrieben wurde, hat sich die innere Sehkraft der Menge durch die Verbreitung der ästhetischen Bildung, die Realistik der Bühne etc. so vermehrt, daß man jetzt durch die Erwähnung einer Farbe, eines roten Mantels, eines Landschaftstones, eines Inkarnates etc. eine augenblickliche Wirkung erreicht, an die vor hundert Jahren nicht zu denken war. Und dies war schon einmal da. Zur Zeit der Renaissance haben die Novellisten ihre Figuren öfter mit Absicht und Sorgfalt bekleidet, vollends Cervantes, und wie wirkt er damit! Homer beschrieb die Gärten des Alkinous, das Haus vollständig, eh' er die Handlung weiterführte, und den Spion in der «Ilias» kostümierte er mit den grauen Otterfellen ruhig fertig. Doch ich will Dich nicht langweilen mit Dingen, die Du oder andere vielleicht längst gedacht haben oder besprochen. Natürlich will ich an der Hauptsäule hiemit nicht rütteln. Allein die Schülerkritik gewisser Schulmeister, die sich immer mehr mausig macht, führt einen auf dergleichen Ketzereien. So hat mir die neu-philologische Schule Wilhelm Scherers jetzt methodisch durch Vergleichung und Textkritik von «Ausgabe A und Ausgabe B» nachgewiesen, daß ich den eigenen «Grünen Heinrich» verballhornt habe. Das hat nun nichts auf sich, aber es beweist, daß man den Leuten wieder einmal die alten *Baculos* ein wenig aus den Händen nehmen sollte.

Dr. Baechtold hat mir eine Postkarte von Dir gezeigt, wonach er Dir eine Besprechung des obigen Buches zugestellt hat, was er auch anderwärts wiederholt hat. Du mußt diese Betriebsamkeit, die ich nicht liebe, mir nicht anschreiben. Du kennst ja die Art solcher trefflichen Freunde, die einen zuletzt als Objekt und Eigentum ihrer Tätigkeit betrachten und früher oder später den Versuch machen, es uns fühlen zu lassen. Ich aber liebe die Freiheit.

Empfehle mich den Damen schönstens, besonders der trefflichen Gemahlin, welche Dir nicht zum Vorwand dienen mußte, wie die Frauen zweier andern Freunde, die vier Bände des bewußten Wälzers nicht zu lesen, weil die «Frau sie einstweilen okkupiere und nicht hergeben wolle». Nein, da seid Ihr andere Leute, Ihr bemogelt einen eiteln Autor nicht, indem gar keines von beiden liest. Und somit soll es Euch auch im Jahr 1881 wohl oder immer wohler ergehen. Euer und Dein besonderer

G. Keller

«Frau von F. und andere römische Novellen: Vgl. Anm. zu Brief 27. In diesem Brief kommt Keller auf die beiden Novellen «Die talentvolle Mutter» und «Die Hexe vom Corso» zu sprechen.

Auch Storm ist einigermaßen verblüfft: Am 20. September 1879 schrieb Storm an Keller über Heyse: «Ich meine, er hat auch wieder zu viel drucken lassen; seine Novelle in der letzten ‹Rundschau› («Die talentvolle Mutter», F. St.) zeugt von großer geistiger Ermüdung» (Helbling 3/1, S. 443).

der «Laokoon»: G. E. Lessing, Laokoon: oder Über die Grenzen der Mahlerey und Poesie, Berlin 1766.

Cervantes: Miguel de Cervantes (1547–1616), span. Dichter.

Homer: Vgl. «Odyssee», 7. Gesang, V. 82ff. und «Ilias», 10. Gesang, V. 32ff.

die neu-philologische Schule Wilhelm Scherers: Wilhelm Scherer (1841–1886), seit 1877 Ordinarius für Literatur in Berlin; er betonte die Verwandtschaft der Methoden und Ziele der Geistes- mit den Naturwissenschaften, strenges philologisches Wissen stellte er über philosophische Erkenntnis.

Vergleichung und Textkritik: In der «Deutschen Rundschau» vom 18. Dezember 1880 erschien ein Aufsatz von Otto Brahm, der die beiden Fassungen einem kritischen philologischen Vergleich unterzog und dabei die zweite Fassung bemängelte. Dazu Keller an Petersen am 21. April 1881: «Brahm, der das Buch mit philologischem Apparate untersucht und das Gras darin wachsen hört, hat nicht einmal bemerkt, daß das Duell mit Lys nicht mehr bis zur Verwundung fortgeführt wird und Heinrich also nicht mit dem Tode des Freundes belastet ist. So nennt er auch das Verhältnis zur Judith am Schlusse ein unklares, dies allerdings, weil er es wahrscheinlich nicht begreift. So kommt man zum Murren über Rezensenten...» (I. Smidt, op. cit., S. 169f.).

Baculos: Baculus (lat.) heißt ‹Stock, Stab›.

Dr. Baechtold: Vgl. Anm. zu Brief 26.

49: Heyse an Keller

München, 4. Januar 1881

Wir sind längst wieder unter Dach und Fach, liebster Freund. Meine «kleine Gesundheit» war anfangs November schon wieder so eingeschrumpft, daß sie gänzlich zu verschwinden drohte. Da sprach meine kluge Frau ein Machtwort und entschloß [!] uns von heut auf übermorgen zu dieser Fahrt. Es galt aber nur, überhaupt einmal zu kosten, wie Paris schmeckt, um auch dieses Gericht auf der großen Weltspeisekarte zu kennen. Nun, es schmeckt freilich nach mehr, aber ein Erstgeburtsrecht würde ich nicht darum hingeben. Es fehlt ganz und gar dort an jenen feierlich stillen Erinnerungswinkeln, in denen sich wie in Rom, Florenz, Venedig die Seele einnistet wie der Vogel im Busch, an dem warmblütigen, kindischen und erhabenen Volksstil, der einem Menschenfreunde da unten das Herz gewinnt, am Schönen und Unschuldigen der südlichen Romanen, und eine bis ins Kolossale und Unabsehliche gesteigerte Eleganz ist kein Ersatz dafür. Aber ich will Dir keinen «Pariser Brief» schreiben. Wie ich zurück war, fielen die neuen

Eindrücke so kühl und platt von mir ab, daß ich die Feder wieder ansetzen konnte, wo ich sie vor 14 Tagen niedergelegt hatte. Da hätte ich nun [für] Deinen letzten Brief vor allem danken sollen, verlor mich aber richtig ins Altgriechische und blieb so rüstig dabei, daß ich am zweiten Weihnachtsfeiertag einem sterbenden Alkibiades die letzte Ehre erweisen konnte. Ob er nun friedlich in der Familiengruft meines Pultes, ove sono i più, beigesetzt werden würde, oder ob er sein Bett aufnehmen und über die Bretter der k. k. Hofburg wandeln soll, habe ich noch nicht überlegt. Es eilt auch nicht. Auf «Stücke mit nackete Füß» wartet in Deutschland kein Mensch.

Und jetzt will ich einen langen, langen Winterschlaf tun und mir von jenem Buch, das ich Dir in unserer letzten Mitternachtsstunde ankündigte, einiges träumen lassen. Seltsam! Daß Du nicht den Kopf dazu geschüttelt hast, ist dem alten Projekt so in die Glieder gefahren, daß es sie gereckt und gestreckt hat und plötzlich zu einer ganz gesunden Gestalt zusammenwuchs. Dabei haben sich alle überflüssigen Extremitäten abgesondert, und ich kann hoffen, das Ganze in einem starken Band zusammenzudrängen. Hiefür braucht es freilich rüstigere Kräfte, als der alte anbrüchige Sohn meiner lieben Mutter einstweilen einzusetzen hat, und darum will ich probieren, ob ich mich noch einmal durch eine tiefe Ruhe so weit bringen kann, daß es nicht einem Selbstmordversuch gleicht, wenn ich mich in den Abgrund einer solchen Aufgabe stürze.

Nun erwarte ich mit Ungeduld Deine neuen Rundschau-Gaben und fahre inzwischen fort, die alten immer wieder durchzunaschen und mir, wenn mein Mund davon überfließt, Haß und Mißvergnügen meiner teuren Kollegen zuzuziehen. Desto wohliger konnte ich vor kurzem meiner Grünen-Heinrichs-Wonne Luft machen gegen einen ganz inkurablen Keller-Enthusiasten, Ernst Fleischl. Laß Dich aber nicht irren des Germanistenpöbels Geschrei. Diese Leute sind wie die Schlangen, die ein Lebendiges nur genießen und verdauen können, wenn sie es vorher mit ihrem Schleim überzogen haben. Da sie einem Dichtergebilde nichts abgewinnen können, wenn es ihre «Methode» nicht in Bewegung setzt, so beginnt ihr Interesse erst mit den Varianten. Und auch hier wäre ja manches für eine tiefere Betrachtung zu holen, wenn das ewige Starren durch ihre Goethebrille die Guten nicht myopisch gemacht hätte.

Was Du über die Laokoonfrage schreibst, ist ganz nach meinem Herzen. Ich habe längst erwartet, daß einer der modernen Experimental-Ästhetiker eine Abhandlung schreiben würde über den Einfluß der Photographie auf unsere Kunst und Literatur, da ich in derselben die Erzeugerin und Amme unseres heutigen Realismus erblicke. Aber jene Herren haben wichtigere Dinge zu tun und schreiben selbst realistische Romane, in denen sie den Ekel unters Mikroskop bringen. – Freund Petersen hab' ich jene Stelle Deines Briefes mitgeteilt als Antwort auf seine Frage, warum ich bei meiner Hexe von der guten alten Gepflogenheit abgewichen, den Leser sich allein etwas malen zu lassen. Übrigens hat er auch übersehen, daß in diesem Falle das Unterschlagen des Porträts eine pure Affektation gewesen wäre. Mein Held wacht ja aus der Ohnmacht auf, und entdeckt Zug für Zug das Gesicht und die Gestalt, die sich's an seinem Fußende bequem gemacht hat.

Lebe wohl, Geliebter, und empfange die schönsten und herzlichsten Neujahrswünsche von meiner Frau und dem langen Fräulein. Grüße auch Dr. Baechtold, von dem Du wohl schwerlich je eine Vergewaltigung zu befahren hast. Und schließlich kannst Du jeden Augenblick den «Haftbanden entfahren» und in die Arme flüchten

Deines getreuesten P. H.

Auch an Prof. Meyer einen freundlichen Gruß und an die Meise!

einem sterbenden Alkibiades: P. H., Alkibiades. Tragödie in drei Akten, Hertz, Berlin 1883 (Uraufführung 1882 in Weimar).

ove sono i più: ‹Wo noch mehr davon sind›.

in unserer letzten Mitternachtsstunde: Beim Treffen in Zürich (vgl. Anm. zu 45) hat Heyse Keller offensichtlich von einem neuen Romanprojekt erzählt, das Werk erschien jedoch erst Jahre später unter dem Titel «Merlin», Hertz, Berlin 1892; vgl. auch Brief 50.

Deine neuen Rundschau-Gaben: Vorabdruck des «Sinngedichts», vgl. Anm. zu Brief 37.

Fleischl: Ernst Fleischl (1846–1891), Wiener Physiologe, den Keller bei den Geschwistern Exner in Wien kennengelernt hatte (vgl. dazu: Aus Gottfried

Kellers glücklicher Zeit. Der Dichter im Briefwechsel mit Marie und Adolf Exner, hrsg. von Irmgard Smidt, Th. Gut & Co. Verlag, Stäfa 1981).

bei meiner Hexe: P. H., Die Hexe vom Corso; vgl. Anm. zu Brief 48.

Prof. Meyer: Viktor Meyer (1848–1897), Professor für Chemie an der Eidgenössischen Technischen Hochschule in Zürich, er verkehrte wie Keller in der «Meise».

50: Keller an Heyse

Zürich, 8. April 1881

Endlich komme ich herangeschlichen, lieber Paul, wie das schlechte Gewissen selbst, mich endlich wieder bei Dir einzustellen. Das Erbübel, das wirklich niederschreiben zu müssen, auf eine Anzahl periodischer Termine, was man sich peripatetisch zurechtgeträumt hat, plagte mich seit dem letzten Dezember, und wenn ich auch die Hauptsache immer in acht Tagen jeden Monats zuwege brachte, so ließ ich doch dabei alles Briefschreiben. Jetzt bin ich Gott sei Dank wieder aus der «Rundschau» heraus, drin ich mich habe herumdrehen müssen, wie der Hund im Kegelspiel, und kann wieder an anderes denken.

Für Deinen guten Brief vom 4. Januar herzlich dankend, bezeuge ich nachträglich meine Teilnahme an Eueren Pariser Genüssen, die ich wohl auch einmal goutieren möchte, wenn der Aberwitz der Leute dort mich nicht ein wenig abschreckte. Doch stört das außerhalb vielleicht mehr, als wenn man mitten drin ist, und wer weiß, wie froh die Welt gelegentlich wieder über das Nest wird, *cum grano salis* genommen.

Jetzt habe ich aber einen moralischen Abgrund schüchtern vor Dir zu entschleiern, teuerster Herr und Freund! der Dich kurios angähnen wird: Ich habe den Gegenstand des neuen Romanes, von dem Du mir letzten Herbst auf der «Meise» hier gesprochen, gleich am andern Tag vergessen, d. h. das Gespräch steigt mir erst mit Deinem Briefe in der Erinnerung wieder auf, und ich weiss nicht mehr, welches Problem es ist, von dem Du sprachst, ich weiss nur noch, dass es mich sogleich anmutend frappierte. Durch irgendwelche psychologische Vorgänge ist das infame Symptom beginnender Alterszustände möglich geworden. Spring also über die schwarze Spalte hinweg und sag mir's nochmals, was es ist. Ich hoffte immer, das Gedächtnis daran würde sich unerwartet einmal einstellen; allein es ist und bleibt verschwunden. Was es aber auch sein mag, so denke ich hinsichtlich der gesundheitlichen Anstrengung, Du werdest doch ganz gemächlich damit anfangen können oder es schon getan haben und die Bogen ruhig auf einige Zeit weglegen, sowie es zuviel wird; so kann es unvermerkt doch fertig werden und plötzlich da sein.

Freilich scheint Dein rastloser Fleiß ein so halbwegs philisterliches Verfahren nicht zuzulassen. Mit Bewunderung sehe ich überall die Früchte desselben, lese die prächtigen Anfänge auf dem Museum und freue mich auf den häuslichen Genuß in meinem Sorgenstühlchen. Und dabei legst Du zwischenhinein immer neue Tragödien und andere Dramen ins Pult. An meinem unliterarischen Wohnort habe ich nicht vernehmen können, ob der sterbende Alkibiades wirklich dort geblieben ist. Nämlich unliterarisch sind die Bürgersleute, mit denen ich verkehre; sonst wächst hier ein wildes Literatentum heran, schöner als irgendwo, nur geht man nicht mit um.

Verfeinde Dich doch nicht zu sehr wegen meiner kryptogamen Verdienste mit Deinen Genossen, sie hauen sonst schließlich nur mich auf den Kopf. Die Schelle des Shakespeare der Novelle, die Du mir an den Hals gehenkt, wird da und dort angezogen; ich werde nächstens einen Kommentar liefern. Auf dem Münchner Kupferstichkabinett findest Du vielleicht die Blätter des längst verstorbenen Berner Malers Gottfried Mind, der ein halber Idiot war, aber drollige Katzengruppen zeichnete. Diesen nannte man auch den Katzenraffael. Die kindische Anwendung der philologisch-historischen Methode der jungen Germanisten (deren Feld schon abgewirtschaftet scheint) auf unsere allerneusten Hervorbringungen ist allerdings etwas ärgerlich. Die Lächerlichkeit wird den Spaß aber nicht alt werden lassen, besonders wenn man ihn gelegentlich etwa *ad absurdum* führt.

Petersens Reaktion gegen das malerisch beschreibende Element ist mir nicht auffallend; er will als Dilettant mittätig sein und selbst malen, liebt daher nur andeutende «Drucker» und leichte «Touchen». Wäre er nicht ein so enthusiastisch freundlicher Kerl nach verschollenen Mustern, so müßte man ihm einmal Goethes Untersuchung über den Dilettantismus empfehlen, den der Alte so schalkhaft als ein gemütliches Schema hinstellte. Etwas störender war mir in seinem letzten Briefe das Lob der Resignation des Grünen Heinrich und der Judith, am Schlusse meines Vierspänners, indem er mit elegischer Klage grundsätzlich das pathologische Konkretum als das allgemein Richtige und Bessere anpries und den unschönen Gemeinplatz des «entzweigerissenen Wahns» auftischte. Es paßt das nicht recht zu dem Vergnügen, das er sich immer mit seinen Kindern macht und besingt, wie billig. Von den Experimental-Ästhetikern ist so wenig Gutes zu erwarten als von den philologischen germanistischen Realkritikern, weil beide bereits die Seele des Geschäftes verloren oder nie gekannt haben. Die innige Verbindung von Inhalt und Form ist aber für die Untersuchung so unentbehrlich wie für die Produktion, und zwar *subjektiv* wie objektiv.

Die allerschönsten Grüße an die verehrte Frau Doktorin und das der Verehrungswürdigkeit immer länger entgegenwachsende lange Fräulein.

Dein G. Keller

den Gegenstand des Romans: Vgl. Anm. zu Brief 49.

Die Schelle des Shakespeare der Novelle: Vgl. Anm. zu Brief 20.

Mind: Gottfried Mind (1768–1814), Tier- und Genremaler in Bern; Lit. zu seinen Katzendarstellungen: A. Koelsch, Gottfried Mind, der Katzen-Raffael, Zürich 1925.

Goethes Untersuchungen: J. W. Goethe, Über den sogenannten Dilettantismus oder die praktische Liebhaberei in den Künsten, 1799.

in seinem letzten Brief: Petersen an Keller, 14. Dezember 1880, in: I. Smidt, op. cit., S. 154–159.

51: Heyse an Keller

München, 5. Juni 1881

Wenn das Sprichwort recht hätte, Liebster, und Schweigen wäre wirklich Gold, und alles, was ich in diesen letzten Monaten gegen Dich zusammengeschwiegen, würde Dir bar ausbezahlt, so müßtest Du zur Stunde ein kleiner Millionär sein. Ich aber, wenn ich einmal der Gläubiger war, habe mich nie bereichert gefühlt, hätte vielmehr mit Abschlagszahlungen in schlechtem Metall vorlieb genommen, wenn's nur nicht gerade Blech gewesen wäre. Der Himmel weiß, welcher Teufel mich ritt, daß ich mir fest einbildete, ich müsse Dir etwas recht Sinniges über Dein «Sinngedicht» sagen, eher könne ich mich nicht vor Dir sehen lassen. Und da ich zuerst abwartete, bis ich mich des Ganzen erfreut haben würde, und hernach wieder am Einzelnen hängen blieb, ist dies dumme Verstummen zustande gekommen, das ich heute beim Styx und allen Höllenrichtern für ewige Zeiten abschwöre. Ich hätte durch Nutzen klüger geworden sein – können. Denn oft ist mir's mit Deinen Sachen so ergangen, daß ich dies und das zu Anfang nicht ganz nach meinem Gusto fand, was mir hernach desto trefflicher schmeckte, da Deine Sachen eben keine Kartoffeln sind, von denen der Dichter singt: «Sie däu'n sich lieblich und geschwind». Wenn ich nun aber doch etwas Vorläufiges sagen soll, so ist mir, abgesehen von der gemütlosen Zerstückelung durch die monatliche Kollation, der Zweifel ein wenig im Wege gewesen, ob alles in einem notwendigen Zusammenhang stehe oder die Bilder nur lose in den Rahmen gefügt seien. Ich suchte daher hinter manchem mehr, als seiner Natur nach dahinter sein konnte, und verdarb mir das Frisch-von-der-Leber-weg-genießen. Nun sehe ich, daß ich mich selbst zum besten gehabt habe, und in der Rückschau traten die einzelnen Figuren in ihrer unbekümmerten Selbstgenüglichkeit ganz anders und ganz mit Deinem alten Zauber vor mich hin, und *so* werde ich sie jetzt zum zweitenmal genießen, als ob es keinen Rahmen in der Welt gäbe. (Nicht daß ich diesen gering schätzte; er ist nur nicht weit genug, alles zu fassen, was über seinen Rand schwillt.) Ob ich dann über drei oder vier Anstöße hinüberkomme, die sich mir in die Seele gehakt haben, bin ich selbst neugierig zu erproben. Ob die Abwandlung der Sippschaft Deiner illustren Fregona, der Baronin, mir nicht nach wie vor barbarisch erscheinen, das Schweigen der jungen Eheleute während der Meerfahrt, das Reginens trübseliges Ende herbeiführt, nicht allzu gewaltsam vorkommen wird, ob ich das «Kameel» verdauen lerne, obwohl mein Zartgefühl etwas weiter ist als ein Nadelöhr, ob – aber ich glaube, ich bin schon zu Ende. Petersen, der Musterleser, hat auf seiner Novellistenrundreise auch mich gestreift und mir erzählt, Du wollest das schließliche gute Ende noch etwas breiter austönen lassen, was mir sehr willkommen ist. (Halt! Da fällt mir ein, daß Dein trefflicher Don Correa doch vielleicht noch vor dem Verdacht ein wenig mehr geschützt werden könnte, als ob er gar zu brünstig dem schlimmen Weibe in den Schoß gerannt wäre. Wenn sie so ist, wie sie sich später entlarvt, sollt' es wohl hie und da zu Anfang durchblicken, von welchem Schlag sie ist. Zwei Zeilen würden genügen. Die Wildin ist desto herzerquicklicher.)

Ich habe in dieser langen Zeit viel Ungemach erlitten, immer wider den Wind lavieren und mit dem bißchen Sonnenblick vorliebnehmen müssen, der zwischendurch mein müdes Haupt beschlich. War in Rothenburg an der Tauber acht Tage lang – wovon Du ein Mehreres schriftlich erleben wirst – bei meiner Frau Tochter auf dem Gut, immer mit dem teufelmäßigen Hinkefuß, aus welchem die Unlust jetzt durch Streichen und Kneten kunstgerecht hinausexorzisiert wird. Der Orlando ist mit Ach und Krach vorgerückt, eine sehr problematische Novelle zustande gekommen, die im Oktober-Rundschauheft erscheinen wird, und das alte Leben so fortgeschleppt worden, mit jenem agrodolcen Nachgeschmack, den Tugend und Weisheit zu verleihen pflegen, wenn man sich ihrer in tormentis bedient. Von jenem Roman, von dem ich ein Wort in unsrer letzten Viertelstunde fallen ließ, mag ich gar nicht reden, um nicht den Stachel der Ohnmacht, daß ich ihn nicht schreiben kann, mir wieder neu ins Fleisch zu wühlen. Ich erwarte mit Kummer das Ende des Juli, wo ich mich von meinem treuen Weibe auf ganze sechs Wochen scheiden soll, um ganz Deutschland zwischen uns zu bringen. Sie soll nach St. Moritz, dessen Luft mich aus all meinen Sinnen ängstigt, ich an die Ostsee, die, wie alle

Seenähe, ihr verderblich wäre. Das Fräulein wird indes auf der Mitte des Weges ihr junges Leben genießen, in Leipzig und Dresden. Und dies wäre nun das. Was auf diesem Blatte steht, mag ich gar nicht erst überlesen. Ich bin froh, daß ich überhaupt endlich wieder zu Worte gekommen bin. Laß mich's nicht entgelten, Geliebtester, und bleibe mir gut. Meine Wybervölkcher grüßen herzlichst, auch die Großmama, deren letzte Liebe Du bist.

Lebe wohl!

Dein ältester Paul Heyse

über Dein «Sinngedicht»: Ein erster Teil ist in der «Deutschen Rundschau» (Januar bis Mai 1881) als Vorabdruck erschienen, vgl. Anm. zu den Briefen 37 und 49.

etwas Vorläufiges: Heyse bezieht sich auf die bereits erschienenen Erzählungen «Die arme Baronin», «Regine» und «Don Correa».

ob ich das «Kameel» verdauen lerne: Die Wirtin zum «Goldenen Waldhorn», der Reinhart – der Held der Rahmenerzählung – die Kußprobe erläßt, wird als «Kamel» bezeichnet.

ein Mehreres schriftlich: P. H., Das Glück von Rothenburg, Reichel, Augsburg 1881.

bei meiner Frau Tochter auf dem Gut: Heyses erste Tochter Julie (1857–1928) heiratete 1878 den Gutsbesitzer Dr. iur. Hermann Baumgarten, sie lebten in der Nähe von Leipzig.

Der Orlando: Hermann Kurz übersetzte Ariosts «Rasender Roland» (3 Bde., Hoffmann, Stuttgart 1840/41); dieses Werk redigierte und verbesserte Heyse stellenweise, es erschien mit Illustrationen von Gustave Doré versehen bei Schottländer in Breslau.

eine sehr problematische Novelle: P. H., Das geteilte Herz, Vorabdruck in der «Deutschen Rundschau», Berlin 1881, 29. Bd., S. 1 ff.

Von jenem Roman: Vgl. Anm. zu Brief 49.

52: Keller an Heyse

Zürich, 27. Juli 1881

Lieber Freund! Ich habe in Euerer Schützenzeitung gelesen, wie Du mit einem Festamte belehnt bist, und schließe daraus, daß Du diesen Monat jedenfalls dort noch aufhältig sein wirst. Daher schreib' ich noch schnell, nicht daß Du gleich lesen sollst, sondern damit Du den Brief mit anderm Alltagszeuge bequemlich vorfindest, wenn der Jubel verbrauset ist und Deine Festinsignien hoffentlich recht bestäubt und mit Wein getränkt auf dem Tische liegen. Denn ich denke mir, es dürfte eine nicht unheilsame Vorkur sein, wenn Du vor dem Seebade eine Woche lang an dem warmen Volksherde sitzest, aller Sorgen vergessend, und nach Tunlichkeit mittuest. Nachdem Du aber mit der Epistel an Lingg so famos Deinen Tribut bezahlt, dürftest Du freilich mit weiterem Verseschmieden während dieser Zeit nicht mehr fortfahren, sondern nur den Becher schwenken.

Wegen meines verspäteten Dankes für Deinen guten Junibrief will ich mich nicht lang entschuldigen; vielmehr möchte ich die Aufmunterung ergehen lassen, daß wir uns ja kein Gewissen daraus machen wollen, so lang und so fröhlich zu schweigen, als es uns nicht anders gelingen mag, jederzeit gegenseitig der treulichsten Gesinnung versichert. So fühle ich, gröber organisiert als gewisse andere Leute, gegenwärtig keine Gewissensbisse darüber, daß ich die staffelförmige Schlachtordnung Deiner neuen Provence-Novellen noch nicht besprechen kann, und wenn ich auch noch so neugierig bin. Die Buchausgabe werde ich freilich nicht abwarten; dagegen muß ich den Herbst abwarten, bis ich die verschiedenen Zeitschriften und Hefte kann ins Haus kommen lassen.

Natürlich war ich nichtsdestoweniger froh über Deine Nachricht betreffend des «Sinngedichts» und gedenke die Winke, die Du mir gegeben, bei der Revision klüglich zu benutzen. Nur zwei allgemeine Bemerkungen, aus der eigenwilligen Natur des Menschentums erwachsend, muß ich mir zuschulden kommen lassen. Einmal bezüglich der psychologischen Motivierung. Wir sind nachgerade gewöhnt, psychologisch sorgfältig ausgeführte kleine Romane Novellen zu nennen, und würden den «Werther», den *«Vicar of Wakefield»* u. dgl. heut ebenfalls Novellen nennen. Dem gegenüber, glaubte ich, könne man zur Abwechslung etwa auch wieder die kurze Novelle kultivieren, in welcher man *puncto* Charakterpsychologie zuweilen zwischen den Seiten zu lesen hat, respektive zwischen den *Factis,* was nicht dort steht. Freilich darf man dabei keine Unmöglichkeiten zusammenpferchen, und immerhin muß der Eindruck gewahrt bleiben, daß dergleichen vorkommen könne und *in concreto* die Umstände wohl darnach beschaffen sein mögen. Sind dann die Ereignisse nicht interessant genug, daß sie auch ohne psychologische Begleitung fesseln, so ist der Handel freilich gefehlt.

Das andere betrifft die unglückseligen Barone, die an Kuhschwänzen geschleppt werden. Diese schöne Erfindung, die wahrscheinlich dem Büchlein Schaden zufügt, gehört zu den Schnurren, die mir fast unwiderstehlich aufstoßen und wie unbewegliche erratische Blöcke in meinem Felde liegen bleiben. Die Erklärung ihrer Herkunft soll nicht prätentiös klingen. Es existiert seit Ewigkeit eine ungeschriebene Komödie in mir, wie eine endlose Schraube (*vulgo* Melodie), deren derbe Szenen *ad hoc* sich gebären und in meine fromme Märchenwelt hereinragen. Bei allem Bewußtsein ihrer Ungehörigkeit ist es mir alsdann, sobald sie unerwartet da sind, nicht mehr möglich, sie zu tilgen. Ich glaube, wenn ich einmal das Monstrum von Komödie wirklich hervorgebracht hätte, so wäre ich von dem Übel befreit. Vischer definiert es als «närrische Vorstellungen» und scheint ihm eine gewisse Berechtigung zuzugestehen. Stellt man sich übrigens die Szene als wirklich dramatisch aufgeführt, mit genügendem Dialog versehen, vor, so verschwindet das Verletzende und glaube ich, würde an seiner Stelle sich sogar ein gewisser Reiz einfinden. Die Braut kann und darf ja nichts von dem Sachverhalt wissen, und niemand kennt ihn als der Mann und die drei Schurken, die seiner Geliebten und Erwählten so viel Schmach und Leid zugefügt haben. Er ist aber schon früher als ein Mensch geschildert worden, der neben dem Hang zum Wohltun einen scharfen richterlichen Bestrafungstrieb dem Unrecht gegenüber hegt. Er also, der überhaupt ein Absonderling ist, erhöht lediglich seine Hochzeitsfreude durch den Strafakt; mithin bleibt niemand übrig als der Zuschauer, der ja alles übersieht und beruhigt ist. Die Unwahrscheinlichkeit betreffend (von der größern oder kleineren Geschmacklosigkeit einstweilen abgesehen), so ist sie in allen diesen Fällen die gleiche. Auch die Geschichte mit dem Logauschen Sinngedicht, die Ausfahrt Reinharts auf die Kußproben kommt ja nicht vor; niemand unternimmt dergleichen, und doch spielt sie durch mehrere Kapitel. Im stillen nenne ich dergleichen die Reichsunmittelbarkeit der Poesie, d. h. das Recht, zu jeder Zeit, auch im Zeitalter des Fracks und der Eisenbahnen, an das Parabelhafte, das Fabelmäßige ohne weiteres anzuknüpfen, ein Recht, das man sich nach meiner Meinung durch keine Kulturwandlungen nehmen lassen soll. Sieht man schließlich genauer zu, so gab es am Ende doch immer einzelne Käuze, die in der Laune sind, das Ungewohnte wirklich zu tun, und warum soll nun dies nicht das Element einer Novelle sein dürfen? Natürlich alles *cum grano salis*.

Schlimmer bin ich aber mit dem Kamel daran, das Du nicht verdauen kannst. Die soziale Unschicklichkeit dieses Ausdruckes fiel mir nicht ein. Das Fräulein in der Rahmenerzählung braucht irgendwo den Ausdruck: mit einem Gedanken schwanger gehen. Von verschiedenen Seiten sagte man mir, das sei im Munde einer heutigen Dame anstößig. Das Zusammentreffen der beiden Fälle beweist mir also, daß ich in der Sprache nicht auf dem Niveau der guten Gesellschaft stehe. Die unerlaubte Schwangerschaft habe ich beseitigt; dagegen bin ich mit dem Kamel in Verlegenheit, da es mit der Katastrophe der kleinen Geschichte verwachsen ist. Ich hatte geglaubt, der drastische Ausdruck und Begriff könne mit Fug stattfinden, wo es sich um ein verdrehtes Landmädchen und einen nichtsnutzigen Zierbengel handelt, wie man die geeigneten Gesellschaftsklassen sich auf anderweitige Weise injurieren, beschimpfen und fluchen läßt, ohne Anstoß zu erregen. Das scheint nun nicht so zu stehen, und ich muß wohl für eine andere, weniger verpönte Grobheit sorgen; denn ohne Not möchte ich das so schon leichtfüßige Zeug nicht ungenießbar machen.

Jetzt aber, mein Lieber, langweile Dich nicht zu sehr über die vielen Worte und nimm sie für nichts anderes als ein Mittel, mich selbst zu belehren und meine mangelhaften Gedanken einen Augenblick zu fixieren!

Meine obige Hoffnung auf eine achttägige fröhliche Sorglosigkeit für Dich geht mir halbwegs wieder zu Wasser, da ich mich plötzlich erinnere, daß während der Festzeit Dramen von Dir aufgeführt werden. Wenn Du nicht ganz verpicht bist gegen die diesfälligen Verdrießlichkeiten und Ablenkungen, so wird der

Anklang an olympische Spiele, der sonst in dem Faktum läge, seine Wohltat nicht voll ausüben können. Auf den Alkibiades mit die nackte Fieß freue ich mich außergewöhnlich; die Zeit für diese Stücke kommt schon wieder einmal. Übrigens mag ein Hauptgrund ihrer Unpopularität in dem absoluten Ungeschick liegen, das antike Kostüm zu ordnen und zu brauchen. Die schmählichen Blusen und rosenroten Beine der Männer können auch einem Gebildeten die Freude des Sehens verleiden, so gut wie das dumme Behaben der Weiber. Der Vorgang der seligen Rachel scheint ohne alle Wirkung geblieben zu sein.

Mich wundert ein bißchen, daß Du mit dem «Roland» neben dem perpendikularen Spargelbeet- oder Regenstrich-Maler Doré hast arbeiten mögen; es wird sich freilich um das Belieben des Buchhändlers sowie um Deine Pietät gegen Kurzen handeln, *o Protector poetarum transmontanorum cisque (sic)!*

Möge nun der Himmel mit Euch sein und dem ganzen Haus Paul Heyse eine sommerliche Heilspause verleihen! Mögen auch Deine Glieder fortfahren, Dich zu zwicken, wenn dabei fortwährend so mannigfaltig geschafft und gewirkt wird! Scherz beiseite jedoch glaube ich, die Zeit des Leidens werde allmählig jetzt ablaufen und der Inhaber Deiner Nerven sich für einen weiteren Lebensabschnitt konsolidieren.

Sei mit Frau Gemahlin und Fräulein Tochter und mit der gnädigen Mama feierlichst gegrüßt (letztere natürlich unter dem Vorbehalt, daß wahr sei, was Du von ihr aussagst) und komme im Herbste nur gesund wieder zum Vorschein am Horizonte Deines

G. Keller

Epistel an Lingg: Anläßlich des Schützenfestes in München 1881 verfaßte Heyse ein Gedicht (4. Aufl. der Gedichte, S. 178) auf Hermann Lingg.

Provence-Novellen: P.H., Troubadour-Novellen (14. Sammlung), Hertz, Berlin 1882.

«Werther»: J. W. Goethe, Die Leiden des jungen Werthers, 1774.

«Vicar of Wakefield»: Roman von Oliver Goldsmith (1728–1774).

die unglückseligen Barone: Über diesen «schnurrigen» Einfall Kellers ist auch Storm nicht glücklich, vgl. P. Goldammer, Der Briefwechsel zwischen Theodor Storm und Gottfried Keller, Berlin 1967, S. 85.

Komödie: Vgl. Keller an Rodenberg, 8. April 1881, in: Helbling 3/2, S. 387; über Kellers Reflexionen über das Drama ist oben schon berichtet worden (vgl. Anm. zu Brief 32), einen Überblick gibt der Aufsatz von Helbling, in: W 20, S. 211–224.

Vischer: Vgl. «Altes und Neues», 2. Heft, S. 188. Literatur zum «Närrischen, Schnurrigen, Skurrilen» bei Keller s. b. Beda Allemann, Gottfried Keller und das Skurrile, eine Grenzbestimmung seines Humors, in: Jb. GKG 1959.

Geschichte mit dem Logauischen Sinngedicht: Reinhart, der Held der Rahmenerzählung, will die Verse Logaus

«Wie willst du weiße Lilien zu roten Rosen machen?
Küss eine weiße Galathee: sie wird errötend lachen»

überprüfen, indem er sich vornimmt, auf seiner Reise spontan ein Mädchen zu küssen und dessen Reaktion festzustellen.

mit dem Kamel: Vgl. Anm. zu Brief 51.

Auf den Alkibiades: Vgl. Anm. zu Brief 49.

Vorgang der seligen Rachel: Luise Rachel (1820–1858), frz. Schauspielerin, spielte ihre Rollen der antiken Stücke in Phantasiekostümen.

mit dem Roland: Vgl. Anm. zu Brief 51.

Doré: Gustave Doré (1832–1883), Zeichner, Lithograph, Radierer, Maler und Bildhauer.

Heilspause: Schüttelreim zu Paul Heyse.

53: Heyse an Keller

Haffkrug, Station Gleschendorf (Holstein), 11. August 1881

Du sollst nur wissen, liebster Freund, daß ich Deinen langen, schönen und liebreichen Brief habe, aber fürs erste nicht beantworten kann. Zwei weise Doktoren haben mir angekündigt, daß ich nur wieder auf gesunde Füße kommen könnte, wenn ich ein, am liebsten zwei ganze Jahre mich alles Gebrauches meiner Vernunft enthielte und meine Gedanken auf eine grüne Weide schickte, da ich leider nicht wie jener alte König selber Gras fressen lernen würde. Nun bin ich an dieses von Seegras und Quallen überschwemmte graue Gestade der Ostsee geflüchtet, «allein und abgetrennt von jeder Freude», da mein Weib in Sankt Moritz, meine lange Tochter in Starnberg mit der Großmama übersommern, und befinde mich hier so mißtröstlich, wie ich mich zeit meines Lebens nicht entsinnen kann. Ich komme mir mit meinem inhaftierten Gehirn vor wie ein Gendarm, der einem armen Sünder Handschellen angelegt hat, und ihn in einem Einzelcoupé 3. Klasse per Schub durch die Welt transportiert. So begreifst Du, daß ich auf all die klugen Dinge, die Du gesagt, und zu denen ich in besseren Zeiten wohl hie und da eine kleine Anmerkung gemacht hätte, tief verstummen muß. «Dumm sein, net g'scheiter werden, das ist unser Los ja hienieden auf Erden.» Diesen Refrain singe oder knirsche ich zwischen den Zähnen, wenn ich am Strande wandle über die unfruchtbaren Dünen, oder mittags zwischen vergnügten, lautlachenden und immer hungrigen Obotriten rote Grütze und Aalsuppe esse. Diese Heilpause soll noch fünf Wochen dauern, und ein Stück davon denke ich an der Nordsee zu verbringen, wo es etwas meerhafter zugehen soll als an diesem trägen Binnensee, und überdies mein alter Storm mich erwartet. Meine hiesigen Freuden bestehen in den Orlandokorrekturen, mit denen ich, wenn die Götter wollen, in vier Wochen aufgeräumt haben werde. Du wirst aber doch Augen machen, zu welchen traumhaften Höhen und phantastischen Realitäten dieser Monsieur Doré auf Astolfens Flügelroß sich aufgeschwungen hat. Freilich habe ich die saure und undankbare Arbeit um meines teuren Kurz willen (und der Seinigen) übernommen. Doch kommt schließlich etwas zustande, was sich sehen lassen kann, und der Franzose hat den Löwenanteil davon.

Und nun laß Dich noch beschwören, mit meinen Provenzalen zu warten, bis sie in reinlichem Aufzuge zu Dir kommen, was nicht lange anstehen wird. Ich habe noch hie und da nachgearbeitet, so die Poren und kleinen Hautfältchen ihnen anziseliert. Mein Hauptspaß daran ist, daß unsre bildungsbedürftigen Damen sich sehr getäuscht finden werden, wenn sie aus dem Büchlein nützliche Kenntnisse über das 12. Jahrhundert zu schöpfen hoffen. Dieser Ahnen-Dünkel ist mir ganz fremd geblieben. Und nun soll's in die See gehen, die heute nur 10 Grad Réaumur hat. Lebe wohl! Bleibe mir hold und treu, wenn ich auch für eine Zeitlang nicht der Rede wert bin. Du weißt, es geschieht nicht gern. Grüße Baech-

told und schicke mir das Sinngedicht, am liebsten in Aushängebogen. Ich kann es brauchen, daß man mir was Liebes antut.
In aeternum

Dein P. H.

wie jener alte König: Heyse meint den verstoßenen Nebukadnezar, vgl. Daniel V, 20, 21.

mein alter Storm mich erwartet: Vgl. folg. Brief.

Orlandokorrekturen: Vgl. Anm. zu Brief 51.

mit meinen Provenzalen: Gemeint sind die Troubadour-Novellen, vgl. Anm. zu Brief 52.

54 (Postkarte): Storm und Heyse an Keller

Hademarschen-Hanerau, 14. September 1881

Lieber Meister Gottfried, je mehr man hat, je mehr man haben will. Da kam gestern nachmittag unser alter Paolo und ist nun heut da zu meinem 64. Geburtstag, und da denkt nun mein altes unersättliches Herz: wär' nur der Gottfried auch da! Aber weil's nicht kann sein, so muß ich doch einen Gruß hinübersenden, und – bleiben Sie mir auch für mein neues Lebensjahr, was Sie mir in den letztvergangenen waren. Unter Vorbehalt der Antwort auf Ihren letzten Brief.

Ihr Th. Storm

Alles Obige bestätigend aus eigener sehnlicher Erfahrung grüßt Dich dein re male gesta nach Hause hinkender alter getreuer

P.H.

An Storms Schreibtisch.

re male gesta: Heyse kehrt trotz Kur krank nach Hause.

55: Keller an Heyse

Zürich, 5. Oktober 1881

Liebster Paulus. Ich hätte Dir seinerzeit gern sofort nach dem schändlichen Haffkrug an der Ostsee geschrieben, wenn inzwischen nicht eine Mitteilung Petersens eingelaufen wäre, daß er Dich von dort weg nach der Nordsee locken werde. Seither verlor ich den Kompaß für die rechtzeitige Ankunft meiner papiernen Schiffchen. Dennoch habe ich Deine Sterne so ziemlich verfolgen können, da Petersen mir getreuliche, begeisterte und ausführliche Berichte zukommen ließ, wie es seit den Tagen der schönen Sophie von La Roche kaum mehr geschehen ist, wo alle Lieb und Freundschaft herrschte. Und Du selbst hast mir im Verein mit Bruder Storm biedern Gruß geschickt.

Wenn es Dir wirklich nicht besser geworden ist durch die Kur und müßige Begehung der Zeit, so bekümmert mich das ungewöhnlich und um so wehseliger, als ich nicht helfen oder raten kann. Solltest Du allenfalls zu Deinem Hinkebein ein zitronenförmiges Mützchen auf den Kopf setzen, so gäbest Du einen stattlichen Hephästos ab, der rüstig an dem Schilde des Peliden fortschmiedet und dazu eine brävere Anmut zur Hausfrau hat als jener Feuermann. Der Anstoß zu diesem lausigen Concetto besteht in der Idee, ob Du statt der Kaltwasserkünste, die ich einmal nicht für des Menschen Freunde halte, nicht lieber das heiße Wasser aufsuchen solltest, das unsern reisigen Vorfahren so segensreich und lustig vorkam? Freilich weiß ich nicht, ob Du am Ende nicht auch schon die Beine in die Thermalquellen gesteckt hast. Aber wenn ich so betrachte, wie schon seit den alten Römern in Südgermanien alle gliederkranken Bürger und Bauern zur Sommerzeit in die warmen Bäder rennen und sich für ein Jahr Genesung und Wohlsein holen, so kann ich mich des laienhaften Gedankens nicht erwehren.

Von einer mehrtägigen Nebeltour am Vierwaldstätter See vorgestern zurückgekehrt, traf ich das neuste «Rundschau»-Heft zu Hause und erwärmte meine erfrorenen Lebensgeister nicht so wohl an dem übrigen Inhalt als an Deiner Novelle, zu welcher Du Dir besonders kräftig darfst Glück wünschen lassen. Es ist alles so trefflich vorgesehen, motiviert und durchgeführt, und der Abschluß ist so neu, unerwartet und wirft auf das Ganze ein so helles Licht ethischen Wesens zurück, daß das Prädikat einer Musternovelle diesem Deinem Kindlein wieder einmal nicht vorenthalten werden kann auch nach dem längeren Ellenstecken, der an Dich zu legen ist. Ein einziger Punkt gibt mir einiges zu denken, der Zweifel nämlich, ob der tragische Anklang: «Sie schlief, damit wir uns freuten» nicht durch eine etwelche vorhergehende Andeutung, daß die verstorbene Frau von den Dingen doch mehr ergriffen war, als es den Anschein hatte, etwas unterlegt werden dürfte? Doch kann ich nach der einmaligen hastigen Lektüre nicht auf dem Zweifel beharren.

Vielleicht mache ich mich deutlicher, wenn ich sage, daß vielleicht eine Art Schilderung, wie ungern und schwer sie von Mann und Kind weggestorben sei, sofort helfen würde.

Von meinen letzten Untaten sende ich Dir die Aushängebogen, die erst jetzt vollständig geworden sind. Du brauchst nur das letzte Kapitel anzusehen, welches Neues enthält, nämlich die Mädchengeschichte der Rahmenheldin. Ob es geholfen hat, weiß ich nicht.

Jetzo bist Du wahrscheinlich wieder mit Frau Dr. Heysin und der Fräulein Tochter vereinigt und bitte, beide Damen herzlichst zu grüßen sowie die gnädige Frau Mama resp. Großmama.

Auf Deine Minnesinger warte ich mit Begier oder bin darnach verlangend, wie Schiller in seinen Briefen sich ausdrückte. Ich weiß nicht, warum der Verleger mit der Ausgabe so zögernd ist.

Dein alter und ewig neuer Freund

G. Keller

eine Mitteilung Petersens: Petersen an Keller, 27. August 1881, in: I. Smidt, op. cit., S. 179ff.

Sophie von La Roche: Sophie von La Roche (1731–1807) schrieb Romane, Erzählungen, Reiseberichte und autobiographische Berichte.

Nebeltour am Vierwaldstättersee: In Begleitung des Ehepaars Koller und des St. Galler Malers Emil Rittmeyer besuchte Gottfried Keller Anfang Oktober Ernst Stückelberg in der Tellskapelle. Dieser hatte im Sommer 1880 seine Arbeit an den Tellfresken aufgenommen. Kellers Eindrücke wurden unter dem Titel «Ein bescheidenes Kunstreischen» in der «Neuen Zürcher Zeitung» vom 22. und 23. März 1882 (W 22, S. 291–304), vermutlich auf Betreiben Baechtolds hin, veröffentlicht.

an Deiner Novelle: Im Oktoberheft 1881 der «Deutschen Rundschau» erscheint Heyses Novelle «Geteiltes Herz», vgl. Anm. zu Brief 51.

Von meinen letzten Untaten: Gemeint ist der Schluß des «Sinngedichtes».

Auf Deine Minnesänger: Gemeint sind Heyses Troubadour-Novellen, die in den verschiedensten Zeitschriften publiziert worden sind.

56: Heyse an Keller

München, 12. Oktober 1881

Liebster Freund, ich habe mich gleich über das neue Finale hergemacht und große Freude daran gehabt. Zwar, wenn ich ehrlich sein soll, hat mir da gegen den Schluß eigentlich nichts gefehlt, so sehr es angemessen scheint, daß gerade die Hauptperson, an der sich das Sprüchlein bewährt, uns recht intim bekannt gemacht wird, während Du diese Lux früher ein wenig unter den Scheffel gestellt hattest. Aber der allerletzte Schluß hatte mich schon damals so bezaubert, daß ich gar nichts mehr vermißte. Die Szene vor der Schusterstube, da mitten aus dem verrückten Singsang und der ganzen herrlichen Armseligkeit der Situation ihre lang herangeglommene Verliebtheit plötzlich in einer hellen Flamme aufschlägt, und sie, ohne viel Wesens zu machen, sich küssen, das ist so einzig schön, wie nur Du es machen kannst, daß ich auch jetzt wieder, da ich es nun zum zweiten Male las, vor lauter Vergnügen die Augen übergehen fühlte. Hierbei traf mich Levi, der das Sinngedicht noch nicht kannte. Er nahm die losen Bogen, schlug sie aufs Geratewohl auf, und geriet an eine ganz ausbündige Stelle, die er laut zu lesen anfing. Dann sprachen wir noch Verschiedenes, was ich Deiner Bescheidenheit ersparen will. Auch ist es gut, daß Du nicht zugegen bist, wenn ich als Reiseprediger den Heiden das Evangelium verkündige, wobei ich in letzter Zeit die Erfahrung gemacht habe, daß ich alles schon bekehrt finde und nicht einmal nötig habe, die Schwachen im Glauben zu stärken. Daß mich dies doch noch verwundert, darfst Du mir nicht übelnehmen. Die Welt, in der Deine Gestalten atmen, ist so gar nicht ir aller werld, ein Märchenduft, wie er aus der schäbigen «Jetztzeit» ganz und gar geschwunden ist, umgibt Deine handfestesten Figuren, und jener Goldton schimmert durch ihr Fleisch, der den Giorgione so unwiderstehlich macht, daß ich mich frage, wie dieselben Biederleute, die sich an Gartenlaubenhistörchen erquicken, zu Deinen ewigen Gedichten einen Herzenszug spüren können. Und doch ist dem so, woraus wieder einmal erhellt, daß man die Menschennatur in Grund und Boden verbilden kann, und doch den himmlischen Funken nicht ganz ersticken, der nur wartet, bis er von dem rechten Munde angeblasen wird, um fröhlich wieder aufzuflackern.

Ich gerate da aber auf ein uferloses Meer, und soll doch mit eingezogenen Segeln am Rande bleiben und meine Havarie ausflikken. Dieses schöne Gleichnis ist der einzige Gewinn, den ich von der Ost- und Nordsee mitgebracht habe. Im übrigen ist der Sommer rein verloren, ich liege mit den alten Schmerzen und Schikanen auf dem alten Fleck und bin so eingeschüchtert, daß ich meinem Arzt einen teuren Eid geschworen habe, in Jahr und Tag mein Handwerk, das diesen schnöden Zustand auf dem Gewissen hat, nicht wieder zu betreiben. Dies saure Nichtstun, zu dem ich so gar kein Talent habe, versüße ich mir einigermaßen, indem ich mir jeden Morgen mein Dänenroß satteln lasse, will sagen einen dänischen Ollendorf zur Hand nehme, der mich bereits so sattelfest gemacht hat, daß ich nur noch hie und da über eine Vokabel stolpere. Ich kann auf keine bessere Art mir mein Deutsch vom Halse schaffen, und zudem haben diese unsere feindlichen Brüder so viel gute und schöne Sachen zustande gebracht, daß es der Mühe wohl verlohnt, sie einmal in Augenschein zu nehmen. Ich denke auf die Art über die härtesten Wintermonate hinüberzukommen und Anfang März mit Frau und Kind nach dem südlichen Frankreich zu wandern. Grüße ihn sehr, sagte meine Frau, und sage ihm, daß wir ihn auf der Heimreise besuchen wollen. – Wer weiß, wie lange wir dann hängen bleiben! Denn es eilt mir gar nicht, die Entdeckung zu machen, daß ich meinen Troubadouren einen weit farbigeren Hintergrund hätte geben sollen. Hoffentlich bist Du nicht dort gewesen und weißt davon nicht mehr als ich.

Was das geteilte Herz betrifft, das letzte, was ich gemacht habe, ehe ich die Werkstatt für so lange zuschloß, so ist es mir tröstlich, daß Du ihm nichts von der Unzulänglichkeit meines armen Leibes anmerktest, die ich selbst mit Not im Schreiben überwand. Was Du mit Deinem Bedenken gegen die Haltung der Frau meinst, wird gewiß seine Richtigkeit haben, ich darf mich aber im Vergessen der ganzen Geschichte, das schon ziemlich geglückt ist, nicht stören, um später einmal als ganz unbefangener geneigter Leser das Ding wieder anzusehen. Sehr bald schicke ich Dir den Alkibiades, unter den ich auch schreiben könnte, wie König Wilhelm unter seine in der Wassersucht gemalten Bilder: pinx in tormentis. Doch ist mir das ganze Menschenbild hoffentlich nicht mißlungen, und die tragische Kollision, daß jemand untergeht, weil er gegen seine Gewohnheit sittlich gehandelt hat, behält immerhin ihren Reiz. Mit Stormen habe ich drei Tage erlebt, ganz den Alten in ihm gefunden, der alle kleinen Freuden seines 64jährigen Lebens beständig wie ein stehendes Heer um sich geschart hat und sich damit gegen die Unbilden von Zeit und Welt siegreich verteidigt, ein wahrer Lebenskünstler. Auch daß er sich nie daranwagt, seine Grenzen zu erweitern, ist klug und sichert seinen Frieden. Er hat sich ein Haus, das sehr behaglich eingerichtet ist, in eine der lachendsten Gegenden seiner Heimat hingebaut und läßt sich von Frau und vier Töchtern in Baumwolle wickeln. Und bei allem Altjüngferlichen, Züs-Bünzlinhaften, das ihm anhängt, fährt dann wieder ein so schneidiges Mannesschwert aus seinem Munde, daß man froh erschrickt. Dich liebt er nun über die Maßen, und wenige wissen besser Bescheid in allem Deinigen. Auch bei Freund Petersen war ich sehr guter Dinge. Er hat zwei prächtige Kinder, die es mir ganz eigen angetan haben. Und wie schön ist es da oben in den Seestädten und erst auf der einsamen Nordseeinsel, wo ich nur leider sonnen- und heillos hingelebt habe! Doch genug für heute. Grüße Dr. Baechtold. Meine lange Tochter und die Schwiegermama empfehlen sich Dir angelegentlichst.

In ältester Liebe und Treue

Dein Paul H.

diese Lux: Lucie, Figur im «Sinngedicht».

Levi: Vgl. Anm. zu Brief 31.

als Reiseprediger den Heiden das Evangelium verkündige: Vgl. **Anhang**.

in aller werld: Gottfried von Straßburg schreibt in der Einleitung des «Tristan», daß das Werk nicht für jedermann geschrieben sei.

Giorgione: Eigentl. Giorgio da Castelfranco (um 1478–1510), Maler in Venedig.

zu Deinen ewigen Gedichten: Heyse glaubt, daß Kellers Werk allen zugänglich sein wird und erhebt den Freund mit seinem Lob zum Klassiker.

Was das geteilte Herz betrifft: Gegenüber Petersen hat sich Keller kritischer geäußert, er schrieb am 21. November: «...es ist eine gute Novelle in ihrer Art, obgleich ich für das Problem derselben nicht gerade schwärme. Indessen verstehe ich als ‹lediger Geist› davon nichts. Ich war immer nur einspännig und ausschließlich verliebt in jungen Jahren und kann durchaus nicht sagen, wie es gegangen wäre im Falle einer Verheiratung» (I. Smidt, op. cit., S. 195).

den Alkibiades: Vgl. Anm. zu Brief 49.

König Wilhelm: Friedrich Wilhelm I. von Preußen soll eine «merkwürdige Vorliebe für Portraitmalerei», sonst aber keine Beziehung zur Kunst gehabt haben. Seine Werke signierte er mit: F. W. pinx. in tormentis, übers. ‹gemalt unter Qualen›.

mit Stormen: Vgl. 54.

Züs-Bünzlihaften: Züs Bünzlin ist eine abschreckende Figur in Kellers Seldwyler Novelle «Die drei gerechten Kammacher» (W 7).

bei Freund Petersen: Vgl. Petersen an Keller, 27. August 1881; I. Smidt, op. cit., S. 179 ff.

57: *Keller an Heyse*

Zürich, 19. November 1881

Lieber Freund und Guttäter!

Anfangs Oktober stach mich der Hafer, daß ich mich einige Tage am Vierwaldstätter See, der unablässig in einem dunkeln Nebel lag, im Sommerüberzieher und ohne wärmende Halsbinde herumtrieb und dafür das Angebinde eines vierwöchentlichen infamen Katarrhs nach Haus brachte. Da konnte ich wohl lesen aber nicht schreiben, und so ist Dein Brief vom 12. Oktober ohne

Dank geblieben, obgleich die stattlichen Troubadours zu Fuß und zu Pferd, unter dem Vortritt des wackern Petersen, und dann gleich der gewaltige Alkibiades mir auf die Bude rückten und sich drohend aufstellten, um zum Rechten zu sehen.

Ich bin jedenfalls zum Teil an dem reinen Element Deiner Sprache, wie es auch diese Novellen wieder umflutet, gesund geworden. Du hast auch nicht zu befürchten, daß der farbigere Hintergrund mangle, da Land und Klima überall genugsam aus den Menschen hervorleuchten. Schon die zwei Stücke am Eingang und Ausgang repräsentieren das auf das schönste, wie der «Lahme Engel» und der «Verkaufte Gesang» mir überhaupt ans Herz gewachsen sind, ohne den andern Geschichten weh zu tun. In diesem Punkt ist ein vergnüglich glückliches Verhältnis in dem Buche und dieses ein ebenmäßiges sich selbst ergänzendes Werk wie ein oligarchischer Ratskörper. Ob die «Rache der Vizgräfin» heutzutage im Reiche der Germanen salonfähig sei, ist glaub' ich nicht zu untersuchen, da das romanische Blut und die Zeitkultur ihre eigenen Dezenzgesetze mitbringen. Nach wie vor endlich ist Deine Kraft zu bewundern, mit der Du in so kurzer Zeit eine solche Zahl homogener und doch unter sich verschiedener Kompositionen frei und entschlossen gebildet hast. Sie erinnern an eine Reihe schöner Spitzbogen, von denen jeder ein neues Maßwerk zeigt.

Bei der neuen Tragödie, dem «Alkibiades», läßt mich obige Geschwätzigkeit in Bildern im Stich. Ich las dieselbe in stiller Nacht, und noch bin ich in der Gefühlsstimmung befangen, in welcher ich das Buch zum ersten Male schloß, und noch nicht imstande, die 1½ technisch-dramaturgischen Schneidergriffe, deren ich etwa mächtig bin, anzuwenden und zu orakeln. Trotz der alt bekannten klassischen Himmelsluft ist doch alles neu und überraschend; ich kenne weder eine Mandanen ähnliche Figur noch eine zweite Timandra und muß mich nur aufs neue wundern, wenn sich die Bühnenlöwinnen nicht herandrängen, hier neue Kräfte und Lorbeeren zu holen. Beim Alkibiades selbst würde ich mich schon weniger wundern, weil es für die Herren nicht leicht sein wird, die Kunst zu bewältigen, welche der ungeheure Umschwung im letzten Akte erfordert. Übrigens glaubt man diese

Mondnacht mitzuleben; schon die szenische Anordnung ist meisterhaft gedacht, und es ist gewiß nichts weniger als zuviel gesagt, wenn man behauptet, daß in den Grillparzerschen Zugstücken es nicht höher und schöner hergeht als hier. Wollte ich nicht den Verdacht scheuen, Deinen letzten Schmeichelbrief nachzuahmen, so würde ich ganz andere Vergleiche anstellen, auf die Gefahr hin, daß wir uns augurisch ins Gesicht lachen würden.

Das «Neue Münchner Dichterbuch» ist mir übrigens noch ganz unbekannt, wahrscheinlich erscheint es erst noch.

Was die Fabel des «Alkibiades» betrifft, so mochte ich meine paar Griechenquellen und Hülfsmittel gar nicht hervorholen, um mit einer Kontrollierung des Planes etc. die Zeit zu verderben. Nächstens werde ich indessen das Buch wieder lesen und hoffe, zu etwas deutlicheren und festern Ideen zu gelangen, als ich jetzt zu äußern imstande bin.

Die Fruchtlosigkeit Deiner Heilversuche und Sommerkuren hat mich übel berührt und tut es noch, wenn der Zustand noch immer gleich ist. Die dänischen Studien trösten mich wenig, obgleich ich es den Dänemärksern wohl gönnen mag, wenn sie Deine Gunst erwerben. Soweit es sich um die norwegsche Partie handelt, kann ich mich immer noch nicht stark für die Sache begeistern. Ich nehme manchmal aus dem Wirtshaus, wo die fliegenden Buchhändler mit den Reclamschen Büchelchen hausieren, einen Ibsen oder Björnson mit nach Haus und muß gestehen, daß mich die ewigen Wechsel- und Fabrikaffären, kurz alle die Lumpenprosa wenig erbaut, noch weniger der pseudogeniale Jargon, der mir gar keine Diktion zu haben scheint. Freilich lese ich nur Übersetzungen. Ich komme nicht darüber hinaus, immer wieder an den guten Schiller zu denken, der schon vor 80 Jahren in seinem «Schatten Shakespeares» die Situation ausreichend behandelt hat.

Sonst aber haben sich namentlich die eigentlichen Dänen allerdings immer als reichbegabte, gute und fidele Brüder gehalten, und besonders der deutsche Bruder Dichter und Literat durfte sich bis 48 nicht über sie beklagen. Seither laborieren sie in dieser Hinsicht am Fluche jeder aufgestörten politischen Klein-Existenz; und das wahre Glück trifft auch mit der materiellen Größe so selten ein.

Verspürst Du jetzt schon einige Besserung beim Nichtstun? Höre nur nicht auf damit! Und wie ist der verehrten Frau Doktorin St. Moritz bekommen? Als ich eines Tages las, es sei ein Postwagen, der dorthin fuhr, mit zwei deutschen Damen über den Abhang des Bergpasses gefallen, erschrak ich heftig, rechnete aber aus, daß Frau Heyse schon früher hingefahren sein müsse. Die Länge Eueres Fräuleins, die Du immer hervorhebst, muß ich doch einmal näher besichtigen, wenn Ihr im März wirklich hier durchpassiert. Sie ist mir gar nicht so aufgefallen.

Berthold Auerbach geht, wie ich gelesen, nach Cannes zu Anfang Dezember, wird aber wohl nicht so lange dort Ruh' haben, bis Ihr in die Gegend kommt.

An Storm und Petersen muß ich auch schreiben. Letzterer meldete mir seinerzeit mit der liebenswürdigsten, jungfräulichsten Glückseligkeit die Ankunft der Troubadours mit Deiner Dedikation und warf die Frage auf, ob nicht würdigere Männer da wären, eine solche Ehre zu empfangen?

Storm hätte ich in seiner Behaglichkeit und lustigen Landschaft wohl auch sehen mögen. Ich glaube, ich habe ihn etwas verschnupft, denn ich hielt ihm wegen ein paar Monita, die er mir wegen Nichtverheiratung einiger Novellenfiguren machte, den Spiegel eigener Sünden dieser Art vor, die zu den Juwelen unter seinen Sachen gehören; ferner parierte ich mit dem neusten «Etatsrat» einen maliziösen Bakelhieb, den er wegen der drei zusammengebundenen Kuhschwänze nach mir führte. Er ist glaub' ich so fromm und naiv, daß er vielleicht meinen Spaß für ernst nahm und nun knurrt.

Deine Grüße an Baechtolden richte ich jederzeit aus, und er freut sich jedesmal sehr und würde mir gewiß eine Ladung auflegen, wenn er zur Hand wäre.

Nun lebe auf ein kurzes wohl und pflege Dich recht! Gehorche dem Arzt und sammle einmal die Einfälle ein bißchen auf. Es hat auch sein Angenehmes, über den Vorräten eine Zeitlang zu spintisieren, was wohl nicht verboten sein wird. Tausend Grüße von Dein- und Euerem

G. Keller

einige Tage am Vierwaldstättersee: Keller wiederholt sich, vgl. Brief 55 und Anm.

unter dem Vortritt des wackeren Petersen: Heyse widmete seine Troubadour-Novellen seinem Schleswiger Freund Wilhelm Petersen; voll Freude und Stolz teilt er dies am 27. August 1881 Keller mit: «Als wir Sonnabend morgens beim Kaffee sitzen, bringt die Post ein Paket von Hertz in Berlin – Troubadour-Novellen von P. H., wundervoll ausgestattet, mit Goldschrift sogar und – mir gewidmet» (I. Smidt, op. cit., S. 181).

der gewaltige Alkibiades: Vgl. Anm. zu Brief 49.

Grillparzerschen Zugstücke: Franz Grillparzer (1791–1872), österr. Autor, bedeutsame Dramen: «Ein Bruderzwist in Habsburg», «Libussa», «Die Jüdin von Toledo», «Esther» (Frag.).

«Neue Münchner Dichterbuch»: P. H. (Hrsg.), Neues Münchner Dichterbuch, Kröner, Stuttgart 1882. Beiträge u. a. von E. Geibel, H. Lingg, W. Hertz und Paul Heyse mit «Sprüche»; «Der Traumgott». Novelle in Versen; «Alkibiades». Tragödie. Dieses Werk ist mit Geibels «Ein Münchner Dichterbuch», München 1862, vergleichbar; dort publizierten u. a. E. Geibel, W. Hertz, H. Leuthold und Paul Heyse mit «Rafael». Novelle in Versen.

Ibsen: Henrik Ibsen (1828–1906), norw. Dichter.

Björnson: Björnstjerne Björnson (1832–1910), norw. Dichter.

die Lumpenprosa: Keller kann sich mit der neuen literarischen Bewegung des Naturalismus nicht anfreunden, was andere Briefstellen belegen, vgl. etwa Brief 29 und Anm.

«Schatten Shakespeares»: Schiller zog 1796 in einem Distichon über Kotzebue, Schröder und Iffland her.

Auerbach: Vgl. Anm. zu Brief 18.

ein paar Monita: Storm an Keller, 30. April 1881: «Ich habe Ihren ‹Grünen Heinrich›, da ich zu Ende war, mit recht wehem Herzen fortgelegt, und ich saß noch lange, von dem Gefühl der Vergänglichkeit überschattet. Ihre liebsten Gestalten, der Grüne und Judith, Landolt und Figura Leu, lassen, wenn die späte Stunde des Glückes endlich da ist, die Arme hängen und stehen sich in schmerzlicher Resignation gegenüber, statt in resoluter Umarmung Vergangenheit und Gegenwart ans Herz zu schließen. Das sind ganz lyrische, ich möchte sagen: biographische Ausgänge; und da hab' ich mich gefragt: Ist das der Punkt, der jene ‹befreienden› Späße aufwirft? Sie brauchen mir nicht zu antworten; nur als ein herzlich Wort bitte ich es aufzunehmen, sei es nun klug oder dumm gesprochen» (Helbling 3/1, S. 459 f.).

Und die Antwort Kellers am 14. August: «Fast hätte ich etwas vergessen. Im vorletzten Briefe machen Sie die Andeutung, daß meine Schnurren mit der Tendenz, einzelne Liebespaare resignieren zu lassen, zusammenhängen möchten. Hier ist die Antwort. An manchen stillen Sonntagen nachmittags, wo ich mich ganz nur dem Genusse eines sentimental feierlichen Müßiggangs hingeben mag, nehme ich die Bände eines gewissen Theodor Storm, Meisters der sieben freien Künste zur Hand und vertiefe mich darein unter dem offenen

Fenster. Nichts Beschaulicheres dann als so eine sonnig traurige Geschichte, wie ‹Im Sonnenschein›, ‹Eine Halligfahrt›; auch ‹*Aquis submersus*› und die ‹Wald- und Wasserfreude› sind nicht bitter, und wenn ich das Buch zuschlage, so geh' ich desselbigen Abends zufrieden zu einem Schöppchen Wein» (Helbling 3/1, S. 465).

einen maliziösen Bakelhieb: Storm an Keller, 30. April 1881: «Wie, zum Teufel, Meister Gottfried, kann ein so zart und schön empfindender Poet uns eine solche Roheit – ja, halten Sie nur hübsch still! – als etwas Ergötzliches ausmalen, daß ein Mann seiner Geliebten ihren früheren Ehemann nebst Brüdern zur Erhöhung ihrer Festfreude in so scheußlicher, possenhafter Herabgekommenheit vorführt! Hier stehe ich nicht mit dem Hut in der Hand und sage: «Wartet, der Dichter will erst einen Spaß machen!» Nein, liebster Freund, das haben Sie nicht wohl bedacht, das muß vor der Buchausgabe heraus» (Helbling 3/1, S. 459).

Und Kellers Parade: «Leider bleibt die Geschichte mit den drei verlumpten Baronen, die Sie so geärgert hat, stehen, wie einer jener verwünschten Dachziegel an einem Hause, in dem es spukt. Sie haben aber übersehen, daß die Braut nebst den Hochzeitsgästen keine Ahnung von der Sache haben und der Brandolf eine Art Sonderling ist, der eine solche Komödie wohl aufführen kann und die Halunken schließlich doch versorgt» (Helbling 3/1, S. 465).

58: Heyse an Keller

München, 24. Dezember 1881

Es überläuft mich heiß, liebster Freund, indem ich eben daran denke, daß Du das kleine Rothenburger Büchlein etwa als eine Aufforderung angesehen haben könntest, Dich kritisch darüber vernehmen zu lassen. Im Gewirre meiner Nervenferienfestwoche fielen mir alle meine Sünden ein, darunter Dein noch immer unbedankter Brief, und nur zum Zeichen, daß Du mir sehr unvergessen seiest, packte ich – als eine Art Abschlagszahlung – das Heftchen ein, dem ein spekulierender Hofbuchdrucker die sehr unverdiente Ehre eines Separatdruckes mit Randleisten hat angedeihen lassen. Möge es ihm wohl bekommen! Mich aber erinnert das sehr harmlose Ding an die harmvolle Zeit, da ich mit meinem Teufelsfuß durch die buckligen Gassen des deutschen Jerusalems auf und ab hinkte, eine Plage, von der mein Cannstätter Hexenmeister mich schon in fünf Sitzungen befreit hat. Ça promet, nicht wahr? Leider ist der übrige alte Adam eingerosteter als diese Extremität. Ich habe mich auf weitere acht Wochen gerüstet, die ich in dem öden Nest solus cum sola zubringen soll. Das tanzbare fahrende Fräulein wird indes ihre Vetternreise machen, Schwester, Freundinnen, Tanten heimsuchen und ihr junges Leben genießen, während ihre armen Eltern, vom 3. Januar an, ins Elend wandern.

Hierauf folgt dann freilich; wenn mir alle Teufeleien ausgetrieben sind, eine Streiferei durch den Süden, zur Zeit noch unwissend wohin. Da sollte ein gewisser allzu festgesessener Sinndichter auch einmal Hand über Herz legen und sich von seinem hohen Berge in die welschen Niederungen hinunterwälzen, daß man am Golf von Neapel ein paar erquickliche Wochen miteinander verlebte. Wir armen Narren von Sterblichen sorgen viel zu wenig dafür, dem Glück, das es vielleicht recht mütterlich mit uns meint, an die Hand zu gehen und ihm das Geschäft unserer Erfreuung nach Möglichkeit zu erleichtern. Ein solches Frühjahr wärest Du dir längst einmal schuldig und brauchtest nicht zu fürchten, daß wir Dir unbequem werden möchten. Es gibt keinen besseren Reisekameraden als meine Frau, und ihrem geschätzten Gatten, der sich sonst nicht immer sehr löblich aufführt, stehen in seiner Eigenschaft als Kurier und Pfadfinder «die besten Referenzen» zu Gebote. Dunque, pensai tu!

Ich entsinne mich aus Deinem letzten Brief, daß Du einem sichern Alkibiades allerlei Gutes nachsagtest. Aber, Teuerster, mit diesem stillen Beileid der Besten seiner Zeit wird der alte Herr sich wohl begnügen müssen. Die Kaviarfreunde sind in einer entsetzlichen Minorität, und Freund Wilbrandt behauptet, dieser Athener sei viel zu wenig «historisch», um auf dem Burgtheater Glück machen zu können. Es wimmelt da freilich von kundigen Thebanern; indessen trüge ich meine Haut ganz getrost zu Markte, wenn die Hochmögenden nichts dagegen hätten. Auf den anderen deutschen Theatern ist weit und breit kein Held zu finden, der die nötigen Qualitäten zu einem Liebling des Sokrates in sich vereinigte. Dagegen haben sie mir in Karlsruhe meine Schorndorferinnen so vergnüglich herausgeschwäbelt, daß es ein großes Pläsier war.

All dies besprechen wir noch weiter in Castellamare bei einigen Dutzend Austern, die wir mit weißem Capri anfeuchten. Einstweilen mit schönsten Grüßen meines Frauenzimmers

Dein ewiger Paul Heyse

das kleine Rothenburger Büchlein: Vgl. Anm. zu Brief 51.
solus cum sola: ‹Allein mit der Einzigen›, Heyse mit seiner Frau.
Freund Wilbrandt: Seit 1881 Direktor des Burgtheaters in Wien.
auf dem Burgtheater: Heyses «Alkibiades» wird 1882 in Weimar uraufgeführt.
in Karlsruhe: Uraufführung von Heyses hist. Schauspiel «Die Weiber von Schorndorff».

59: Keller an Heyse

Zürich, 30. Dezember 1881

Als mich das «Glück von Rothenburg» neulich aufsuchte, war ich keineswegs verlegen, bester aller Freunde und Dichter, darüber zu schreiben, sondern steckte in einer meiner periodischen Brief- und Lebensstockungen oder Stillstände. Überdies machte mich das Münchner Datum zaghaft, da mir schien, Du seiest vermutlich wegen Erfolglosigkeit früher als vorgesetzt von Cannstatt abgereist. – Wie erquicklich durchströmt mich nun Dein großmütiger Brief mit der Kunde, daß es gut geht und hoffentlich ferner gehen wird. Der brave Hexenmeister scheint Dich freilich aus einem Hinkeldey zugleich in eine Sirene verwandelt zu haben; denn Dein Lockruf nach dem Süden hat mir das alte Herz dreimal im Leibe umgedreht. Allein bereit sein ist alles, und ich bin es nicht. Italien zu sehen ist leider eine so merkwürdige Unterbrechung für mich, daß sie auch unberechenbar ist. Wenn es mir auch nicht ginge wie dem Wilhelm Waiblinger, so muß ich doch vorher einen bestimmten Arbeitsabschnitt hinter mir haben. Ich muß dies Jahr endlich meine Gedichtsammlung machen (mit vielen Ergänzungen) und noch einen kleinen Roman schreiben; ich weiß nicht, ob es nachher und wie es geschehen würde. Hab' ich es aber getan, so darf es allenfalls dann heißen *veder Napoli e poi morir.* Aber Ihr geht ja gewiß nicht das letzte Mal, und ich werde daran denken.

«Das Glück von Rothenburg» ist, wie immer, wieder eine echt romantische Begebenheit von der echten klassischen Art auch im modernsten Gewande. Ich bin besonders dankbar dafür, daß Du wiederum eine verfluchte Russin die böse Fee sein lässest, die das Glück zu stören droht. Für jedes Stück (wie «Im Paradiese»), das Du ferner noch auf den Markt bringst, zahle ich Dir 20 Mark in Gold.

Wilbrandts Verhalten zum «Alkibiades» deutet auf keine goldene Ära. Ich hätte gedacht, ein Mann wie er würde am ehesten etwas wagen und auch hoffen für das ernsthaft Schöne. Aber nur Geduld, der Cannstatter Batterie-Arzt wird auch dem abhelfen!

Von dem Siege Deiner schwäbischen Amazonen im alten Markgrafenlande habe ich mit Freuden gelesen. Hätte ich vorher etwas davon gewußt, so wäre ich nach Karlsruhe gespritzt und hätte dem Vergnügen ganz im stillen beigewohnt.

Nächstens muß ich nochmals nach München schreiben, an Deinen Freund Ludwig Laistner, der mir vor vielen Wochen freundlich seine «Novellen aus alter Zeit» gesandt hat, und dem ich in meiner Versunkenheit noch nicht gedankt habe. Solltest Du ihn dieser Tage noch sehen, so grüße ihn recht herzlich von mir und sag ihm das Nötige schonungslos über mein schimpfliches Verhalten.

Jetzt aber muß es geschieden sein. Ich wünsche Euch allen das Beste, insonderheit dem Fräulein eine fröhliche Reise und Tanzbarkeit, der holdesten Frau den Lohn ihrer guten Werke an Dir, und Dir wiederum die Rückwirkung sölchenen Lohnes, so daß alles nur ein *circulus vitiosus beatitudinum* ist, wie der Mönch sagt. Und damit Prosit!

Dein G. Keller

«Glück von Rothenburg»: Vgl. Briefe 51 und 58 mit Anm.

Hinkeldey: K. L. F. Hinkeldey (1805–1856) war während Kellers Berliner Aufenthalt der dortige Polizeipräsident, hier spielt Keller lediglich auf Heyses Fußbeschwerden an.

Waiblinger: Vgl. Anm. zu Brief 26.

neue Gedichtsammlung: Vgl. Briefe 23, 28 und 29 mit Anm.

«Im Paradiese»: P. H., Im Paradiese. Roman, 3 Bde., Hertz, Berlin 1875. Hier denkt Keller an die russ. Gräfin Nelida.

Deiner schwäbischen Amazonen: Vgl. Brief 58 und Anm.

Laistner: Ludwig Laistner (1845–1896), schwäbischer Dichter und Sagenforscher. Heyse gab mit ihm in den Jahren 1884–1887 bei Oldenbourg, München, den «Neuen deutschen Novellenschatz» heraus, vgl. auch Anm. zu Brief 10.

circulus vitiosus beatitudinum: ‹Ein (fehlerhafter) Zirkel(schluß) der Glückseligkeiten›.

60: Heyse an Keller

Cannstatt, 26. Januar 1882

Das neue Jahr hat die Kinderschuhe schon vertreten, lieber Freund, und ich habe noch nichts wieder von mir hören lassen. Dies aber sei Dir ein Zeichen, daß die alten Teufeleien meines bösen Sterns noch nicht nachgelassen haben, obwohl ich ein so exemplarischer Heiliger geworden bin, daß ich verdiente, von Mund auf in den Himmel zu kommen. Mein Gehirn schläft, und im Schlaf sündigt man bekanntlich nicht. Was mir im Schlaf für Träume kommen mögen, kann mir doch nicht zur Last gelegt werden, zumal ich sie, wenn sie noch so verführerisch mich anblinzeln, eiligst in einen finsteren Winkel meines Gedächtnisses jage, aus welchem sie fürs erste nicht wieder vorkriechen sollen. Außerdem werde ich herrlich gepflegt und gefüttert, von meinem treuen Weibe fleißig spazierengeführt, mit Bromkali getränkt und mit Chinin-Pillen gespeist und täglich mit den kräftigsten Zaubermitteln traktiert, so daß ich ein wahres Musterexemplar von elektrischem Versuchshund abgebe. Alles umsonst. Du begreifst, daß ein Mensch, der einmal in besseren Verhältnissen war, mit den Stiefeln, aus welchen die Zehen vorsehen, und dem fadenscheinigen Röckchen in die Häuser seiner bessersituierten Freunde nicht gerne eintritt. Und so würde ich auch wohl noch eine Weile Deine Pforte umschleichen, wenn nicht das einzige Mittel, Briefe zu erhalten, darin bestände, daß man Briefe schreibt. Ich wüßte gerne, was es mit dem Romänchen für eine Bewandtnis hat, wann die Gedichte erscheinen werden, ob die italienischen Aktien inzwischen nicht gestiegen sind. Ferner möchte ich durch Dich Freund Baechtold meinen Dank abstatten für die muntere kleine Troubadour-Fanfare, die er in der Züricher Zeitung hat erschallen lassen. Wenn ich eitel wäre, was mir überhaupt jetzt recht wohl zustatten käme, da es für Leute, die nichts zustande bringen, ein so behaglicher Zeitvertreib und ein Senfpflaster auf die rheumatischen Ehrgeizschmerzen ist, so würde ich mir seinen Beifall zu Nr. 1 und 6 besonders wohlgefallen lassen. Denn diese beiden Geschichten sind die einzigen rein erfundenen in dem ganzen Bande. Von Nr. 6 war nichts weiter vorhanden als die Notiz, daß die Söhne des Herrn von Maensac beide Troubadours gewesen seien und nach dem Tode des Vaters sich brüderlich in sein Erbe geteilt hätten, so daß der eine den Gesang, der andere das Schloß genommen. Doch kann ich nicht umhin, mich zu wundern, wie er an der Dichterin von Carcassonne nur mit so gnädigem Kopfnicken hat vorbeigehen können, von welcher zwar nur die zweite Hälfte mir angehört, aber auch die erste mir sehr a genio ist. Soll ich numerieren, so würde ich «Ehre über alles» obenanstellen, dann die Carcassonnerin, dann erst Nr. 6. Es wäre lustig, derart über seine Sachen unter guten Freunden abstimmen zu lassen. Man würde es schwerlich bei einer oder anderen Arbeit zu einer reinen Majorität bringen.

Hier in meiner Weltentfremdung fülle ich die Lücken meiner Bildung eifrig aus und habe eine kleine Filiale der Kgl. Handbibliothek, deren Vorstand mein alter Freund Hemsen ist, in meinem Hotelzimmer errichtet. U. a. las ich die Oenone von Widmann und fand freilich einen recht farbigen und schöngestimmten Poeten darin, aber nicht den Schatten eines Dramatikers. Es ist seltsam, mit wie ausgesuchtem Fleiß er eine technische Unbeholfenheit über die andere häuft, das ganze Griechengesindel aus Troilus und Cressida heranschleppt, zum Schluß die schöne Helena ins Tableau stellt und alles tut, um eine straffe dramatische Bewegung zu vereiteln. Indessen merkt man, daß er selbst großes Vergnügen daran gehabt hat, und so ist es nicht allzu schade um ein Stück *mehr,* das zwischen Brettern und Soffitten in der Luft schwebt.

Meine liebe Frau grüßt angelegentlichst. Ich danke täglich Gott, daß sie nicht nur auf der Welt, sondern hier an meiner Seite ist.

Lebe wohl!

Dein alter P. H.

mit dem Romänchen: Kellers geplanter Roman «Martin Salander», der erst 1886/87 erschien.

die Gedichte: Vgl. Anm. zu Brief 28.

kleine Troubadour-Fanfare: Baechtold hatte in der «NZZ» vom 19. Dezember 1881 die Troubadour-Novellen besprochen.

Nr. 1 und 6: «Der lahme Engel» und «Der verkaufte Gesang».

Dichterin von Carcassonne: Die dritte Novelle des Bandes, vgl. auch Postkarte 43 und Anm.

Ehre über Ehre: Die fünfte Novelle der Sammlung.

Freund Hemsen: Wilhelm Hemsen (1829–1885), Bibliothekar in Stuttgart.

Oenone von Widmann: Joseph Viktor Widmann, Oenone. Trauerspiel, Schmidt, Zürich 1880.

61: Keller an Heyse

Zürich, 30. Januar 1882

Fast ist mir die Pfeife ausgegangen, ärmster Freund, über der neuen Hiobspost, die ich nach dem vorweihnächtlichen Heilsberichte nicht mehr erwartet habe. Ich will aber nicht mit Dir zanken, wie die Freunde des Hiob, sondern in der Stille das gute Ende abwarten, wie es in der Bibel steht.

Ob ich dem Dr. Baechtold Deine Danksagung beibringe, weiß ich noch nicht, nachdem ich ihm längst die nötigen Bemerkungen über den ganzen Tenor seiner Anzeige gemacht habe. Die sogenannten Herren Literarhistoriker müssen eben, gleich den Kunstschreibern, immer aufs neue zeigen, daß sie mit dem konkreten Novum nicht umzugehen wissen. Mit der Rangordnung, in der

Du die «Troubadour-Novellen» aufstellst, kann ich mich einverstanden erklären; sie ist der eigentlichen Werthöhe der verschiedenen Goldtexturen am besten entsprechend, und das rein Tragische gehört immer obenan. Das hindert ja nicht, daß der harmlose Wanderer sich unterwegs aufhalte, wo es ihn lockt.

Halte Du jetzt nur Deine spukenden Traumgebilde tapfer unten, oder lerne einmal, mit ihnen als mit Freuden der Zukunft zu spielen, ohne sie gleich aufzufressen. Wenn das Müßigsein oder das ruhige Erwarten der Zeit oder das gründliche Austräumen eine so schwere Kunst ist, so mußt Du dieselbe als eine so vielseitige Künstlernatur doch auch noch lernen, Du wirst Dich doch nicht lumpen lassen!

Die «Oenone» Widmanns hat gehörige Schönheiten und Anlagen, aber allerdings starke Beimischungen von Ungehörigem. Er ist damit in Wien gewesen und hat das Stück zur Zeit des letzten Interregnums beim Burgtheater eingereicht. Gleichzeitig mit diesem Drama hatte er eine «Zenobia» drucken lassen, die ganz nach der Tieckschen Schablone gemacht ist, im Ton der lustigen Shakespeare-Übersetzer-Weise. Es ist ein guter und höchst begabter Mensch, leider eine Art Eulenböck, der alle Meister ein Weilchen nachmachen kann, bald ist er Wieland, bald Ariost, bald macht er eine «Iphigenia», bald «Hermann und Dorothea» bis auf einzelne Situationen hinaus, ohne alle Genierlichkeit. Plötzlich merkt er einmal, wo es fehlt, und er will verzweifeln, bis er wieder mit einer kolossal reminiszierenden Erfindung davonrennt.

Mit der Durcharbeit meiner Verskünste, nach denen Du fragst, gedenke ich bis Ende Sommers fertig zu sein. Es ist ein bedenkliches Experiment, und kaum wird es eine Gedichtsammlung geben, die auf diese Weise zustandegekommen ist. Die Nemesis wird wohl auch nicht ausbleiben. Von dem Romanchen kann ich Dir nicht viel sagen, da ich selbst noch nicht viel davon weiß. Wenn Du dich an die Erzählung «Das verlorne Lachen» erinnerst, so hast Du ungefähr den Grund und Boden, eine politisch oder sozial moralische Entwicklung aus der aktuellen Misère heraus in versöhnliche Perpespe (oho!) Perspektiven, wenn ich's herausbringe! Es handelt sich darum, vor Torschluß noch aus dem ewigen Referieren heraus- und in das lebendige Darstellen hineinzukommen, ohne daß ich just auf endlose Dialoge ausgehe. Einen anschaulichen Anfang hab' ich, ebenso einige spätere szenische Motive, auch den Hauptmenschen und die andern Lumpen, aber noch fehlt ein Weibsbild von Rasse, das vielleicht während der Jagd aufspringt, d. h. sich natürlich durch sich selbst und die Dinge gestaltet, ohne gleich das bekannte schätzbare Frauenzimmer zu werden, das uns immer im Tintenfasse steckt, d. h. den faulen Kerlen meinesgleichen. Ich möchte mich gern in Spielhagens Romantheorien unterrichten, wie ich es anfangen muß. Er hat neuerlich wiederholt dergleichen von sich gegeben, aber ich kann den verkehrten Galimathias nicht lesen. Wenn er so *pro domo* doziert und skribelt, so kommt er mir vor wie ein Insekt mit vielen Füßen, das auf dem Rücken liegt, zappelt und rudert, um sich aufzuarbeiten auf Kosten der andern.

Die italienischen Aktien sind für mich nicht gestiegen; denn zu den vorliegenden Arbeiten kommt die Notwendigkeit eines Wohnungswechsels auf den Herbst, da der Weg von der Stadt zu der jetzigen Behausung im Winter uns, meiner Schwester und mir, allmählig doch zu weit und beschwerlich wird. Das involviert aber eine anhaltende Vigilanz auf die neue Höhle, die nicht so leicht zu finden ist, wenn sie auf die Dauer vorhalten soll. Doch genug von mir, und kehren wir lieber nach Cannstatt zurück, um geschwind noch einer gewissen Frau Doktorin, mit welcher so heilsam zu spazieren Du den ehrenvollen Gewinn hast, unsere dankbaren und ehrerbietigen Grüße darzubringen.

Ich nehme an, daß Ihr noch dort seid und dieser Brief Dich da erreicht.

Wenn mir etwas einfällt, so schreib' ich Dir gern wieder, ohne daß Du vorher zu schreiben brauchst, und im übrigen weißt Du ja, wie ich's meine dies und alle Male als

Dein kurzbeiniger G. Keller

«Oenone» Widmanns: Vgl. Brief 60 und Anm.

«Zenobia»: J. V. Widmann, Die Königin des Ostens. Schauspiel, Schmidt, Zürich 1880.

Shakespeare-Übersetzer-Weise: Ludwig Tieck übersetzte zusammen mit August W. von Schlegel die dramatischen Werke Shakespeares (9 Bde., Berlin 1825–1833).

alle Meister ein bißchen nachmachen kann: 1865 erschien Widmanns «Iphigenie in Delphi»; 1872 unter dem Pseudonym ‹Messer von Lodovico Ariosto› «Der Wunderbrunnen von Is»; das Werk «An den Menschen ein Wohlgefallen. Pfarrhausidyll» (1876) plagiierte Goethes «Hermann und Dorothea».

Zur persönlichen Beziehung zwischen Keller und Widmann – die herzlicher ist, als dies obiges literarisches Urteil vermuten ließe – vgl. Gottfried Keller und Joseph Viktor Widmann. Briefwechsel, hrsg. und erl. von Max Widmann, Basel und Leipzig 1922.

Verskünste: Vgl. Briefe 23, 28, 29, 59 und Anm.

Von dem Romanchen: Vgl. Anm. zu Brief 60.

«Das verlorene Lachen»: G. K., Die Leute von Seldwyla, Bd. 2; W 8.

Spielhagens Romantheorien: Friedrich Spielhagen (1829–1911), Erzähler, Dramatiker, Lyriker und Übersetzer. 1883 erschienen seine «Beiträge zur Theorie und Technik des Romans», Vorabdruck in den «Westermanns Monatsheften» 1881/82, deren Herausgeber er in den Jahren 1878 bis 1884 war.

pro domo: ‹Für sein Haus›, gemeint sind die «Westermanns Monatshefte», vgl. oben.

Die italienischen Aktien: Heyse hat Keller eingeladen, mit seiner Frau und ihm nach Italien (Neapel) zu fahren, vgl. Brief 58.

Wohnungswechsel: Auf den Herbst 1882 mietete Keller im «Thaleck» am Zeltweg in Hottingen eine neue Wohnung.

62: Heyse an Keller

Cannstatt, 10. März 1882

Ich will Dir nur sagen, liebster Freund, daß mich Deine spätgebeichtete Jugendsünde in N[ord]. und S[üd]. höchlich erbaut hat, daß Dir aber die Indulgenza plenaria nur erteilt wird, wenn Du *alle* Falten und Fältchen Deiner schwarzen Seele geschüttelt und die sämtliche wilde Jagd Heinescher Gespenster ans Licht gebracht hast. Es ist mir nämlich, da heutzutage in diesen Bummel-Trochäen so billig als schlecht fort und fort gedichtet wird, eine wahre Genugtuung, den jungen Leuten, die ihr Pfenniglichtchen so munter auf den (J. V. von) Scheffel stellen, an diesem Exempel nachweisen zu können, wie ein wirklicher Poet er selbst bleibt, auch wenn er einmal in die abgestreifte Schlangenhaut eines anderen sich vermummt. In diesem Spuk funkelt und sprüht es von deinen

Gottfried Keller als Staatsschreiber – der «Mock-Tintoretto»
(Ölbild von Frank Buchser)

allerschönsten und eigensten Raketen, und ich wollte nur, das Konterfei vor dem Heft sähe Dir so ähnlich wie die Verse. Wer ist denn der Mock-Tintoretto, der Dich uns so stolz und unzufrieden über die Achsel ansehen gelassen? Sicherlich werden koloristische Verdienste den Stecher (und Dich selbst) bestochen haben. Doch hätten wir Dich so gerne mit Deinen echten Haut und Haaren, wobei Du Dir, nach dem Urteil meines kunst- und natursinnigen Weibes, viel besser stehst, als bei diesem Gleichnis aus jüngeren Tagen.

Ich selbst werde von Kummer und Sorgen und Versessenheit so aufgebläht, dass ich einen körperlichen Eid geschworen habe, mich nicht mehr von der Sonne bescheinen zu lassen oder einem Pinsel stillzuhalten. Seit ich zuletzt schrieb, ist's im alten Ab und Auf fortgeschlendert. Ich weiß jetzt, wie einer Kokosnuß zumute ist, deren Milchkern eintrocknet, weil sie zu lange auf der Kommode einer alten Jungfer liegt. Diese alte Jungfer ist meine Muse, die zu völliger Unfruchtbarkeit verdammt ist. Und es wäre ja auch kein Schade, da es auf dem Parnaß ohnehin von Früchtchen aller Art wimmelt, wenn ich nur durch meine Abstinenz wieder auf zwei gesunde Beine käme, mit denen ich die Breite der Welt fröhlich durchmessen könnte. Danach aber sieht's noch immer nicht aus. Wir ziehen Mitte März von hier fort, noch ungewiß, ob wir's über Venedig hinausbringen.

Bis hieher war ich vor acht Tagen gekommen, da fiel mein Esel hin, wie die Italiener sagen, und ich hütete mich wohl, ihn mit Fußtritten wieder auf die Beine zu bringen, da er doch nur einen Sack mit Steinen schleppte. Seitdem bin ich mit meiner Frau Liebsten einen Tag in Mannheim gewesen, um zu sehen, ob dort so etwas wie eine Frau Künkelin aufzutreiben wäre, habe aber nur eine hübsche dicke mère noble gefunden, deren blanke Zähne diese Nuß schwerlich zu knacken imstande sind. Und doch soll's mit diesem pezzo di carne gewagt werden! O Du kluger Mann, der Du Deine Figuren mit dem eigenen Öl Deiner Weisheit und Anmut beleuchtest statt mit dem flackernden Theatergas, das sie vollends zu Gespenstern machen würde, wenn sie nicht ihre Wangen und Lippen schminkten und braune Striche um ihre Augen zögen! Indessen bin ich, wenn es so weit kommt, nicht mehr um den Weg und kann hinter meinem Rücken auch dies Verderben seinen Gang gehen lassen.

Seitdem haben wir noch unsere kleine Mutter hier gehabt und ein paar sommermilde Tage mit ihr verschlendert. In kurzem sind wir wieder zu Hause und werden uns fragen, warum wir überhaupt weggegangen. Dennoch ist an kein langes Ausschlafen im gewohnten Bett zu denken. Mein Leipziger Nerven-Orakel hat mir den Weg über den Brenner gewiesen, wie Du weißt. Nur für den Fall, daß Dich's jetzt doch nach den Wohllüsten Parthenopes zöge, will ich Dir gestehen, daß wir über Venedig für diesmal nicht hinauskommen. Es gelüstet mich, in aller Stille einmal wieder zu versuchen, ob ich noch zu was anderem tauge, als Tristien ex Ponto zu schreiben. Dies soll in der Aurora an der Riva dei Schiavoni geschehen. Wenn Du also den kleinen Spaziergang nicht scheust, finde Dich dort ein; meine Frau, die dort aufs Beste Bescheid weiß, wird Dich, während ich in den Morgenstunden mein unheimliches Wesen treibe, durch Kirchen und Paläste eskortieren. Vielleicht werfe ich dann auch, was das Gescheiteste wäre, das Tintenfaß in den Canal grande und schlendre mit.

Über den großen Ich-Roman-Klitterer denke ich genau wie Du. Ich muß immer, wenn ich dies echauffierte Geräusch vernehme, an die Janitscharenmusik denken, mit welcher ein armer Zirkusschimmel im Kreise herumgejagt wird. Eine Literatur, wie dieser Zappler sie betreibt, ist nur möglich in Zeiten, wo Geist und Gemüt der lesenden Menschheit täglich durch Kammerdebatten und Leitartikel außer Atem gebracht wird. Wie kann ein so ewig oszillierendes Ingenium die Welt zu spiegeln glauben? Aber lassen wir ihn und tun das Unsere.

Meine Frau erinnert mich, daß wir nach Stuttgart müssen, einigen guten Leuten p. p. c. zu versichern, daß wir zehn Wochen lang keine Minute gefunden haben, ihnen guten Tag zu sagen. Ich will das Blatt nicht abermals eine Woche liegen lassen. Tausend Grüße, und überleg' das mit dem Rialto. Man hätte doch einmal eine reine Ferienfreude zwischen dem ewigen Sitzen und Brüten in der staubigen Schule seiner Leiden.

Vom 13. bis 26. treffen mich Briefe in München

Dein ältester Paul Heyse

Jugendsünde in Nord und Süd: In Paul Lindaus Zeitschrift «Nord und Süd» (März 1882) erschien ein Teil (Kap. XVI–XX) des «Apothekers von Chamounix», den Keller in den 50er Jahren verfaßt hatte, nie aber veröffentlichte.

wilde Jagd Heinescher Gespenster: Kellers Werk parodiert die Lyrik Heinrich Heines, vgl. Bernd Neumann, Gottfried Keller. Eine Einführung, Königstein 1882, S. 315f.

(J. V. von) Scheffel: Anspielung auf den erfolgreichen, heute aber kaum mehr gelesenen Epiker und Lyriker Joseph Viktor von Scheffel.

der Mock-Tintoretto: Das ist Frank Buchser, der Keller 1872 malte, die Radierung dieses Bildes durch Robert Leemann schmückte das Titelblatt des Märzheftes der Zeitschrift «Nord und Süd»; vgl. dazu die Briefe Kellers an Leemann, Helbling 4, S. 218–220.

Frau Künkelin: Figur in Heyses Drama «Die Weiber von Schorndorff».

unsere kleine Mutter: Die auch schon erwähnte Schwiegermutter Heyses, Frau Schubart.

Ich-Roman-Klitterer: Gemeint ist Friedrich Spielhagen, vgl. Brief 61 und Anm.

Janitscharenmusik: Türkische Musik, Bezeichnung für die in der Mitte des Jahrhunderts aufkommende Musik mit Schlaginstrumenten. Musikkritiker des 19. Jahrhunderts lehnten diese Instrumente z. T. ab und bezeichneten sie als «Lärminstrumente».

p. p. c.: Pour prendre congé, ‹um Abschied zu nehmen›.

63: Keller an Heyse

Zürich, 18. März 1882

Lieber Freund!

Mit Deiner freundlichen Behandlung meiner Bummeltrochäen hast Du mir die bittere Pille des Berichtes nicht vergoldet, daß Dein Zustand noch immer der gleiche sei. Ich kann mir nicht helfen, es kommt mir immer die laienhafte Idee, der Gebrauch heißer Thermen, nach der bewährten Sitte der Alten, hätte Dir längst besser getan als die verfluchten Kaltwasserkuren, Seebäder etc., die nur für Hysterische, Hypochondrische, Säufer u. dgl. nützlich sein mögen. Ernsthafte gliederschmerzliche Leute habe ich noch nie genesen sehen vom kalten Wesen, wohl aber hundertmal von heißen Bädern, wie Aachen, Baden in Baden und der Schweiz usf. Viele kenne ich, die sich wenigstens alljährlich in 14 Tagen für 12 Monate wieder erholen, alles solche Beinschmerzler und Ischiasbrüder. Hast Du Vischers hübsches Gedicht nicht gelesen in «Lyrische Gänge» S. 172? Ich fürchte immer, Du seiest eines der nicht spärlichen Opfer ärztlicher Irrtümer. Doch hoffe ich stets auf sachte Selbstheilung. Möge Dir indessen Venedig wohl bekommen. Die Verlockung dahin ist mir fast noch stärker als die nach Parthenopolis, weil näher. Leider ist dafür eine andere Schwierigkeit eingetreten. Meine Schwester ist in jüngster Zeit kränklicher geworden und geht nicht mehr viel aus; da kann ich sie nicht allein in unserer entlegenen Wohnung lassen, sintemal sie im Hause keinen genießbaren Verkehr hat.

Was die Kokosnuß auf der Kommode Deiner Muse betrifft, so weiß ich auch nicht recht, was ich sagen soll. Auf der einen Seite möchte ich Dich nicht aufstiften zum Ungehorsam, auf der andern aber fange ich an zu fürchten, die Enthaltsamkeit schade Deinem braven Arbeitsgemüt mehr, als sie den Füßen nütze, und jedenfalls ist's bei Euereinem schad um die Zeit.

Wegen der Apotheker-Trochäen habe ich keineswegs ein gutes Gewissen. Das erschienene Stück ist zudem eine Art Rosine aus dem ganzen Schmarren, den ich übrigens wohl in die Gedichtsversammlung aufnehmen werde. Ich bin zum Hergeben des Bruchstücks veranlaßt worden, weil ich nichts anderes zum Bilde hatte; zu diesem nach wiederholter Plackerei von Seite Lindaus durch einen jungen Mitbürger in München, der mich bat, ihm dadurch die Ausführung des Stiches zuzuwenden; zur Wahl des Mock-Tintoretto endlich, weil ich in Zürich keine Photographie kann machen lassen, ohne daß sie mir das Genick und die Augen im Kopfe verdrehen und das Kommandowort: Jetzt still! erst rufen, wenn ich erstarrt und verzweifelt bin. Das Bild (aus Mitte der siebziger Jahre) ließ ich photographieren; da kam der Mund nicht heraus, und der gute Kupferstecher konnte die Form nicht verstehen. So hing sich eine Kette von Unglück an die Eitelkeit, dem Nord-und-Südmanne nachgegeben zu haben. Übrigens ist die Fratze noch immer so freundlich und wohlwollend als diejenige von Hans Hopfen und anderer in der gleichen Galerie der Schönheiten.

Neulich schwankte ich, ob ich nicht zum Begräbnis Berthold Auerbachs gehen wolle, halb und halb hoffend, Dich dort zu treffen. Bin nun aber froh, nicht dort gewesen zu sein, denn Du warst es auch nicht. Und rücksichtlich des nun in Gott und seinem Judenheim ruhenden armen toten Bruders habe ich erst seither die seltsame Erfahrung gemacht, daß in Berliner und Wiener Blättern eine förmliche Gruppe kleiner Anekdötchen kursierten, die der Verstorbene über eine Sorte alberner Grobheiten und Sottisen von mir in Umlauf gesetzt, mit denen ich wohlwollende Besprechungen und Rezensionen erwidert haben soll. Und noch weiß ich nicht, ob der kuriose kleine Zyklus geschlossen ist. Aber ich bin froh, daß ich nicht dort gewesen bin, obgleich die Flunkereien gewiß nicht böse gemeint waren und wahrscheinlich entstellt werden. Immerhin ist es merkwürdig, was für komplizierte Gedankengänge auch in den obern Schichten gesponnen werden; wer hätte sich gedacht, bei Anlaß eines Todesfalles als undankbarer Flegel in Umlauf kommen zu müssen.

Nächstens werde ich in Deinem «Münchner Dichterbuche» den «Alkibiades» wieder lesen und mit neuen Augen betrachten. Inzwischen habe ich Deine andern dortigen Gaben wie warme Pastetchen gespiesen; sie schmecken trotz des Beinwehes nach mehr, und in den Epigrammen stehst Du längst auf der höchsten Kanzel der eleganten Weisheit.– Was die Mannheimer Künkelin mit Deiner schönen Rolle aufstellt, darum kümmere Dich doch nicht und sei froh, wenn Du jeweilig ein «Stück» gemacht und das Deinige getan hast. Allerdings läuft eine Dicke Gefahr, die Rolle zu verhunzen, allein man kann doch nicht überall dabei sein, wenn man Dramatiker ist. Ich bin heute nicht imstand, eine vernünftige Zeile zu schreiben, da das Wetter und die Aussicht zu schön sind und alle Berge in Sicht, zugleich Samstag, wo ich das einzige Mal in der Woche gute Gesellschaft weiß und nach einem Spaziergange bis Mitternacht im Wirtshaus bleibe und länger. Jetzt ist schon ½6 Uhr. Also Gott mit Dir in allen Gestalten und glückliche Fahrt über den Brenner, da wir Euch hier nicht zu sehen bekommen, wie verhofft wurde. Meine verehrungsvollen Empfehlungen an die allertreueste Frau Gemahlin und auch deren Frau Mama, nicht zu vergessen das Tanzfräulein, wenn es zurück ist.

Dein alter Gottfried

meiner Bummeltrochäen: Gemeint ist Kellers spät ersch. Werk «Der Apotheker von Chamounix».

Vischers hübsches Gedicht: «Ischias, Heldengedicht in drei verkehrten Gesängen».

Meine Schwester: Regula Keller (1822–1888) lebte mit ihrem Bruder im gemeinsamen Haushalt.

nach wiederholter Plackerei von Seite Lindaus: Vgl. die Briefe Kellers an Lindau, in: Helbling 3/2, S. 328 ff.

Mock-Tintoretto: Keller nimmt das Wortspiel Heyses auf; mock (engl.) heißt ‹falsch›, ‹unecht›.

der gute Kupferstecher: Robert Leemann (1852–1925), Zeichner und Kupferstecher von Zürich, lebte von 1872 bis 1881 in München, ab 1882 wieder in der Vaterstadt; vgl. auch Anm. zu Brief 62.

Hopfen: Hans Hopfen (1835–1904) wurde durch Geibel 1862 in den Münchner Dichterkreis eingeführt, lebte später in Berlin, Dramatiker und Erzähler. Sein Bild erschien im Februarheft 1879.

Begräbnis Berthold Auerbachs: B. Auerbach starb 1882 in Cannes/Frankreich, begraben wurde er in seinem Heimatdorf Nordstetten.

in «Deinem Münchner Dichterbuche»: Vgl. Anm. zu Brief 57.

Mannheimer Künkelin: Vgl. Brief 62 und Anm.

64: Heyse an Keller

München, 30. Mai 1882

Liebster Freund, Dein prophetisches Gemüt hat Dich ganz richtig gewarnt, Dich nicht nach Venedig locken zu lassen. Wir haben dort zuerst so rauhe Winde gehabt, daß wir unsere Öfchen in Nahrung setzen mußten, obwohl der April jenseits des Brenner bekanntlich unseren Mai bedeutet. Hernach steckte ein zäher Scirocco die schöne Stadt vier Tage lang in einen grauen Sack, und wäre nicht auf der Heimfahrt Vicenza erlebt worden, wo wir wie im Paradiese wandelten und uns sterblich in Palladio verliebten, so könnten wir diese Wochen getrost zu den verlorenen unseres Lebens zählen. Nun soll es diesen Sommer desto stillvergnügter unter unseren grünen Büschen und Rosenbeeten zugehen, und da ich mit meinen Nervenunholden einen ganz leidlichen modus vivendi hergestellt habe, wird mir die Weile nicht lang werden. Es hat sich während der sieben bis neun mageren Monate ein wahrer Heißhunger nach soliderer geistiger Kost in mir angesammelt, und ich stille ihn mit kleinen Portiönchen, die mir bis jetzt recht wohl bekommen. Einen ausgiebigeren Bissen, das richtige morceau de résistance, habe ich noch auf meinem Speisezettel und liebäugle damit noch eine Weile, bis mir die Zähne gar zu lang werden. Es ist dies ein schönes dreiaktiges Schauspiel, das ich mir vorigen Herbst auf Sylt ausgedacht und seitdem im Herzen meines Herzens gehegt habe. Du siehst, Teuerster, dass ich durch allen Schaden nicht klüger werde und mir doch wieder an den Lampen die Finger verbrenne. Warum soll ich aber darauf verzichten, mir selbst eine Güte anzutun, wenn ich auch einem hohen Adel und verehrlichen Publikum kein Vergnügen damit mache?

Gestern nachmittag habe ich meinen Pfingstmontag damit gefeiert, daß ich Deinen Dietegen einmal wieder las, der mir so besonders ins Herz gewachsen ist, daß ich alle Haare auf seinem Haupte kenne und doch immer neue Liebenswürdigkeiten an ihm entdecke. Nirgend brennt der Goldton hinter dem frischen Inkarnat Deiner Gestalten in feurigerem Glanz, und wie sich das Märchenhafte des Abenteuers mit sittlicher Hoheit paart, ist ganz wundervoll. Dies Geschichtchen ist wie eine schöne Frau aus reichem Hause, die hie und da ein Kleinod trägt, das allein seine tausend Taler wert ist, ohne dass sie irgend damit prunkt, während das, was die Natur für sie getan, kostbarer ist als alle Juwelen. Hernach kam Freund Laistner, mir einen sprachlichen Floh ins Ohr zu setzen. Ich hatte den Namen einfach für ein Diminutiv von Dietrich – nach alter Schreibart; wie im Mädigen – verstanden, während er ihn als Volksdegen erklärte. Wie denkst Du selbst darüber?

Hiemit habe ich eine schlaue Angel nach einem baldigen Brief ausgeworfen. Möge er in recht ansehnlicher Gestalt daran zappeln. Denn es verlangt mich sehr, von Deinem Tun und Treiben ausführlich zu hören, wie der Einbändige gedeiht, und was es mit der lyrischen Weihnachtsbescherung auf sich hat. Mein Weib und das Fräulein grüßen sehr. Letzteres wird Anfang Juli zu ihrer gutsherrlichen Schwester reisen, die neulich sie uns wieder (zur Hilfe in der großen Wirtschaft und Kinderstube) abgebettelt hat, und zwar in

Person, da sie mit ihrem Mann ein paar Tage unter dem alten Dache wohnte. Auch der Sohn Forstgehilfe war dabei. Da tranken wir einen guten Tropfen, den du auch kosten sollst, wenn Du Dein Wort wahr machst und im Spätherbst bei uns eintrittst. Hierüber hätte ich gern nochmals Brief und Siegel. Richte Dich aber auf den Oktober ein, im September sollen wir selbst zu Kindern und Enkeln. Lebe wohl für diesmal.

Dein ewigster Paul Heyse

ein schönes dreiaktiges Schauspiel: P. H., Das Recht des Stärkeren. Schauspiel in drei Akten, Hertz, Berlin 1883 (1884 Uraufführung in Berlin).

Deinen Dietegen: G. K. Die Leute von Seldwyla, Bd. 2; W 8.

Freund Laistner: Vgl. Anm. zu Brief 59.

gutsherrliche Tochter: Julie Baumgarten-Heyse, vgl. Brief 51 und Anm.

der Einbändige: Heyse meint Kellers Roman «Martin Salander».

65: *Keller an Heyse*

Zürich, 1. Juni 1882

Aus Vergnügen über Deine guten Nachrichten, lieber Freund, will ich Dir in der Tat sofort antworten; denn weil ich nichts von Dir gehört noch gelesen, hatte ich einige Besorgnis, es möchte nicht ganz gut stehen. Ich war sogar auf dem Punkte, mich mit einer Anfrage an Dein Haus in Münchheim zu wenden resp. eine kleine Korrespondenz mit dem Fräulein anzuspinnen, wo Vater und Mutter seien usw. Diesem Fräulein lass' ich mich nichtsdestominder nun neuerdings empfehlen, eh' es nach Leipzig reist, um dort das Tantchen zu spielen.

Da Du jetzt wieder zwischen die neun Schwestern gestellt bist, wie der Mengsische Apollo in der Villa Albani, so hast Du recht, wenn du tust, was Dir wohlgefällt, und das neue Dreiaktige frisch beim Zipfel nimmst. Mach Du nur drauf los, damit das Öl da ist, wenn der Bräutigam endlich kommt, den Du meinst. Er spukt übrigens ja schon überall herum, soviel ich in den Journalen sehen kann, und hat es eigentlich schon lang getan.

Euer Palladio-Vergnügen in Vicenza betreffend habe ich gleich in Burckhardts «Cicerone» nachgesehen, was es dort alles gibt. Ich hoffe halbwegs, den höchst würdigen Säulen, Pilastern und Bogenstellungen in etlichen Diätverletzungen zu begegnen, die Du Dir in schönen Reimen vorläufig erlaubt haben wirst.

Ich danke Dir auch schönstens für Dein fleißiges Lob des «Dietegen», das mir auch *sine grano salis* hoffentlich nichts schaden wird. Laistner hat übrigens recht wegen des Namens. Er sollte Dietdegen geschrieben werden und gehört in die Familie der Diethelm, Diepold, Dietwald, Dietrich etc. Der Name figuriert seit Jahrhunderten im Namensverzeichnis der Züricher Kalender, wo ich dergleichen zu suchen pflege; auch «Herdegen» ist ein alter Zürchername.

Das Romänchen habe ich einstweilen weglegen müssen, da es wegen zu großer Aktualität jetzt noch seine Schwierigkeiten hat und leicht als eine Art Pamphlet angesehen werden oder wirken könnte. Dafür bin ich auf die Idee gekommen, einen Trauerspiel- und zwei Komödienstoffe, die ich seit drei Dezennien heimlich herumtrage, in Gottesnamen als Novellen einzupökeln, eh' auch dies unmöglich wird. Der allgemeine Theaterpessimismus macht ja ohnehin einem alten Kerl nicht rätlich, mit solchen Jugendvelleitäten noch herauszurücken. Besagte Stoffe sind durch die Länge der Zeit ganz ausgetragen, und ich kann fast Szene für Szene anfangen zu erzählen und als Neues ein freies Beschreibungsgaudium haben. Sollte eine dramatische Ader darin vermerkt werden und ich bei Kräften bleiben, so kann ich das Abenteuer ja immerhin später wagen und mein eigener Birch-Pfeiffer sein. Aber laß mich nun diese gefährlichen Selbstentdeckungen nicht mit ironischer Schmachantuung entgelten, sondern behandle dieselben mitleidsvoll als Skelett im Hause Deines Freundes und Verehrers.

Indessen bin ich jetzt mitten in meinem lyrischen Fegefeuer sitzend, nach dem Du fragst, oder vielmehr herumgehend und viel Zigarren konsumierend. Manchmal passieren 5 bis 6 Stück in einem Tag, manchmal habe ich 2 Tage an einem einzigen, bis es entweder etwas ziemlich anderes geworden ist oder kassiert wird.

Dazwischen entsteht hie und da im Gedränge etwas Neues, kurz, Theodor Storm, der behauptet, es gebe, Goethe inbegriffen, höchstens 6 oder 7 wirklich gute lyrische Gedichte in der deutschen Literatur, würde sich entsetzen, wenn er diese posteriorkritische Reproduziererei ansähe, von allen Göttern der momentanen Eingebung und Empfindung verlassen, was die Leutchen so nennen. Und doch gibt es gewiß auch im Lyrischen, sobald einmal vom psychischen Vorgang die Rede ist, etwas Perennierendes oder vielmehr Zeitloses. Womit ich übrigens meine Flickerei nicht beschönigen will; sie ist eben eine gebotene Sache. Ob auf Weihnachten gedruckt werden kann, ist sehr zweifelhaft, auch nicht nötig; wozu mit dem Heidenzeug immer hinter dem Christkindchen herlaufen, dem armen Wurm? Es ist eine komische Sache, daß gerade Es der allgemeine deutsche Kolporteur sein soll!

Beim Niederschreiben dieses Gedichtsels beachte ich zum ersten Mal die neue Rechtschreibung, wie sie im Anschlusse an das in Deutschland Vorbereitete in der Schweiz bereits in Schule und Amtsstuben offiziell eingeführt wird. Ich merke aber nicht, daß Ihr draußen Miene macht, mit dem h usw. aufzuräumen, und weiß nicht, woran es liegt, daß die Autoren und großen Zeitschriften nichts tun; denn ich bin überzeugt, daß die jetzigen Bücher in wenigen Jahren dem jüngeren Geschlechte gerade so zopfig und unbeholfen vorkommen werden wie uns die alten Drucke mit den unendlichen Ypsilons und Buchstabenverdoppelungen, den «nahmentlich, nähmlich, ohnverschämt» etc. Unangenehmer ist mir der Antiquadruck, da ich überzeugt bin, daß wir für den Anfang auf einen Schlag eine Menge Leser der älteren, schlichteren Klasse verlieren werden. Wie steht es nun bei Euch? Wartet Ihr auf die Initiative der Verleger, oder diese auf die Eurige? Jedenfalls, glaube ich, sollte man das Nötige, so weit man gehen will, selbst besorgen und nicht den Herren Setzern überlassen. Bei metrischen Publikationen aber sollte gewiß jetzt allgemein vorgegangen werden.

Nun grüße ich recht angelegentlich die Frau Doktor Heyse und deren Wirt, den gelahrten und berühmten Paulus und ehrenvollen Freund

Deines alten Gottfr. K.

Mengsische Apollo: Anton Raphael Mengs (1728–1779), dt. Maler, vollendete während seines dritten Romaufenthalts den «Parnaß» in der Villa Albani, auf dieses Bild spielt Keller hier an.

Burckhardts «Cicerone»: Jacob Burckhardt, Der Cicerone. Eine Anleitung zum Genuß der Kunstwerke Italiens, 1855, 8. Aufl., Leipzig 1874.

Das Romänchen: Vgl. Brief 60 und Anm.

als Novellen einzupökeln: Unter Kellers dramatischen Projekten nicht genau identifizierbar. Baechtold (III, S. 277) denkt an ältere Novellenprojekte, u. a. «Die Medizinerin» und «Der Starke», vgl. auch Keller an Storm, 5. Juni 1882; Helbling 3/1, S. 475.

Birch-Pfeiffer: Charlotte Birch-Pfeiffer (1800–1868), die von 1837–1843 das Zürcher Stadttheater geleitet hatte, verdankte ihre größten Erfolge der Dramatisierung zeitgenössischer Romane und Novellen.

diese gefährlichen Selbstentdeckungen: An dieser Stelle hätte vielleicht ein fruchtbares Gespräch über das eigene und das zeitgenössische Dramenschaffen entstehen können, wenn Heyse nicht immer von seinen persönlichen Theaternöten und später von seinen Erfolgen in sehr ichbetonter Weise gesprochen hätte. So wird Keller in eine Rolle verwiesen, die ihn zwingt, ständig auf Heyses Probleme zu reagieren, wobei seine eigenen, zum Teil in seiner skurrilen und humorvollen Art geäußerten Sorgen oft in den Briefen für sich alleine stehenbleiben und so – unbeantwortet – jenen in der Einleitung erwähnten Tagebuchcharakter bekommen. Ein schönes Beispiel ist Kellers Erklärung zu jener Szene im «Sinngedicht», wo die unglücklichen Barone an Kuhschwänzen geschleppt werden (vgl. Brief 52). Kellers Gesprächspartner über das Drama blieb Hermann Hettner, mit dem er vor allem in den 50er Jahren in regem Briefwechsel stand.

Keller seinerseits geht allerdings auf Heyses Dramenschaffen ein. Er kritisiert es auf drei Ebenen: äußert sich erstens direkt Heyse gegenüber, gibt zweitens Urteile an Drittpersonen ab und verschlüsselt drittens zuweilen auch seine Kritik an Heyse, indem er andere Autoren bemängelt. Während Kellers Äußerungen in den 60er und 70er Jahren noch eher selten sind, nehmen differenzierte Urteile in den 80er Jahren deutlich zu. In dieser Phase gibt Heyse dem dramatischen Schaffen auch den Vorzug (vgl. dazu Anm. zu Brief 26) und kann um die Mitte der 80er Jahre als Dramatiker in Deutschland Fuß fassen; doch Kellers letztes Urteil, das dieser an Rodenberg über den Einakter «Zwischen Lipp' und Bechersrand» abgibt, bleibt zweideutig: «Heyses tragischer Einakter hat mich ebensosehr gepackt als er mir zu denken gegeben» (Helbling 3/2, S. 418).

6 oder 7 wirklich gute lyrische Gedichte: Storm schrieb am 15. Juli 1878 an Keller: «Gestehen muß ich trotzdem, daß ich im Punkt der Lyrik ein mürrischer griesgrämiger Geselle bin; auch den Meistern glückt's höchstens ein halbes, allerhöchstens ein ganzes Dutzend Mal» (Helbling 3/1, S. 425f.).

66: Heyse an Keller

München, 7. August 1882

Es ist eine Sünde und Schande, liebster Freund, wie durch meine Schuld auf der Poststraße zwischen uns das Gras im stillen immer höher wächst, daß sich nächstens ein Reiter zu Roß darin verbergen kann. Aber ich habe der Gewalt weichen und in den letzten nassen Wochen und Monaten allerlei Spuk aus meinem Gehirn austreiben müssen, der dort schon zu lange sein Unwesen trieb und mich nachgerade so sehr molestierte, daß ich Tag und Nacht keine Ruhe hatte. Ich habe ihn jetzt vom Halse, er liegt ganz kleinlaut in einem alten ledernen Mäppchen, in welchem mein Vater seine Kollektaneen aufbewahrte, und das mir nun immer als eine Mahnung vor Augen bleibt, mich eines Deutsch zu befleißigen, das vor den verklärten Augen zweier Grammatiker-Generationen zu bestehen vermöchte. Diese erlauchte Abkunft und die Pflichten, zu denen mich meine Noblesse obligiert, bewahren mich auch vor all den Nöten, in deren Irrgarten ich Dich herumtaumeln sehe – den orthographischen Fallen und Wolfsgruben, welche die heutige puristische Neuerungs- resp. Veraltungssucht einem Schriftsteller ohne solche ehrwürdige Familientraditionen zu legen pflegt.

Mit dem Gott meiner Väter bin ich ein wenig über den Fuß gespannt, aber die Heysesche Grammatik gilt mir noch für das Buch der Bücher, und in diesem Glauben werde ich leben und sterben, mich meiner überflüssigen H's und Y's und der Fülle traulicher Inkonsequenzen harmlos erfreuend, bis einmal, was höchst unwahrscheinlich ist, ein consensus sanctorum über ein alleinseligmachendes orthographisches Dogma erzielt wird, und kein deutscher Setzer einem deutschen Toten sein behagliches d mehr in die Grube geben will. Wenn ich mich aber in diesem Punkte Dir so überlegen fühlte wie ein Prinz von Geblüt dem ersten besten roturier, so habe ich Dich desto herzlicher um Deine Rückkehr zu den lyrischen premiers amours beneidet. Ich weiß kein vergnüglicheres Tagewerk, als an alten Liedern und vergilbten gereimten Tagebuchfetzen herumzustricheln und das Häuflein reinlicher Blätter im stillen Winkel seines Pultes anwachsen zu sehen. Dies habe ich ein einziges Mal genossen bei Gelegenheit meines Skizzenbuches und meine, es sei die schönste und wonnigste Zeit meines Lebens gewesen, wovon freilich hernach keine Menschenseele Notiz genommen hat. Mi nich to slimm, seggt de Swinegel. Hatt' ich doch meine Freude dran. Dir wird's auch in dieser Hinsicht besser ergehen, da die Gemeinde der klugen Leute, die sich zu orthodoxen Keller-Anbetern ausgewachsen haben, sichtbar anschwillt und längst auf diese Deine guten Gaben «spannt», wie wir Münchner sagen. Am ungeduldigsten aber Schreiber dieses. Und ich war schon drauf und dran, Dich zu bitten, daß Du mir doch das Ausgeschiedene anvertrauen solltest, weil ich – obwohl «bekanntermaßen» kein Lyriker – eine feine lyrische Nase besitze und mir getraute, noch manches bei Dir zu Gnaden zu bringen, was Du selbst nicht mehr des Aufhebens wert gehalten. Nun wird aber am Ende der Druck schon begonnen haben, also möchte ich mich nur für die zweite vermehrte Ausgabe bestens rekommandieren.

Seltsam traf es sich, daß gerade, da Du mir von alten Dramen schriebst, die Du zu Novellen umzuschaffen gedächtest, ich damit umging, ein altes Trauerspiel zu retten, das ich über 20 Jahre mit mir herumgetragen, bis es überreif und doch nicht genießbar geworden. Von fünf zu fünf Jahren habe ich dies Heft immer wieder hervorgeholt, eine Weile damit geliebäugelt, die «Spitz' und Schneide besehen» und es «seufzend wieder eingesteckt». Nun will ich's denn doch nicht meinen Testamentsvollstreckern überlassen, sich mit dem Unding abzufinden, da es zum Verbrennen zu gut und zum Drucken zu mangelhaft wäre, sondern ein paar gute stille Winterwochen daran wenden, das überflüssige Jambenfleisch ihm abzukasteien und es zu einem schlankeren strafferen Wuchs in fester Prosa zu erziehen. Das hätte schon jetzt geschehen sein können, wäre mir nicht ein dreiaktiges modernes Schauspielchen, eine Meerfrucht, die ich am Strande von Sylt aufgelesen, in die Quere gekommen. Mit diesem Produkt bin ich noch immer so wohlzufrieden, daß mir bangt, es möchte arg mißraten sein. Die nächste Zeit wird's an den Tag bringen. Es heißt «Das Recht des Stärkeren» und ist so zwischen Lust- und Trauerspiel, was die Franzosen comédie nennen, und wofür wir Dichter- und Denker-

Volk noch immer keinen richtigen Namen gefunden haben. Ich würde es daher am liebsten «Novelle in drei Akten» nennen, wenn ich nicht voraussähe, daß dann von der hohen und niederen Kritik zuerst und zuletzt über den Namen und nicht von fern über die Sache debattiert werden würde.

Wo diese Blätter Dich treffen werden, ist mir ungewiß. Ich selbst bin noch bis zum 20ten hier zu finden, gehe dann auf 2–3 Wochen in die fichtelgebirgischen Wälder, wo ich noch eine Hängematte deponiert habe, und um die Septembermitte noch nördlicher, da ich mit meinen drei Frauen – die Tochter ist auf dem schwesterlichen Gut als Tante und Laufmädchen angestellt – über Prag, Dresden, Berlin nach Leipzig rundreisen will. Am 7. Oktober wollen sie mir in Weimar den Alkibiades aufführen, da muß ich auch dabei sein. Du aber darfst nicht früher hieherkommen, oder ich fahre spornstreichs wieder nach Hause und lasse alle griechischen Lorbeeren im Stich, die am Strande der Ilm ohnehin nur kümmerlich wachsen werden.

Meine liebe Frau grüßt Dich allerschönstens, desgleichen die Schwiegermama. Und nun laß von Dir hören. Ich darf mir nach der scharfen Scharwerkerei dieses Sommers wohl eine Güte tun, und dazu gehört, daß morgens auf meinem Frühstücktisch ein Brief aus Zürich liegt.

Lebe wohl!

Treulichst Dein ältester Paul Heyse

Kollektaneen: Durch Sammeln zusammengebracht.

vor den verklärten Augen zweier Grammatiker-Generationen: Sowohl Heyses Vater Carl Wilhelm Ludwig Heyse (1797–1855) als auch sein Großvater Johann Christian August Heyse (1744–1829) waren Sprachforscher. Heyses Vater lehrte als a.o. Professor an der Universität Berlin klass. Philologie und Sprachwissenschaft, sein Großvater ist der Autor des bekannten «Allg. Wörterbuches zur Verdeutschung der in unserer Sprache gebräuchlichen fremden Wörter» (1804).

Tagebuchfetzen: Im Bestand des Paul-Heyse-Archivs der Bayrischen Staatsbibliothek München befinden sich unter den «Handschriften I/39» die Tagebücher Paul Heyses, die dieser vom 21. September 1852 (d.i. in seinem 23. Lebensjahr) bis zum 19. März 1914 (das sind 14 Tage vor seinem Tod) geführt hat. Die bis heute noch nicht edierten – handschriftlichen – Aufzeichnungen sind in 10 Schreibbüchern mit ca. 7700 Seiten enthalten.

meines Skizzenbuches: P. H., Skizzenbuch. Lieder und Bilder, Hertz, Berlin 1877. Storm äußerte gegenüber Keller in einem Brief von damals rüde Kritik, vgl. Helbling 3/1, S. 426.

ein altes Trauerspiel: Einst als «Caligula» bezeichnetes Drama, es erschien 1886 unter dem Titel «Die Hochzeit auf dem Aventin» (Uraufführung in Frankfurt/M. 1885).

Das Recht des Stärkeren: Vgl. Brief 64 und Anm .

Alkibiades: Vgl. Anm. zu Brief 49.

67: Keller an Heyse

Zürich, 10. August 1882

Allerdings, Du hochmütiger Grammaticide! stecke ich in diesem Augenblicke in der ersten orthographischen Schwulität, da ich bei der Revision einer im Druck befindlichen Auflage der Zürcher Geschichtchen wenigstens mit dem th am Schlusse der Silben abfahren wollte und nun eine heillose Verwirrung entstanden ist. Aber nur um so hartnäckiger werde ich auf meinem plebejisch biedermeierschen Tun beharren, und im Gedichtmanuskript schlage ich allen Todtenbeinen unbarmherzig das weichliche Knorpelfutter des d weg. Obwohl mein' fromme Mutter weint, da ich die Sach' hätt' g'fangen an – Ich hab's gewagt! ruf' ich Dir zu, trotz Deinem Wappenschilde! Aber freilich blutet mir das Herz dabei, wenn ich in dem verwüsteten Buchstabengärtlein meiner Kindheit so einsamlich dastehe. Wenn man mich aber reizt, so fang' ich einfach wieder an, mittelhochdeutsch zu schreiben, und dann ist die Purifikation von selbst am Platze!

Deine liebliche Geneigtheit, ein bißchen in meine lyrische Hexenküche hineinzusehen, kommt einem schüchternen Wunsche entgegen, der mir mehr als einmal aufgetaucht ist. Ich habe allerdings hier niemand, mit dem ich mich über vorkommende Zweifel und Schwierigkeiten beraten kann; die Schulmänner und Literarhistoriker können nicht helfen, weil sie immer nur die

Schulbänke vor sich sehen und vom Werden und Schaffen in der Wirklichkeit nichts kennen. Daher auch die verfluchte Oberlehrer-Kritik, die jetzt grassiert neben dem unsterblichen Sekundanerstil *à la* Julian Schmidt. Selbst Dichter wie Kinkel oder C. Ferd. Meyer, die selbst Schönes gemacht haben, kann ich nicht brauchen, weil ich kein Vertrauen zu ihnen habe. Warum? Weil ich nie ein mündliches oder schriftliches Wort von ihnen gehört oder gesehen habe, das in kritischen Dingen von Verstand und Herz gezeugt hätte. Solche Leute stellen sich im Verkehre auch immer halb verrückt, um den Mangel einer lebendigen Seele zu verbergen, den sie wohl fühlen.

Dich aber, lieber Freund, kann ich nicht mit einem dicken Manuskript und auch nicht mit einer sukzessiven Korrespondenz zugrunderichten, so wenig, als ich selbst dergleichen aushalten würde. Um Rettung verworfener Kindlein wäre es mir auch weniger zu tun als um guten Rat hinsichtlich der Verwerfung noch mehrerer. Gedruckt wird noch nicht, ich habe noch gar keinen Verleger angefragt, vielleicht aus richtigem Instinkt. Wenn nun der Spätherbst noch schöne trockene Tage brächte, so würde ich vielleicht mit dem bis dahin fertigen Ungeheuer von Handschrift nach München kommen und Dich in einigen kurzen Sitzungen damit behelligen und Deinen Finger auf die mir besonders schadhaft erscheinenden Stellen legen, d. h. mehr auf ganze Partien als auf Schuldetails, alles, vorausgesetzt daß Du alsdann noch munter und dazu aufgelegt wärest und, wie gesagt, die kleine Reise Ende Oktober und Anfang November nicht zu naßkalt ausfällt.

Hoffnungen setze ich so dünne auf das Buch, als das Pflichtgefühl, mit dem ich es zusammenstopsle, dick ist. Und wie sollt' ich anders, wenn ein *Maestro wie Signor Paolo* sich über die Lauheit der Aufnahme seiner metrischen Werke zu beklagen hat? Was übrigens zu hypochondrisch ist; denn Deine Bände werden eifrig gelesen und schön gefunden; allein es wird das als selbstverständlich betrachtet, wovon man nicht zu reden brauche! Und diejenigen, die reden könnten (oder konnten), halten dann weislich das Maul. Das große Publikum der Jugend und des gebildeten Alters gerät schon einmal hinter die Sache, wozu indessen eine kompakte handliche Ausgabe Deiner Lyrika beitragen würde. Ich will aber mir die Finger nicht länger verbrennen mit solchen naseweisen Trostreden wie neulich wegen des dramatischen Glückes, während Du bereits mit einem Heuwagen voll Lorbeeren einhergefahren bist. Zu dem «Alkibiades» in Weimar wünsche ich gerechtes Schicksal und fröhliches Genießen. Es wird hoffentlich doch für den letzten Akt eine eigene Dekoration und Einrichtung gemacht, wenn nicht für das Ganze!

Du hast deine Ärzte und Freunde schön bemogelt, da Du offenbar die ganze Zeit, wo Du ruhen solltest, produziert hast, Dramen, Novellen und weiß Gott was! Nun kannst Du wieder nach dem Wolfe rufen, es wird niemand Mitleid fühlen als ich, der ich die Größe der Arbeitsleidenschaft aus deren Gegensatz, der Majestät der Faulheit kenne und zu ermessen weiß, wie die Höhe eines Berges aus dem Abgrunde. Empfehle mich grüßend Deinen edlen Damen und reise glückselig.

Dein ehrwürdig alter Freund G. Keller

Auflage der Zürcher Geschichtchen: 3. Aufl. 1883 der «Zürcher Novellen».

Obwohl mein' fromme Mutter weint...: In der Vorrede von Huttens «Gespräch-büchlein, 1521.

meine lyrische Hexenküche: Vgl. Briefe 23, 28, 29, 59, 61 und Anm.

Schmidt: Julian Schmidt (1818–1886), Studium der Philologie, Realschullehrer in Berlin, Kritiker und Literaturhistoriker.

Kinkel: Vgl. Anm. zu Brief 12.

C. Ferd. Meyer: Vgl. Anm. zu Brief 19.

über die Lauheit der Aufnahme: Vgl. Brief 28 und Anm.

Ausgabe Deiner Lyrika: Heyses Gedichte sind in vielen Ausgaben und Zeitschriften erschienen. Eine erste umfangreiche Sammlung erscheint 1885. P. H., Gedichte, Hertz, 3. erw. Aufl., Berlin 1885. Zu diesem Band äußerte sich dann Keller allerdings nur sehr knapp (vgl. Brief 92). Daß sich Keller mit seinen eigenen Gedichten über dreißig Jahre hinweg schwergetan hatte, wird kaum der einzige Grund gewesen sein. Wahrscheinlich hat Keller hier am deutlichsten die Konkurrenzsituation gespürt, in der sie zweifellos standen. Während Keller nämlich in diesem Brief resigniert festhält: «Hoffnungen setze ich so dünne auf das ganze Buch, als das Pflichtgefühl, mit dem ich es zusammenstopsle, dick ist», beneidet er einen «Maestro wie Signor Paolo», dessen Bände «eifrig gelesen und schön gefunden» werden. Nicht Heyse steht da mehr zur Beurteilung, sondern die Leserschaft, die Kellers eigene lyrische Arbeiten noch zuwenig aufgenommen hatte.

«Alkibiades» in Weimar: Vgl. Anm. zu Brief 49 und 70.

68 (Postkarte): Heyse an Keller

München, 16. August 1882

Ich habe es nicht lassen können, liebster Meister Gottfried, Deine frischgelegten lyrischen Eier unter vier Augen zu begackern. Nun hoff' ich, Du wirst kein Gesicht ziehen, sondern ausessen, was ich Dir eingebrockt habe. Schmeckt es Dir aus einer anderen Schüssel als der berlinischen besser, so bist Du natürlich padrone, padronissimo. Eine viel nahrhaftere wirst Du schwerlich finden. So, nun habe ich meine Schuldigkeit als Klosterbruder getan, da der Patriarch mich gebeten, mein Fürwort bei Dir einzulegen. Ende Oktober ist eine schöne Zeit, und hoffentlich «trocken» genug, um verschiedene Schäfchen alsdann con amore aufs Trockne zu bringen. Ich freue mich höchlich, daß Du mir das ius primae noctis einräumen willst. Über alle fehlenden h's und d's will ich dann beide Augen zudrücken. Euch Buchstabenmörder gehört ja doch die Zukunft, und ich werde mich deshalb nicht im Grabe meiner Väter umdrehen. Von meinen Frauenzimmern frische Grüße. Sage ein freundliches Wort an Baechtold. Lebe wohl und zürne nüd!

Dein ältester P. H.

aus einer andern als der berlinischen: Heyse hat seinen Verleger Wilhelm Hertz angefragt, ob er Kellers Gedichte herausgeben möchte. Am 15. August 1882 erhält Keller aus Berlin eine positive Antwort; vgl. dazu Kellers Brief an Hertz, in: Helbling 3/2, S. 435f.

Schuldigkeit als Klosterbruder: Anspielung auf Lessings «Nathan der Weise», I, 5; vgl. Brief 16.

ius primae noctis: ‹Recht auf die erste Nacht›.

69 (Postkarte): Keller an Heyse

Als ich den Brief von Hertz empfing, habe ich gleich gerufen: Das ist Tells Geschoß! *vestigia leonis! ex unguento leonem,* sagt der Apotheker! Und es ist auch ein wohltätiges Sälblein, das eine entschiedene Wendung zur Genesung vom Zögerwahne herbeiführen wird. Ich habe keinen Grund zu refüsieren und sende Dir als *Viatikum* meinen Dank und Gruß, welchen letztern Du freundlich teilen magst!

G. Keller

Zürich, 18. August 1882

den Brief von Hertz: Vgl. Anm. zu Postkarte 68. Dieser Vermittlungsakt ist ein weiteres Zeichen der freundschaftlichen Gesinnung Heyses. Keller hegte schon früher den Gedanken, «einmal neben den Werken (seines) Freundes Paul Heyse» (Keller an Hertz, 10. November 1880) im Hertz-Verlag eines seiner eigenen «Büchlein» drucken lassen zu können. 1886 erscheinen im Hertz-Verlag auch der Roman «Martin Salander» und drei Jahre darauf Kellers «Gesammelte Werke» in zehn Bänden, die die vorletzte Stufe der allgemeinen Verbreitung des Kellerschen Werkes bedeuteten. Ein großes Verdienst kann da entschieden auch der allzeitig wohlwollenden und selbstlosen Bereitschaft Heyses für Kellers Person und Werk angerechnet werden.

vestigia leonis! ex unguento leonem: ‹Die Spuren des Löwen!› Der zweite Teil ist ein Wortspiel mit unguis ‹Tatze›, ‹Klaue› und unguentum ‹Salbe› (ex ungue leonem «an der Klaue des Löwen»).

Viatikum: Reise-, Zehrgeld.

70: *Keller an Heyse*

Zürich, 9. November 1882

Du wirst, von Deinem Siegesbummel zurückgekehrt, liebster Freund! bereits bemerkt haben, daß ich bis jetzt noch nicht an der Isar erschienen bin, wie projektiert war. Zuerst muß ich Dir aber die Genugtuung kundmachen, die ich empfand, als mir sowohl Herr Hertz aus Berlin als auch die Presse den guten und gerechten Erfolg Deines «Alkibiades» und die vergnügten Tage in Weimar erzählten. Möge sich der unbegreifliche Adolfus auf der Hofburg hievon Notiz nehmen, der erlauchte Paulus neben der weißen Herberge der vielen nackten Beine zu München aber Veranlassung, «unentwogen» fortzufahren, die Anfechtungen seiner eigenen Beine vollends in einen triumphalen Hopser zu verwandeln!

Warum ich nun mit meiner Handschrift nicht gekommen bin, Dich zu quälen, hat fast trauersame Ursachen. Der Umzug in die neue Wohnung (Zeltweg-Hottingen 27), das Einpacken und Wiedereinrichten ging so peinlich und unbeholfen vor sich, daß ich ganz demoralisiert wurde, besonders als ich am 1. Oktober erst beim Bücherpacken angelangt, von der Höhe der Leiter rückwärts mit dem Schädel auf den Boden hinunter stürzte und den Hinterkopf aufschlug. Auf diesem Punkte angelangt hatte ich sogar einen Moment, wo ich das Lied zu Ende glaubte, da ich auf dem Rücken liegend mit der Hand unter den Kopf griff und ins strömende Blut griff. Die Schramme, die indessen in 8 Tagen leidlich zuheilte, schien mir im ersten Augenblicke ein Knochenbruch zu sein, wobei ich nicht bedachte, daß ich in diesem Falle schwerlich irgendeine Betrachtung anstellen würde. Item, diese plötzliche Demarkierung unmittelbarer Todesnähe, an der wir laborieren, war ein etwas kitzeliges Novum für mich. Die Schwester, die mir auf die Füße half, sagte auch auf meine nicht ganz unbekümmerte Bemerkung, es werde wohl fertig sein mit meinen Angelegenheiten, so neuartig herzlich ihr: Nein, Nein! daß die kurze Rumpelei auch zu einem Unikum für mich wurde.

Jetzt raucht er wieder, Gott sei Dank! Auf nächsten Sonnabend habe ich für die übliche Martinsgans auf der «Meise» unterschrieben, in dem Sälchen, das Du kennst, wo es heißen wird: eine gute Gans eine fromme Gans, eine zarte Gans eine kluge Gans usf.

Inzwischen ist es jetzt Winter und sind die Tage so kurz geworden, daß das Reischen ins Wasser gefallen ist, zumal das Manuskript auch noch seiner völligen Dicke ermangelt. So will ich denn die Ratlosigkeit, die meinen lyrischen Stern von Anbeginn umwölkte, bis zu Ende tragen, so gern ich Dir den metrischen Heuschober gezeigt hätte. Übrigens soll Dir der Verleger seinerzeit die Aushängebogen zusenden. Versäume ja nicht, die jetzt erschienenen Gedichte von C. Ferd. Meyer zu lesen; Du wirst Freude daran haben, Sie gehören gewiß zu dem Besten, was seit geraumer Zeit erschienen ist; allein auch jetzt noch möchte ich ihn nicht konsultieren. Doch das gehört nicht zur Sache; es ist ein schönes Gedichtbuch und wird es bleiben.

Die novellistischen Vorposten, die Du überall wieder aufgestellt hast, sind mir natürlich nicht entgangen; ich muß aber wieder die nächste Sammlung abwarten, um sie genießen zu können. Auch von Storm habe ich nur die Hälfte seiner neuen Geschichte erwischt, da das betreffende Heft vom Lesesaale verschwand, eh' ich fertig war. Und doch hatte ich mir alle Mühe gegeben, weil der treffenliche [sic!] Altgeselle an der Sache noch die ungeduldige Freude eines Jünglings empfindet.

Ich grüße Dein Haus, die Frau Oberin zuerst; diene Du mit demselben dem Herren gleich Deinem hochseligen König, und bleibe getreu Deinem graulichen Lehenträger und Kopfpurzler

Gottfr. Keller

von Deinem Siegesbummel: Am 18. August wurde Heyses «Alkibiades» mit Erfolg in Weimar aufgeführt. An Hertz schrieb Keller am 6. November: «Es hat mich innig gefreut, von Ihnen zu vernehmen, und habe es auch in Zeitungsberichten bestätigt gefunden, daß Heyse mit seinem ‹Alkibiades› in Weimar einen schönen und gerechten Erfolg erlebt hat» (Helbling 3/2, S. 437).

Adolfus auf der Hofburg: Gemeint ist Adolf Wilbrandt, vgl. Brief 58 und Anm.

neben der weißen Herberge: Heyses Villa an der Luisenstraße lag neben der Glyptothek.

Jetzt raucht er wieder: Ein Spruch Wilhelm Buschs in einem seiner «Münchener Bilderbogen», die von 1859 bis 1871 erschienen.

Gedichte von C. F. Meyer: C. F. Meyer, Gedichte, Haessel, Leipzig 1882.

Die novellistischen Vorposten: P. H., Unvergeßbare Worte. Vorabdruck in «Nord und Süd», 1882, Bd. 23, S. 1 ff.; für das Januarheft der «Westermanns Monatshefte» war die Novelle «Nino Maso» angekündigt.

von Storm: «Hans und Heinz Kirch» im Oktoberheft der «Westermanns Monatshefte».

Deinem hochseligen König: Friedrich Wilhelm IV., König von Preußen (1840–1861), zitierte in seiner Rede vor dem ersten vereinigten Landtag 1847 ein Wort Josuas: «Ich und mein Haus wollen dem Herrn dienen.»

71: Heyse an Keller

München, 18. November 1882

Ich muß Dir nun sagen, lieber Freund, daß man in der Luisenstraße 49 sehr schlecht auf Dich zu sprechen ist. Man hatte dort bereits die Tore weit gemacht zum feierlichen Empfange des hohen Gastes, die Hausfrau hatte überlegt, welche schönen Münchnerinnen sie Dir vorsetzen sollte, das trinkbare Fräulein, das die Kellerschlüssel führt, mußte alle Winkel revidieren nach alten bestäubten und bemoosten Extraflaschen, ich selbst hatte die betreffenden Kapitel in Heyses deutscher Grammatik nachgelesen, um mich für das bevorstehende orthographische Turney bis an die Zähne zu bewaffnen, und nun hören wir kahle Ausflüchte, die auf große Herzenshärtigkeit und unguten Willen schließen lassen; und so ist wieder eines unserer «besten Jahre» (Gott bessere sie!) verstrichen ohne das trauliche abboccamento, zu dem wir uns während dieses nassen Sommers wie zu einem trockenen Inselchen, auf dem wir's uns wohlsein lassen wollten, gefreut hatten. Dem braven Sindbad, als er merkte, daß das Eiland, an dem er gelandet, ein tückischer Krabbe war, kann nicht trübseliger zumute gewesen sein. Zwar haben wir den Bericht über Deinen halsbrecherischen Unfall mit gebührendem Schrecken gelesen; aber Deine Absicht, so schlau sie versteckt blieb: uns dadurch weich zu stimmen und so etwas wie geminderte Zurechnungsfähigkeit bei Dir annehmen zu lassen, hat uns wieder ein wenig beruhigt. Ich will zwar unserem München nicht schmeicheln, aber die «langen Abende» sind nicht das Ungenießbarste darin, und wir hätten für allerlei Kurzweil bestens gesorgt, von der Du ganz so viel oder so wenig genießen mochtest, wie Dir beliebte. Freilich muss ich nun auch beichten, daß ich den hinterlistigen Anschlag gemacht hatte, Dir meine Elfriede vorspielen zu lassen, und vielleicht war es die Ahnung dieses zweifelhaften Genusses, die Dein prophetisches Gemüt bewog, den ganzen Plan fallen zu lassen. Dafür hast Du mich nun auf dem Gewissen, wenn ich diese Wochen, die ich vergnüglich mit Dir zu verschlendern dachte, von früh bis spät in der tragischen Schmiede zubringe und den 25 Jahre alten, sehr verrosteten Stoff auf dem Ambos hin und her wende, daß die Funken fliegen. Die kühle Ferne, aus der ich das Jugendopus jetzt betrachte, kommt ihm jedenfalls zustatten, da die ganz erfundene Fabel – nur eine Notiz von zwei Zeilen findet sich bei irgendeinem Historiographen der Kaiserzeit – mir jetzt wie eine überlieferte entgegentritt, der ich einzig und allein die möglichst erledigende dramatische Form zu geben habe. Aber klüger und gesünder wäre mir's tausendmal, Dein lyrisches Herbarium durchzuschnüffeln und mich des Immergrüns Deiner Gefühle zu freuen. Nun, Du bist Padrone. Oder steckt am Ende die gestrenge Schwester dahinter, die wieder einen Rückfall fürchtet, und Dich für's erste nicht aus den Augen lassen will?

Die Gedichte Deines engeren Landsmannes und Nachbarn habe ich, wie Du denken kannst, mit großem Dank zu mir genommen und viele Tage lang mich daran delektiert. Ich kann mir aber nicht helfen, es will mir doch bei der Mehrzahl vorkommen, als ob es Dichtungen für Poeten wären, die mit nach- und ausdichtender Seele dergleichen hinnehmen, während der naive Leser mit vielem so übel daran ist, wie ein Hungriger mit einer Büchse voll Fleischextrakt. Eine herbe Kürze und schroffe Verschlossenheit ist gewiß anziehend für den, der einem Dichter dankbar dafür ist, daß er «ihm etwas zu schaffen macht». Doch selbst in den Balladen, die ja den volkstümlichen Lapidarstil am besten vertragen, kann diese Kunst des Helldunkels, des geheimnisvollen Hinschleuderns andeutender Striche und Farben zu weit getrieben werden, und hie und da scheint mir die Technik, deren C. F. M. sich befleißt, an Manier zu streifen. Ich fürchte, dies wertvolle Buch, das so viel Kostbares enthält, wird überall von den Kritikern, die ja alle halb und halb vom Handwerk sind, ausbündig schön befunden und vom Publikum wenig beachtet werden, das durch den süßen Kindsbrei, den die Herren Rattenfänger ihm einlöffeln, einer derberen Kost nur allzusehr entwöhnt worden ist. Ich selbst habe die Probe auf meine Art damit machen können, indem ich mich fragte, was von diesen Sachen, in einem kleinen empfängnisvollen gemischten Zirkel vorgelesen, einen entschiedenen Eindruck machen würde. Da war es die Minderzahl und auch von der manches problematisch. Niemand wird froher sein, durch den Erfolg ad absurdum geführt zu werden, als ich in diesem Falle.

Denn ich mag gern in einer großen Gemeinde meine Andacht begehen. Aber die Menge will Götter, die sich ganz unzweideutig offenbaren, so daß man einen handlichen Katechismus darüber abfassen kann. Qui vivra, verra.

Von Storm sollt' ich Dich mündlich grüßen, tu es also leider auf diesem notdürftigen Wege. Sein Jüngstes scheint mir von sehr kräftiger Konstitution und dem Papa alle Ehre zu machen. Im übrigen weiß ich mich nicht zu lassen vor Zuschickungen guter Bekannter, die brave Leute und schlechte Musikanten sind und mich wenig kümmern würden, wenn sie nicht eine Quittung über das mir angetane Herzeleid verlangten. Ich werde aus Notwehr geradeso grob, wie ich früher, wo ich's mit der Pflicht der Selbsterhaltung nicht so genau zu nehmen brauchte, wohlerzogen und menschenfreundlich war. Dies ist aber wahrhaftig die siebente Seite. Wenn Frau Annina das sähe, würde sie mir una grossa predica angedeihen lassen. Aber Gott sieht mich ja doch, und so will ich tugendhaft sein und schließen. Denn ich muß freilich noch meine Palette putzen für das Stück Arbeit, das morgen meiner wartet und keines von den leichtesten ist. Im Grunde aber freue ich mich ungeheuer dazu, dieses neue Stück Dir einmal vorlegen zu können und zu fragen, ob man nicht auch mit «nackete Füß» eine Strecke weit kommen kann, wenn man die Waden dazu hat.

Lebe wohl! Schönste Grüße von meinem – eben jetzt wieder vollzählig versammelten – Frauenzimmer.

Dein Paul Heyse

abboccamento: ‹Unterredung›.

Sindbad: Aus «Tausendundeine Nacht».

meine Elfriede: Heyses 1877 erschienenes Trauerspiel «Elfriede» wurde im Herbst in München gespielt (Uraufführung 1879 in Straßburg).

das Jugendopus: Vgl. Brief 66 und Anm.

die Gedichte Deines engeren Landsmannes: Vgl. Brief 70 und Anm.

die Herren Rattenfänger: Anspielung auf Julius Wolffs erfolgreiche Abenteuergeschichte «Der Rattenfänger von Hameln», 1876.

72: Keller an Heyse

Zürich, 25. Dezember 1882

Du hast allerlei Kohlen auf mein geschundenes Haupt gesammelt, lieber Paul und Meister, mit Brief und Buch, und ich will meine Julzeitschreiberei nur gleich an diesem dicken Ende beginnen. In der neuen Sammlung, für die ich schönstens danke, waren mir die «Unvergeßbaren Worte» und die «Eselin» noch unbekannt. Erstere Novelle ist gerade so rein und edel in Form und Proportionen wie ihr Schauplatz, die *Villa Rotonda*, und ich preise Deine jugendliche Schützenkunst, mit der Du Deinem alten Palladio diesen Vogel im Fluge weggeschossen hast. Bruder Storm wird wohl diesmal sich nicht über zu große Sexualität beklagen können. Die Eselin, und zwar das Tier selbst, hat mich wahrhaft gerührt. Sie reiht sich als Mitgefühl erweckendes Wesen gleich an die Pferde des Kohlhaas und Mörikes arme Tiere und unterscheidet sich dazu noch, daß sie eine Gefährtin von Menschenelend ist und von diesen gepflegt wird.

Es fängt mir allgemach an aufzudämmern, was Dein großer Fleiß der Zukunft bedeuten wird, und daß es sich um ein Novellenwerk handelt, welches ein ganz anderes Weltbild darzustellen bestimmt ist, als der wackere Spielhagen in seinen Romantheorien sich zu vindizieren immer und immer wieder sich abmüht. Damit will ich Dich jedoch keineswegs von der allerteuersten Bretterbude, so auch die Welt bedeutet, ablenken, auch wenn ich dazu die Macht hätte, sehe vielmehr der neuen Antike mit offenem Rachen entgegen. Daß ich fast die «Elfride» zu sehen bekommen hätte, kränkt mich freilich ebensosehr als die verscherzten Kellerhüter des trinkbaren Fräuleins und die mit der blassen Vorstellung verduftеten Münchner Schönheiten. Das alles soll aber nicht geschenkt sein!

Erst nachdem ich das letzte Münchner Projekt aufgegeben, kamen mir Julius Grosses Gedichte mit Deiner Vorrede in die Hand. Du kannst Dir doch ein bißchen vorstellen, daß ich nun doch einigermaßen froh war, Dich nicht auch noch sequestriert zu haben, so erbaulich und würdiglich der Vorgang auch ist. Ich nahe mich übrigens erst jetzt dem Abschluß meines Buches, das mir hauptsächlich auch seines vielfach verjährten Inhaltes wegen Sorge macht.

Deine Bemerkungen über C. F. Meyers Gedichte sind mir wohl begreiflich; ich glaube aber, daß in seiner knapp zugeschliffenen Weise eben seine Schranke liegt, und daß er nicht mehr zu sagen hat, als er tut, so geistvoll und poetisch er ist. Auch in seiner Prosa beginnt sich, wie ich fürchte, das geltend zu machen, und daher mag in beiden Richtungen der um sich greifende Manierismus seinen Grund haben. Charakteristisch ist das manierierte erste Gedichtchen der Sammlung, wo der alternde Herr gewissermaßen mit unendlicher Fülle bramarbasiert, während das mäßige Büchlein die sorgsam zusammengefeilte Frucht eines ganzen Lebens ist. Um das Härteste zu sagen, so kommt mir sogar manches wie herrlich gemachte künstliche Blumen vor; aber eben, es ist halt doch gemacht und zustande gebracht, und darum wirkt es auf mich in dieser Zeit, die Du ja wohl kennst!

Deine lästige Kundschaft der Zusender wirst Du wohl noch mit gänzlichem Stillschweigen zu bedienen lernen, wenn Du nicht offenes Bureau halten willst wie ein hesperischer Straßensekretär. Der Ruhm allzu großer Menschenfreundlichkeit ist ein allzu teurer und dazu noch problematischer bei Dichtern. Schicke lieber Deine schönen Damen täglich in die Kirche und gib ihnen jeweilig eine Mark oder zwei mit für den Opferstock. Das Fräulein soll sie aber nicht etwa bei Achatz, oder wie er heißt, verkneipen. Natürlich sende ich Euch, der verehrten Frau Doktor und dem ganzen Hause meine verhältnismäßig schönsten und tauglichsten Herzenswünsche für das kommende Jahr, und rolle auch als ehrerbietiger Knecht Ruppert der Frau Großmama eine Handvoll goldener Nüsse, wovon keine taub sein soll, in die Türe.

Grüße auch gelegentlich Herrn Ludwig Laistner recht bieder von mir, ebenso Hermann Lingg. Bald hätt' ich Deine neuste Novelle in der «Österreichischen Rundschau» vergessen, «Die Grenzen der Menschheit», eine ganz vertrackte Erfindung, erst etwas Tieck-Hoffmann, aber sofort ins Wahre einmündend und Reale. Aber was wird Rodenberg zu dieser neuen teuflischen Konkurrenzanstalt sagen? Es verlautet so schon, es stände nicht alles zum glänzendsten mit seiner Unternehmung.

Ich denke jetzt wieder mehr an mein Romänchen, worin alles im guten und schlimmen Sinne aufwärts strebt und das mit einer wirklichen Bergfahrt vieler Menschen kataströphlich abschließen soll. Glaubst Du als Sprachenmeister, daß hiefür der Titel: *Excelsior* (Longfellowschen Angedenkens) angehen würde, oder wäre er zu entlegen und ungeeignet? Was die neue Orthographie betrifft, so reut es mich, daß ich dem ersten Anprall nachgegeben habe, und könnte mit Hutten singen: Wiewohl mein' fromme Mutter weint, da ich die Sach' hätt' g'fangen an. Aber nun ist's geschehen! Dein zerknirschter Täter

G. Keller

In der neuen Sammlung: P. H., Unvergeßbare Worte (15. Sammlung), Hertz, Berlin 1883.

Villa Rotonda: In Vicenza von Palladio (1508–1580), ital. Architekt, gebaut.

Pferde des Kohlhaas und Mörikes arme Tiere: In Heinrich Kleists Erzählung «Michael Kohlhaas» (1810) bzw. in Eduard Mörikes Märchen «Der Bauer und sein Sohn» (1839).

Spielhagen in seinen Romantheorien: Vgl. Brief 61 und Anm.

die «Elfriede»: Vgl. Brief 71 und Anm.

Julius Großes Gedichte: Julius Große, Gedichte. In neuer durchgesehener und vermehrter Auswahl. Mit einer Zuschrift von P. Heyse, Grote, Berlin 1882.

Abschluß meines Buches: Keller meint seinen Gedichtband.

Deine Bemerkung über C. F. Meyer: Aufschlußreich ist das Gespräch zwischen Keller, Heyse und Storm über das lyrische Werk C. F. Meyers. Dabei zeigt sich nämlich ihre je eigene und originäre Kunstauffassung.

das manierierte erste Gedichtchen:

Fülle

Genug ist nicht genug! Gepriesen werde
Der Herbst! Kein Ast, der seiner Frucht entbehrte!
Tief beugt sich mancher allzureich beschwerte,
Der Apfel fällt mit dumpfem Laut zur Erde.

Genug ist nicht genug! Es lacht im Laube!
Die Pfirsche hat dem Munde zugewunken!
Ein helles Zechlied summt die Wespe trunken –
Genug ist nicht genug! – um eine Traube.

Genug ist nicht genug! Mit vollen Zügen
Schlürft Dichtergeist am Borne des Genußes,
Das Herz, auch es bedarf des Überflußes,
Genug kann nie und nimmermehr genügen!

Ludwig Laistner: Vgl. Anm. zu Brief 59.

Hermann Lingg: Hermann Lingg (1820–1905), Studium der Medizin, ab 1851 freier Schriftsteller in München, Verbindung zu Geibel und dem Münchner Dichterkreis, vgl. Anm. zu Brief 4.

Tieck-Hoffmann: Anspielung auf die Märchenmotive bei den Romantikern Ludwig Tieck und E. T. A. Hoffmann.

«Die Grenzen der Menschheit»: Erscheint in der 16. Novellensammlung; P. H., Buch der Freundschaft, Hertz, Berlin 1883.

teuflische Konkurrenzanstalt: Von Anton Edlinger herausgegebene «Oesterreichische Rundschau», Monatsschrift für das gesamte geistige Leben der Gegenwart, Graeser, Wien 1883. Es erschien nur gerade ein Jahrgang.

mein Romänchen: Vgl. Briefe 60, 61 und Anm.

Excelsior (Longfelloschen Angedenkens): Henry W. Longfellow (1807–1882), nordamerikanischer Dichter, vgl. W 12, S. 413 ff.

mit Hutten: Vgl. Brief 67 und Anm.

73: Heyse an Keller

München, 1. Januar 1883

Exzelsior ist ein ganz schönes Wort, liebster Gotofrede, und zum Jahresanfang, an welchem ich diese Zeilen schreibe, ein gutes Motto, das ich meinen lahmen Schenkeln zu eifriger Beherzigung zurufen möchte. Auch würde unser verewigter Altmeister im Titelfinden, der gute Auerbach, der die Schwächen des werten Publikums aus dem Grunde kannte, einem Buch in hoc signo den Sieg prophezeit haben und sicherlich nicht Lügen gestraft worden sein. Dennoch und obwohl ich nicht weiß, wie genau vielleicht diese Flagge zu Deiner Ladung paßt, «warnt mich was, daß ich dabei nicht bleibe». Ein solches Zitat ist mir nicht Gottfried Kellerisch genug, es erinnert an Gartenlauben-Allüren, an Dingelstedterei, und ich zöge eine simple «Bergfahrt» oder was sonst sich schicken mag, bei weitem vor. Unangesehen, daß jenes Longfellowsche Poem mir von jeher wie eine Attrappe vorgekommen ist, die uns Schritt vor Schritt, Strophe für Strophe auf irgendeinen Inhalt, ein Erreichtes, eine Aussicht vom Bergesgipfel spannt und zuletzt mit langen Gesichtern stehen läßt, da die Moral der Geschichte darin zu bestehen scheint, daß es auf das Klimmen und Klettern «als solches» ankomme, was mit geringerem lyrisch-pathetischen Aufwand auch zu sagen war. Du wirst wissen, was Du willst und tust; mein Votum ins Blaue soll Dir nur zeigen, daß ich als Dein allzeit dienstwilliger Geselle mich nicht schäme, selbst mit der Stange im Nebel herumzufahren, wenn Dir damit ein Gefallen geschehen kann.

Neulich hat mir ein Landsmann von Dir ein Büchlein zugehen lassen, das mir freilich einen so dicken allegorisch-mythologischen Qualm aufwirbelt, wie ich noch keinen erlebt, so daß ich nach vergeblichen Versuchen, mich durchzutappen, schleunigst kehrtgemacht und mich in die reine und lieblich durchsonnte Luft Deiner Sieben Legenden geflüchtet habe. Zu meinem großen Erstaunen höre ich, daß dieser Nebulist in Eurer klaren Höhenwelt schwärmerische Anhänger gefunden hat, so den trefflichen Widmann, der an Schack in überschwenglichen Ausdrücken von diesem tandem aliquando auferstandenen Genius geschrieben hat. Das Schlimmste ist, daß die Auflösung dieser sehr pretiös vorgetragenen – nur hie und da von wahrem Empfindungshauch durchwehten – extramundanen Rätsel noch weit sibyllinischer ist, als die Offenbarungen selbst. Und es ist so billig, den Schein des Tiefsinns zu erregen, wenn man in Sandwüsten artesische Brunnen gräbt, zu deren Grunde kein dialektisch geflochtenes Seil hinabreicht. Ich lobe mir die Mosesse, die aus dem ersten besten Felsen lebendige Quellen hervorspringen lassen.

Mit Julius dem Großen habe ich meine liebe Not gehabt. Er ist ein gar guter Kerl und auch sicherlich ein Poet, dem es nur leider an jenem Körnchen bon sens fehlt, mit welchem man selbst die tollste Phantasterei genießbar machen kann. Dazu ließ er seine Gedichte so ungekämmt und verwahrlost an Kleidern und Schuhen herumlaufen, wie er selbst sich zu tragen pflegt. Nicht daß es ihm an innerer Reinlichkeit fehlte; er ist eine anima candida wie wenige. Aber was er auch an seine Toilette wenden mag, es battet nichts; nicht einmal die Hilfe seiner guten Frau; und auch was hier ein Freund an ihm getan, hat schwerlich alle Spuren dieses natürlichen Unwesens getilgt.

Aber ich muß schließen. Ich leide viel Schmerzen und habe triste, unergiebige Tage. Dir wünsche ich, daß es mit Deinem blühenden und grünenden Exzelsior so fortgehen möge bis ans Ende der Dinge. Mein Frauenzimmer grüßt herzlichst. Die Großmama glänzte übers ganze Gesicht vom Widerschein Deiner goldenen Nüsse. Lebewohl.

Dein Paul Heyse

unser verewigter Altmeister im Titelfinden: Berthold Auerbach war als «Titelfinder» bekannt. So berichtet er in einem Brief an Keller (17. März 1860): «Gibt Ihre Erzählung etwas mehr als zwei Bogen, so hat das nichts auf sich, nur bitte ich Sie wiederholt, mir Ende Mai das Manuskript zu schicken und mir zu sagen, ob Sie Korrektur haben wollen oder ob ich sie machen darf. Ich bin darin sorgfältig. Ich habe eine besondere Lust daran, und es ist mir auch oft für andere geglückt, Büchertitel zu machen. Ich habe für Ihre Erzählung einen *in petto...*» (Helbling 3/2, S. 191). Bei der erwähnten Erzählung handelt es sich um «Das Fähnlein der sieben Aufrechten», dessen Titel von Auerbach stammt.

warnt mich was...: Goethe, Faust, V. 1235.

Dingelstedterei: Franz von Dingelstedt (1814–1881), Studium der Theologie und Philologie, Schriftsteller, Dramaturg, Redakteur, zuletzt Direktor des Wiener Burgtheaters (1870–1880).

ein Landsmann von Dir: C.F. Meyer ließ Heyse durch seinen Verleger Haessel in Leipzig Carl Spittelers Aufsatzsammlung «Extramundana» (bei Haessel, Leipzig 1883, verlegt) zustellen.

schwärmerische Anhänger: Joseph Viktor Widmann war mit Carl Spitteler eng befreundet und verwandtschaftlich liiert. Er trat öffentlich für diesen jungen Autor ein; auch in den Briefen an Keller machte er privatim Werbung für diesen; vgl. dazu Helbling 3/1, S. 226ff., auch den folg. Brief. Kellers literarisches Urteil über Spitteler ist ambivalent; während er Spittelers Erstling «Prometheus und Epimetheus» (Sauerländer, Aarau 1881) noch in hohen Tönen lobt (Keller an Widmann, 27. Januar 1881), kritisiert er – wie Heyse – das zweite Werk scharf (vgl. Keller an Widmann, 13. Januar 1883).

Schack: Vgl. Anm. zu Brief 16.

tandem aliquando: «Endlich einmal», vgl. Ciceros Reden gegen Catilina. Carl Spitteler veröffentlichte unter seinem Pseudonym: C. Felix Tandem.

Mit Julius dem Großen: Vgl. Brief 72 und Anm.

anima candida: «weiße/reine Seele».

es battet nichts: «Es fruchtet/bringt nichts», sehr gebräuchlich in Hessen und im Westerwald (Grimm, Dt. Wörterbuch, Bd. 1, Sp. 1158).

74: Keller an Heyse

Zürich, 8. Januar 1883

Liebster Freund! Ich hatte nicht gemeint, Dich wegen der Titelfrage unmittelbar in Tätigkeit zu setzen, da es noch alle Zeit hat. Rechne ich noch den neuen Schmerzensstand hinzu, in dem du wieder zu sitzen scheinst, so habe ich alle Ursache, meine unbedachte Anbohrung zu bereuen, freue mich aber dennoch Deines lieben Briefes, wie es so der Welt Lauf ist. Es genügt mir, daß Du annimmst, der «Verewigte» hätte das *Excelsior* für trefflich gehalten, um die Idee einstweilen aufzugeben; denn in den letzten Zeiten war alles in und an und um den Guten so gemacht, daß es aussah, als hätte er sich in seinen alten Tagen noch selbst gemacht, wie weiland Wagner den Bewußten. Wer weiß aber, ob's nicht schon früher geschehen ist. Es handelt sich allerdings, wie bei Longfellow, um ein allgemeines Klettern und Klimmen an sich, wobei wenigstens einer mit den Seinen in die reinere Luft kommt; es sollte ein etwas ernstes Ding werden, wo ich mich womöglich selbst etwas rühre, was freilich Mäuse kosten würde ('s koscht Mäus'! heißt's alemannisch). Da wird es nun am besten sein, den Titel aus dem sich ergebenden Personenstand zu nehmen mit Vermeidung aller Affektationen, damit das Werklein selbst von vornherein davon rein bleibt.

Mit dem «tragelaphischen» Neu-Mythologen hast Du einen meiner aktuellen seit einem Jahre und länger brennenden Schmerzen berührt. O Königin, du weckst der alten Wunde unnennbar schmerzliches Gefühl! *C. Felix Tandem* heißt eigentlich Carl Spitteler, früher Theologe, dann langjähriger Erzieher in Rußland, jetzt Lehrer in einem Berner Progymnasium, in Neuenstadt am Bielersee. Dieser Beruf scheint sein Leiden zu sein. Vor etwas länger als einem Jahre gab er in Aarau ein episches Gedicht «Prometheus und Epimetheus» in zwei Teilen heraus, von welchem gar nicht gesprochen wurde, außer von seinem nahen Verwandten Widmann, der aber sowohl diese Verwandtschaft als den Namen verschwieg, selbst den Freunden, die er für die Propaganda warb. Ich ward von einer wahren Flut seltsamer und wie aus der Urpoesie fließender Schönheiten und Einfälle überrascht, obschon mir der brütende Geist des der Kanzel Entlaufenen nicht verborgen blieb. Denn sie sind sich ja alle gleich. Wenn auch viel Geschmackloses unterlief, so war doch eine solche Fülle der Anschauung in all den personifizierten Eigenschaften und Gebarungen der Kreatur (ich meine hier nicht die eigentlich mythologischen Erfindungen), daß mir nichts Ähnliches bekannt schien. Wenn Dir dieser «Prometheus» noch nicht bekannt ist, so solltest Du Dich doch zwingen und Dich durchschlagen; Du würdest finden, daß man an dem Buche eine Art Sammlung merkwürdiger Dinge besitzt. Diesen Eindruck bezeugte ich in einem kurzen Briefe an Widmann, der mir das Buch geschickt hatte. Der Brief wurde sofort verwertet, und überdies sandte mir Spitteler jetzt direkt in einer Reihe abgebrochener Hefte, mit Bleistift geschrieben, eine kommentierende Instruktion in dem sophistischen und vexanten Stile der Erläuterungen, die er den «Extramundana» beigegeben hat. Ich sah, daß es sich um eine leider krankhafte Erscheinung, wenigstens um eine Art literarischen Größenwahns handelt, und legte das Ganze einstweilen *ad acta*.

Unlängst sandte er mir nun die «Extramundana», worin allerdings der Spaß aufhört. Bis vorgestern habe ich mit der Antwort gezögert, weil ich dem Manne nicht wehtun mag oder kann. Dennoch habe ich zur Erklärung, daß ich mich passiv verhalten müsse, ihm meine Meinung über seine kosmischen und mythologischen Herrlichkeiten und Missionen offen herausgesagt und muß nun jede unglückliche Wirkung gewärtigen. Indessen möchte ich unter der Hand jeden auffordern, sich in die Sachen ein wenig hineinzulesen, damit wenigstens etwas Geräusch entsteht. Denn der Weltfresser kann ohne diese schlechte Welt gar nicht leben. Es ist auch nicht unmöglich, daß er unter unsern Pessimisten, wenn sie erst einmal die Witterung haben, Furore macht, und dann gibt es eine große Lustbarkeit.

Bis jetzt rührt aller Lärm einzig von Widmann her, der erstens ein leidenschaftlicher Anpreiser überhaupt ist, wo er sich erwärmt hat, und zweitens als ein zärtlicher Familienmensch kein Opfer scheut.

In den Julius Grosse, an dem Du so trefflich und edel gehandelt hast, muß man sich langsam hineinlesen, um seine Freude zu finden, da das Schlagende eines ersten Eindruckes aus einigem Mangel an der mysteriösen Neuheit fehlt, die so schwer zu definieren ist. Du kannst Dir denken, wie es mir auf meinem Haufen von Tautologien zu Mute ist. Laß uns nun trotzdem der bessern Jahrszeit entgegen gehen, stehen und sitzen so gut als möglich, und grüße höfelich das Frauenzimmer von Euerem

Gottfr. Keller

der «Verewigte»: Berthold Auerbach, vgl. Brief 73.

wie weiland Wagner den Bewußten: Anspielung auf die Homunkulusszene im «Faust».

Mit dem «tragelaphischen» Neu-Mythologen: Gemeint ist Spitteler; ein Tragelaph ist ein Bockhirsch, ein Fabeltier. Goethe bezeichnete seinen «Faust» als Tragelaphen und meinte damit, daß das Werk widersprüchlich sei, ästhetisch sich nicht einordnen ließe.

O Königin...: Vergil, Aeneis II, 3.

ein episches Gedicht: Spittelers Erstling, vgl. Anm. zu Brief 73.

in einem kurzen Brief an Widmann: Vgl. Anm. zu Brief 73.

Große: Vgl. Brief 72 und 73 mit Anm.

auf meinem Haufen von Tautologien: Keller übt in dieser Formulierung zum wiederholten Male schonungslose Selbstkritik an seinen Gedichten, die er mit Tautologien (gr. «Wiederholung des schon Gesagten») vergleicht.

75: Keller an Heyse

Zürich, 1. Juni 1883

Lieber Freundschaftsmann!

Dein Buch gleichen Namens liegt nun schon geraume Zeit wohl zerlesen auf meinen Tischen, und um es in den Schrank spedieren zu können, muß ich Dir endlich schreiben, was mir stets ein Vergnügen ist, das ich nur in asketischer Büßerlaune verabsäume. Vor allem gratuliere ich, daß Du mit dem Titel dem Gänsemarsch der «X.s und andere Novellen», der sich hinter Dir her gebildet hat, glücklich entwischt bist. Die drei Geschichten hast Du altes Wunderkind prächtig symmetrisch ausgedacht und durchgeführt, daß sie sich wie Schlangenringe wohlmotiviert in die Schwänze beißen.

Ich versuchte da und dort daran zu rütteln, konnte aber nichts ausrichten, da sie zu wohl gefügt sind. Höchstens bleibt noch der Wunsch, die edle Karyatide in «David und Jonathan» möchte vor der äußersten Erniedrigung durch das Scheusal bewahrt bleiben, obgleich leicht zu sehen ist, daß es sich um überlegte Absicht handelt, um den Jonathan ganz auf seine Höhe zu bringen. Wir haben hier eben einen jener Fälle, die wir an andern vermieden sehen möchten und selber nicht vermeiden wollen.

Das tragische Ende der beiden Extreme in den «Grenzen der Menschheit» dauert einen auch, da ein idyllisches Ausklingen möglich scheint. Aber der Grundplan besagt einmal, daß ritterliche Tapferkeit und Leidenschaft in einem zu kleinen Menschenwesen nicht bestehen und auch ein Riese mit Gemüt den ersten und letzten Freund, den er gefunden auf der Welt, nicht überleben kann; und da muß die üble Gewohnheit, nur glückliche Ausgänge zu wollen, wo man ein paar Gestalten lieb gewonnen hat, den Platz räumen. Übrigens bedanke ich mich wieder schönstens für die reichliche und feine Bewirtung, die mich den ersten Appetit ohne alle Krittelei stillen ließ. Das italienische Schlußstück mit dem glänzenden Siege der Jugendfreundschaft ist gar untadelig und würzhaft. Verhehlen will ich Dir nicht, daß man sagt, im «Jonathan» hätte der arme Hund Raffel am Ende wieder zum Vorschein kommen sollen. Ich sage jedoch, der Schmerz um das vertriebene und verschollene Tier dürfe ja um des Ganzen willen kein vergeblicher gewesen sein.

Sonst habe ich seither allerlei gehört von Deinen Taten und Erlebnissen auf der Bühne, aber nichts Näheres und Bestimmtes. Die Sache wird auch ohne das ihren Weg gehen, bis ich einmal alles nachhole und gründlich beaugapfle.

Professor Viktor Meyer dahier, der Dich neulich gesehen, sagte mir, Du werdest in nördlicher Richtung reisen. Wann geschieht dies? Ohne meine Reiseschwindeleien erneuern zu wollen, empfinde ich einstweilen doch die Lust, wieder einmal Bilder zu sehen und die Ausstellung in München zu besuchen. Würdest Du vor Winterszeit wieder dort sein?

Der Druck der Gedichte geht endlich dem Schlusse zu. Zu meinem Schrecken fällt mir altem Kamel erst jetzt auf, wie überwiegend das Buch von Säure und Rauhigkeit durchtränkt sein wird, in einem Zeitalter, wo, wie man sagt, nur die Frauensleute noch Verse lesen. Die vielen Wiederholungen kann ich eher verwinden, da sie eine fanatische Verstärkung der verkündeten Heilswahrheiten sind und auch in der Bibel und im Homer vorkommen. Es will sich indessen schon ein Depot milderer Alterspoesie ansetzen zu einem gelegentlichen Nachtragswesen, welches vielleicht versüßend rückwirkt auf den Essigkrug, wie die Sachsen Zucker auf den Salat streuen.

Welcher Wilhelm Hertz ist denn derjenige, welchem Du das «Buch der Freundschaft» dediziert hast? Welcher hat eine Fanny?

Hast Du auch schon die neue Art talentbegabter Novellisten bemerkt, welche andern die Gegenstände ab- und umschreiben, statt sich eigene Stoffe zu züchten? Und auch sonst allerhand Nippsachen schießen? Da ist ein Jüngling, bei dem ich ein paar alte Knöpfe zu finden glaubte, die er mir abgeschnitten und auf seine Jacke genäht habe. Ich hielt es für eine eitle Einbildung, bis ich im alten Wandsbecker Boten des sel. Claudius eine Schnurre finde, die jener in einem seitenlangen Plagiat kopiert hat. In einem anderen Novellenbuche finde ich Björnson, Heyse und auch einen Gran G. Keller in Eintracht heimlich beisammen sitzen, was meine Eitelkeit natürlich noch vergrößert. Von dem Letzten, der wirklich selber Zeug genug hat, möchte ich fast annehmen, er habe einen Witz machen wollen, um zu zeigen, wie die Gerupften es hätten anfangen sollen. Immerhin sind es Anzeichen einer überwuchernden und verwildernden Produktion.

Nun lebe aber wohl und bringe mich Deinen Damenzimmern in empfehlsame Erinnerung

als den getreuen Vasallen Gottfr. Keller

Dein Buch: P. H., Buch der Freundschaft (16. Sammlung), Hertz, Berlin 1883.

drei Geschichten: «David und Jonathan», «Grenzen der Menschheit», «Nino Maso».

Karyatide: ‹weibl. Figur als Gebälkträgerin›.

Professor Viktor Meyer: Vgl. Anm. zu Brief 49.

Der Druck der Gedichte: Vgl. die Briefe Kellers an den Verleger Wilhelm Hertz in Berlin, in: Helbling 3/2, S. 432ff.

Welcher Wilhelm Hertz: Der Dichter, Übersetzer und Literaturhistoriker Hertz in München.

im alten Wandsbecker Boten des sel. Claudius: Matthias Claudius (Pseud. Asmus; Der Wandsbecker Bote, 1740–1815), Übersetzer und Dichter, Leiter des «Wandsbecker Bothen» 1771–1775.

Björnson: Vgl. Anm. zu Brief 57.

76: Heyse an Keller

München, 3. Juni 1883

Daß wir endlich wieder schwarz auf weiß miteinander angebunden haben, liebster Freund, ist mir ein um so größerer Trost, da ich den schönsten Verheißungen eines mündlichen Begegnens nicht mehr traue. Wenn wirklich die babylonische Kunst-Konfusion Dich in unseren Glaspalast lockt, sind wir wahrscheinlich über alle Berge, da wir von der Völkerflut fortgespült zu werden fürchten, auch wenn es uns auf unserer eigenen Scholle noch so wohl sein sollte, Du müßtest denn schon im Juli aufbrechen, wo wir unsere Rosen um keinen Preis im Stich lassen werden. Warum ich so lange ein ganz törichtes Schweigen, das mir selbst zur Last war, nicht brechen konnte, wüßt' ich nicht zu erklären.

Zumal es allerlei zu berichten gab von Berlin, wo wir im März zehn Tage sehr fröhlich zubrachten, von Deinen guten Freunden und Anhängern dort, die Dich alle grüßen lassen, in der Meinung, ich könnte Dich nur mit einem Sprung abreichen, von hiesigen Dingen, die Du freilich besser mit eigenen Augen beschautest. Doch war ich freilich, seit ich wieder einmal meine Flügel gelüftet hatte, vor allem darauf versessen, mit einer Arbeit ins Reine zu kommen, zu der ich schon zweimal vergebene Anläufe gemacht, und die eine Schwungkraft forderte, wie ich sie mir leider nur in den waghalsigsten Augenblicken noch zutrauen kann. Es handelt sich um das bußfertige Ende eines großen Sünders, den einfach vom Teufel holen zu lassen, eine zu billige Auskunft ist: um keinen Geringeren als den alten Burlador de Sevilla, Don Juan Tenorio. Ich war längst der Meinung, daß es töricht sei, ihn zu einer Art

Gegen-Faust zu machen, mit schönen Meditationen über appetitliches Weiberfleisch, das Recht der Gewissenlosigkeit und den Zauber der Sünde. Denn hier läuft es doch nur auf einförmige Tautologien hinaus, und alle Versuche, die Gestalt zu vertiefen, scheiterten an der Voraussetzung, daß er eben ein solcher Sinnenmensch von Teufels Gnaden sei, an dessen sogenannter Seele dem Teufel nicht viel zu holen bleibe. Nun hab' ich ihn in eine Lage gebracht, aus der ihm eine tragische Kollision erwachsen muß, die den Bodensatz von sittlicher Empfindung in ihm aufrührt, und nichts wäre mir lieber, als von Dir zu vernehmen, ob mir das geglückt sei. Ich werde das Stück wohl sogleich drucken lassen und mit dem Alkibiades und dem Sylter Schauspiel zusammen verschicken, aus purer Bosheit gegen die hochwohlweise Kritik, die nicht wissen wird, an welchem der drei Enden sie mich anfassen soll. Denn daß jeder Stoff sich seine Form schafft nach innerster Art und Nötigung, wissen diese Herren Schematiker nicht und sind in tötlicher Verlegenheit, sobald sie mit ihren paar Schubfächern nicht ausreichen.

Dasselbige erlebe ich auch wieder einmal bei dem Freundschaftsbuch und muß lachen, wenn oft an demselben Tage Briefe eintreffen, die sich grimmig befehden. Daß Du mir so treulich sekundierst, soll Dir schönstens gedankt werden. Laß Dir gestehen, daß ich nur über Nr. 2 kein ganz gutes Gewissen habe, obwohl dieses Stück mir besonders gerühmt wird. Hier hat meine Palette nicht ausgereicht, und das Gefühl wollte mich nie verlassen, daß Du etwas viel Besseres aus der nicht üblen Erfindung gemacht haben würdest. Ich spüre das jedesmal, wenn ich mich in eine barocke Phantastik verirre, während ich, sobald ich auf dem Mutterboden des einfach Menschlichen bleibe, meiner Schritte ganz sicher bin. Ein idyllisches Ausklingen hätte mir nicht genügt. Es ist und bleibt ein tragisches Schicksal, ja es ist der Kern aller Tragik überhaupt, nicht zu den «mittelmäßigen» Menschen zu gehören. Dies wird sofort fühlbar, sobald die Klausur aufgehoben und der – große oder kleine – Ausnahmemensch mit dem wirklichen Leben in Berührung gebracht wird. – Was den guten Raffel betrifft, so bin ich, nachdem die Geschichte im Berliner Tageblatt erschienen war, in drei verschiedenen Briefen darum angegangen worden, ihn wieder «zu Stande zu bringen», wie die Österreicher sagen. Ich konnt's aber nicht über Jonathans Herz bringen, weil er sich nämlich vor der guten Kreatur *schämen* müßte, sie hinter diesen Menschen zurückgesetzt zu haben. Mit der Karyatide war's ein ander Ding. Die wußt' er nicht so gut aufgehoben wie den Hund, und daß er trotz Hebbel «drüber hinweg konnte», war das letzte Zeugnis für seine volle Genesung und Selbstgewinnung. Dies ist denn doch mehr wert, als wenn das Mädchen nur mit einem blauen Auge davongekommen wäre. Sind Dir übrigens diese drei Stücke wirklich recht und lieb, so ist es mir eine große Freude, da ich auch was auf sie halte. Nun soll noch ein zweiter Band desselben Titels nachfolgen, da das Freundschaftsthema weitaus noch nicht erschöpft ist. Die kleine Schnurre, die jüngst hier über die Bühne ging – es schien mir lustig, Arm in Arm mit den beiden alten Freunden einmal über die Lampen zu blicken –, dreht sich auch um Ähnliches, und ich habe gute Lust, sie in den Novellenband aufzunehmen, um damit das Kapitel der Hausfreundschaft abzutun, und zugleich dem einfältigen Publikus einen Possen zu spielen, der das Vorurteil hat, als ob Dramatisches sich nicht lesen ließe. Er ist ein so fauler Geselle, daß es ihm schon zuviel Mühe däucht, was zwischen den Klammern steht, in direkte Rede zu verwandeln, als ob «Eduard *(Kunigunde zärtlich anblikkend)*» so himmelweit verschieden wäre von «Eduard sah Kunigunde zärtlich an». – Daneben ist noch eine nachdenkliche Geschichte fix und fertig in meinem Kopf, die den Aberglauben widerlegt, als ob Freundschaft vor allem auf sittliche Achtung gegründet sei und damit einen Gegensatz zur verliebten Liebe bilde, während auch sie auf einem Naturgefühl ruht, das aller Schranken spottet. Und eine andere, die sich um das alte Thema dreht, ob ein Männlein mit einem Weiblein Freundschaft halten könne, ohne daß die Sinne mit dreinreden – NB. wenn beide nicht schon fürs Spittel reif sind. Und dann – aber Du wirst schon genug haben.

Wenn diese alten Schulden bezahlt sind – denn diese Erfindungen sind schon etliche Jahre alt – verlege ich mich auf irgendein anderes Metier. Du hast ganz recht, wir werden nachgerade überflüssig, da die jungen Herren es so trefflich auf unsere Manier betreiben. Du meinst doch wohl auch Hans Hoffmann, der Deine ganze Palette gestohlen hat und lächerlich hin und her kleckst. (Björnson bin ich noch nicht begegnet). Und unsere Kritik wittert natürlich nicht Unrat.

Lebewohl, Lieber! Unsere lange Tochter ist in Franzensbad als barmherzige Schwester, da Frau Lulu 6 Wochen Kinderferien genießen soll. Am 20sten gehe ich mit meiner Frau auf 2–3 Wochen rheinabwärts, vielleicht bis Brüssel. – Übrigens ist die Welt auch auf unserer Nagelfluh und Kies-Ebene jetzt ein himmlischer Garten Gottes und aller Götter. Wie mag's erst an Deinem See ausschauen! Von Frau Anna und der Großmama 1000 Grüße.

Dein alter Paul Heyse

Gegen-Faust: Christian Dietrich Grabbe (1801–1836) veröffentlichte 1829 die Tragödie «Don Juan und Faust».

das Stück sogleich drucken lassen: P. H., Don Juans Ende. Trauerspiel in fünf Akten, Hertz, Berlin 1883 (Uraufführung 1884 in Frankfurt/M.).

über Nr. 2: «Grenzen der Menschheit».

Hier hat meine Palette nicht ausgereicht: Es ist bemerkenswert, daß Heyse jeweils Keller, wenn er sich explizit mit ihm in einen Vergleich stellt, idealisierend und neidlos über sich hinaushebt, vgl. u. a. auch Brief 78.

den guten Raffel: Der Hund in «David und Jonathan», vgl. Brief 75.

trotz Hebbel «drüber hinweg konnte»: Zitat aus Friedrich Hebbels (1813–1863) «Maria Magdalena».

ein zweiter Band: P. H., Buch der Freundschaft. Neue Folge (17. Sammlung), Hertz, Berlin 1884. Von diesen vier weiteren Novellen ist die erste «Siechentrost» wieder abgedruckt, in: P. H., Werke 1980, Bd. 2.

Hoffmann: Hans Hoffmann (1848–1909), Lehrer und Schriftsteller, 1883 erschienen «Der Hexenprediger und andere Novellen.» Wen Keller allerdings des Plagiats bezichtigte, bleibt ungewiß.

Frau Lulu: Gemeint ist Heyses verheiratete Tochter Julie Baumgarten-Heyse.

77: *Keller an Heyse*

Zürich, 12. Juni 1883

Lieber Freund! Du hast auf meinen letzten Brief so trefflich und gehaltvoll reagiert, daß ich Dich resp. Euch nicht abreisen lassen kann, ohne noch Glück auf den Weg zu wünschen. Für die unbekannten Grüße aus der «Großstadt» (womit alle dorthin gezogenen Kleinstädter aufzutrumpfen ja nie verfehlen, um ihre kritisch bornierte Gesinnung recht zu beurkunden) danke ich auch schönstens; Gott segne die Spender!

Auf die drei Dramen und den weitern Freundschafts-Kodex freue ich mich begierig und neugierig. Den «Don Juan» wieder aufgenommen zu sehen, hatte ich, ehrlich gestanden, bisher kein Bedürfnis. Wir Deutschen sprechen ja nur wegen Mozart von ihm, und ich finde in der Oper alle erwünschte Poesie und Metaphysik des Gegenstandes, zumal wenn, wie ich höre, eine zeitgemäß edlere szenische Behandlung des Schlusses sich anbahnt. Überhaupt bin ich kein Freund der Komplettierungen und Iliaden *post Homerum.* Um so ehrerbietiger werde ich den Hut abziehen und fröhlich schwingen, wenn Du, woran ich nicht zweifle, ein neues Land unter altem Namen entdeckt und erobert hast.

Männerfreundschaft ohne Achtung kommt gewiß vor; ist der eine Teil brav, so wird es sich wieder um eine verhexte Schwäche oder verborgene Selbstliebe handeln; sind beide Teile Schubjacke, so wird es um so interessanter, dem menschlichen Funken nachzugehen, auf die Gefahr hin, ein paar Halunken zu idealisieren.

Wie Du aber die Freundschaft zwischen jungen Leutchen zweierlei Geschlechts prägnant schilderst, ohne sie auf niedergekämpfte Geschlechtsliebe folgen zu lassen oder auf ein bloßes Anstands- und Pflichtgefühl aufzubauen, darauf bin ich sehr gespannt. Ganz rein scheint mir das Problem nur in dem Fall zu sein, wo zwei vollkommen freie, nur von sich abhängige Wesen liebefrei verkehren und Freundschaft halten. Da wird dann allerdings allerhand Schicksaliges und sonst lebhaft Bewegtes einzutreten haben, wenn es nicht ein klein wenig langweilig werden soll. Die geringste Wärme aber, mit welcher der Autor etwa das Frauenzimmer beschreibt oder ein und andere Situation, wird sofort ein aphrodisisches Element einführen, welches den Text verdirbt. Weil Du aber natürlich schon eine Teufelei ausgeheckt hast, ein solches Pärchen über das Eis zu führen, ohne daß sie zu tanzen anfangen oder an die Füße frieren, so ist meine Neugierde darauf begreiflich.

Meine obige Phrase über die Oper «Don Juan» riecht etwas nach dem weiland jungen Deutschland, ist aber doch nicht so gemeint; ich kann mich jetzt nur nicht deutlicher ausdrücken.

Ein paar Facetten des Juwels hast Du übrigens, wie mich dünkt, bereits im «Alkibiades» geschliffen, den Stein freilich aber in einen andern Ring gesetzt.

Nun aber will ich das Maul halten; das tönt ja alles wie von einem Oberlehrer, der besser wissen will, was andere wollen, als diese selbst, und in die «Gegenwart» schreibt.

Empfiehl mich der *Domina* und reiset wohl zusammen. Hier ist täglich Gewitter und Platzregen nach einem herrlichen Mai.

Dein Gottfr. Keller

Iliaden post Homerum: Keller meint damit, daß nach Homer keine Iliaden mehr geschrieben werden sollten.

Domina: ‹Herrin›, ‹Frau›.

78: Heyse an Keller

München, 18. Juni 1883

Ich muß nun gleich dazu tun, lieber Freund, einiges Problematische in meinem letzten Brief aufzuklären, damit Du nicht ohne Not fortfährst, Dir meinen Kopf zu zerbrechen oder doch den Deinen zu schütteln. Das Novellchen nämlich, das ein Exempel statuieren soll, wie Freundschaft nicht auf dem Respekt beruht und minder in der Anerkennung gewisser guter Eigenschaften wurzelt, als – gleichwie die unvernünftige Liebe – in einem blinden Naturverhältnis, wird dieses schöne und nützliche Experiment an zwei

Frauenzimmern vollziehen, die ja ohnehin kreatürlicher sind und sich von Hause aus weniger auf den Charakterstandpunkt stellen. Mit der Freundschaft zwischen Verschiedengeschlechtigen mein' ich es ganz wie Du. Daher nimmt meine Geschichte eine ironische Wendung, indem sie das schöne kameradschaftliche Gefühl als verkappte Verliebtheit enthüllt, wobei sich der männliche Teil seiner Natur nach blinder und eigensinniger beträgt, der weibliche heroischer und klüger. Mein Liebling in diesem Bande ist aber eine sehr nachdenkliche, fünfhundert Jahre alte Historie von einer wirklichen und wahrhaften Männerfreundschaft à toute épreuve, die wieder einmal gewisse Töne und Farben verlangt, wie nur Du sie auf Deiner Palette hast. Indessen – ein Schelm gibt mehr als er hat. Diesem seltsamen Abenteuer reisen wir Ende dieser Woche nach, bis Limburg an der Lahn, wo dieselbe sich zugetragen haben soll, kehren aber schon um den 10. Juli zurück, da wir beide, ich und meine Frau, Rosennarren sind und nicht umsonst unsere Beete so sorgfältig gedüngt, mit Lehm gemischt, wieder aufgedeckt, beschnitten und begossen haben wollen. Und dieses Jahr scheint ganz rosentoll zu werden, wenn auch der unendliche Regen die klugen Knospen einstweilen noch vom Aufbrechen abhält.

Wegen Deines geringen Appetits auf meinen «Verführer» mach' ich mir die geringste Sorge. Ich selbst bin fast 50 Jahre alt geworden und war ganz zufrieden damit, ihn mit Sang und Klang zur Hölle fahren zu sehen. Bis ich eines Tages ein Ungenügen empfand und das Bedürfnis, ihn aus dem Flammenkessel wieder heraufzubeschwören, um ihn freilich proprio motu wieder hineinstürzen zu lassen. Was die Komplettierungen betrifft, möcht' ich doch nicht ein für allemal mich dagegen stemmen. Es gibt Stoffe und Figuren, die durch eine Reihe von Jahrhunderten langsam weitergedichtet werden. Wenn unser Faust 2ter Teil nicht vorläge, der freilich soviel Unzulängliches enthält, würden wir nicht auch des Glaubens sein, für einen Geist, der über Grübeln und Ergründenwollen allen Bodens des naiven Daseins verloren, sei es der anständigste Ausweg, sich von einem mehr oder minder geistreichen Teufel holen zu lassen. Nun erleben wir, daß noch so manche Türen vorhanden sind, wo er nur einen Bretterzaun oder eine Wand sah, an denen er den Kopf einrennen wollte.

Hörst Du was von Storm? Er ist mir seit Monaten verstummt. Er schrieb zuletzt etwas mißtröstlich über seine Geschichte in der Rundschau, mit deren Ende er nicht zufrieden war. Wir auch nicht. Man merkte, wie er dem schönen Bau mit Gewalt eine recht zierliche Turmspitze hatte aufsetzen wollen, deren Maßwerk ihm zu durchsichtig geraten war, so daß es nun hereinregnen kann. Er hat sicher die Geschichte von vorn, statt von rückwärts komponiert, was immer (nämlich letzteres) das Sicherste ist. Lebe wohl, Teuerster. Laß Dich ferner lieben von

Deinem alten getreuen P. Heyse

auf meinen «Verführer»: Heyses Trauerspiel «Don Juans Ende», vgl. Brief 76 und Anm. und Brief 77.

proprio motu: ‹Aus eigenem Antrieb›.

Hörst du was von Storm: Am 13. März 1883 schrieb Storm an Keller über die von Heyse oben erwähnte Geschichte: «Der Grund meines egoistischen Schweigens lag in der tüfteligen Winter-Novelle, die diesmal gar nicht von den Fingern lassen wollte; nicht mal einen Titel konnte ich ihr ersinnen und schrieb schließlich, als ich sie Sonnabend an die ‹Deutsche Rundschau› abschickte, als Nottitel ‹Schweigen› darüber, obgleich ich dafür halte, daß man keine das Thema andeutenden Titel wählen soll, da sie den Leser hindern, der Darstellung unbefangen zu folgen; aber es hat mir bis jetzt nichts Konkretes passen wollen. Wenn Sie das Machwerk demnächst lesen, so halten Sie, bitte, mit dem Derbsten nicht zurück; ich glaube, es wird mir jetzt wohltun, einmal recht geschüttelt zu werden; vielleicht sehe ich dann: war es der spröde Stoff, oder war es die sinkende Kraft? Vielleicht war es ja beides» (Helbling 3/1, S. 486).

79: Keller an Heyse

Zürich, 20. Oktober 1883

Liebster Freund, es fällt mir eben ein, daß ich nicht gerade zu wissen brauche, ob Du zu Hause bist oder nicht, und auf alle Fälle eine Epistel abstoßen kann. Diese unverhoffte Findigkeit mit meinen 64 Jahren geht mir beinahe für ein Frühstück; vielleicht mache ich noch andere Entdeckungen.

Inzwischen habe ich längst Deinen «Don Juan» und «Das Recht des Stärkeren» erhalten und bedanke mich schönstens für alles Gute. Der erste Eindruck bei beiden Stücken war, daß es sehr tüchtige Schauspieler brauche, um ihnen gerecht zu werden.

Den 25. Oktober. So weit hatte ich jüngst geschrieben, als einer kam und sagte, Du liegest krank im Bette; da ließ ich es wieder bleiben, Dich nicht zu belästigen, und schüttelte den Kopf. Nun heißt es wieder, es sei doch schon einige Zeit her, und Du habest im übrigen blühend ausgesehen. Anfangs Oktober schwankte ich zum letztenmal, ob ich nicht doch nach München kommen sollte, und hätte es auch getan, wenn nicht Regenwetter eingetreten wäre. Jetzt bin ich froh darüber; denn nach Rom zu gehen und den Papst krank zu wissen, ist hart für einen Gläubigen. Und doch hatte ich so gute Berichte über Deinen letzten Berliner Aufenthalt, Deine Aufgeräumtheit usf. von verschiedenen dortigen Touristen usf.

Mit dem «Don Juan» ging es mir kurios; ich hatte nach schlechter Gewohnheit vor dem ordentlichen Lesen darin herumgestöbert und, weiß der Teufel durch welche Gedankenlosigkeit, die Idee aufgeschnappt, die zwei jungen Liebesleute seien beide unbewußt Kinder des Sünders; nun sei der Abscheu vor Inzest die einzige Schranke, über welche derselbe nicht hinweg könne, und daraus erwachte sein letztes Gericht. Natürlich kam's anders, da dergleichen ja nicht aufzuführen wäre, und ich fand Deine Erfindung vortrefflich. Ein Häkchen ist noch das Bedenken, ob das nunmehrige gesetzte Alter des Don Juan noch ganz verträglich sei mit der Art von ewiger Jugend, welche der Idee, wenn man das Wort brauchen darf, anhaftet. Hier wird der Schauspieler das Seine zu tun haben. Am Ende ist ja jeder Heroismus, und so auch derjenige eines Weibsverderbers und Mädchenjägers, immer jung. Der Abgang des verlorenen Herren ist pompös und die Szene prachtvoll, wenn der Leser Vorstellungskraft hat oder die Bühne ihre Pflicht tut.

Deine See- und Strandfrucht des «Rechts des Stärkeren» war mir erst etwas kraus, bringt dann aber eine Überraschung ersten Ranges in der Entdeckung der Mutter und Erhebung der Sklavin zur höchsten Würde. Das drollige Englisch sagt mir nicht ganz zu, obgleich es den anfänglichen Kindscharakter zeichnen hilft. Allein unsre heutigen Hedwig Raabes etc. wissen ja dergleichen siegreich zu handhaben.

Ich hätte noch vom «Siechentrost» in der «Rundschau» zu sprechen, will aber weiter nichts mehr sagen, als daß ich um so gespannter auf die weiteren Freundschaftsgeschichten bin. Einer der heurigen Zugereisten meinte, die Geschichte hätte nicht tragischer enden und Gerhard mit kraftvollem Gebaren Luft machen und seinen Freund mit in das Glück heben sollen. Abgesehen von der Unziemlichkeit solcher Desideria gerade in der Hauptanlage jedes fremden Produktes, ist es nach meinem Gefühle sehr richtig, wenn alle oder fast alle dieser Dichtungen tragischen Tenors sind, weil das Freundschafthalten im Glück keine besondere Kunst ist, das Unglück aber der intensivern Passion immer die höhere Weihe gibt.

Hoffentlich treibt Dich dieses Geschwätz aus dem Bette, wenn Du noch drin bist. Von mir ein andermal. Die Gedichte sind schon lange fertig gedruckt; ich habe aber noch keine Exemplare. Herr Hertz will sie erst im November versenden und druckt vorher keine neue Auflage, was ihm wohl bekommen möge!

Empfiehl mich doch aufs neue Deinen Huldinnen und lebe wohl!

Dein unveränderlicher G. Keller

«Don Juan» und «Das Recht des Stärkeren»: Beide Dramen erschienen 1883 bei Hertz, Berlin.

unsere heutigen Hedwig Raabes: Keller meint die Nachfolgerinnen der Berliner Schauspielerin Hedwig Raabe (Niemann-Raabe, 1849–1905).

vom «Siechentrost»: Vorabdruck im Oktoberheft der «Deutschen Rundschau», vgl. Anm. zu Brief 76.

80: Heyse an Keller

München, 28. Oktober 1883

Liebster und Teuerster!

Ich habe eine Woche lang im Fegefeuer gesteckt, bis über den Hals, und bin nicht einmal dahinter gekommen, für welche Sünden meine Nerventeufel, die mir die Schenkel mit glühenden Zangen zwickten, mich büßen lassen wollten, da ich die letzten Wochen einen ganz unsträflichen Wandel geführt und mich der gottwohlgefälligsten Faulheit befleißigt hatte. Gerade in jenen Tagen mußte der treffliche Victor Meyer an meine Tür klopfen, um den ich nun so schnöde gekommen bin. Ich konnte ihn nur sehr ungenügend über Dich ausfragen, was mir um so verdrießlicher war, da auch dieses Jahr ohne ein gründliches abboccamento vergangen ist. Deinen schönsten Vorsätzen und teuersten Eiden, Dich einmal wieder in unsere gute Stadt zu verpflanzen, trauen wir so wenig, daß wir Dir einen Überfall auf eigenen Grund und Boden zugedacht hatten, acht ganze Tage lang. Hernach verlegten uns allerlei widrige Umstände den Weg, und nun ist's wieder einmal verpaßt. Ich soll Anfang November nach Frankfurt, meinem Grafen Königsmark dort die erste – hoffentlich nicht auch die letzte Ehre zu erweisen, dann nach Hamburg, wo ich sehen will, ob ich «Das Recht des Stärkeren» gegen den Widerstand der stumpfen Welt durchsetzen kann. Da ich an beiden Orten die Schauspieler nicht kenne, ist's immerhin eine bängliche Geschichte. Aber man ist seinen Kindern, wenn man sie einmal in die Welt gesetzt hat, doch auch schuldig, für ihr Fortkommen zu sorgen. Daß auch Du dich ihrer annimmst, wo man ihnen am Zeuge flicken möchte, macht Deinem guten Herzen Ehre und Deinem Geschmack hoffentlich keine Schande. Jener «Zugereiste», der dem Siechentrost ein idyllisches Ende gewünscht, ist am Ende gar Wilhelm Scherer gewesen, von dem ich über diese Geschichte nur ein halbes Wörtchen vernahm. Sollte ich richtig vermuten, so würde ich fast irre an dem klaren Auge dieses sonst so fein und gesund gearteten Mannes. Denn ich meine doch, den Ex-Barfüßer hinlänglich als einen unverbesserlichen Idealisten gezeichnet zu haben, daß er nun vor jedem Verdacht sicher wäre, als könne ihm irgendwelche noch so anständige bürgerliche Versorgung das Glück seines schweifenden vogelfreien Daseins aufwiegen. Gerhard aber – wie könnte er eine richtigere Feuerprobe der Freundschaft ablegen, als indem er die Rückkehr zu Eltern, Braut, gesichertem Besitz verschmäht und beim ersten Laut der geliebten Stimme sich ins wilde Wasser stürzt! Aber – seht nur nicht hin, für wen ihr schreibt! – Quoad Don Juan, so weiß ich wohl, daß er gegenüber den Mozartgläubigen von der strengen Observanz einen harten Stand haben wird. Wenn man aber die göttliche Musik einen Augenblick zum Schweigen bringt – was ist an dem ganzen Gesellen so Ehrwürdiges – als künstlerische Leistung –, daß man diese Gestalt nicht wieder anrühren und auf einem anderen Boden versuchen dürfte, sie weiterzuentwickeln? Ist die Frage, was wird aus ihm, wenn ihn nicht der Teufel holt, ein crimen laesae? Denn bei Licht besehen, hat er doch – auch bei dem alten Tirso – statt einer richtigen «Idee» nur den Champagner der Lebenslust im Leibe, der einmal aufhört, zu moussieren, und dann nur eine schale Neige zurückläßt. – Übrigens weiß ich nur zu wohl, daß in Deutschland nur Einer die Figur, so wie ich sie im Traum der Gedanken geschaut, verkörpern könnte, und da dieser Eine in Wien lebt, welches mir verschlossen bleibt, so werden meine alten Freunde Velduo Velnemo auch diesmal mein «kleines aber gewähltes Publikum» ausmachen.

Meine Wybervölkher grüßen Dich schönstens und haben die Hoffnung, Dich hier zu sehen und Dir nach besten Kräften einiges Liebe und Gute anzutun, mit Kummer aufgegeben. Laß uns doch wenigstens schwarz auf weiß beisammenbleiben.

Lebe wohl! An Baechtold und Meyer freundliche Grüße.

Dein alter P. H.

Viktor Meyer: Vgl. Anm. zu Brief 49.
aboccamento: ‹Unterredung›.
meinen Grafen Königsmark: Vgl. dazu Anm. zu Brief 24.
«Das Recht des Stärkeren»: Am 17. November 1883 kommt es im Thaliatheater in Hamburg zur Uraufführung.
Wilhelm Scherer: Vgl. Anm. zu Brief 48.
Quoad: Übers. i. d. Zsh. ‹Was ... betrifft›.
crimen laesae: ‹Ein Majestätsverbrechen›.

bei dem alten Tirso: Tirso de Molina (eigentl. Fran Gabriel Tellez, 1572–1648), span. Dramatiker, Schüler Lope de Vegas. Sein «Don Juan» («El burlador de Sevilla, o el convidado de piedra»), dt. von Dohrn, Berlin 1841, bildet die Quelle aller späteren Behandlungen des gleichen Stoffes; vgl. Briefe 76 bis 79.

dieser Eine: Adolf Sonnenthal (1834–1909), führender Schauspieler am Burgtheater in Wien, auch als Regisseur und eine kurze Zeit (1887–1890) als Direktor an der Burg tätig.

81 (Postkarte): Keller an Heyse

Lieber *Illustrissimo!* Ich habe Deine Siegestaten an der Frankenfurt vernommen, worüber die Disposition über mein Buch des Elendes in Verwirrung geraten ist. Wenn Du wieder zu Hause bist oder hinkommst, so sei so gut, mir mit 1 Wort wissen zu lassen, ob der Verleger Dir ein Exemplar geschickt hat, oder ob ich es tun soll.

Alle Grüße von Deinem G. Keller

Zürich, 14. November 1883

Deine Siegestaten: Die erfolgreiche Aufführung des Trauerspiels «Graf Königsmark» in Frankfurt; vgl. Anm. zu Brief 24 und Brief 80.

Buch des Elends: Kellers «Ges. Gedichte». Sie erschienen im Oktober 1883 bei Hertz, Berlin.

82 (Postkarte): Heyse an Keller

München, 29. November 1883

Liebster Freund, das stattliche corpus lyricum, das mir einen alten Lieblingswunsch erfüllt, bewillkommte mich, als ich vor etlichen Tagen von meiner dramaturgischen Rundreise wieder ins alte Quartier heimkehrte. Es ist sofort zum Buchbinder gewandert. Denn ich genieße nur in «gebundenen Bänden den ungebundenen Geist», und ich habe darauf gedrungen, daß der Band mit unterlegten Gesellen gefertigt werde, denn meine Begierde ist heißdurstig. Von den jüngsten fröhlichen Erlebnissen wäre manches zu sagen, doch bin ich in neuer Frohne, wegen des Neuen Novellenschatzes, der 1884 beginnen soll. Lebe wohl, Teuerster, grüße Baechtold und Meyer und genieße Dein junges Leben aufs beste. Mein Frauenzimmer empfiehlt sich.

Treulichst Dein alter P. H.

wegen des Neuen Novellenschatzes: Neuer deutscher Novellenschatz, hrsg. v. P. Heyse und L. Laistner, Oldenbourg, München 1884–1887, 24 Bde.

83: Heyse an Keller

München, 27. Dezember 1883

Nun sollte ich Dir wohl für Dein schönes Buch einen schönen Brief schreiben, liebster Freund, eine recht solenne visite de digestion abstatten und die feinen Weine rühmen, die Du uns vorgesetzt. Ich bin aber durchaus nicht aufgelegt, den «Zergliederer meiner Freuden» zu machen, und hier zumal hält mich eine gewisse Schamhaftigkeit ab, zu loben, was ich liebe. Ich käme mir so närrisch dabei vor, als wenn Du ein paar Wochen bei mir zu Gast gewesen wärest, und ich wollte Dir dann eine Epistel nachschicken, die ausführlich alle Deine Gaben und Tugenden aufzählte und Dir auseinandersetzte, warum mir mit Dir zusammen wohl gewesen sei. Gerade dies corpus lyricum, das all Dein Menschliches umfaßt, kann ich nur eben einfach zu den übrigen Lebensbedürfnissen rechnen, davon ich mich nie mehr entwöhnen werde. Gut, daß Du mich mit der ehrenvollen Kommission verschont hast, vor dem Druck mein Wort dreinzureden. Ich hätte mich auf einen hohen kritischen Gaul zu schwingen versucht und wäre bei jedem Schritt aus dem Sattel gefallen. Denn da ich gegen die sogenannte Lesewelt eine tiefe Verachtung habe, die von Jahr zu Jahr radikaler und unverhohlener wird, würde ich sicher den Kitzel verspürt haben, die blinde und taube Horde gerade durch das Rücksichtsloseste Deines lieben Ich zu verblüffen. Ein paar Stücke, die nicht zu Deinem intimsten gehören, hätte ich eben deshalb weggelassen. Und vielleicht legst Du aus irgendeinem Grunde gerade auf diese Wert, und wir hätten uns gezankt, und Du natürlich doch getan, was Du nicht lassen konntest. – Übrigens sehe ich hie und da Zeichen auftauchen, daß wenigstens die hohe zünftige Kritik diesmal das Gewehr präsentiert und die Wache herausruft, weil ein Generalfeldmarschall vorbeigeht. Der gute Brahm hat den Reigen eröffnet. Wer aber ist eine gewisse Ilse Frapan, die im Magazin allerlei recht Kluges hat verlauten lassen? Nur den trefflichen Apotheker hat sie nicht verdauen können, der mir nun gerade wie eine Zuckerfrucht auf der Zunge schmolz. (Erst gestern abend habe ich den Meinigen und Lenbach und Levi ein großes Stück daraus aufgetischt.) Hierüber wäre noch viel zu sagen, aber das Weihnachtsgewirre hat mich müde und unlustig gemacht. Ich habe überdies zu Anfang Dezember eine letzte Freundschaftsnovelle von der Seele und aus dem Ärmel geschüttelt und darauf eine kleine heimliche Handarbeit für meine liebe Frau, einen einaktigen Schwank, fabriziert, so daß meine Feder ziemlich stumpf ist.

Am 6. Januar soll ich nach Berlin, wo sie das Recht des Stärkeren geben wollen. Daß ich dies Stück in Hamburg so vollendet bis ins Kleinste habe sehen können, wird mir für meine Lebtage eine unvergeßliche Freude sein. Ich selbst hatte nicht geahnt, wie stark die Bühnenwirkung ist, wenn alles herauskommt, was ich hineingelegt. Und die Lust und Liebe der Thalialeute, die nassen Augen des uralten Direktors – es war so viel des Guten, daß ich nun getrost stillhalten kann, wenn der Prophet in seiner Vaterstadt nur um Gottes willen gelten gelassen und von der hochweisen Berliner Kritik eines Besseren belehrt werden wird. Diesmal bleibt meine Frau leider zu Hause. Sie ist in Frankfurt und Hamburg tapfer mit in die Schlacht gegangen und schlägt sich leidlich durch den

Paul Heyse um 1890 (Ölskizze von Franz von Lenbach)

Winter. Schönste Grüße von ihr und der Frau Mama und der langen Cläre. Und einen treuen Händedruck

Deines alten Paul Heyse

An Baechtold und V. Meyer, dem ich für seinen Atomen-Aufsatz sehr verpflichtet bin, herzliche Grüße.

Dein schönes Buch: Kellers «Ges. Gedichte»; W 13–15. Storm gegenüber tönt das Urteil allerdings etwas anders. Da findet er den «unförmlichen Wälzer» des Zürcher Poeten problematischer, je öfter er ihn in die Hand nehme; Heyse an Storm, 2. Juli 1884 («Der Briefwechsel zwischen Theodor Storm und Paul Heyse», hrsg. v. Clifford Albrecht Bernd, Bd. 3, Berlin 1974, S. 89). Sonst hat Heyse gegen Keller in diesem Briefwechsel nie ein feindliches Wort gebraucht; oft nahm er ihn sogar in Schutz, wenn Storm – was dieser mehrmals tat – Kellers Werk in Zweifel zu ziehen versuchte.

Der gute Brahm: Otto Brahm zeigte die Gedichte am 7. November in der «Vossischen Zeitung» an, eine ausführliche Besprechung folgte im Dezemberheft der «Deutschen Rundschau».

Frapan: Ilse Frapan (1852–1908), Übersetzerin und Dichterin, sie schrieb über Kellers Gedichte (sie war eine Schülerin Friedrich Theodor Vischers, vgl. Anm. zu Brief 1) im «Magazin für die Literatur des Auslandes».

den trefflichen Apotheker: «Der Apotheker von Chamounix», den Keller im Brief vom 18. März 1882 (63) an Heyse als eine «Art Rosine aus dem ganzen Schmarren» bezeichnete.

Lenbach: Franz Lenbach (1836–1904), führender Maler in München und ein Freund Heyses; vgl. dazu die kleine Dokumentation, in: S. von Moisy, op. cit., S. 202–207 (Kap. «Dichterfürst und Malerfürst»).

Levi: Vgl. Anm. zu Brief 31.

eine letzte Freundschaftsnovelle: «Gute Kameraden».

einen einaktigen Schwank: «Im Bunde der Dritte», 1889 veröffentlicht mit der Bezeichnung «Charakterbild in einem Akt», vorher als letztes Werk im «Buch der Freundschaft. Neue Folge», 1884, als Einakter in seiner 17. Novellensammlung abgedruckt.

Meyer: Der schon zum wiederholten Male erwähnte Chemieprofessor in Zürich.

84: Keller an Heyse

Zürich, 19. Februar 1884

Nachdem ich, lieber Freund, auf unserm Museum Deine Berliner Dortwesenheit so gut möglich verfolgt habe, verlor ich allmählig die Spur und nehme an, Du seiest jetzt wieder etwan zu Haus. Ich kann aber nicht sagen, daß mich die Auslassungen der Berliner Kritik über Dein Lustspiel sehr erbaut hätten; denn abgesehen von dem bekannten unzulänglichen Literaten-Charakter des größern Teils der das Wort führenden Leute will es mir vorkommen, Du seiest etwas zu stark mit vorsätzlichen oder absichtlichen Gemeinplätzen regaliert worden. Um so mehr wünschte ich, die lebendige Wechselwirkung, die von der Bühne zum Publikum stattgefunden hat, zu kennen; aber da steh' ich wie ein altes Huhn am Ufer des Baches, auf dem die Enten lustig hinabgeschwommen sind. Nur wie durch einen neidischen Rauch hindurch kann man aus den Kritiken Freudenbezeugungen des Völkleins erkennen, das also hinter den Hamburgern nicht allzuweit zurückzustehen scheint.

Da Deine Dramen nun bald auf allen Feldern des Schachbrettes aufgestellt sind und vorrücken, so wird der «Don Juan», über den man mündlich müßte plaudern können, wohl bald in die Schußlinie treten. Ich wollte, ich hätte Deinen Sonnenthal je gesehen, um mir vorzustellen, was Du für eine Art von Vorbild für die gedachte Rolle hegst und pflegst.

Deiner zweiten Flottille der Freundschaftsschifflein sehe ich mit großem Vergnügen entgegen. Derjenige, welcher den «Siechentrost» etwas bemängelt hat, war, wie Du richtig vermutet hast, Wilhelm Scherer. Man muß dergleichen Böcke der wackern Germanisten und Historiker, geschossen im aktuellen Leben, nicht zu schwierig aufnehmen; es ist ziemlich genau wie in der bildenden Kunst, wo die Fachgelehrten bei Beurteilung des Neuen im konkreten Falle meistens unsicher sind.

Aber was treibt Dich für ein Geist, wieder eine Novellensammlung herauszugeben? Möge Gott Dir die Mühe lohnen, die Absicht ist gewiß die beste und lobenswürdigste, nur will mir die Sache aus diätetischen Gründen nicht recht gefallen, was nämlich das Lesen des Materials betrifft.

Die Aufnahme, die Du meinem Reimbande gewährst, hat mich einigermaßen beruhigt, obgleich ich kein Gehör mehr für dies mit mir alt gewordene Wesen habe, das mir gar nicht mehr klingen will. Es ist mir immer noch leid, daß ich durch den Purzelbaum von der Bücherleiter bei meinem Wohnungswechsel verhindert wurde, im Herbst 1882 mit der Handschrift nach München zu kommen, resp. daß dieselbe in jenem Herbst dadurch gar nicht mehr fertig wurde. Daß ich aber Dir nachher das monströse Manuskript von gegen 600 Seiten einfach als zuzumutendes Arbeitspensum zuschickte, konntest Du mir nicht wohl *retour* zumuten! So bedürftig ich des Rates namentlich für eine Menge Dinge war, die man selbst zu sehen nicht imstande ist, bis einer plötzlich den Star sticht! Aber es wäre mir sehr lieb, wenn Du jetzt noch mir die Stücke bezeichnen wolltest, welche Du weggelassen hättest; Du brauchtest die Gründe nicht ausführlich zu sagen, da ich schon vielleicht merken würde, warum, und ohne Zweifel für die Zukunft die Streichung vornehmen würde, da ein Abdruck ja jedenfalls in der Ausgabe letzter Hand nochmals stattfinden wird.

Mit der Aufnahme durch die sog. Kritik habe ich alle Ursache, unendlich zufrieden zu sein, wo nicht ängstlich wegen mancher erfahrenen Übertreibung.

Sehr angenehm ist es mir, daß der «Apotheker» bei Dir leidlich geborgen ist. Die Gefahr liegt nahe, daß er als eine jener rügenden Parodien betrachtet wird, welche schließlich als eine *con amore* verübte Nachahmung des Gerügten erscheinen, die kein eigenes Blut im Leibe hat. Das war nun nicht so gemeint.

Da Du mir von Herrn Levi schreibst, so sei doch so gut, ihn von mir zu grüßen. Auch ihn sollte ich längstens einmal aufsuchen, sowie seine Freundinnen, die Frau Eller und deren Tochter Mariechen.

Wer die Ilse Frapan im «Magazin» ist, nach der Du fragtest, weiß ich auch nicht. Ich denke mir ein herrlich schönes Frauenzimmer darunter, hochgewachsen wie eine antike Muse. Wir wollen sie in diesem geheimnisvollen Nebel belassen.

Dies Jahr werde ich vielleicht doch einmal den Platz verlassen und durch ein paar Städte laufen, um die Beine ein bißchen zu verstrecken, da ich hier fast nicht mehr ausgehe. Übrigens muß ich dies Regime sowieso bald ändern, trotzdem daß die Bequemlichkeit und Ungeschorenheit so lieblich ist. Ich habe hier durch die Jahre zerschlissene gesellige Verhältnisse, die Alten sind weg und die Jüngeren meistens alberne Streblinge oder sonst Esel, da bleibt man am liebsten allein. Aber es geht doch nicht auf die Dauer wegen der Bewegungsfähigkeit. Nun, ich werde mich ein bißchen drehen und anders legen, wie der Hund unterm Ofen.

Von Dir, lieber Freund, habe ich die Ansicht, daß Deine Gesundheit gegenwärtig der besten Frau gleicht, d. h. nicht von sich reden macht. Deine andere beste Frau und ihre Genossinnen, Mama und Tochter, grüße ich feierlich; es ist immer ein Vergnügen, für jeden Brief einen so vergnüglichen Schluß gesichert zu wissen.

Dein G. Keller

auf unserem Museum: Lesegesellschaft in Zürich.
Deinen Sonnenthal: Vgl. Brief 80 und Anm.
Freundschaftsschifflein: Vgl. Anm. zu Brief 76.
Levi: Vgl. Anm. zu Brief 31.
Frau Eller und deren Tochter Mariechen: Keller lernte Henriette Eller, Schauspielerin, und deren Tochter Marie im Sommer 1873 bei seinem Aufenthalt im Salzkammergut kennen. Später trafen sie sich in München und Zürich. Vier Briefe sind überliefert, in: Helbling 2, S. 333–337; vgl. auch: «Aus Gottfried Kellers glücklicher Zeit». Der Dichter im Briefwechsel mit Marie und Adolf Exner, hrsg. v. I. Smidt, Th. Gut & Co. Verlag, Stäfa 1981.
Ilse Frapan: Vgl. Anm. zu Brief 83.

85: Heyse an Keller

München, 2. Mai 1884

Vor meinem seligen Hinscheiden aus dieser Welt, in der ich mich monatelang so gründlich gegen Dich ausgeschwiegen habe, will ich Dir noch sagen, liebster Freund, daß ich desto fleißiger Deiner gedacht habe, durch den täglichen Anblick Deines Briefes vom 19ten Februar (!!) dazu aufgemuntert, und diese süße Gewohnheit auch in einem besseren Jenseits getreulich weiterzupflegen denke. Das Schnödeste ist, daß wir – mein gesamtes vierschläfriges Frauenzimmer eingerechnet – morgen nachmittag an Dir vorüberdampfen werden, ohne Dir einen Händedruck zu applizieren und ein Wie geht's? und Glückliche Reise! auszutauschen. Wir wollen noch denselben Tag Luzern erreichen, um eine kürzere Tagesfahrt durch den Gotthard zu haben. Sodann wird uns der Rundreisedämon über Mailand, Genua, La Spezia nach Florenz führen, wo wir eine Woche (im Albergo di Roma) zu rasten denken, um gegen den 23sten über Venedig und Verona wieder nach Hause zu kehren. Hier erwartet mich dann ein Häuflein dramatischer Entwürfe, mit denen ich mich während meiner stummen Zeit abgemüht habe, darunter ein tragischer Einakter, der mir erst in den letzten Tagen über den Hals kam, und ein gemütliches, mit allgemeinem Sichkriegen abschließendes Schauspiel, beide die sprechendsten Zeugnisse dafür, daß es mit meiner Novellistik ab und aus ist und, was er vielleicht schon vor 30 Jahren hätte tun sollen, der Dramatiker definitiv das Wort ergriffen hat. Denn jene Sachen waren erst als Novellen komponiert, bis ich dahinter kam, daß sie sich besser schauen als lesen ließen. Was ich allein dabei beklage, ist, daß ich mir damit mein teuerstes Publikum, Dich, verscherze. Denn, da ich in München erst 30 Jahre lebe, also noch kein Anrecht darauf habe, vom hiesigen Theater zu den «Unseren» gerechnet zu werden, würdest Du, selbst wenn Du das Unerhörte ausführtest und Dich in Lebensgröße hier einmal wieder blicken ließest, von meinem Wesen und Wollen keine Vorstellung mehr erhalten. Im übrigen Deutschen Reich fahre ich fort, als Theatermensch entdeckt zu werden, und zu meiner Genugtuung hat jüngst auch in Hannover das «Stärkere» sein «Recht» behauptet, obwohl ich selbst abwesend war und also nichts Persönliches mitwirken konnte. Der Don Juan soll im Herbst an der Burg erscheinen. Deine Grüße hat uns der Schleswiger Freund ganz warm überbracht. Doch wenn Du Gnade vor Recht ergehen und über drei Wochen etwas Eigenhändiges verlauten lassen wolltest, würde ich Dich für einen der christgesinntesten Heiligen halten. In der Tat, mich verlangt sehr nach Dir. Es ist mir höchst bitter, daß ich Dir so vorbeireisen muß. Doch bin ich diesmal nur der Kurier meines Harems, und da wir ohnehin vier Tage verloren haben, auf das

Abziehen eines Zahngewitters meiner armen Frau wartend, muß ich mich den höheren Zwecken opfern. Ich hätte so Vieles für Dich auf dem Herzen, und man versäumt Jahr um Jahr das Beste und Wichtigste, daß es eine Sünde und Schande ist.

Frau und Fräulein und Schwiegermama grüßen angelegentlichst. Der Winter war flau und unerquicklich, meine alten Lebensverderber wieder sehr obenauf, geselligen Freuden sind wir so gut wie gänzlich abgestorben. So müssen wir, was man an Lebensgenuß zum Ertragen des Lebens und einer weisen Seelendiät bedarf, in komprimierter Form durch eine Frühlingsreise uns zu Gemüte führen. Im Sommer werden wir desto hartnäckiger stille liegen.

Lebe wohl, Teurer! in aeternum

Dein Paul Heyse

ein Häuflein dramatischer Entwürfe: Nicht genau identifizierbar; wahrscheinlich aber die 1884 bei Hertz, Berlin, erscheinenden «Drei einaktige Trauerspiele und ein Lustspiel» («Ehrenschulden», «Frau Lukrezia», «Simson», «Unter Brüdern»).

mit meiner Novellistik ab und aus ist: Vgl. Anm. zu Brief 26.

der Schleswiger Freund: Wilhelm Petersen (1835–1900), Regierungsrat in Schleswig, korrespondierte mit Keller, Storm und Heyse; vgl. I. Smidt (1984), op. cit.

86: Keller an Heyse

Zürich, 4. Juni 1884

Lieber Freund! Es war sehr hübsch von Dir, mir vor Euerer Rundfahrt noch zu schreiben, und gar keine Schuldigkeit! Jetzt wirst Du phöbischer Kutschierer mit Deinen Autoren und Horen wohl wieder vor dem alten Vorhang zu München angelangt sein, wenn Ihr ihn nämlich noch habt, und ich komme, Dir zu dieser jetzt bedeutsamen Ankunft herzlich Glück zu wünschen, im allgemeinen, auch wenn sie ihn spezialiter Dir nicht fleißig genug aufziehen wollen.

Die Ankündigung, daß Du zunächst ausschliesslich das Drama pflegen wollest, kommt gerade noch recht, um die schönsten Aussichten zu öffnen, und ich kann mir eine neue Schaffensfolge recht gut vorstellen, die von einem Stück zum andern schreitet, ohne durch die aufhaltende und sperrische Tagewerkerei der Novellenheit unterbrochen zu werden. Damit will ich jedoch Deinen ketzerischen Zweifel nicht unterstützen, ob Du nicht schon vor 30 Jahren jenes hättest tun sollen! Die Novellen haben wir jetzt, und unsere Sprache hat sie auch, und ein neuer Lope kann jetzt doch auch nicht mehr gedeihen, der Du mit Deiner Vehemenz ohne Zweifel geworden wärest.

Die Burg zu Wien ist also beim «Don Juan» zu Kreuz gekrochen; ich hätte fast Lust hinzugehen, wenn es so weit ist, und Deinen Sonnenthal zu betrachten. Ich möchte gar zu gern sehen, wie er das Stück Jago, das in dem Helden steckt, verarbeitet, daß das Ganze ein korinthisches Erz bleibt.

Ich habe Dich einmal gefragt, welcher Wilhelm Hertz in der Widmung gemeint sei; als ich das Trauerspiel neulich wieder las, sah ich gleich, daß es ja deutlich gedruckt steht, und schämte mich. Dieses ist die saubere Akribie eines lesenden Freundes!

Petersen hat mir schon aus der Heimat geschrieben und nachher Zeitungen mit den Berichten über das Theodor-Storm-Fest in Berlin geschickt, die ich schon gelesen hatte und mich doch wieder erbauten. Nur wunderte ich mich etwas über die ungeschickte Rede, die Storm hielt. Doch war das noch Rosenwasser gegen das, was Spielhagen in Petersburg sprach; Verstand und Urbanität scheinen in Berlin resp. dessen literarischen Kreisen nicht mit dem übrigen gewachsen zu sein.

Ich laboriere immer noch an meinem Einbänder herum, der sich langsam etwas umgestaltet und vertieft hat, hoffentlich auch verschönert, soweit davon die Rede sein kann. Eine ernstere Stimmung, die sich leider mausig macht in mir, ist hiebei wirksam und hat somit auch ihr Gutes.

In diesem Monat einmal auszufliegen auf ein paar Wochen, ich wollte sagen, es zu unterlassen, wäre jetzt kein Grund da, als daß ich anfange zu fühlen, es sei mir am wohlsten zwischen meinen vier Wänden. Doch komme ich vielleicht unversehens durch Eueren Rosengarten gewackelt, um Dir ein und andere Stunde zu stehlen und das Fräulein zu einem Bier abzuholen. Ich sollte auch den alten Vischer in Stuttgart aufsuchen, der neulich ein Lustspiel in einem Liebhaber- oder Privattheater habe aufführen lassen. Das ist jetzt das zweite Mal, daß die Hegelschen Philosophen sagen, sie müßten selbst dran hin und zeigen, wie man's macht! Der erste war Arnold Ruge, der aber gar kein Poet war, wie Vischer es doch ist.

Hier ist seit Tagen kühles Regenwetter, weswegen es am Platze ist, Euch und Eueren Rosen schönere Tage zu wünschen und alle noch schönstens zu grüßen. Seid Ihr etwa noch nicht zu Hause, so sei so gut und telegraphiere es mir sofort. Dies soll nämlich ein Witz sein, damit das Blatt scheinbar voll wird.

Dein alter G. Keller

neuer Lope: Felix Lope de Vega Carpio (1562–1635), span. Dichter, schuf ca. 1500 Dramen, wovon 470 erhalten geblieben sind. Heyse hat bis zu seinem Tode 70 Stücke geschrieben.

Wilhelm Hertz: Vgl. Anm. zu Brief 75.

Petersen: Petersen an Keller, 29. April 1884, in: I. Smidt (1984), op. cit., S. 253ff.

Theodor-Storm-Fest: In der Reichshauptstadt Berlin wurde am 12. Mai ihm zu Ehren ein Festbankett gegeben. In seiner «ungeschickten Rede», wie Keller bemerkt, glaubte er, die Gattung der Novelle verteidigen zu müssen.

Einbänder: «Martin Salander», vgl. Brief 60 und Anm., ferner die Briefe 61 und 72.

Vischer: Vgl. Anm. zu Brief 1, seit 1869 lehrte er als Professor in Stuttgart. Vischer veröffentlichte 1884 das Stück «Nicht Ia» (Schwäbisches Lustspiel) bei Bonz, Stuttgart.

Ruge: Arnold Ruge (1802–1880), Publizist, Aesthetiker, Lyriker, Dramatiker und Erzähler. Ruge publizierte bereits vor seinen philosophischen Werken poetische Stücke, so 1830 «Schill und die Seinen» (Trauerspiel), später dann Novellen, Romane, Gedichte, Memoiren u. a.

87: Heyse an Keller

München, 24. Juni 1884

Diesmal, liebster Freund, ist die Münchener Lawine unschädlich an Dir vorübergesaust, und zwar drei Wochen später, als Dir angedroht war. Wir haben noch in der letzten Stunde beschlossen, die Wurst am anderen Zipfel anzuschneiden, und sind über den Brenner ins gelobte Land hineingefahren. Als wir nach sehr vergnüglichen 17 Tagen durch den Gotthard wieder herauskrochen, war's mit der schönen welschen Sonne und den Mailüften, die unsere Karawane umlächelt hatten, vorbei. In Luzern wandelte meine Wybervölkher ein Gelüst an, den Rigi zu befahren. Ich redete eifrig zu und erklärte, daß ich für mein bescheidenes männliches Teil die Aussicht von den Fenstern der «Meise» vorzöge und daher bis Zürich vorausfahren wollte, was auch allen einleuchtete. Am anderen Morgen wehte eine so scharfe rheumatische Luft vom Pilatus, daß die lieben Frauen vorzogen, im Tal zu bleiben und den Heimweg ohne Aufenthalt anzutreten. Zürich war noch im Typhus-Bann. So konnte ich mich dort nur gerade so lange verweilen, als ich brauchte, um einen stillen Seufzer in die Gegend zu schicken, wo ich den Zeltweg vermutete, und meinen Sommerpaletot im Wartesaal zurückzulassen (hab' ihn auch bis zur Stunde nicht wiedergesehen). Daß es nun an Dir ist, feurige Kohlen auf unsere Häupter zu sammeln und uns desto gewisser in der Luisenstraße aufzusuchen, wird Deinem feinen sittlichen Gefühl hoffentlich klar sein. Auch gedenken wir hier auf Dich zu warten, bis die letzte Rose abgeblüht ist. Wir haben uns eine Veranda ans Haus angeklebt, in der ich wie die Schwalbe im Nest sitze und allerlei ausbrüte. Die lustige Fahrt mit meinem Harem und der viele Chianti, den ich in Florenz mit Freund Böcklin getrunken, hat mich so aufgemuntert, daß ich all meine Gebresten abgeschüttelt und in Wahrheit einen neuen Menschen angezogen habe. Wenn dieser neue Mensch von dem alten Novellisten keinen Zug mehr hat, ist's nur zu seinem Besten. Denke, daß ich in den letzten vier Wochen 3, schreibe drei tragische Einakter zustande gebracht habe, zwei freilich erst im ersten Hinwurf, und meine Schenkel, die einen solchen Dauerlauf sonst hart büßen mußten, sind so wacker wie die eines jungen Hirsches. Auch meiner armen Seele bekommt dieser Konfessionswechsel trefflich. Ich habe an so ein Ding von Geschichtchen nie meine ganze Kraft gesetzt, da, wenn ich's hinimprovisiert hatte, jedesmal ein unüberwindlicher Abscheu mich überkam, obwohl ich deutlich empfand, nun sollt' ich erst anfangen, das Ganze stark noch einmal durchzukneten und jeden Strich zu vertiefen. Dazu konnt' ich mich nie überwinden und trug daher gegen diese Sachen, gleichviel ob sie Anderen einleuchteten, eine heimliche schamhafte Mißstimmung in mir herum, wie gegen Kinder, die von der Bank gefallen, und an denen alle Erziehungspflichten versäumt zu haben, der Vater sich leider bewußt ist. An dramatische Entwürfe eine 2te, 3te und letzte Hand zu legen, ermüde ich nie. Daher bin ich jetzt sehr guter Dinge und hoffe noch allerlei vor mich zu bringen.

Lange aber war ich auf nichts so begierig wie auf Deinen Einbändigen, den wir hoffentlich zu Weihnachten beschert kriegen. Ob mein lyrisches Christkindel zustande kommt, ist mir noch sehr problematisch. Ich habe in diesem Gebiete mich niemals zünftig angesiedelt, sondern nur getan, was ich durchaus nicht lassen konnte, so daß diese Sächlein gar keine Kunstprodukte in meinen Augen sind, die man nach Geschmack in gelungene und mißgeglückte einteilen und danach in einen Eliteband vereinigen könnte, sondern es sind Tagebuchblätter, die sämtlich für mich einen persönlichen Erinnerungswert haben und allzumal sint, ut sunt, aut non sint. Storm hat ein bißchen darin herumgestöbert und ein paar Hände voll ausgemerzt. Ein Anderer würde lieber andere entbehren, ein Dritter und Zehnter wieder andere. Zuletzt wird die Rücksicht auf die Bogenzahl den Ausschlag geben. Wenn Du mir aber anzeigen wolltest, welche durchaus fortbleiben müßten, um den Anschein, als ob ich zu den Lyrikern gehörte, eine Weile zu retten, wäre ich Dir sehr dankbar.

Grüße Baechtold und Victor Meyer und frage den ersteren, ob wir ihm etwa die Anzeige des Novellenschatzes in der Zürcher Zeitung zu danken haben. Darin sind Schweizerische Erzählungen, herausgegeben von H. Kurz, erwähnt und eine gewisse i. e. mir sehr ungewisse Luise Meyer von Schauensee. Beiden habe ich auf der hiesigen Bibliothek vergebens nachgefragt. Kennst Du sie, und müssen wir wirklich in einer Mustersammlung, die nicht für Literarhistoriker, sondern ganz naive Leser sein soll, Notiz davon nehmen? Und könntest Du sie mir in diesem Falle auf eine Woche zur Ansicht herbesorgen?

Die junge Generation rührt sich gewaltig. Frl. Ossip Schubin ist ein fabelhaft gewitztes, mit allen Wassern gewaschenes Frauenzimmer, und durch den Firnis von Chic und savoir vivre leuchtet fast verlegen, aber sehr anziehend die gesunde Röte einer wahrhaft poetischen Natur hindurch. Wenn sie es mit ihren Erfindungen genauer nehmen lernte, kann sie's weit bringen. Du hast wohl «Unter uns» gelesen. Es ist erstaunlich, wieviel Halbtöne die Dame auf ihrer Palette hat, was sie für eine leichte Hand besitzt, und wie flott und rüstig sie das alles hinwirft, dazwischen die zartesten helldunklen Partien und reizend kokette Lichter. Nur fehlt eine wirkliche Zeichnung, eine bedeutende Grundlinie, ein starker Lichtgang. Am Ende werden wir mit einem Pistolenschuß abgefunden, der aus der falschen Hand kommt – wie so oft auch bei Turgenjeff. Sehr erschütternd sind die zwei Erzählungen «Geschichte eines Genies» und «Die Galbrizzi». – Dann ist noch die liebenswürdige Helene Böhlau, die nur ein wenig ins Kränkliche, Verschwebelnde und hie und da Verrückte zu geraten pflegt (letzteres in ihrem «schönen Valentin») und nebenbei sich aufs Kellern verlegt. Dann – aber ich merke, der Herausgeber des Novellenschatzes spukt in mir. Sei's denn genug für heute. Lebe wohl, Teuerster.

Mit allen Grüßen

Dein Paul Heyse

in Florenz mit Freund Böcklin: Heyse hatte Böcklin in Rom 1852 kennengelernt, 1878 veröffentlichte er in der «Deutschen Rundschau» (vgl. Anm. zu Brief 24) einen sog. «Reisebrief» an seinen Freund in Florenz, wo dieser in den Jahren 1874 bis 1885 arbeitete; dort hat ihn Heyse – wie obiger Brief belegt – auf seiner Italienreise besucht.

drei tragische Einakter: Vgl. Anm. zu Brief 85.

Deinen Einbändigen: Vgl. Brief 86 und Anm.

lyrische Christkindel: Die 3. erw. Ausgabe seiner Gedichte erscheint erst 1885, vgl. Anm. zu Brief 67.

sint, ut sunt, aut non sint: (Die Gedichte) ‹seien, wie sie sind, oder seien gar nicht›.

Storm: Vgl. den Briefwechsel zwischen Storm und Heyse, hrsg. v. C. A. Bernd (1974), op. cit., Bd. 3.

Schweizerische Erzählungen herausgegeben von H. Kurz: Siehe folg. Brief mit Anm.

Schubin: Ossip Schubin (eigentl. Aloisa Kirschner, 1854–1934), Novellistin und Romanschriftstellerin.

Turgenieff: Iwan S. Turgenjew (1818–1883), russ. Dichter.

Böhlau: Helene Böhlau (1859–1940), Novellistin und Romanschriftstellerin. Interessante Erkenntnisse über diese Autorin findet der Leser, die Leserin in der Publikation von Gisela Brinker-Gabler (Hrsg.), Deutsche Literatur von Frauen. Zweiter Band. 19. und 20. Jahrhundert, Beck, München 1988.

88: Keller an Heyse

Zürich, 25. Juni 1884

Lieber Freund! Der Junius scheint in Regen und Kälte ganz ablaufen zu wollen, so daß ich mich bis dato nicht auf die Strümpfe machen konnte. Da ich aber Dein letztes Buch längst gelesen habe, so muß ich Dir für alle Fälle doch dafür danken, sintemal sich nun auch die Cholera in Toulon eingefunden hat, während bei uns in Zürich sich ein etwelcher Typhus soeben abschließlich verzog, wenn's gewiß ist. Hier muß ich auch noch nachholen, welchen schlechten Streich mein miserabler *esprit de l'escalier* gespielt hat, als Du mir schriebst, Ihr würdet an einem gewissen Nachmittage auf dem hiesigen Bahnhof Zürich vorbeifahren, um Luzern noch zu erreichen. Erst einige Tage später untersuchte ich den Kasus im Fahrtenplan und fand, daß Ihr Euch 25 Minuten hier habt aufhalten müssen, ich also ganz bequem mich hätte einfinden können, um Euch zu begrüßen oder gar bis Luzern mitzufahren und dort den Abend mit Dir zu verbringen. Am Ende aber verhielt es sich doch nicht so.

Dein zweites Buch der Freundschaft kommt mir wirklich etwas verdächtig vor, als ob Du in der Tat die Novelle abtun wolltest. Denn das letzte Stück, «Im Bunde der Dritte», mahnt an die Neunte Symphonie, die im letzten Satz in den menschlichen

Gesang übergeht; so daß Dein Einakter zu sagen scheint: Punktum! es geht nicht länger mit dem Erzählen, wir müssen's tragieren!

Ich denke übrigens, Du werdest wohl hie und da noch auf ein Abenteuer stoßen, das Dich zu den alten Künsten reizt.

In dem Problem der «Schwarzen Jakobe» finde ich die Bedingungen der Möglichkeit überraschend glücklich gemischt, gewissermaßen auf eine einzig richtige Weise, obschon wohl noch ein paar andere Arten latent sein werden. Die zwei weiteren, «Gute Kameraden» und das Drämchen, sind geistreich heitere Illustrationen zu Goethes Wort, die Frauen liebten es, überschüssige Verehrer und Liebhaber als Freunde einzupökeln. Es ließe sich ein Lustspiel denken, wo zwei, drei oder vier solche Bücklinge, die nichts voneinander gewußt und sukzessive eingesalzen worden sind, der Sache auf die Spur kommen, in eine sauersüße nachträgliche Jalousie geraten und allerlei Spuk beginnen, so daß die Dame Mühe hat, die Kerle wieder zu bändigen und den Deckel über der empörten Pökeltonne zuzuschlagen.

Etwas gefährlich ist in den «Guten Kameraden» das Ideal einer Romkennerin, das Du mit der Gabriele aufgestellt hast, weil zu befürchten ist, daß demselben zu heftig nachgestrebt wird. Wir wollen den Schrecken indessen kaltblütig erwarten.

Soeben, 11 Uhr, erhalte ich Deinen guten Brief und behalte mir vor, das Nötige darüber nachzuholen. Viktor Meyer ist sehr leidend an einer bösen Nierenkrankheit, war lange bettliegerig, dann besser und läuft jetzt wieder herum wie ein Schatten. Wegen der schweizerischen Novellen ist nicht viel zu sagen. Heinrich Kurz, der vor 35 Jahren eine schweizerische Volksbibliothek herausgegeben hat, nahm natürlich alles mögliche Material in dieselbe auf, von welchem das Gute Dir schon bekannt ist. Die Elise Meyer ist mir nicht mehr erinnerlich; ich kann Dir aber mit Leichtigkeit einiges verschaffen, ohne daß es viel wert sein wird für Deinen Zweck, wenn derselbe sich nicht etwa auf allerlei stilles Teichleben erstreckt, das sich in dunklen Philistergründen dehnt. Sollte die Hinweisung von Baechtold herrühren, so kann ich Dir schon sagen, daß er ästhetisch und intim nichts versteht und sich immer mehr als ein guter Schulhalter und zeilenzählender Neudruckherausgeber entwickelt.

Deine tragischen Einakter intrigieren mich furchtbar! Du hast offenbar einem neuen Prinzip, einer Reformidee Salz auf den Schwanz gestreut und sie eingefangen! Sie seien hoch gelobt, da Du Dich daran zu kurieren scheinst, wie Benvenuto einst an den jungen Pfauen!

Wegen der gesammelten Gedichte, oder wie Du das Buch nennen wirst, und besonders wegen der verrückten Frage des lyrischen Wesens, die Dich belästigt, will ich Dir lieber mündlich meine Meinung referieren. So viel kann ich Dir jetzt schon sagen, daß ich in dieser Sache vom Unterdrücken eines größern oder kleinern Teiles nichts verstehen kann, da Du ja schon im ersten Bande von 1872 ein vollständig ausgebildeter Mann gewesen bist und also von rohem Ballast keine Rede ist. Ich würde einfach das Vorhandene entweder nach Altersperioden oder nach Gattungen anordnen, letzteres vorzugsweise, und im Register allenfalls Jahreszahlen beifügen.

Theodor Storm kann hier gut raten für allfällige Korrekturen, aber nicht im ganzen, weil er etwas borniert ist und manchmal die Motive nicht einmal erkennt.

Nun weiß ich nicht, was Du die letzte Rose nennst, deren Verblühen Ihr abwarten wollt? Ob der ganze Juli noch hineingeht oder nicht? Wenn Ihr vor dem August wegzieht, so sei so gut, es mir zu sagen.

Deinem Überzieher im hiesigen Bahnhof will ich doch nachfragen, insofern Du mir den Tag ungefähr bezeichnen wolltest. Freilich wird ihn einer gleich von der Stelle weg gestohlen haben, als er ihn liegen sah.

Ganz Gruß von Kopf zu Fuß

Dein G. Keller

«Buch der Freundschaft»: Vgl. Anm. zu Brief 76.

«Schwarzen Jakobe»: Die zweite Novelle im «Buch der Freundschaft. Neue Folge».

das Drämchen: «Im Bunde der Dritte», vgl. Brief 83 und Anm.

Wegen der schweizerischen Novellen: Heinrich Kurz (1805–1873), Kantonsschullehrer in Aarau, Literaturhistoriker und Übersetzer. Er gab 1860 2 Bände «Schweizerische Erzählungen» heraus. Darin war Luise Meyer von Schauensee, nach der Heyse gefragt hatte (vgl. Brief 87) und die Keller vergessen hatte und mit falschem Vornamen (Elise) versieht, mit der Novelle «Sturm auf dem Vierwaldstättersee» vertreten.

Benvenuto: B. Cellini (1500–1571), ital. Goldschmied und Bildhauer. Cellini und seine Gesellen erkrankten einmal in Ferrara. Alle zwei Tage schoß Cellini einen Pfau. «Dergestalt nährten wir uns reichlich und fanden die Speise so gesund, daß unsere Krankheiten sich gleich verloren» (Goethe [Übers. und Hrsg.], Das Leben des Benvenuto Cellini, 2. Buch, 3. Kapitel, Cotta, Tübingen 1803).

Wegen der gesammelten Gedichte: Vgl. Briefe 67 und 87 mit Anm.

im ersten Bande von 1872: P. H., Gedichte, Hertz, Berlin 1872 (= Gesammelte Werke. Erster Band).

Theodor Storm: Storm war kein eifriger Leser Heysescher Gedichte, geschweige denn ein Bewunderer. Obwohl er Heyse seit dreißig Jahren sehr nahestand, gibt Storm gegenüber Keller ein vernichtendes Urteil ab. Am 14. Juni 1884 schreibt er: «Da nun aber seine, d. h. was man bei ihm Lyrik nennen muß, mehr vom Geiste als von der Empfindung aus geschrieben und nur durch die letztere quantum satis erwärmt ist, so sind eine Menge solcher fast gleichwertiger Sachen entstanden; denn der Geist ist weit ausgiebiger als – brauchen wir das alte Wort – das Herz. Was soll nun? Er ist nun einmal kein Lyriker» (Goldammer, op. cit., S. 137). Keller ist anderer Ansicht und verteidigt Heyse; im Antwortbrief schreibt er:

«Paul Heyses Gedichtsammlung habe ich jetzt erhalten und misse bis jetzt, außer den Sprüchen, die er wohl später wo unterbringen wird, nichts. Ihre Theorie vom Lyrischen teile ich allerdings nur sehr bedingt. Heyse hat so manches wirklich schöne rein lyrische Lied, daß man ihm die Eigenschaft nicht absprechen kann. Ich erinnere nur an das ‹Lied› S. 146. Wer das machen kann, hat auch mehreres gemacht. Hätte er in seiner Jugend mit dem üblichen Band Gedichte begonnen, statt mit Novellen und Dramen, so würde die herrschende Klassifikation mit Bezug auf seine Person schwerlich entstanden sein» (Helbling 3/1, S. 497).

Auf Kellers Drängen gibt dann Storm etwas nach und mildert seinen harten Urteilsspruch, indem er Heyse doch auch noch einen «guten lyrischen Teil» (Goldammer, op. cit., S. 147) zugesteht. Die Briefe an Heyse selbst variieren noch einmal. Während Storm an Heyse eine Liste mit den Gedichten, die er weglassen würde, abgibt (vgl. Bernd, op. cit., Bd. 3, S. 82 ff.) – ohne allerdings diese Auswahl näher zu begründen (er wollte Heyse wahrscheinlich nicht verletzen; Keller sollte ja Heyse von Storms scharfer Kritik auch nichts weitersagen) – übernimmt Keller unmißverständlich die Verteidigerrolle für seinen Freund.

89: Heyse an Keller

München, 17. Juli 1884

Liebster Freund! Nachdem ich meinen dritten tragischen Einakter besorgt und aufgehoben habe, genieße ich die «Hitzvakanz», die ich mir auf Bitte und Befehl meiner gestrengen Hausfrau diktiert, indem ich den lieben langen Tag, nur notdürftig bekleidet, durch unsere Zimmer schlendere, die Ventilation reguliere, etliche Male den Kopf in eine Schüssel mit frischem Wasser stecke, auf die Uhr sehe, ob die Zeit des Frühschoppens noch nicht da sei, und Gott Apoll einen guten Mann sein lasse. Du begreifst, daß unter solchen tropischen Umständen an ein reguläres Briefschreiben nicht zu denken ist. Doch hat mir eine Frage in Deinem letzten keine Ruhe gelassen: ob wir im August hier anzutreffen wären. Wir *sind* es, Liebster, und wenn dies nicht so ins Blaue hinein gefragt war, um wenigstens den Schein des guten Willens zu retten, könnten wir Dir ein München ohne Münchener versprechen, einen kühlen Trunk auf unserer luftigen Veranda, eine wohltemperierte Pinakothek und was sonst an Wohllüsten unser Kunstdorf zu bieten hätte. Ja, Deine Bedenkzeit erstreckte sich noch über den ganzen September, da wir uns schwerlich vor den dramaturgischen Reisen im Oktober vom Fleck rühren. Es wäre una gran bella cosa, wenn man einmal ganz in der Stille Deiner froh werden könnte. Leider sind meine Hoffnungen nicht die zuversichtlichsten, denn ich höre von allen Seiten, daß es eines ganz besonderen Zauberhebels bedürfe, um Dich von der Stelle zu bewegen, auf der Dir nicht einmal sonderlich wohl und wohnlich sei. Und doch ist es –

Hier hat mich meine liebe Frau in den Garten gerufen, ihr beim Besprengen der noch ganz unerquickten Beete zu helfen, an denen auch das gestrige Gewitter spurlos vorüberging. Wir sind strohverwaist, unsere lange Tochter ist in die Pfalz gereist zu einer Freundin; alle nächsten Bekannten sind in die Berge geflüchtet, nur ein paar Sitzengebliebene stehlen sich, wenn die gröbste Tagesglut verdampft ist, in unseren Garten. Wie geht es Dir, und wie gedeiht der Einbändige? Über die tragischen Einakter hatte ich allerlei tiefsinnige Betrachtungen in der Feder, die aber wieder ins Stocken gerieten. Mündlich! Wenn Du in der verflossenen Zeit nicht gänzlich mit verflossen bist, wende ein kurzes gutes Wort an

Deinen alten getreuen Paul Heyse

meinen dritten tragischen Einakter: «Simson», vgl. Anm. zu Brief 85.
der Einbändige: «Martin Salander».

90: Heyse an Keller

München, 1. September 1884

Nachdem wir auf Ew. Liebden den ganzen August hindurch vergebens gewartet, die Tore weit gemacht, die Kränze an der Ehrenpforte von Zeit zu Zeit erneuert und die Weinsorten im Keller immer wieder durchgekostet haben, um über den Fest- und Ehrentrunk ein sicheres Urteil zu fällen, müssen wir endlich der betrübten Erkenntnis Raum geben, daß es dem hohen Herrn auch diesmal wieder beliebt hat, seine Lieben und Getreuen mit Wind zu speisen, und an der Nase herumzuführen. Schade um die schönen stillen Wochen, die nun abermals ungenossen vergangen sind. Hättest Du uns in unserem grünen Winkel, wo wir uns vor allen Wagner-Korybanten so trefflich versteckt hielten, durch den Butzengeiger Deines fürstlichen Vetters (siehe: H. Kurz, «Die beiden Tubus») observieren können, ich wette, Liebster, die wonnigliche Reiselust wäre Dir in die Fußspitzen gefahren, und Du hättest nicht geruht, bis Du Dich in unserem Rosengarten überzeugt hättest, qu'il y a pourtant de beaux moments dans la vie. Niemals ist mir ein Sommer vergnüglicher, gelinder, fruchtbarer vergangen. Denn ich habe die volle Genesungswonne gespürt, die einen armen Krüppel zu Luftsprüngen treibt, wenn er nach achtjähriger Bresthaftigkeit seine Krücken vor irgendeiner schwarzen Madonna aufhängt. Mein Mirakelmann ist auch ein schwärzlicher, nicht wenig angeschwärzter, von schwarzem Bart bis unter die Augen umschatteter; da er aber Bismarck und mich wieder auf gesunde Beine gebracht hat, erscheint er mir weiß wie ein frischgefallener

Engel. Stell' Dir vor, daß ich, ohne Schaden an Leib und Seele zu nehmen, seit wir von unserem italienischen Spaziergang heimgekehrt sind, drei tragische Einakter und ein vieraktiges Schauspiel zustande gebracht habe und mich so munter fühle wie ein junger Hirsch. Doch sehnt es mich nun freilich in freiere Lüfte, und am Donnerstag will ich mit meiner Frau auf 14 Tage nach Berchtesgaden, um mir einmal leibhaftige Berge anzuschauen, ehe ich sie den Winter hindurch auf Kulissenleinwand, mehr als gut ist, zu sehen bekomme. Ende September soll ich die lange Geschäftsrundreise antreten, über Karlsruhe, Frankfurt, Hannover, Berlin, Wien. Schließe mich in Dein Gebet ein, lieber Freund, daß ich's mit Ehren und ohne allzu schwere Not überstehe. Ich fühle aber, daß ich wieder in meinem Elemente bin, und wundere mich nur, wie ich's so lang, wie ein Goldfisch im Glase, habe aushalten können, da's im Flusse sich so ganz munter schwimmt.

Nebenher hab' ich die Strapaze der Gedicht-Korrektur zu absolvieren gehabt – 27 kleine Bogen, die sich jetzt recht appetitlich ausnehmen. Bin neugierig, wie sich die Weissagung des ahnungsvollen Engels, Wilhelm Hertz genannt, bewähren wird. – Von Dir erwarte ich bestimmt den Roman im Oktoberheft der Rundschau beginnen zu sehen. Wenn das Dich zurückgehalten hätte, wollte ich's eher verschmerzen, daß es wieder nichts war mit den heiligsten Gelöbnissen. Frau Anna und die Mama grüßen Dich allerschönstens. Die lange Tochter vagabundiert noch in der Welt herum. Liebster Freund, laß uns ein gutes Wort hören und nimm fürlieb mit dem hastigen Geschreibe Deines schon in den Vorwehen des Aufbruchs Dich umarmenden

Paul Heyse

Wagner-Korybanten: Heyses Verhältnis zu Wagner und dessen Anhänger, vgl. Brief 26 und Anm.

Kurz: Hermann Kurz, vgl. Anm. zu Brief 5.

Mein Mirakelmann: Heyses Arzt Dr. Ernst Schweninger (1850–1924), bekannt als Arzt Bismarcks (seit 1881).

wie ein junger Hirsch: Mit dieser Formulierung wiederholt sich Heyse wie mit der Erwähnung seiner dramatischen Entwürfe, vgl. Brief 87.

Geschäftsrundreise: Heyses Besuch der Theateraufführungen seiner Stücke.

Gedicht-Korrektur: Vgl. Briefe 87 und 88 mit Anm.

91: Keller an Heyse

Zürich, 7. September 1884

Lieber Freund! Wenn diese Zeilen Dich auch nicht sofort erreichen, so tut es nichts, da sie nichts bezwecken, als auch meinerseits zu konstatieren, daß ich abermals nicht nach München gekommen bin, obgleich der kleinere Reisekoffer, ein altes Berliner Weltschmerzgeräte, schon vom Dachboden heruntergeholt war. Körperliche Indispositionen, die mich den August hindurch heimsuchten, ließen mich die Reise immer wieder aufschieben, bis es nun zu spät geworden ist. Denn wenn ich auch, sofern es einen so schönen Herbst gibt, wie es aussieht, Lust habe, den einen Teil des Projekts nachzuholen und das Schwabenland am Neckar in seinem Glanze zu sehen, so fällt die Isar nun selbstverständlich weg.

Freilich hätt' ich die Freude gehabt, Dich persönlich in Deiner Genesungsglorie zu sehen als glorreichen Genossen Bismarcks. Ich habe die Wundermär nur halb geglaubt, bin nun aber doch einigermassen beruhigt, nicht ohne einen Wermutstropfen auf der Zunge. Denn soviel ich weiß, besteht die Schweninger Kur mit in der Enthaltsamkeit vom Getränk; da hast Du Deinen Wein offenbar für mich in Bereitschaft gehalten, damit ich denselben beseitigen soll, wie man sich gewisse Schwammgewächse hält, welche schädliche Feuchtigkeiten aufsaugen. Nun, ich wünsche Dir dennoch Glück und Segen! Mögen Deine Bühnenfahrten Dir und der Dame, sowie der Dame und Dir aufs herrlichste bekommen!

Was Ihr aus Deinen Gedichten gemacht habt, bin zu erfahren ich verlangend, wie Schiller zu sagen pflegte. Ich habe die einzelnen Bände durchgesehen und sehe nicht recht ein, was da viel auszuschießen sein soll! Ich fürchte, es ist da eine Art Sperlingskritik geübt worden, wie wiederum Schiller sagte (Briefwechsel mit Goethe, Brief vom 2. November 1798, Nr. 540 der 3. Ausgabe). Zwar weiß ich nicht, was genau damals mit diesem Worte gemeint war; allein es gefällt mir außerordentlich. Es steht im dritten Absatz besagten Briefes.

Es gibt eine Menge schöner und nicht zu missender Poesien der alten und neueren Welt, die nach dem Oberlehrer-Schema weder lyrisch noch episch sind und sich doch erlauben, da zu sein. Dieser billige Standpunkt hindert nicht mein eigenes böses Gewissen hinsichtlich meiner vorjährigen Übeltat, die mir erst jetzt im Magen zu liegen angefangen hat. Allein da handelt es sich um etwas ganz anderes.

Indem ich Deine drei letzten Briefe vom Tisch schaffe und noch durchsehe, finde ich auch die böswillige Rückfahrt über den hiesigen Bahnhof, wo Du mit Recht durch Verlust des Überziehers gestraft worden bist. Damals hatte ich vor, nachzufragen, vergaß die Sache aber sofort und bis auf diesen Tag. Hast Du den Rock seither bekommen? Wenn Du mir eine nähere Angabe über den Tag oder Bahnzug machen kannst, so will ich jedenfalls mit Zuzug eines Oberbeamten nochmals Nachfrage halten. Wahrscheinlich ist aber der Rock auf dem Platze gestohlen worden, da fortwährend Diebe sich in den Wartsälen umtreiben.

Da stoße ich auf Deine etwas melancholische Betrachtung über Deine Novellistik der letzten Zeiten. Ich kann in Deine internen Angelegenheiten nicht hineinreden, weil es sich nicht ziemt, das Mehrere, was jeder von sich selber wissen muß, von seinen eigenen Fähigkeiten und Maßstäben, bemängeln zu wollen. Nur scheint mir das Ding hier an die allgemeine Erfahrung zu grenzen, wonach bei allem kunstmäßigen Schaffen das Gefühl eines Residuums nachwirkt, das nicht zum Ausdruck gekommen sei. Dies Gefühl ist gewiß bei Meisterleuten vorhanden; denn wenn nicht gerade bei ihnen das Ideal noch mächtiger wäre als das Können oder, richtiger gesagt, als der Konkretismus des Schaffens (O Herrjeses!), so würden sie auch *das* nicht erreichen, *was* sie können.

Indessen habe ich an meinem geringen Orte verwandte Schmerzen, nur wälze ich als trivialer Bengel die Schuld auf die Außenwelt. Mich beschleicht nämlich schon seit einiger Zeit das Gefühl, daß die Novelliererei zu einer allgemeinen Nivelliererei geworden sei, einer Sintflut, in welcher herumzuplätschern kein Vergnügen und bald auch keine Ehre mehr sei.

Da stieß ich auf verbrannte menschliche Gebeine – und fand jene Flut wieder mehr erquicklich. Ich las nämlich Daudets letzten Roman *«Sapho»*. Daudet, der wohl weiß, was gut und liebenswürdig ist, ist mit verhängtem Zügel der *«Nana»* nachgeritten und glücklich dort angekommen, wo es unaufhörlich stinkt! Was liegt denn der Welt an den ewigen Lebensläufen dieser Pariser Huren und an ihrem täglichen, ja stündlichen Lakenreißen? Nichts! Aber den unseligen Autoren liegt an ihrer Industrie und Konkurrenz, sie sind eben die gleichen Glücks- und Geldsüchtler wie die Tröpfe, die sie beschreiben, und da es mehr unanständige und unwissende Leser gibt als anständige und gebildete, so ist die Rechnung bald gemacht, und das edle, wohlgeborene Töchterchen Phantasie wird in den Sumpf gestoßen. Was Zola betrifft, so ist derselbe von Haus aus ein gemeiner Kerl.

Mögen die Götter uns nur davor bewahren, daß wir, um aus unserer langweiligen Flut herauszukommen, auch zu jenen Künsten greifen, wozu ja schon ein paar schüchterne Fühlhörner sich ausgestreckt haben.

Von den beiden Damen Böhlau und Kirschner, die Du besprichst, habe ich nur gelesen, was in der «Rundschau» stand. Die Böhlausche Muse scheint zu dem von der Flut Hervorgebrachten zu gehören, die andere dagegen, allerdings von allen Teufeln geritten, mit allen Hunden gehetzt, eine alte Landratte zu sein. Sie erinnert stark an den seligen Gutzkow, der auch nur mit dem Modernsten kutschieren mußte und den Leuten anriechen ließ, daß sie soeben die Hände mit gewöhnlicher Seife gewaschen hätten, was nicht *Chic* war. Wenn übrigens diese Ossipin, die nach dem Literaturkalender erst 29 Jahre zählt, sich noch mäßigen lernt, so wird sie ohne Zweifel etwas Rechtes werden. Aber die Flut!

Nun fahre aber einstweilen wohl und grüße empfehlend Deine verehrten Damen, um mit etwas Erfreulicherem zu schließen.

Dein G. Keller

vertatur

Baechtold schickt mir soeben die 3. Auflage von Leutholds Gedichten; in der Einleitung läßt er mich ungebührlich mitleiden, wie er überhaupt den ganzen Unglückskerl in unerlaubter Weise langsam und stückweise verzapft hat. Als Titelbild ist, um dem Verfahren die Krone aufzusetzen, eine abschreckend diabolische Porträtradierung vorgesetzt.

das Schwabenland am Neckar: Keller beabsichtigte, Theodor Vischer in Stuttgart zu besuchen, vgl. Brief 86.

wie Schiller zu sagen pflegte: Im Briefwechsel mit Goethe. Die Stelle ist bei Keller – wie Helbling festgestellt hat – angestrichen.

Sperlingskritik: ‹Eine zank- und tadelsüchtige Kritik› (Grimm, Dt. Wörterbuch, Bd. 10, Sp. 2167). Schiller an Goethe, 2. November 1798: «Aber das Gefühl sollte gegen jedes besondere Werk einer besonderen Stimmung gerechter sein, und gewöhnlich sind hinter solchen Urteilen doch nur Sperlingskritiken versteckt».

melancholische Betrachtung: Vgl. Brief 85 und Anm.

Daudets letzten Roman: Alpohonse Daudet (1840–1897), frz. Schriftsteller, sein Roman «Sapho» erschien 1884.

«Nana»: Emile Zola (1840–1902), Nana, ersch. 1879/80; vgl. dazu auch Brief 35 und Anm.

Böhlau und Kirschner: Vgl. Brief 87 und Anm.

Gutzkow: Karl Gutzkow (1811–1878), dt. Schriftsteller und Publizist.

Ossipin: Keller meint Ossip Schubin, vgl. Anm. zu Brief 87.

3. Auflage von Leutholds Gedichten: H. Leuthold, Gedichte, 3. verm. Auflage, Huber, Frauenfeld 1884; vgl. dazu Anm. zu Brief 26.

92: Keller an Heyse

Zürich, 28. November 1884

Lieber Freund! Ich benutze eine nächtliche Stunde, um Dir anzuzeigen, daß ich längst im Besitze Deiner Gedichte und der darauf besonders bezüglichen Dankbarkeit bin, auch gegen den lieben Gott, der mir wie dem Tobias das Schwalbendrecklein aus den Augen genommen hat. Nachdem ich nämlich zuerst nachgestöbert, was denn alles geopfert worden sei, und für einmal nichts fand als die Sprüche und Sinnverse, in denen Du exzellierst, und darüber räsonnierte, entdeckte ich plötzlich, daß der Band, den ich zur Kontrolle in der Hand hielt, ja der erste Band Deiner sämtlichen Werke sei, der das Vermißte wohlbergend enthalte, daß «dieser Umstand auch mit den andern Sachen der Fall sei» (wie ein hiesiger Redner neulich sich ausdrückte), nämlich auch das «Skizzenbuch» usf. nach wie vor fortbestehe und es sich lediglich um die Zwischenunternehmung resp. Gestaltung eines schönen Buches handle. Daß die Epistel an Geibel nicht aufgenommen wurde, diente mir sogar als Vorzeichen, daß sie schon den Ansatz zu einem künftig zu erhoffenden neuen Versebuch bilden solle und von einem kritischen Ab- und Ausschluß im vorliegenden Buche also nicht die Rede sei. Diese Befürchtung hat mir dummem Kerl überflüssiges Geträtsche gekostet und mich die Rolle eines unberufenen Apologeten spielen lassen.

Natürlich benutze ich die Gelegenheit, Dir zu Deinen Bühnenerfolgen in Frankfurt Glück zu wünschen und es im voraus weiter zu tun, wenn Du Dich inzwischen wieder auf den Weg gemacht hast oder die Ereignisse sonst vor sich gehen.

Daß Du meinen Roman schon wo gesehen hast, bezweifle ich, da ich immer noch daran laboriere. Ich würde ihn sogar nochmals zurücklegen, wenn die Rundschauleute nicht durch ihre verfluchten Abonnementsausschreibungen mir eine Art Zwang auferlegt hätten. Ich muß nun aber das Ding zu Ende bringen. Es ist sehr unbequem, ohne alle Verpflichtung und Schuldigkeit so der Freiheit in seinem Tun zeitweise beraubt zu sein.

Fahre oder stehe nun wohl, je nach der Sachlage, und bringe mich bei Deinem Frauenzimmer in nicht ungeneigte Erinnerung. Solltest Du Gelegenheit haben, etwa den beiden Damen des sel. Bernhard Fries einen herzlichen Gruß von mir zu sagen, so bitte ich Dich auch darum. Sie fallen mir eben ein.

Dein alter G. Keller

der erste Band Deiner sämtlichen Werke: 1872, enthält die Gedichte, vgl. Anm. zu Brief 88.

Gestaltung eines schönen Buches: Keller hatte ja selbst dazu geraten, vgl. Brief 67. Der oben erwähnte Band (die 3. erw. Aufl. der Gedichte, Hertz, Berlin 1885) enthält neben den Gedichten der Ausgabe von 1872 das «Skizzenbuch» (1877) und die «Verse aus Italien» (1880). Eine Auswahl der Gedichte vereinigt der heute wieder erhältliche Band: P. H., Werke 1980, Bd. 1.

die Epistel an Geibel: Heyses Gedicht zur hundertsten Auflage seiner Gedichte (1884).

zu Deinen Bühnenerfolgen: In Frankfurt wurde Heyses «Don Juans Ende» aufgeführt, ferner die drei Einakter «Ehrenschulden», «Im Bunde der Dritte» und «Unter Brüdern». Am 21. November hatte Heyses Stück «Getrennte Welten» im Residenztheater in München Premiere.

meinen Roman ... gesehen hast: Mißverständnis Kellers, vgl. Brief 90.

sel. Bernhard Fries: Vgl. Brief 32 und Anm.

93: Heyse an Keller

München, 3. Dezember 1884

Liebster Freund!

Ich bin sündhaft lange stumm geblieben und schlug heftig an meine Brust, als ich Deinen Brief empfing. Ob die Politik den Charakter verdirbt – wie Diejenigen behaupten, die keinen haben –, weiß ich nicht. Das Theater demoralisiert selbst den besseren Menschen. Seit unserem letzten brieflichen Begegnen habe ich nicht weniger als vier neue Stücke vor die Lampen gebracht und eben gestern mein urältestes zum dritten und vorletzten Mal beendet. Darüber ist alles stehen und liegen geblieben, was mir sonst lieb und teuer ist. Aber – c'est plus fort que moi. Alte Leute, die sich noch einmal verlieben, machen die tollsten Kapriolen. Wenn sie gar, wie ich, zu ihrer ersten Liebe zurückkehren, ist kein Halten mehr, und die Freunde müssen ihr Haupt verhüllen und für die arme Torenseele ein stilles Gebet sprechen. Wäre jetzt Reisezeit, so träte ich eines schönen Nachmittags über Deine Schwelle und holte mir in Person ein Zertifikat darüber, daß ich trotz alledem noch nicht in Grund und Boden verdorben bin. Das Beängstigende bei meinem jetzigen Metier, zumal für einen alten Knaben – ist der Umstand, daß unser modernes Theater durchaus eines sicheren Stils entbehrt, daß Mimen, Parterre und Dichter die buntesten Gelüste haben, und was heute angeknüpft wird, morgen wieder abreißt. Das Bändchen der Kleinen von den Meinen, das Dir demnächst zugehen wird, spiegelt mit erschreckender Deutlichkeit diesen wunderlichen Zustand. Und so habe ich eben jetzt, nachdem ich es auf der hiesigen Bühne mit einem ganz realen Gesellschaftsstück versucht, mich wieder in meine längst verjährte Römertragödie gestürzt, mit der ich es keiner Seele als mir selber recht machen werde. Wie pläsierlich konnten die Spanier und der große William jeden Morgen dieselbe Palette in die Hand nehmen, auf welche dieselben Farbenkleckse aufgesetzt waren, um deren Mischung allein sich's handelte. Wir Spätlinge wechseln zwischen Öl, Tempera, Pastell, Aquarell und getuschter Manier innerhalb vierzehn Tagen. Dagegen sammelt der Novellist alle verschiedenen Stile und Manieren in seiner Person und prägt selbst dem

Heterogensten den Stempel seines Eigenwesens auf. Und doch – Gott helfe mir, ich kann nicht anders! Auch gibt es in diesem Zickzackleben gute Stunden, wie z. B. die, in welcher ich meinen Don Juan völlig, wie ich ihn mir träumen lasse, über die Bretter wandeln sah. Das war schon ein bißchen Herzklopfen wert.

Was das lyrische Unbändchen anbelangt, Liebster, so enthält es allerdings alles Dasjenige, was mir von meinen Versen noch heute einigen Wert zu haben scheint, mit Ausnahme der Sprüche, die übers Jahr, in ein eigenes corpusculum vereinigt, erscheinen sollen. Was ich sonst wegließ, war mir zweifelhaft geworden. Womit nicht gesagt sein soll, daß nicht auch von der Auslese manches in lichten Intervallen mir eine Menetekel-Physiognomie zeigt.

Sehr töricht fand ich die pathetische Diatribe des guten Johannes Proelß über Leutholds dritte Auflage. Man muß ihm dergleichen Ausbrüche zugute halten, da er es wenigstens ehrlich meint. Wenn er wüßte, wie dieser Unglückliche seine Handvoll Leistungen, die man jetzt als geniale Wunder verschreit, einer kargen Natur und einem bitterlichen Gemüt mühsam abgequält hat! Ich habe von neuem vergebens nach einem eigenen Ton oder doch einem neuen Gehalt gesucht. Alles aus zweiter Hand und nicht einmal aus erstem Herzen. Betrüblich war mir auch Deines Kilchberger Nachbarn neuestes Büchlein. Die prachtvolle Novelle hat er durch seinen verkünstelten Rahmen und die nach Edelrost schmeckende Schnörkelrede fast ungenießbar gemacht. Mich dünkt, er lebt zu einsam, er hört immer nur *sich* reden, auch nirgend einen Widerspruch kritischer Freunde. Diesmal habe ich mich geopfert und ihm meine Bedenken nicht verhehlt. Ich weiß, daß nichts damit gewonnen ist, und vielleicht er mir verloren. Aber es mußte heraus.

Lebe wohl, Teurer! Mein Damentrio grüßt herzlichst. An Baechtold, Meyer, Böcklin, wenn er wirklich schon Züricher Hausbesitzer ist, tanti saluti.

Dein getreuer Paul Heyse

vier neue Stücke: Vgl. Anm. zu Brief 92.

Gesellschaftsstück: «Getrennte Welten».

Römertragödie: Ersch. 1886 bei Hertz, Berlin, unter dem Titel «Die Hochzeit auf dem Aventin».

eigenes corpusculum: P. H., Spruchbüchlein, Hertz, Berlin 1885; heute greifbar, in: P. H., Werke 1980, Bd. 1.

Diatribe: (Griech.) ‹Gelehrte Streitschrift› (bildungsspr.).

Proelß: Johannes Proelß (1853–1911), Redaktor und Schriftsteller. Er kündigte in der «Frankfurter Zeitung» die neue Auflage der Gedichte Leutholds an.

neuestes Büchlein: C. F. Meyer, Die Hochzeit des Mönchs, Haessel, Leipzig 1884.

Böcklin: Er siedelte 1884 von Florenz nach Zürich über, wo er bis 1892 blieb. Mit Gottfried Keller verband ihn bald eine herzliche Freundschaft; vgl. E/B, S. 590f.

94: Keller an Heyse

Zürich, 12. Dezember 1884

Wir wollen uns nicht placken und wie Brief-Shylocks traktieren, lieber Freund und Paule; aber dennoch muß ich Dir schon wieder schreiben, da erstens gleich nach Abgang meines letzten Briefes die Epistel an Geibel im neuen Buch zum Vorschein kam, und zweitens das Buch mit den 4 Einaktern einlief. Die Epistel hatte ich bei den Reisebriefen gesucht und daher im Register nicht gefunden.

Die Dramen las ich alle an *einem* Tage, so daß ich plötzlich mit offenem Munde dasaß, wie ein gefräßiger Junge, der seine Kirschen unversehens aufgegessen hat. Ich will in dem Tourbillon von Produktion und Wirkung, in welchem Du Dich jetzt umdrehst, Dich nicht mit Zuruf langweilen und nur kurz sagen, daß das 1. und 4. mich am vollsten angesprochen und gepackt haben. Das Lustspiel scheint mir ebenso vortrefflich in der Erfindung wie in Ausführung und Sprachhumor. «Simson» scheint schon im Stoff für das Problem einer einaktigen Tragödie wie geschaffen zu sein, so gut hast Du die Vorgeschichte benutzt und eingemauert. Eine Frage könnte vielleicht sein, ob die Delila nicht zu gemischt sei für eine biblische Person, nicht mehr modernes Schindluder, eine *méchante incomprise?* Allein, da sie, wie sie ist, an sich gut und effektvoll ist, so ist die Frage wohl müßig.

Es ist mir eingefallen, ob nicht in der Relation Adriels von der Katastrophe das Weib nochmals vorkommen könnte, damit man sie in ihrem letzten Augenblick auch noch einmal aufblitzen sieht und über die Meinung des Dichters kein Zweifel bleibt.

Die «Ehrenschulden» sind ein wohl nicht minder meisterhaftes Stück als beide obige; das Motiv, daß der Held nicht an einem Ehrenwort zugrunde geht, das er nicht einlösen kann, sondern an einem, das beim Aussprechen schon falsch war unter furchtbar zwingenden Umständen, ist ein sehr feines. Dennoch mutet mich der Gegenstand nicht recht an. Das Wort «herrlicher Freund» am Schlusse will mir nicht ganz passen in diese Welt.

«Frau Lucrezia» schiene mir besser zum Erzählen als zum Tragieren; da sie selbst nicht umkommt, so weiß man nicht sicher, ob sie nicht dennoch wieder heiratet, am Ende doch den Morosini. In einer Novelle könnte man den Leser mit ein paar Sätzen darüber vollkommen beruhigen; so aber – ei, ich will nichts Böses reden und Deinen schönen Dialog nicht unterschätzen, Du verstehst mich!

Nun habe ich doch eine Schwätzerei angehoben und will Dir auch gleich noch zum Schillerpreise Glück wünschen, trotz der Verschleppung und der pedantischen Verumständung, mit denen es endlich geschah.

Was Du von der herrschenden Stillosigkeit sagst, ist mir nicht recht klar; Ihr müßt eben rufen: *le style c'est moi!* und drauflos schustern, mögen sie dann tun, was sie wollen! Oder vielmehr, sie werden schon nachkommen müssen.

Der Rahmen zu F. Meyers «Hochzeit des Mönchs» ist allerdings ein seltsames Ding, da eine einzelne Novelle ja gar keinen Rahmen braucht und der Autor sich ohne allen Grund des Selbsterzählens, d. h. des freien Stils begibt. Meyer hat meines Bedünkens sich von der Höhe der reinen Form zum Berge der Manieriertheit hinübergeschwungen, was in einem Gran närrischen Wesens seinen Grund haben mag, das ihm angeboren scheint und in einer gewissen Neigung besteht, sich etwas aufzublasen, in naiver Weise. Denn er substituiert sich keinen Geringern als Dante, um die Komposition der vorzutragenden Geschichte Stück für Stück selbst bewundern zu können. Ich habe ihm darum auch kein Wort hierüber gesagt, weil ihn diese Andeutung beleidigt hätte. Dennoch sind auch in diesem Rahmen sehr schöne Züge.

Einsamkeit ist jetzt gerade nicht sein Übel; denn er beklagt sich, daß er überlaufen werde, und liest trotzdem gerne jedem etwas vor. Aber früher lebte er bis in seine Vierziger hinein einsam unter ein paar Frauen, von denen eine Schwester, die jetzt in eine Betanstalt gezogen ist, die sie dotiert hat resp. erweitern half, nachdem sie die Heirat des Bruders mit einem reichen ältlichen Fräulein zuwege gebracht. Diese Schwester hat ihm jahrelang seine Sachen niedergeschrieben, während er diktierte.

Johannes Proelß hat mir mit seinem Angriff auf Baechtold auch keinen Gefallen getan, und zwar weil ich diesem wegen der Behandlung der Einleitung zur 3. Auflage von Leutholds Gedichten ebenfalls Vorwürfe gemacht hatte. Nachdem er 5 Jahre lang den armen Nachlaß nößelweise verzapft hatte, schwingt er sich zu guter Letzt aufs hohe Roß des Methodikers und kritischen Editors, um den guten toten Freund unter sich zu bringen und alle unvorteilhaften Äußerungen zu sammeln und zu registrieren. Das konnte er in irgendeiner besondern Abhandlung und an anderm Orte tun, aber nicht an der Spitze des ihm anvertrauten einzigen Gutes oder Ungutes des Verstorbenen.

Ich sagte Baechtold geradezu, ich möchte nach meinem Tode jedenfalls nicht in seine Hände fallen. Doch dies alles unter uns! Und nun für einmal wieder genug! Wirf den Brief beiseite, wenn Du von Besserem und Wichtigerem in Anspruch genommen bist, und grüße vor allem auch Deine Damen. Diese beiden Schlußpostulate hätte ich allerdings logischerweise in den Eingang setzen und das übrige sodann ersparen sollen. Allein es geht einmal oft so verkehrt zu in der Welt. Steure nur einem glücklichen Jahreswechsel entgegen, so befriedigst Du am besten Deinen derzeit mit einem rheumatischen Buckel behafteten

G. Keller

Brief-Shylocks: Anspielung Kellers auf die Figur Shylocks in Shakespeares «Der Kaufmann von Venedig». Shylock ist ein jüdischer Wucherer, der sich im Verlaufe des Stücks zum Monstrum verwandelt.

mit den 4 Einaktern: P. H., Drei einaktige Trauerspiele und ein Lustspiel, Hertz, Berlin 1884.

Reisebriefen: Vgl. Anm. zu Brief 24.

das 1. und 4.: «Ehrenschulden» und «Unter Brüdern».

Schillerpreise: Verleihung des mit 3000 Mark dotierten Schiller-Preises an Paul Heyse, gemeinsam mit Ernst von Wildenbruch (1845–1909). Der Preis wurde Heyse in Anerkennung seiner «auch in den drei letzten Jahren bewährten Verdienste um die dramatische Dichtkunst» verliehen.

Dante: Alighieri (1265–1321), ital. Dichter.

eine Schwester: Betsy Meyer (1831–1912).

Heirat des Bruders: 1875 verehelichte sich C. F. Meyer mit Luise Ziegler.

wegen der Behandlung der Einleitung: Vgl. Anm. zu Brief 26. Am 19. September 1884 versuchte sich Baechtold gegenüber Keller zu entschuldigen. Er schreibt: «Lassen Sie sich, hochverehrter Herr, den mitfolgenden Band Leuthold gefallen. Verzeihen Sie mir auch die Aufspielerei mit Ihrem Namen in der Einleitung. Es soll nicht wieder geschehen. Als Sie bei Durchlesung des Korrekturbogens keine Einwendung dagegen machten, glaubte ich, daß Sie zu der Harmlosigkeit ein Auge zudrücken würden. Das Bild zu verhindern, war leider zu spät: der Verleger hatte es radieren lassen, ich protestierte gegen die Publikation der Radierung, da die Ähnlichkeit verloren gegangen war, und glaubte die Sache für abgetan. Da kam der Lichtdruck, der nun in Gottes Namen mitlaufen muß» (Helbling 3/2, S. 313).

95 (Telegramm): Keller an Heyse

Zürich, 6. Februar 1885

Herzliche Glückwünsche und Grüße
von

Gottfried Keller

Telegramm: Zur Verlobung der jüngsten Tochter Clara (Cläre), die Keller spaßeshalber «das trinkbare Fräulein», «die lange Tochter», «das Tanzfräulein» u.a. nannte.

96: Heyse an Keller

München, 26. März 1885

Nun sei's aber endlich genug geschwiegen, lieber Freund, zumal ich in den nächsten vier Wochen jeden Tropfen Tinte, den ich auf Briefpapier verspritze, einem neuen Lustspiel vom Munde absparen müßte, zu welchem ich mich soeben anschicke. Mit diesem halsbrechenden Unternehmen habe ich mich die letzten vier Wochen Tag und Nacht getragen, so ernsthaft und trübsinnig, wie sich's gehört, wenn man andere Leute lachen machen soll. Die Verwegenheit zu diesem Projekt verdanke ich den jüngsten Aufmunterungen, die mir in Berlin zuteil geworden. Man schien mir diesmal wirklich den Novellisten verziehen zu haben und ließ mich ganze sieben wolkenlose Tage erleben. Vor allem hatte ich meinen Spaß daran, daß die trefflichen und weisen Herren, die sich beim Alkibiades auf eine anständige wohlklingende Langeweile gefaßt gemacht hatten, sich nicht genug wundern konnten, daß es in diesem «Trauerspiel mit nackete Füß» so menschlich und wie von heutzutage zuging, so daß ihnen ordentlich warm dabei wurde. Wer hätte gedacht, daß der alte Athener noch so viel Blut hätte! – In den Zwischenakten meiner Theaternöte erfreute ich mich meines Brautpaares, das sich dort ein Rendezvous gegeben hatte. Der bayrische Hauptmann ist zu den Schießübungen nach Berlin kommandiert, und das fahrende Fräulein benutzte den Vorwand, seinem babbo bei den verschiedenen Exekutionen mit geistlichem Trost beizustehen, zu einem Wiedersehen mit dem Herrn Liebsten, der – beiläufig gesagt – auch mir sehr verliebenswürdig vorkam. Auf der Rückreise besuchte ich noch meine gutsherrliche Tochter und andere gute Freunde und machte dann für einige Zeit einen Strich unter dies vergnügliche Lotterleben, da ich hier bei meiner armen Frau ganz stille in unserer Winterhöhle saß und fortfuhr, an ihr herumzudoktern, bis jetzt ohne sonderlichen Erfolg. In 4 Wochen ist Hochzeit. Ich wünschte sehr, daß bis dahin ein frischer Wind unter ihre Flügel wehte, damit sie die Brautmutter-Strapazen glücklich überstünde.

Von Ew. Liebden hab' ich inzwischen kein Sterbenswort gesehen noch gehört, denn die fröhliche Kunde von der geglückten

Negotiation in Stuttgart, die mir Hans Hertz brachte, betrifft doch nur die längst vollendeten opera. Der neue Roman scheint sich des Spruchs zu erinnern: il faut se faire désirer. Ich denk' aber, wenn erst unsere Rosen im Flor sind, und wir die halben Tage in unserer Veranda verdehnen, wird er sich einstellen und zum Guten das Beste bringen. Auf *den* Besten fangen wir nachgerade an zu verzichten. Und doch wär's in diesem Sommer ein zwiefaches Werk der Barmherzigkeit, wenn er sich aufmachte, die verwaisten Freunde zu trösten. Wir warten bis Mitte August. Überleg's doch einmal mit recht gutem Willen. Das Bißchen Leben ist ein so unsicheres Geschäft, man sollte alle kleineren Profite mitnehmen.

Hier schick' ich Dir ein Bismarck-Lied, welches das Komitee für den Massengesang zu schwierig fand, worauf ich mich herbeiließ, dasselbe etwas gassenhauermäßiger in Reime zu bringen. Auch die erste Form war, wie Du begreifen wirst, Notwerk. Ich konnte mich aber dem Ansinnen nicht entziehen. Wir würden eine glanzvolle Feier haben, wenn der Nachthimmel und Frostwind nicht alle Begeisterung niederhielte. –

Lebe wohl, Geliebtester! Tausend Grüße von Frau und Schwiegermutter.

Dein ewiger P. H.

Lustspiel: Wahrscheinlich das 1888 gedruckte Stück «Gott schütze mich vor meinen Freunden».

Alkibiades: Vgl. Brief 49 und Anm. u.a.

der bayrische Hauptmann: Verlobter von Clara Heyse.

meine gutsherrliche Tochter: Julie Baumgarten-Heyse.

Negotiation in Stuttgart: Die Verlagsanstalt G.J. Göschen in Stuttgart trat ihre Rechte an Hertz, Berlin, ab; vgl. dazu Keller an Wilhelm und Hans Hertz, 24. Februar 1885, in: Helbling 3/2, S. 446ff.

Hans Hertz: Sohn des Verlegers Wilhelm Hertz, Teilhaber des Unternehmens von 1875–1895.

ein Bismarck-Lied: Zum 70. Geburtstag.

97: Keller an Heyse

Zürich, 15. Mai 1885

Lieber Honigvater (sofern die Hochzeit des Fräuleins glücklich stattgefunden!), die 4 Wochen, welche Du dem neuen Lustspiel widmen wolltest, sind nun reichlich vorbei, so daß man Dich wohl mit einer Epistel ohne Gehalt heimsuchen kann. Die Hochzeit betreffend wünsche ich Euch allen noch wärmer und ausdrücklicher Glück, als es mit einem schnöden *p.f.* geschehen konnte, und die Wärme hab' ich selbst um so nötiger, als es heut' den ganzen Tag vor meinem Fenster schneit.

Es ist schön, daß das brave Ex-Fräulein es mit dem alten Freund Vischer hält, der zu sagen pflegte, er trinke abends sein Bier gern mit dem einen oder andern Hauptmann oder verständigen Major, weil er «als e bisle Eise beim Bier gern in der Näh' hab'». Nämlich die klirrenden Schleppsäbel an der Wand.

den 19. Mai

Da bin ich stecken geblieben und beeile mich nun, noch die andere längst fällige Gratulation abzutragen, diejenige zu Deinem sieghaften Winterfeldzuge; namentlich Deiner hypertrophischen Vaterstadt möge es wohl und wohler bekommen, daß sie Dir solches Vergnügen gemacht und sofort zum neuen Tun die Lust eingeflößt hat. Daß Du inzwischen auch wieder eine neue Novelle geschrieben, habe ich aus der Ankündigung des «Berliner Tageblattes» gesehen.

Sehr danke ich Dir auch für die Bismarck-Hymne, die formidabel geklungen haben muß. Leider habe ich zu spät von dem früheren Text in der «Allgemeinen Zeitung» gehört und die Nummer nicht mehr gefunden, als ich sie suchte. Dagegen habe ich Dein schönes Grabgedicht für den armen Karl Stieler rechtzeitig entdeckt.

Hier ist seit einigen Wochen Böcklin eingezogen samt seinem Schwiegersohn Bruckmann, nachdem sein Atelier fertig gebaut war. Möchte er lange in der Laune bleiben, denn es ist ein sehr netter Mann. Ein andrer früherer Florentiner, Dr. G. Floerke, ist schon seit bald 2 Jahren da und macht allerhand italienische *Capricci* in Gestalt kleiner Novellen, worunter gute Humoristika. Sonst scheint er etwas tragelaphisch zu sein.

Böcklin wird mit seinem Schwiegersohne, dem Bildhauer, eine Fabrik bemalter Skulpturen betreiben, wie es heißt. Hoffentlich bleibt er aber für sich auf dem Flachen.

Viktor Meyer, der Chemiker, ist jetzt in Göttingen. Man hält nicht dafür, daß seine Gesundheit sich wieder herstelle, was jammervoll wäre!

Mein Unglücksroman will sich keineswegs *faire désirer, au contraire,* mein' fromme Mutter weint im Grab, daß ich die Sach' hätt' g'fangen an, und es ist nur das verfluchte *jacta est alea,* das die «Rundschau» mit ihren Ankündigungen in Szene gesetzt hat, welches mich zwingt auszuharren; ohne das hätt' ich das Ding längst aufgegeben, das mich von anderm und Besserem abhält. Es gehört zu den Gespinsten, die sich selbst spinnen müssen und nicht durch Schreiben entstehen oder gefördert werden, was ich leider nicht gewußt oder gedacht habe. Wenn ich, wie nun doch geschehen muß, doch bald so weit komme, so ist es das Erste, daß ich einen Sprung über den Bodensee tue, auch wenn ich nur sicher bin, nachher leichtes Spiel übrig zu haben.

Inzwischen sei im klaren Schatten Deiner verehrten Damen und mit ihnen feierlichst gegrüßt von Deinem sehr angealterten und doch immer «touben»

G. Keller

Honigvater: Diese Anrede ist eine sprachliche Neuschöpfung Kellers, die sich unschwer aus dem Zusammenhang verstehen läßt, bezeichnet man doch üblicherweise die erste Zeit einer Ehe als Honigmonat oder Honigmond. In Kellers Briefen findet der Leser über sechzig solche eigenwillig zusammengesetzte Substantive, die Walter Benjamin einmal treffend als «die tausendspiraligen Gehäuse seiner Wortform» umschrieben hat.

Dem Wortgehäuse «Honigvater» kann nach der Lektüre des Briefwechsels durchaus noch eine andere Bedeutung unterlegt werden: In den ersten Jahren ist es Heyse, der Jüngere, der Keller wie einem *Sohn* begegnet, ihn in allen Bereichen zu fördern versucht; es ist der erfolgreiche und umworbene Literat und Schöngeist, der in München als Apostel einer «Keller-Gemeinde» auftritt und den «Heiden das Evangelium» (Brief 56) – gemeint ist Kellers Werk –

verkündet; es ist Heyse, der in den 80er Jahren Keller mit «Geliebtester» anredet.

Die Wortform «Honigvater» als Anrede für Paul Heyse erweist sich so gedeutet im Benjaminischen Sinne als «tausendspiraliges Gehäuse» und ist trefflich gewählt: eine stille und süße Metapher der Beziehung zwischen den beiden Dichterfreunden.

Hochzeit des Fräuleins: In Landau/Rhpf.

den alten Freund Vischer: Vgl. Anm. zu Brief 1.

neue Novelle: «Himmlische und irdische Liebe», sie erscheint 1886 bei Hertz, Berlin, in der 18. Novellensammlung.

Stieler: Karl Stieler (1842–1885), Dr. iur., Dialektdichter und Reiseschriftsteller.

Böcklin: Vgl. Brief 93 und Anm.

Bruckmann: Peter Bruckmann (geb. 1850), Bildhauer.

Floerke: Gustav Floerke (1846–1898), Dr. phil., Publizist, Kunstwissenschaftler, ab 1886 freier Schriftsteller in München, später in Rostock.

tragelaphisch: Vgl. Anm. zu Brief 74.

Mein Unglücksroman: «Martin Salander».

meine fromme Mutter...: Vgl. Anm. zu Brief 67.

98 (Postkarte): Heyse an Keller

Klosters, 3. September 1885

Liebster Freund,

da der Berg standhaft bleibt und nicht zu Mohammed kommt, muß Mohammed nebst Frau Kadidscha wieder einmal zum Berg kommen. Wir gedenken Samstag den 5ten mit dem Blitzzuge in Zürich einzutreffen und zwei Nächte im Schwan (Riesbach) zu rasten. Wenn Ew. Liebden uns dort gegen 7 zu einem stillen Abendtrunk abholen wollten, würden all unsere Wünsche erfüllt sein. Widrigenfalls bitten wir um eine Zeile zur Nachricht.

Von meiner Frau schönste Grüße. Von allem Andern von Mund zu Mund. Treulichst

Dein alter P.H.

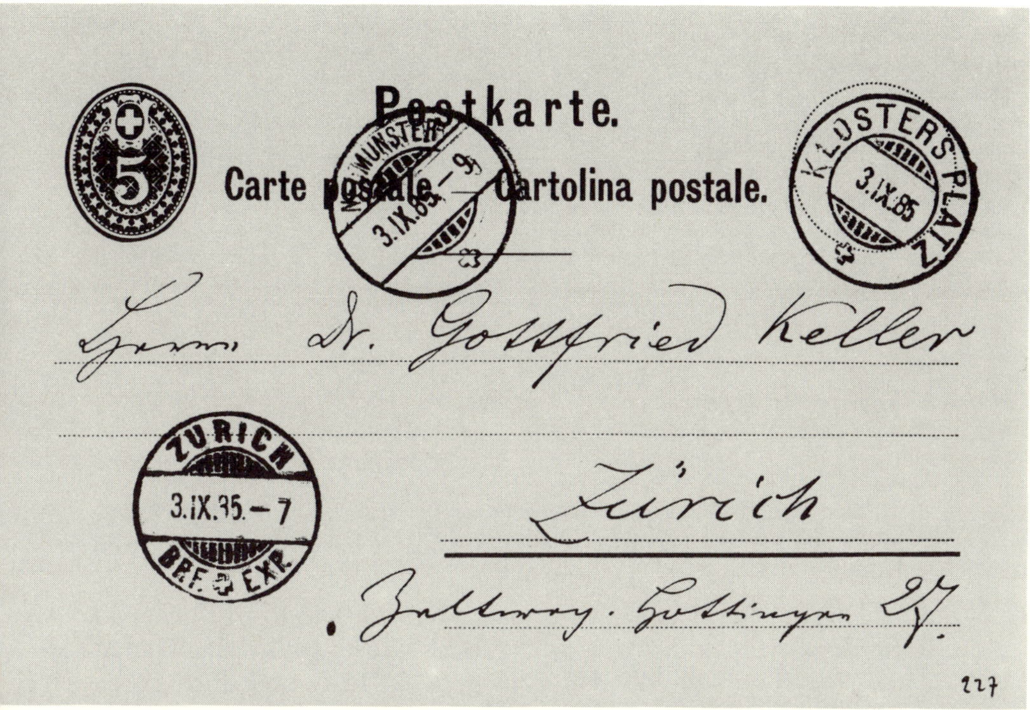
Postkarte.

Carte postale. — Cartolina postale.

MÜNSTER 3.IX.85.—9

KLOSTERS PLATZ 3.IX.85

Herrn Dr. Gottfried Keller

ZURICH 3.IX.85.—7 BRF. EXP.

Zürich

Zeltweg. Hottingen 27.

227

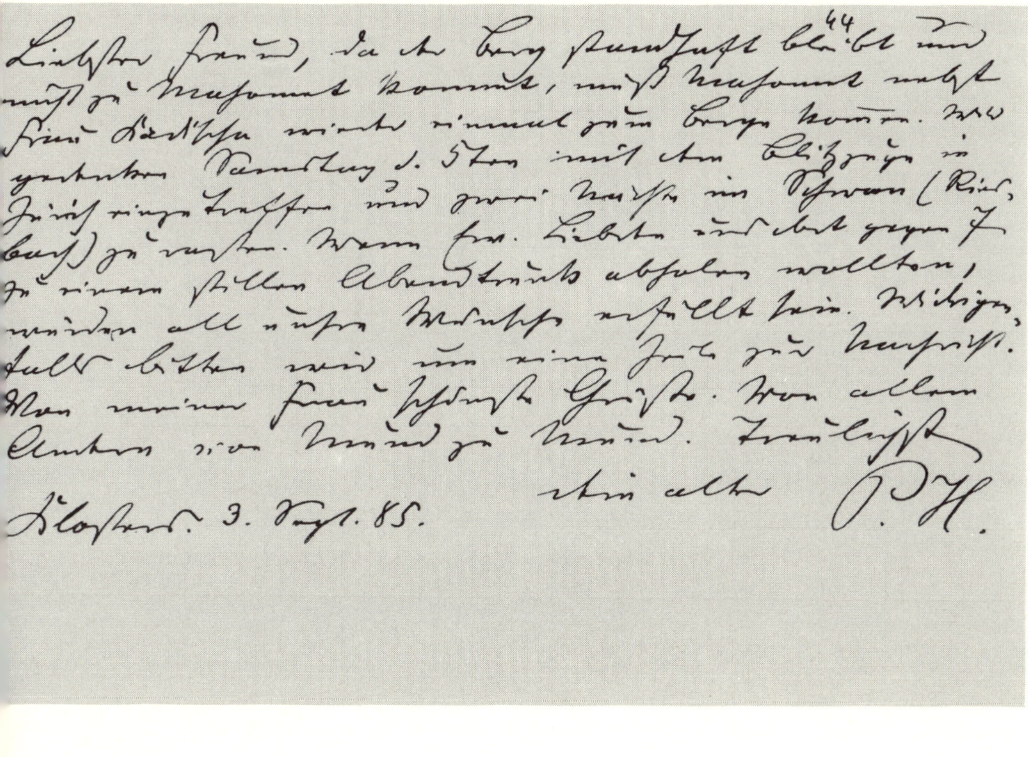
Liebster Freund, da der Berg standhaft bleibt und nicht zu Mahomet kommt, muß Mahomet nebst Frau Käthchen wieder einmal zum Berge kommen. Wir gedenken Samstag d. 5ten mit dem Blitzzuge in Zürich einzutreffen und zwei Nächte im Schwan (Riesbach) zu rasten. Wenn Sie, Liebster, uns abends gegen 7 zu einem stillen Abendtrunk abholen wollten, würden all unsere Wünsche erfüllt sein. Übrigens halt bitten wir um eine Zeile zur Nachricht. Von meiner Frau schönste Grüße. Von allem Andern von Mund zu Mund. Herzlichst

dein alter P. H.

Klosters. 3. Sept. 85.

99 (Postkarte): Heyse an Keller

Klosters, 4. September 1885

Wir haben beschlossen erst Montag zu reisen. Schönsten Gruß!

P. H.

100: Heyse an Keller

München, 30. Dezember 1885

Wenn mein Verstummen, liebster Freund, Dich zu dem Glauben verführt haben sollte, ich hätte mich bei unserem jüngsten Begegnen fürs erste *aus*gesprochen, so soll Dir noch vor Toresschluß des alten Jahres eine bessere Meinung von mir beigebracht werden. Vielmehr schwieg ich, weil ich wieder einmal die Wohltat des Von-Mund-zu-Mund-Redens gekostet hatte und mich gegen den mühseligen Umweg des schriftlichen Verfahrens empörte. Und dann wurde ich von einem solchen Wirbelwind von Arbeiten und Geschäften, Reisen, Gesellschaften und Nichtigkeiten erfaßt, daß mir Hören und Sehen verging. Dazwischen dacht' ich oft und brüderlich zu Dir hinüber. Denn ich hatte verzweifeln müssen, Dich auch nur für Tage und Wochen herauszulocken. Ich war bisher mit dem neuen Schluß Deines «Grünen» so wohl zufrieden gewesen. Jetzt will mir's doch scheinen, als ob er sich gegen sich selbst versündigt habe, da er seine Judith nicht heimführte. Aber das ist nun nicht zu reparieren. Ich wage nur kaum, als weiser Mann, mich meines Besitzes gegen Dich zu rühmen und Dir zu erzählen, daß mich diesmal mein treues Weib auf die dramaturgische Winterfahrt begleiten konnte, und das Frankfurter Hochzeitsgetümmel tapfer mit durchmachte, ohne Schaden an Leib und Seele zu erleiden. Vielmehr saß sie wie eine alte Germanin in der Wagenburg der Intendantenloge und stärkte mich im Kampfestoben durch ihren traulichen Zuruf. Es kam ein recht erklecklicher Sieg zustande, den auch die kritischen Leichenräuber nicht verkümmern konnten.

Wenn Du unsanfte Dinge in dortigen Blättern über das Stück gelesen haben solltest – das in drei Wochen fünfmal wiederholt wurde –, so schüttle einstweilen noch nicht den Kopf. Die Sache geht insofern mit rechten Dingen zu, als die Herren von der Presse mir sehr aufsässig sind wegen einer naiven Tischrede vom vorigen Jahr, in der ich ganz freundschaftlich gebeichtet hatte, daß ich nie eine Zeile gedruckter Kritik läse. Dazu noch die zahmen xenialischen Expektorationen des Spruchbüchleins – und sie fühlten sich in ihrer Amtsehre gekränkt. Frau Lukrezia dagegen wollte dem Publikum und der inclita guarnigione nicht ein. Sie kam ihnen zu italienisch vor, was sie ja Gott sei Dank nicht ist. Hier soll sie in der ersten Januarhälfte in Szene gehen, von Frl. Bland ins Deutsche übersetzt. Wohl bekomm's ihr!

Nach den Theatersturmtagen genossen wir noch einen schönen windstillen Tag bei unserem höchst vergnügten jungen Hauptmannspaar in der Pfälzer Garnison. Davon heimgekehrt, hatte ich am ersten Tage die Kleinigkeit von 16 Briefen und Postkarten zu schreiben. Und nun beklage Dich über meine Faulheit!

Vom neuen Jahr erbitte ich mir zunächst Deinen Roman und dann Dich selbst. Du kannst Dir bis Mitte April, wo wir unsere Romfahrt anzutreten hoffen, jede Zeit dazu aussuchen, und wenn Du mit dem jungfräulichen Zimmer unserer Frau Hauptmännin vorliebnehmen willst, sollst Du hochwillkommen sein. Die Fenster schauen – im Erdgeschoß – in den Garten, wir selbst wohnen über Dir, so daß, wenn Du von einsamen Gewohnheiten nicht lassen kannst, Du von uns gar keine Notiz zu nehmen brauchst. Dies Quartier ist freilich im Sommer noch «frohmütiger», da Du dann in unser größtes Rosenbeet ganz bequem die Nase hineinstecken kannst, doch ist es mit dem Verschieben ein mißliches Ding. Meine Frau grüßt Dich in zärtlicher Verehrung. Ich nehme nicht mehr ein neues Blatt, weil ich merke, daß mein Kopf noch etwas konfus ist von dem gestrigen Abend, wo wir «Weh dem, der lügt» zum erstenmal gesehen haben. Noch immer grüble ich darüber nach, ob ich den alten Herrn nicht kapiert habe, oder er aus sich selbst nicht klug werden konnte.

Vale!

Von Herzen Dein getreuer P. H.

bei unserem jüngsten Begegnen: Letzte Begegnung der beiden Dichterfreunde im Herbst in Zürich. Keller schrieb am 27. Dezember 1885 an S. Schott: «Paul Heyse habe ich im Herbst auch ein paar Abende hier genossen nebst der anmutvollen Gattin. Er war stark mit den Theaterangelegenheiten beschäftigt, hatte Verdruß wegen der Münchner Intendanz usf.» (Helbling 4, S. 271).

mit dem neuen Schluß des «Grünen»: Vgl. Briefe 32, 46 und 47 mit Anm.

Frankfurter Hochzeitsgetümmel: Heyses Trauerspiel in fünf Akten «Die Hochzeit auf dem Aventin» wurde 1885 in Frankfurt uraufgeführt.

wegen einer naiven Tischrede: Für die Presseleute mußte diese Aussage Heyses eine Provokation sein, kommt dazu, daß sie unredlich war.

die zahmen xenialischen Expektorationen des Spruchbüchleins: 1885 erschien Heyses «Spruchbüchlein». Einige Vierzeiler knüpften an die Epigramm-Sammlung der «Xenien» (1796/97) von Goethe und Schiller an, welche seinerzeit entstand, um in scharf pointierter Form die literaturkritischen Angriffe auf die von Schiller herausgegebene Zeitschrift «Die Horen» (1795–1797) abzuwehren. Unter den Titeln «Theater» und «Kritik» sind einige spitze Formulierungen (Expektorationen: ‹Auswürfe›, veraltet f. ‹Äußerung pers. Gefühle und Erfahrungen›), die die betreffenden Leute verletzt haben müssen. Darauf spielt Heyse hier an.

Frau Lukrezia: Heyses Trauerspiel in einem Akt.

inclita guarnigione: ‹Hochberühmte Garnison›; Heyse meint damit das junge Hochzeitspaar, war seine Tochter doch mit einem Hauptmann der bayr. Garnison verheiratet.

Pfälzer Garnison: D. i. das rheinlandpfälzische Städtchen Landau.

«Weh dem, der lügt»: Lustspiel in fünf Akten von Franz Grillparzer (1791–1872), österr. Autor.

101: Keller an Heyse

Zürich, 5. Januar 1886

Lieber Freund! Prosit Neujahr! Und Du bist ja gar nicht in der Briefschuld gegen mich gewesen, sondern ich gegen Dich, nachdem ich seit Monaten Dir weder für Spruchbüchlein noch für die neuen 3 Novellen gedankt, die pompös bei mir eingelaufen sind. Der Hauptgrund war, daß ich Dich in den Zeitungen immer auf der Fahrt durch Germanien sah. Es ist ja bei Dir bald wie bei Karl dem Großen, von dem der Chronist alle nasenlang sagt: Hierauf ging er nach Aachen, um dort Weihnachten zu feiern.

Die drei Novellen, die Du wie Partherpfeile nach dem angeblich verlassenen Kampfgefilde der 10 000 Ober- und Unter-Epigonen beiderlei Geschlechts abgeschossen hast, scheinen mir mustergültig neu im Motiv und jede in ihrer Art von den beiden andern unterschieden zu sein.

Ob das Problem der dritten von der guten Sozietät als diskutabel erklärt werden wird, müssen wir abwarten; indessen geht es ja auch mit der Leichenverbrennung vorwärts.

Im Spruchbuch habe ich die alten Sprüche, die aus der Gedichtsammlung letzten Jahres verschwunden sind, mit Freuden wieder gefunden und die neuen dazu. Ich wünsche uns nun Glück zu dem Besitz und hoffe auf noch mehr als eine Ernte, namentlich von der streitbaren Sorte der literarischen Straßenpolizei.

Dein freundliches Drängen zum Besuche Münchens wird im Frühjahre kaum wirksam sein können, da mein Roman noch bis in den Mai hinein Spießruten laufen muß in der «Rundschau» und bis dahin also allerlei Hin- und Wiederschicken erforderlich ist, das mit Reisen sich nicht verträgt. Über kurz oder lang komme ich ja doch einmal, danke aber jetzt schon für das so gutmütig und schöngesinnt angebotene Jungfrauenquartier mit einem höflichen Junggesellen-Körblein aus zähestem Weidenholz. Ich geh' ins Wirtshaus, punktum!

Übrigens ist es mit meinem Einsiedlerleben nicht weit her. Daß man mit 66 Jahren nicht gern mehr häufig auf den Eisenbahnen rutscht, wirst Du vielleicht in 11 Jahren auch einsehen lernen. Sonst aber bin ich jede Woche 2 bis 3 Mal in lange dauernder Gesellschaft mit dem herrlichen Böcklin und 4–5 andern. Das Chiantisaufen, welches Floerke mit Gewalt hier fortsetzen wollte, obgleich es für die, welche am Tage zu tun haben, nicht angeht, habe ich abgeschafft, und nun ist es prächtig zu sehen, wie dem braven gewaltigen Böcklin, wenn wir um 10½ Uhr nach unserm Schöppchen Landwein in die Bierhalle gehen, seine vier Glas schäumenden Augustinerbräus aus München vom Faß weg schmecken, gebracht von einer urlangen Münchener Zenzi, knochig, die aussieht wie die aus dem Tartarus erstandene Medea.

Was mich betrifft, so mußt Du nicht alles glauben, was anfängt gelogen zu werden. Es gehört scheint's auch zur Literatur, daß man, in ein gewisses Alter getreten, zum Gegenstande schlechter Anekdoten promoviert wird. Eben habe ich ein Berliner Montagsblatt erhalten, wo ich in ganz verkehrter Weise als Stammgast in den Salons der verstorbenen Frau Lina Duncker figuriere, als Verehrer! als einer der Bären, die in «Lilis Park» gebrummt haben! Und so geht es schon seit mehreren Jahren, sogar in Zürich.

Es könnte nichts schaden, wenn man einmal die soziale Seite dieses Gebietes, die schönen Sitten etwas näher betrachten würde, wie sie jetzt wieder aufkommen. Ich habe große Lust, einmal zur einfachen Aufsatz- oder Briefform zu greifen und dem Julius Rodenberg seine Hefte damit anzufüllen.

Es ist eilf nachts vorbei, und ich will ins Bett gehen. Schönste Grüße an das verehrte Gemachel, welche den Herrn Meister nicht so viel überbürden lassen soll.

Euer G. Keller

die neuen drei Novellen: «Himmlische und irdische Liebe», «F.V.R.I.A.» und «Auf Tod und Leben» (18. Sammlung), Hertz, Berlin 1886.

10 000 Ober- und Unterepigonen: Die Novellisten im Zeitalter des Realismus hatten im Gegensatz zu ihren Vorgängern in der Romantik und Klassik ihre Hauptauseinandersetzungen mit dem aufblühenden Journalismus. Tages- und Wochenzeitschriften bemächtigten sich der Novellenform, die in der Folge einer völligen Entwertung entgegenging (vgl. Anm. zu Brief 10). Keller faßt diese Entwicklung in einem früheren Brief an Heyse pointiert zusammen: «Mich beschleicht... schon seit einiger Zeit das Gefühl, daß die Novelliererei zu einer allgemeinen Nivelliererei geworden sei, einer Sintflut, in welcher herumzuplätschern kein Vergnügen und bald keine Ehre mehr sei» (Brief 91). Obwohl Heyse vor zwei Jahren noch fest behauptete, daß es mit der Novellistik «ab und aus» sei (Brief 85, vgl. auch Anm. zu Brief 26), schrieb er unermüdlich weiter – bis zu seinem Tod sollten es rund 180 Novellen sein. Trotz der Abwertung der Novelle unterscheidet sich Heyses Novellenschaffen von der trivialen Tagesproduktion, was auch Keller in diesem Brief bestätigt.

1858 schrieb Keller an Ludmilla Assing: «Der beste jüngere Novellist ist jetzt nach meinem Geschmacke der Paul Heyse...» (Helbling 2, S. 76). Rund fünfundzwanzig Jahre später versucht Keller eine Zusammenfassung seines Eindruckes von der novellistischen Kunst Heyses abzugeben: «Es fängt mir allgemach an aufzudämmern, was Dein Fleiß der Zukunft bedeuten wird, und daß es sich um ein Novellenwerk handelt, welches ein ganz anderes Weltbild darzustellen bestimmt ist...» (Brief 72), und ein paar Tage später bestätigt er dasselbe in einem Brief an Storm: «Es scheint mir..., daß er mit dem Plan darauf ausgeht, in dieser Form ein umfassendes, reiches Weltbild zu liefern, was ihm gewiß gelingen wird, wenn er es auch nicht auf die Hundert bringt» (Helbling 3/1, S. 485).

Die letzten beiden Urteile sollten falsch sein. Heyse schrieb wie oben erwähnt mehr als hundert Novellen, aber die Nachwelt, die einst darin ein neues Weltbild erblicken sollte, vergaß sehr rasch den frühreifen und vielumjubelten Schriftstellerstar der 50er, 60er, 70er und 80er Jahre. Daran konnte auch die Nobelpreisverleihung im Jahre 1910 nichts mehr ändern.

Ich bin überzeugt, daß gerade wegen der Fülle des Novellenwerkes von Paul Heyse einige wertvolle Texte zuwenig Beachtung gefunden haben. Eine Ausnahme bilden hier vielleicht die beiden in der Reclams-Universalbibliothek erschienenen Erzählungen «L'Arrabbiata» und «Das Mädchen von Treppi». Daneben existieren jedoch noch zahlreiche andere Novellen Heyses, die nicht nur in ihrer schlichten Form überzeugen, sondern spannend geschrieben den Leser unterhalten und ihn am Schluß zum Nachdenken zwingen. Bestimmt kann man die Novellen Heyses unter einem moralischen Horizont lesen und verstehen, er wirkt jedoch nie belehrend, einige Texte mögen für die Leserschaft des 20. Jahrhunderts zu gekünstelt wirken, zu konstruiert. Das ist aber noch kein Grund, ihn als schlechten Epigonen und Vielschreiber abzutun, die Mißachtung des Münchner Dichters beruht heute m. E. zum größten Teil auf völliger Textunkenntnis. Texte brauchen aber Leser und Leserinnen: Heute erfaßt die schon öfter zitierte, zweibändige Werkausgabe (Insel Verlag) Heysescher Werke die gelungensten Novellen (19 an der Zahl) des Vergessenen.

das Problem der dritten: Heyse thematisiert in seiner Novelle «Auf Tod und Leben» das Problem der Sterbehilfe.

aus der Gedichtsammlung: Vgl. Brief 92 und Anm.

mein Roman: Kellers Roman «Martin Salander», Vorabdruck in der «Deutschen Rundschau», Januar bis September 1886.

mit dem herrlichen Böcklin: Vgl. Anm. zu Brief 93.

Floerke: Vgl. Anm. zu Brief 97.

Anekdoten: In vielen Erzählungen Kellers findet der Leser das Humorige, Kauzige und Komische; auch in seinen Briefen zeigt sich der Dichter von einer humorvollen, schnurrigen Seite, so daß sich manche Passage als schmuckes Anekdötchen lesen läßt. Es ist nicht erstaunlich, daß über den Zürcher Poeten selbst, der auch im Gespräch treffende und schlagfertige Antworten zu geben wußte, schon bald einmal viele Anekdoten kursierten. Sein Junggesellentum, seine Kleinwüchsigkeit und seine stadtbekannte Trinkfestigkeit boten dabei eine geeignete Zielscheibe. Eine erste Sammlung legte Adolf Vögtlin (Gottfried-Keller-Anekdoten, Berlin 1914, 18. Aufl., Zürich 1924) vor, die jüngste stammt von Walter Baumann (Gottfried-Keller-Anekdoten, Artemis, Zürich 1987).

Berliner Montagsblatt: Beilage zum «Berliner Tageblatt», Januar 1886, darin der Aufsatz: «Ein Berliner Salon in den fünfziger Jahren». Keller wird – wie der Brief berichtet – als der Bär in «Lilis Park» (von Goethe) dargestellt.

Lina Duncker: Lina Duncker (1825–1885), die Frau des Verlegers Franz Duncker. Keller verkehrte während seines Berliner Aufenthaltes in diesem Berliner Kreis. Die Beziehung dokumentieren zwei Briefwechsel: mit Lina D. vgl. Helbling 2, S. 139–180; mit Franz D. vgl. Helbling 3/2, S. 167–181.

Julius Rodenberg: Herausgeber der «Deutschen Rundschau», zu Keller-Rodenberg, vgl. Helbling 3/2, S. 331–424.

102: Heyse an Keller

München, 7. November 1886

Es dünkt mich nachgerade Zeit, liebster Freund, daß einer von uns wieder einmal «mit Vergnügen die Feder ergreife», wenn wir einander nicht gänzlich verschallen sollen. Ich war so töricht gewesen, zu hoffen, daß Du eines schönen Tages in ganzer Lebensgröße vor mich hintreten und der langweiligen schriftlichen Geschichtklitterung dieses schweigsamen Jahres überheben würdest. Ich selbst hatte einen solchen Herbst-Überfall geplant, nachdem wir zehn Wochen in der grünsten Weltabgeschiedenheit am Fuß unserer Berge versessen hatten. Aber das viele literarische Gepäck, das ich mir aufgehalst hatte, hing sich an meine Flügel, und nun ich es abgeschüttelt habe, ist der Himmel grau und grämlich, und meine Reiselaune mit dem fallenden Laube verweht. Nun wäre es schön, wenn man sich durch den Winter ein bißchen warm hielte. An mir soll's nicht fehlen. Die Poesie, die mehr noch als die Politik den Charakter verdirbt, scheint mich auf eine Weile in Ruhe lassen zu wollen. Ich habe ein starkes Bedürfnis, ein Stück Leben zu erleben, ginge am liebsten auf Abenteuer aus, drehte dem deutschen Parnaß, auf dem es immer krauser und unersprießlicher zugeht, auf eine Weile den Rücken und ließe Gott Apoll einen guten Mann sein. Da fände sich denn auch ein stiller Fleck Erde, wo ich Deinen Roman aus der Tasche ziehen und mit Andacht genießen könnte. Denn ihn in so großen Pausen, alle vier Wochen einen Eßlöffel voll, mir zu Gemüte zu führen, habe ich mir nicht zugemutet, und jetzt, da jeden Tag das fertige Buch zu erwarten steht, mag ich die ungemütlichen Rundschaubände nicht zur Hand nehmen. Den meinen erhältst Du arido modo pumice expolitum! Es ist keine große Herrlichkeit damit, nur ein schlichtes Lebensläuflein, welches mir mit der Zeit, obwohl es die pure Erfindung ist, dergestalt zu etwas Selbsterlebtem wurde, daß ich ganz außerstande war, mich mit künstlerischer Freiheit darüber herzumachen und an das schlichte Gericht irgendwelches Gewürz zu tun, wie es der überpfefferte Gaumen der heutigen Welt verlangt. So geht's einem, wenn man 20 Jahre lang einen Stoff im Mutterleibe der Phantasie herumträgt.

Daneben hab' ich mich wieder von dem Theaterteufel, dem ich meine arme Seele verschrieben, zu allerhand halsbrechenden Affären verleiten lassen, sinne jetzt aber ernstlich darauf, wie ich durch kräftige Exorzismen wenigstens mein irdisches Heil retten möchte. Denn bei dem Verfall unseres Theaters und dem Zerfall des Geschmacks ist es der helle Wahnsinn, das Beste, was man auf dem Herzen hat, in diesen Hexenkessel hineinzuwerfen. Du magst Deine Sterne preisen, Lieber, daß sie Dich diesem Unwesen so weit entrückt haben.

Meine Frau, der es lange nicht so gut geht, wie sie es verdiente, grüßt Dich schönstens. Von meinen Kindern hab' ich nur Gutes erlebt. Die Jüngste schleppt sich mit einem dicken rosigen Hauptmannstöchterlein, die Älteste soll in diesen Tagen ein drittes Kind zur Welt bringen, mein Sohn, der Forstmann, geht auf Freiersfüßen. Es wird Zeit, den sieben freien Künsten zu entsagen und ausschließlich l'art d'être grand père zu exerzieren.

Lebe wohl, Teuerster, und laß von Dir hören.

Dein alter Paul Heyse

das fertige Buch: Kellers «Martin Salander» (als Buchausgabe gegenüber dem Vorabdruck etwas erweitert) erschien Ende November bei Hertz, Berlin 1886/87 (1.–5. Aufl.).

Den meinen: P.H., Der Roman der Stiftsdame. Eine Lebensgeschichte, Hertz, Berlin 1887.

arido modo pumice expolitum: Der zweite Vers in Catulls Gedichten. Die Sammlung beginnt mit dem Vers «Cui dono lepidum novum libellum/ arido...», in der Übersetzung von Theodor Heyse: ‹Und wem schenke ich das hübsche neue Büchlein,/ Kaum vom trockenen Bimsstein ausgeglättet›. Theodor Heyse (1803–1884), in Rom privatisierender Altphilologe und namhafter Catull-Übersetzer, war ein Onkel Paul Heyses.

daß sie Dich diesem Unwesen so weit entrückt: Vgl. Anm. zu Brief 32; interessant auch die Überlegungen von Irmgard Smidt zu Kellers Tragödien-Fragment «Therese» im Anhang ihrer Publikation: «Gottfried Keller–Emil Kuh · Briefwechsel, hrsg. und erl. von I. Smidt und E. Streitfeld, Th. Gut & Co. Verlag, Stäfa 1988, S. 198–203.

mein Sohn: Heyses ältestes Kind Franz (1855–1919).

103: Heyse an Keller

München, 12. Dezember 1886

Das ist kein Roman, das ist ein Erbauungsbuch! sagte meine liebe Frau, als sie die Bekanntschaft meiner Stiftsdame im Manuskript gemacht hatte. Um so besser! sagte ich. So wird endlich einmal von dem «unsittlichen Schriftsteller» ein liebliches Gerücht im Lande ergehen. Darin täuschte ich mich nun freilich. Denn Freund Kröner, dem ich ein altes Versprechen gegeben hatte, mich auch einmal in der Gartenlaube blicken zu lassen, verweigerte der guten Dame den Eintritt «wegen der erotischen Partien» und der mangelnden «Spannung». Nun habe ich, als ich gestern Deinen Salander, liebster Freund, zu Ende gelesen, mich eines vergnügten Lächelns nicht erwehren können, da ich Dich ganz auf demselben Pfade betraf, sowohl was die berüchtigte Spannung betrifft, als insofern auch dieses Buch nicht sowohl ein Roman als ein politisches – Erbauungsbuch ist. Arm in Arm mit Dir, erwarte ich nun gelassen das Geschrei der Herren Kritikaster, die sich sofort, wenn auch freilich nicht im gerührten Sinne meines Weibes, an die Klassifizierung heften und uns in gleiche Verdammnis schleudern werden, da wir ihnen mit unrichtiger Etikette einen doch immer recht trinkbaren Wein vorgesetzt haben.

Vom einzelnen heute kein Wort. Es wirkt immer lange und höchst persönlich in mir nach, wenn ich etwas Neues von Dir gelesen habe, und daß mir, wenn ich eine Zeitlang der vox humana in Deiner Orgelfuge gelauscht, eine stille Andacht, so mich überkommen, jede kühle Kritik unmöglich macht, hast Du schon unterschiedliche Male erfahren. Und so sei gegrüßt und bedankt, und nimm heute mit diesem Wenigen meiner Sehrwenigkeit vorlieb. Mein Haus wird umstürmt von aufregendem Schirokko und mein Zimmer von Wintergästen, die mich zu keiner stäten Besinnung kommen lassen.

Treulichst heut und immer

Dein Paul Heyse

die Bekanntschaft meiner Stiftsdame: Heyses «Roman der Stiftsdame. Eine Lebensgeschichte».

Freund Kröner: Adolf Kröner (1836–1911), Verleger, er übernahm sowohl die Cottasche Buchhandlung in Stuttgart als auch den Verlag von Ernst Keil (Hrsg. der seit 1853 erscheinenden «Gartenlaube». Ill. Familienblatt). Am 10. April 1886 teilte der Verleger Kröner Heyse mit, daß sein Roman die «Stiftsdame» ihn zwar gefesselt habe, für das Familienblatt jedoch ungeeignet sei, komme dazu, daß die beiden andern Redaktoren sein positives Urteil über den Roman nicht teilten.

politisches Erbauungsbuch: Heyse hat – wie dieser Brief dokumentiert – im Gegensatz zu den Novellen und dem «Grünen Heinrich» kein näheres Verhältnis zu diesem Zeitroman und Alterswerk Kellers gewinnen können. Das gleiche bekommt Keller auch von Storm zu hören, nur daß dieser sich rücksichtsloser äußert und rundheraus sagte, er habe mit «dem Ding» (Goldammer, op. cit., S. 153) nichts anfangen können. Dieses harte und ungerechte Urteil verstimmte Keller. Er antwortete auf diesen und den folgenden Brief (vom 9. Dezember 1887) nicht mehr und bricht die Korrespondenz mit Storm ab.

Heyses zurückhaltendes Urteil erstaunt allerdings kaum, hatte er sich doch nur gerade als Achtzehnjähriger in den 48er Wirren in Berlin als «Revolutionär» politisch aktiv beteiligt, später noch Sozialdemokraten heimliche Dienste erwiesen – was erst nach seinem Tode publik geworden ist und in München einen kleinen Skandal auslöste –; ein politisches Amt übernahm der Dichterfürst aber nie. Wie sollte er da das jederzeit tiefe politische Engagement Kellers verstehen können? «Martin Salander» mag – wie Keller einst Heyse gesagt hatte (Brief 97) – ein «Unglücksroman» sein, allein für Keller war diese letzte große «Schreibarbeit» notwendig. Durch eine objektive und distanzierte Erzählweise gelingt es Keller, die Entartung des Staates und seine enttäuschten politischen Hoffnungen zu schildern, sich gleichzeitig aber auch als Person – er diente immerhin fünfzehn Jahre dem Staat – zurückzuziehen. Gewisse Züge der Kunstfigur Martin scheinen allerdings wiederum Ähnlichkeiten mit dem Autor aufzuweisen. So wie der Held im «Grünen Heinrich» mit Geldnöten zu kämpfen hatte, so wird Martin in diesem Roman gezwungen, sich ökonomisch zu rechtfertigen. Keller gefiel sich nie besonders gut in dieser Rolle; seine Berühmtheit hatte ihn ja in den letzten Jahren auch zu einem vermögenden Staatsbürger gemacht. Vgl. dazu A. Muschg, Gottfried Keller, München 1977, S. 290ff.; seine Studie bringt übrigens noch manche fruchtbare Erkenntnis über diesen letzten Roman Kellers, wobei es Muschg gelingt – worauf Peter von Matt in der Besprechung des Buches in der «Deutschen Rundschau», Berlin 1977, Heft 4, S. 645–648, hinweist –, «den Riß, der durch den späten Roman ‹Martin Salander› läuft», mit Kellers Persönlichkeitsstruktur in Beziehung zu bringen. Diese recht komplexen persönlichen und politischen Bezüge und Motive in diesem letzten Werk Kellers waren für Heyse sicher nicht so klar zu durchschauen. Überhaupt ist es für einen Zeitgenossen schwierig, einen Zeitroman in seinem ganzen Ausmaß verstehen zu können. In Zürich fand man jedenfalls lange nicht das richtige Verhältnis zu diesem Werk. Daß Keller trotzdem über das Urteil seines Freundes enttäuscht war, ist verständlich; denn der Roman ist nun einmal alles andere als ein «Erbauungsbuch».

vox humana: ‹Menschliche Stimme›, zeichnet sich je nach Orgel durch ihren oboen- bis fast trompetenähnlichen Klang aus, tönt oft wie eine plärrende Menschenstimme.

104: Heyse an Keller

Baden-Baden, 15. Oktober 1888

Nach so langem Schweigen, liebster Freund, wieder einmal ein Blatt von Deiner Hand überschrieben, aber mit einem Trauerrand. Du weißt, daß ich seit langem gewöhnt bin, Dein Wohl und Wehe mir persönlich zuzurechnen, und wenn diese treue Lebensgefährtin Dir auch in den letzten Jahren mehr Sorge als Freude bescherte, war's eben doch Deine «liebe Not», die Du mit ihr hattest. Laß mich nur hoffen, daß Du jetzt uns näher rückst. Meine Frau grüßt Dich in herzlichem Anteil. Ich bin und bleibe

Dein ältester und getreuester Paul Heyse

diese treue Lebensgefährtin: Kellers Schwester Regula Keller starb am 6. Oktober nach leidensvoller Krankheit (vgl. Kellers letzter Brief an Heyse).

105: Heyse an Keller

München, 14. Dezember 1888

Wir hätten so gern wieder einmal ein Lebens- und Gedenkzeichen von Dir, liebster Freund, und ich bitte Dich herzlich, wenn Du Dich nicht zu einem ausgiebigen Briefe entschließen kannst, nur in wenig Worten zu sagen, ob Du Dich in Deinem brüderlichen Witwenstande leidlich eingerichtet habest, und was an dem Gerücht von Deiner Übersiedlung nach Wiesbaden sei. Das Wir ist nicht etwa der Majestäts-Plural, sondern begreift alles, was mein ist, und Deine hiesige treu verbundene Gemeinde, die mich nach Dir fragt, als wäre ich der Nächste dazu, um Dich Bescheid zu wissen. Unser beider Lebensschatten werden nachgerade immer länger, und was die Welt an Sonnenwärme nicht mehr hergibt, sollte man füglich zusammenrückend durch animalische ersetzen. Wenn Du mir auch sagen wolltest, daß Du arbeitest, würdest Du mich über Dein Leibes- und Seelenheil vollends beruhigen. Ich selbst habe seit dem Sommer faule Tage gehabt. Was soll ich mich atemlos daranhalten, den Haufen meiner dramatischen Ladenhüter zu vermehren? Ich habe statt dessen mich damit unterhalten, meine Übersetzungen italienischer Dichter aus allen Ecken und Enden, wohin sie gestreut waren, zusammenzufegen, und sie sollen im nächsten Jahr in vier Bänden erscheinen, nicht um ein Bedürfnis zu befriedigen, sondern, wenn's hoch kommt, hie und da eines zu wecken. Anfang Januar geh' ich meinem Weltuntergang in Weimar entgegen. Hast Du ihn in der Deutschen Dichtung nicht etwa angetroffen, so schick' ich ihn Dir. Was ich sonst an dramatischen Sächlein zustande gebracht, muß man sehen, um daran zu glauben.

Meine Frau und Schwiegermutter wollen gern in Dein Gedächtnis zurückgerufen werden. Lebe wohl! Teuerster und Bester!

Dein ältester Paul Heyse

Übersiedlung nach Wiesbaden: Vgl. folg. Brief.

Übersetzung italienischer Dichter: P. H., Italienische Dichter seit der Mitte des 18. Jahrhunderts. Übersetzung und Studien, 5 Bde., Hertz, Berlin 1889–1905.

1. Band. 1889: Giuseppe Parini, Vittorio Alfieri, Vicenzo Monti.
2. Band. 1889: Giacomo Leopardi, Gedichte und Prosaschriften.
3. Band. 1889: Drei Satirendichter: Giuseppe Giusti, Antonio Guadagnoli, Giuseppe Gioacchino Belli.
4. Band. 1889: Lyriker und Volksgesang.
5. Band. 1905: Lyriker und Volksgesang. Neue Folge.

Paul Heyse war ein talentierter Übersetzer. Erstmals trat er 1852 – zusammen mit Emanuel Geibel – mit dem «Spanischen Liederbuch» an die Öffentlichkeit. 1867/68 war er wie sein Tübinger Freund Hermann Kurz an dem von Friedrich Bodenstedt herausgegebenen Werk einer neuen Übersetzung der Dramen Shakespeares beteiligt. Seine große Liebe und Leidenschaft galt jedoch den Italienern, wie seine Übersetzungen und Studien beweisen. Beim Olms Verlag, Hildesheim und New York, ist ein Nachdruck der Bde. 1–4 in Vorbereitung, ebenfalls Heyses und Geibels «Spanische Liederbuch» von 1852.

meinem Weltuntergang: P. H., Weltuntergang. Volksschauspiel in fünf Akten, Hertz, Berlin 1889 (= Dramatische Dichtungen 20. Bändchen). Vorabdruck, in: «Deutsche Dichtung», Bd. 5, S. 81ff.

106: Keller an Heyse

Zürich, 26. Dezember 1888

Lieber Freund! Ich muß das goldene Brücklein, das Du mir gebaut, doch noch im alten Jahre benutzen, um wenigstens mit einem Beine wieder auf Deine fruchtbare Uferseite zu gelangen. Freilich hätte sich so manches angesammelt, daß ich einen ordentlichen Aufsatz schreiben müßte, um alles nachzuholen; das ist mir jetzt nicht möglich – ich habe eine ordentliche Kompanie solcher Gläubiger, die sich in Ungläubige zu verwandeln drohen.

Das Gerücht wegen Übersiedlung nach Wiesbaden ist natürlich unbegründet. Ich hörte im vorigen Herbst, man könne daselbst auch gut eine Winterkur machen, und nahm mir das vor. Jetzt mag ich aber nicht und will mich lieber noch mit meinen Rheumatismen gedulden.

Gearbeitet habe ich in diesem Jahre noch nichts, da der lange Winter ebenso schlimm war für meine Leiblichkeit, und von dem schönen Mai an bis zum Oktober ist meine arme Schwester langsam gestorben unter vielen für mich schlaflosen Nächten.

Inzwischen ist auch Th. Storm gestorben! In seinem letzten Briefe kündigte er mir seine Novelle «Ein Bekenntnis» an und erzählte dabei, daß er damit Deine Erfindung «Auf Leben und Tod» unabsichtlich gekreuzt habe. Ich las dann das Werklein und sah, daß er verneint, was Du bejaht hast! Das animierte mich zur Diskussion, und ich wollte abends in Gesellschaft davon sprechen, fand aber, daß Damen anwesend seien und das Krankheitsmotiv, welches der gute Verewigte für seine Darstellung gewählt, nicht zur Sprache gebracht werden könne. Dieser novellistische Mükkenfang wollte mich fast erheitern, wenn ich nicht schon vernommen hätte, daß es nicht gut um Storms Befinden stehe. (Unter Mückenfang meine ich das Fangen der in der Luft schwebenden Motive.)

Wenige Monate später trat mir das Problem persönlich nahe, als ich das schreckliche Leiden einer Herzkranken ansehen mußte. Meine Schwester konnte zuletzt nicht mehr liegen, noch sonstwie ruhen und konnte sich wegen wachsender Einschnürung der Kehle durch alte Verkropfung auch nicht mehr nähren. In aller Schlichtheit und Ehrlichkeit fragte sie mehrmals, ob man ihr denn nicht zur Ruhe verhelfen könne und wolle. In meiner Dummheit fragte ich erst in der letzten Woche den Arzt, einen Kerl, der angesichts des moribunden Zustandes die Ärmste immer nur mit Messungen, Thermometer, Pulszählen, Schläuche-in-die-Kehle-stecken-Wollen u. dgl. quälte, daß sie flehentlich aufschrie: ob er denn nicht lieber etwas Schlaf schaffen könne, worauf er gemütlich trocken sagte: Ja, ich kann etwas Morphium in das Mittel verordnen, das man holen muß. Hierdurch bekam sie jedesmal, wenn man es ihr gab, ein halbes oder ein ganzes Stündchen Ruhe und konnte den Kopf zum Schlummer anlehnen.

Man könnte die Konsequenz, die Du mit Recht hieraus gezogen hast, natürlich wegen des Mißbrauches der edlen Menschheit amtlich nicht ohne weiteres angehen lassen; allein ich habe nun erfahren, daß ich mit gutem Gewissen das Leiden hätte abkürzen dürfen.

Jetzt wünsche ich Deinen edlen Frauen und Dir selbst mit vielem Dank für freundliches Gedenken eine glückhafte Jahreswende!

Ja so! Du gehst nächstens nach Weimar, dem Untergang der Welt beizuwohnen! Ich wünsche den übermäßigsten Erfolg und werde für Mitteilung des Dramas dankerfüllt sein, da ich die «Deutsche Dichtung» lange nicht gesehen habe.

Dein dem Frühjahr mit Sehnsucht entgegen harrender

G. Keller

Deine fruchtbare Uferseite: Neben dem «Roman der Stiftsdame» erschien 1887 das Schauspiel «Die Weisheit Salomons»; 1888 publizierte Heyse ferner «Villa Falconieri und andere Novellen» (19. Sammlung), das Lustspiel «Gott schütze mich vor meinen Freunden», «Prinzessin Sascha. Schauspiel in vier Akten» und das oben erwähnte Volksschauspiel «Weltuntergang».

Storm gestorben: Am 4. Juli in Hademarschen.

seinen letzten Brief: Storm an Keller, 9. Dezember 1887: «Anbei sende ich Ihnen die Genesungsnovelle ‹Ein Bekenntnis›, deren Thema Ihnen nicht gefallen wird. Es ist ein ähnliches, nicht ganz dasselbe, wie Heyses ‹Auf Tod und Leben› hat. Vor ein paar Jahren, als ich in Hamburg war, schrieb er mir von dieser Novelle und daß ihm die Ausführung jetzt nicht gefalle, weil er ein Lustspielmotiv mit dem tragischen Stoff zusammengeschweißt habe. Ich mußte ihm sogleich antworten, daß ich gestern, nur in etwas andrer Weise den Stoff für mich notiert hätte. Erst nach zwei Jahren, nach der Krankheit nahm ich ihn wieder auf. Als ich Heyse den Korrekturbogen geschickt, meinte er, ich hätte ein zweites Motiv hineingebracht (die Entdeckung nach ihrem Tode, daß die Krankheit schon derzeit ein Heilmittel gefunden habe), er meinte trotzdem, das Problem reiner herausgebracht zu haben; es sei doch nur die Frage: ob es gestattet sei, einem, den man als unheilbar erkannt habe, zum Tode zu verhelfen. – Ich antwortete, mein Thema heiße: wie kommt ein Mensch dazu, sein Geliebtestes selbst zu töten? und, wenn es geschehen, was wird mit ihm? Auf dem Wege läge außer dem monierten Umstande auch die Abweisung einer neuen Liebe. – Heyse meinte, wir müßten die höhere Instanz erwarten. Jetzt liegt denn beides vor. Daß der visionäre Traum für eine strenge Konzeption besser fehlte, gebe ich gern zu» (Helbling 3/1, S. 505).

nach Weimar: Dort wurde am 4. Januar 1889 Heyses Stück «Weltuntergang» (vgl. Brief 105) aufgeführt.

107: Heyse an Keller

München, 29. Dezember 1888

Nun begreif' ich wohl, liebster Freund, daß die Lippen Dir versiegelt waren. Neben solchem Jammer, wie Du mit der ärmsten, zum Tode Verurteilten ausgestanden, versinkt einem die gesunde lustige Welt wie in einen Abgrund, aus dem ihre Stimmen nur wie Gassenhauer betrunkener Sonntagsvergnüglinge heraufklingen. Und die Stacheln, die einem das desperate Mitleid ins Herz treibt, vergiften das Blut. Es ist schon viel gewonnen, wenn man endlich wieder anfängt, über Vernunft und Unvernunft solcher Schicksale theoretisch zu spintisieren. Dich darin zu unterstützen, sende ich Dir das kleine Schauerstückchen, mit welchem ich mir das Gewissen salviert habe wegen der mißratenen Novelle «Auf Tod und Leben». Du wirst in dieser wohl gespürt haben, daß es nicht bloß geschmacklos, sondern gemütlos war, an das bitter ernsthafte Problem, diese Lebens- und Sterbensfrage, eine kleine Historie anzuknüpfen, die ein Lustspielmotiv enthält. Das konnt' ich mir lange nicht verzeih'n. Es war die Frucht einer schwachen Stunde in Klosters, wo mich wütende Hämorrhoiden peinigten, und die Aftermuse sich leichtes Spiel mit mir machte. Den Frevel habe ich in dem kleinen Drama gesühnt. Nichts aber ist sonderbarer, als daß der gute Storm, der meine Novelle kannte, gleichwohl sich nicht entbrechen konnte, die seinige zu schreiben, die das Problem so bedenklich verflaut, zuerst das ganz aus dem Blauen hereingeschneite visionäre Exordium, dann die widerwärtige Krankheitsgeschichte, bei der «die Hand des Arztes, nicht des Gatten» (!!) im Innern der Patientin Untersuchungen anstellt, über die jeder stud. med. im ersten Semester lächelt, und endlich der sentimentale Schluß, der noch übler ist als mein fröhlicher. Er hat die Scharte redlich ausgewetzt mit seinem herrlichen «Schimmelreiter» und ruht nun in Frieden.

Schicke mir gelegentlich das Volksschauspiel zurück. Es hat noch nicht die letzte Form gewonnen. Das andere Stück brauch' ich nicht mehr.

Meine Frauen sind sehr glücklich, daß Du dein ängstigendes Schweigen gebrochen, und senden Dir tante belle cose für 89 und hoffen sehr, Dich endlich hier zu sehen. Du wirst Dich erbauen an der 73jährigen Frische meiner lieben Alten, die noch allabendlich in Wind und Wetter zu uns trabt und um ½10 Uhr, nachdem sie im Tarock mit bester Manier und schlechtestem Spiel ein paar Pfennige verloren, den nebligen Heimweg antritt. Ihr Humor ist ihr Jungbrunnen, und ihre Herzensgüte wärmt ihr die alten Glieder bis ins Mark.

Lebe wohl, Teurer! Und bleib' uns ein wenig nah!

Dein alter ewiger Paul Heyse

das kleine Schauerstückchen: P. H., Die schwerste Pflicht. Trauerspiel in einem Akt, Hertz, Berlin 1889. Vorabdruck, in: «Nord und Süd» 1888, Bd. 44, S. 218ff.

«Schimmelreiter»: Storms letzte und sehr bekannt gewordene Novelle, 1888 ersch.

das Volksschauspiel: Heyses Drama «Weltuntergang».

meine liebe Alte: Die öfter erwähnte Schwiegermama Heyses.

108: Heyse an Keller

München, 24. November 1889

Liebster Freund! Wir feiern am 22. Januar den 70. Geburtstag Hermann Linggs. Man gedenkt ihm einen silbernen Becher, randvoll mit Gold gefüllt, zu überreichen, je größer, je lieber, damit er sich noch irgendeine rechte Lebensfreude gönnen, etwa eine Reise machen oder ein Jahr im Süden verbringen könne. Dies wollte ich Dir mitteilen, falls Du, was ich Dir zutraue, zu seinen stillen Freunden gehörst.

Daß ich den offenen Brief, den ich Dir im Sommer geschrieben, Dir nicht zugesandt habe, um Dir jede Mühe des Erwiderns zu ersparen, überlaufen, wie Du ohnehin warst, wirst Du mir als Beweis meiner alten ewigen Freundschaft angerechnet haben. Nun aber verlangt mich doch einmal von Dir selbst zu hören, wie Du alle Strapazen dieser «Jobelperiode» überstanden, und welchen

Gewinn Du aus Baden heimgebracht hast. Meine Frau, auf ihrer Rückfahrt aus dem verregneten Montreux, hat leider an ein leeres Haus geklopft und ihre Grüße nur bei Deiner Dienerin zurücklassen können. Sie hätte Dir gern gesagt, daß nur ihre Krankheit im Frühjahr sie gehindert hat, Dir ein bescheidenes Angebinde zu machen. Du weißt, wie wir beide es meinen, auch wenn wir uns ganz still verhalten. Hab' gute Tage. Grüß' Böcklin und verstumme uns nicht ganz.

Dein alter getreuer Paul Heyse

Linggs: Vgl. Anm. zu Brief 29.

den offenen Brief: Im Sommer 89 in der «Allgemeinen Zeitung» zum 70. Geburtstag Kellers abgedruckt.

«Jobelperiode»: Am 5. Juli 1889 befand sich Gottfried Keller auf dem Seelisberg. Er wollte die Feierlichkeiten in Zürich fliehen. Am 19. Juli, seinem Geburtstag, erreichen ihn in der hoch über dem Urnersee gelegenen Gemeinde am Morgen zahlreiche Briefe und Telegramme aus dem In- und Ausland. Das kleine «Post-Bureau mit Telegraph» soll den ungewohnten Ansturm kaum bewältigt haben. Sogar der Bundesrat übermittelte dem Dichter ein Glückwunsch- und Dankesschreiben, welches der Bundeskanzler feierlich vorlesen wollte. Keller soll lächelnd abgewunken haben. Er hatte den Huldigungstext – von Josef Viktor Widmann verfaßt – bereits im Morgenblatt der «Neuen Zürcher Zeitung» gelesen.

Gewinn aus Baden: Von Mitte September bis Ende November weilte Keller im Kurort Baden und erhoffte sich Linderung für seine starken rheumatischen Schmerzen, die ihn seit ein paar Jahren heftig quälten.

verstumme uns nicht ganz: Dieser Brief sollte in der dreißigjährigen Korrespondenz der beiden Dichter der letzte sein. Gottfried Keller starb am 15. Juli, vier Tage vor seinem einundsiebzigsten Geburtstag, in Zürich.

Anhang

Heyses «unartiges Sonett» (zu den Briefen 34 und 35)

Am 21. März 1880 (Brief 34) berichtet Heyse über seinen 50. Geburtstag. Die Feierlichkeiten sind vorüber, Heyse nimmt gleich am Anfang darauf Bezug: «So wäre ich denn glücklich über den Berg, liebster Freund, und obwohl das Hinabsteigen auf der Schattenseite sein Unbequemes hat, spür' ich bis jetzt wenig davon, da gute Menschen sich verschworen haben, mit allerlei Freudenfeuern meine ersten Schritte zu illuminieren, und es auch an anderen Ergötzlichkeiten nicht gefehlt hat. Man macht freilich ein dummes Gesicht dazu, bei lebendigem Leibe allerlei posthume Lieb und Ehre erfahren zu müssen, und kommt sich schließlich vor lauter nil nisi bene wenigstens mezzo morto vor.» Auffällig im ganzen Brief sind die vielen Wendungen in Bildern aus dem antik-italienischen Kulturraum, die den Tod zwar umkreisen, ihn aber nicht direkt ansprechen – die andern Leute machen ihn vergessen. Doch jetzt tritt ein neues Moment hinzu, wobei der Tod gleichsam als Angelpunkt fungiert. Heyse stößt über die Todesthematik zur Erfahrung vor, was es mit dem «Lieb und Ehre erfahren zu müssen» auf sich hat. Die Vermittlung zwischen dem von Keller angeregten Alters- und Todesthema (vgl. Briefe 32 und 33 mit Anm.) und Heyses Erfahrung, die vorerst als die Mühe, ständig sich in den Mittelpunkt stellen zu müssen, umschrieben sein soll, liegt dabei im «nil nisi bene»: Man feiert ihn, als wäre er bereits tot. Nil nisi bene: nur Gutes ohne Abstriche wird gerühmt. Heyse wird bange. Er erklärt sich Keller in einem unveröffentlichten Sonett. Dieses einleitend, schreibt er: «Ich zumal, der München allen anderen Hauptstädten vorgezogen habe, weil man hier im tiefsten Inkognito sogar berühmt werden kann, und der ich in Rom vor zwei Jahren folgendes vielleicht etwas unartiges Sonett verfaßte:

Ich ward begabt von meiner guten alten
Mutter Natur recht mütterlicher Massen,
Doch das Talent, verehren mich zu lassen,
Hat sie mir leider gänzlich vorenthalten.

Ich ginge lieber splitternackt im kalten
Dezember durch die volksbelebten Gassen,
Als ohne die vertracktesten Grimassen
Spießruten der Bewunderung auszuhalten.

Nicht scheuer Stolz verleidet mir das Gaffen,
Nein, weil es Brauch ist bei den Gläub'gen allen,
Nach ihrem Bild den Götzen sich zu schaffen.

Drum, seh' ich herdenweis zur Andacht wallen
Die Lämmer, Wölfe, Känguruhs und Affen,
Wünsch' ich der Welt in Gnaden zu gefallen.»

Sind die Worte, die das Sonett einleiten, Ausdruck einer Grundspannung in Heyses Persönlichkeit?[1] Heyse wurde in München nicht nur berühmt, sondern sogar *cognitissimus,* er lebt als der «große Menschen- und Musterfreund», andererseits legt er in diesem Sonett Keller gegenüber ein Bekenntnis ab: Ich habe kein Talent dafür, mich verehren zu lassen, im Grunde ist es mir ein Greuel, im Rampenlicht zu stehen! Finden diese Gegensätze auch Eingang zu Heyses Stimmung des «mezzo morto»? Heyse bezeichnet das Sonett als «unartig». Will er Keller darauf hinweisen, daß das, was folgen wird, nicht zum Heyse-Bild gehört, ihm, wie er sich gemeinhin, auch Keller gegenüber, zeigt, eigentlich nicht gemäß ist – oder, positiv gewendet, ein *Ecce Paulus tuus* ist?

Was besagt das Sonett? Heyse gesteht, daß er naturhaft begabt, mit Gaben versehen wurde, aber er hat Mühe, sich verehren zu lassen. In der zweiten Strophe äußert er den Wunsch, sich unter die Plebs zu mischen, auch unter erschwerten Umständen. Er haßt es, nicht grimassieren zu dürfen, wenn die andern ihn bewundern. Dies quält ihn.[2] In der dritten Strophe nimmt er das Thema der ersten wieder auf: Er verneint scheuen Stolz als Ursache des Ekels vor Bewunderung und bezieht sich statt dessen auf den religiösen Brauch, daß die Gläubigen ihrem Gott nicht als einem Eigenständigen begegnen, sondern ihn schaffen, und zwar nach ihrem Bild, nach ihrem Ermessen und Gutdünken. Heyse spielt auf das alttestamentliche Gebot, das Jahwe Moses zur Verkündung auftrug, an: «Du sollst dir kein Bildnis noch irgend ein Gleichnis machen, weder des, das oben im Himmel, noch des, das unten auf Erden, oder des, das im Wasser unter der Erde ist» (2. Mos. 20, 4). Gestützt auf diesen Bibeltext will Heyse, daß die Bewunderer ihn nicht nach ihrer Art, so wie es ihnen beliebt, sich vorstellen und ihn wie einen Götzen behandeln. Die vierte Strophe drückt nochmals einen Wunsch aus: «Drum wünsch' ich der Welt in Gnaden zu gefallen.» Der Schlußsatz des Sonetts erscheint auf den ersten Blick vielleicht unverständlich. Die Vermutung liegt nun nahe, daß Heyse, den Keller mehrmals «Paulus» nennt, sich auf den paulinischen Gnadenbegriff bezieht, was dazu auffordern würde, zur Auslegung des Sonetts die entsprechenden Paulus-Briefe beizuziehen. Dieses Vorhaben findet noch zusätzliche Berechtigung aus einer Briefstelle Heyses im Brief vom 12. Oktober 1881, wo er Keller schreibt: «Auch ist es gut, daß Du nicht zugegen bist, wenn ich als Reiseprediger den Heiden das Evangelium (gemeint ist Kellers Werk!) verkündige, wobei ich in letzter Zeit die Erfahrung gemacht habe, daß ich alles schon bekehrt finde und nicht einmal nötig habe, die Schwachen im Glauben zu stärken...» (Brief 56). Die folgenden Zitate sollen auch nur als zusätzliche Erläuterungen gelten, besonders deshalb, weil Heyse, der aus einer protestantisch-jüdischen Mischehe stammte, sich der protestantischen Kirche nicht zugehörig fühlte und – als erklärter Goethe-Nachfolger – wahrscheinlich eher einer «Naturtheologie» zuneigte, worauf auch die erste Strophe des Sonetts hinweisen dürfte.

Wo es um die Gnadengabe im Dienste der Gemeinde geht, schreibt Paulus: «Denn ich sage durch die Gnade, die mir gegeben ist, jedermann unter euch, daß niemand höher von sich halte, als sich's gebührt zu halten, sondern daß er von sich mäßig halte ein jeglicher, wie Gott ausgeteilt hat das Maß des Glaubens. Denn gleicherweise wie wir an einem Leibe viele Glieder haben, aber nicht alle Glieder einerlei Geschäft haben, so sind wir viele ein Leib in Christus, aber untereinander ist einer des andern Glied, und haben mancherlei Gaben nach der Gnade, die uns gegeben ist. Hat jemand ein Amt, so warte er des Amtes. Lehrt jemand, so warte er der Lehre» (Röm. 12, 3–7). Und: «Dies alles aber wirkt derselbe eine Geist und teilt einem jeglichen das Seine zu, wie er will» (1. Kor. 12, 11). Auch aus dem 1. Korintherbrief: «Denn wer gibt dir einen Vorzug? Was hast du, das du nicht empfangen hast? Wenn du es aber empfangen hast, was rühmest du dich denn, als hättest du es nicht empfangen?» (1. Kor. 4, 7). Soweit die Paulus-Zitate (n. Lutherübersetzung).

Was ergibt sich aus deren Verbindung mit dem «Drum wünsch' ich der Welt in Gnaden zu gefallen»? Ein jeder hat «mancherlei Gaben nach der Gnade, die uns gegeben ist»: Heyse bezieht sie nicht von Gott, es heißt: «Ich ward von meiner guten alten Mutter Natur recht mütterlicher Massen», und Heyse dürfte weniger die paulinische Forderung im Auge haben, daß die Gaben, die Begabungen, im Sinne eines Aufbaus der Kirche in Christus, einer christlichen Gemeinde, genützt werden sollen, als um einer naturphilosophisch begründeten Menschlichkeit willen, was allerdings hier nicht belegt ist.

Begabung wird einem verliehen, sie fällt einem zu, was deshalb eigentlich verbietet, damit zu prahlen. Sieht Heyse eben darin diese Forderung, sich nicht – gerade wegen seiner Begabung, die ihm ja wie in den Schoß gefallen zu sein schien – von den andern hochjubeln zu lassen? Nochmals kurz: Heyse wünscht zwar, als Begnadeter in seiner ihm zugefallenen Begabung gefallen zu können, ohne jedoch in eine Rolle gedrängt zu werden, der er nicht entsprechen kann. Er will in seinem Freiraum sich bewegen können, in seinem Begabt-Sein seingelassen werden, wie es – vielleicht auch als ethische Forderung Heyses – für die andern gelten soll.

Die Enthüllung Keller gegenüber mag erstaunen. Als ein Zeichen tiefster Freundschaft gilt sie um so mehr, wenn man bedenkt, daß Heyse dieses Sonett nicht mit den andern «Römischen Sonetten» veröffentlicht hat! Auch die Rezeption Heyses unterschlug es. Ist dies eine postume Fortsetzung des öffentlichen Selbstbildnisses Heyses oder ein Ausdruck dafür, dass damals in Literatenkreisen ein Götze vonnöten war? An Keller schreibt Heyse am 18. November 1882 (vgl. Brief 71) im Zusammenhang mit der von ihm als schwierig bezeichneten Lyrik C. F. Meyers: «Aber die Menge will Götter, die sich ganz unzweideutig offenbaren».

War es Heyses Tragik, daß er sich aufspaltete in eine glänzende Fassade und in ein dahinter abbröckelndes Gebäude? Hier wäre wahrscheinlich ein Ansatz zu finden zu einem neuen Verständnis

Heyses, wobei das Verhältnis zwischen öffentlichem und intimstem Bereich in der Persönlichkeit Heyses auszuloten wäre. Nebst den Briefen wären dann vor allem die sehr umfangreichen Tagebücher beizuziehen, die übrigens bis jetzt noch keiner systematischen Bearbeitung zugeführt wurden.

Der weitere Verlauf des Briefes erstaunt nicht weniger: «Indessen bin ich noch glimpflich weggekommen, und zumal haben mir den Rücken gestärkt die Händedrücke meiner alten guten Freunde, an deren Gefallen mir sehr viel gelegen ist, und denen ich noch dies und das zuliebe tun möchte, um meinen guten Willen zu beweisen. Und es ist endlich wieder Aussicht dazu.» Heyse nimmt sich in der weiteren Beschreibung der Feierlichkeiten zurück, er negiert gleichsam das Sonett, die intimen Erfahrungen und Wünsche, die er allein Keller zukommen läßt! Sind die im Sonett ausgedrückten Wünsche zugleich auch Selbstanforderungen, die zu hoch angesetzt sind? Ist es weiter eine Tragik Heyses, seiner inneren Notwendigkeit gehorchend, mit literarischer Produktion vor die Öffentlichkeit treten zu müssen? Braucht er Literatur und Literaturwirbel zu seinem persönlichen Wohlergehen? Ein weiterer Hinweis darauf soll genügen: Nervenleiden und körperliche Gebrechen sind immer gepaart mit Ausfall der Schaffenskraft, sie bedingen eine gewisse Isolation, über die sich Heyse dann beklagt. Er schreibt Keller, daß er nicht einmal seine «schöne lange Epistel vom 9. November» beantworten konnte, aber «nun hat sich vor etwa sechs Wochen das heranschleichende Greisentum wieder zum Rückzug entschlossen, ich konnte eine in Rom ausgebrütete, ziemlich blutreiche Geschichte niederschreiben, vierzehn Tage in meiner Vaterstadt Berlin mich herumwirbeln lassen...» – Wieder der schon bekannte Heyse als Literaturproduzent und Salonlöwe! Gegen Ende des Briefes kündigt Heyse an, den «Grünen Heinrich» wieder zu lesen, mit der dringlichen Bitte an Keller, den letzten Band fertigzuschreiben. Dann äußert er noch den Wunsch, wieder enger in Kontakt zu treten: «Liebster Freund, laß einmal – und bald – wieder von Dir hören, ich schreibe dann geschwind wieder, ich habe noch manches auf dem Herzen, wozu es heute nicht mehr reicht.» Er lädt Keller auch nach München ein, denn: «Ein paar Tage mit Dir hätt' ich mir wohl verdient.»

Keller läßt mit seinem Brief auch nicht lange auf sich warten. Wie hat er den spannungsgeladenen Brief seines Freundes aufgenommen? Er leitet ein mit «... will ich Dir, lieber Freund Paulus, zuvörderst Glück wünschen wegen der gesundheitlichen Wendung zum Besseren!» (Brief 35) und bezieht sich damit auf den zweiten Teil des erhaltenen Briefes, der kontrapunktisch zum Todesgedanken steht.

Auf den Geburtstag geht Keller nur kurz ein: «Die Geburtstagsfeier habe ich in einer Beschreibung mitgenossen und neben der Ananasbowle namentlich die Riegelhäubchen der vier biervertilgenden Münchener Mädchen bewundert.» – Er sagt also kein Wort über Heyses geäußerte Nöte und Qualen! Außerdem scheint Keller noch aus anderer Quelle von den Feierlichkeiten erfahren zu haben – er bezieht sich auf eine Beschreibung durch eine Drittperson, nicht auf Heyses Worte selbst! Dann schließt sich der Kommentar zum Sonett an: «Dein Sonett ist lustig und ein wenig ungerecht; freilich auch wieder gerecht, wenn man sieht, wie die Pietät der Leute meistens diejenige der Hühner ist, welche das Futter links und rechts verstreuen und vergeuden, um ihren kleinen Kropf zu füllen, auch wohl sich in den Napf stellen und es hinter sich wegscharren.» Liegt hier ein völliges Mißverstehen Kellers vor? Seltsam genug erscheint das «lustig»; die Beurteilung «ungerecht», die wohl aus dem Zusatz «auch wieder gerecht» zu verstehen ist, scheint auf Kellers Unvermögen hinzuweisen, die persönliche Dimension des Sonetts, nämlich die überspannte Bewunderung des Publikums für Heyse, die dieser insgeheim verabscheut, weil sie ihn einengt, angemessen zu erfassen.

Oder versteht Keller Heyse doch richtig, und die Antwort enthält eine Spitze gegen Heyse, der ja so viel Erfolg hat – aber eben nur Erfolg bei den *Leuten?*

Fest steht: Keller weicht aus, versteht das Gedicht in einem verallgemeinernden Sinn, kommentiert knapp und will die persönliche Botschaft Heyses nicht hören.

Fridolin Stähli

[1] Das «lyrische Ich» wird hier mit dem empirischen (autobiographischen) Ich gleichgesetzt. Diese Gleichsetzung kann in dreifacher Hinsicht gestützt werden: erstens durch die kommentierende Vorbemerkung zum Sonett, zweitens durch die Tatsache, daß dieses Gedicht in einem ganz persönlichen und spannungsgeladenen Briefkontext steht und schließlich wegen der Nicht-Veröffentlichung des Textes.

[2] Ein Reflex davon schlägt sich auch in Heyses im Jahre 1900 veröffentlichten Buch «Jugenderinnerungen und Bekenntnisse» nieder. Im Kapitel «Aus dem Leben» hält er fest: «Und so sollte Jeder, der sein Leben damit zugebracht hat, Musenwerk zu treiben, sich an das Goethe'sche Wort halten:

Mit keinem Gedicht hab' ich geprahlt,
Und was ich gemalt habe, hab' ich gemalt.

Ob etwas davon und wie viel und was vor dem strengen Totengericht der Nachwelt Gnade finden werde, soll ihn nicht bekümmern. Ist es ihm so gut geworden, sich ausleben zu dürfen, seine innere Welt in einer oder der andern Form zu gestalten und bei diesem beglückenden Thun, dem höchsten, da es in jedem Augenblick das Gefühl der Persönlichkeit in uns erweckt, den aufmunternden Antheil einsichtiger Freude sich zu erhalten, so ist er schon vor Tausenden begnadet. Er soll sich an dem stillen Bewußtsein, zu den Berufenen zu gehören, genügen lassen und die Entscheidung darüber, ob er auch ein Auserwählter sei, der Zukunft anheimstellen» (Paul Heyse, Jugenderinnerungen und Bekenntnisse, Berlin 1900, S. 293f.).

Ist dieses Bekenntnis für Heyse Trost und letzte leise Hoffnung zugleich? Erkennt er hier seine Tragik, von der mehrmals die Rede war, daß er zwar ein «Begnadeter», aber nicht ein «Auserwählter» war, daß er in seinen jungen Jahren eine glanz- und ruhmvolle «Jetztzeit» erleben durfte, die Nachwelt ihm aber den gebührenden Ruhm versagen werde?

Zeittafel zu G. Keller und P. Heyse

Gottfried Keller

1819 geb. am 19. Juli in Zürich als Sohn des Drechslermeisters Rudolf Keller und der Elisabeth, geb. Scheuchzer

1824 Tod des Vaters

1825 Besuch der Armenschule

1831 Schüler des Landknabeninstituts

1833 Eintritt in die Kantonale Industrieschule

1834 Ausweisung aus der Schule. Lehre beim Vedutenmaler und Lithographen Peter Steiger. Scheidung der Mutter nach ihrer Wiederverheiratung (1826)

1837 Malunterricht bei Rudolf Meyer

1840–42 Künstler-Aufenthalt in München

1846 Erster Gedichtband erscheint

1848 Heidelberg. Ausbildungsstipendium der Zürcher Regierung

Paul Heyse

1830 geb. 15. März in Berlin als zweiter Sohn des Universitätsprofessors Carl Wilhelm Ludwig Heyse und der Julie, geb. Saaling. Die Mutter stammt aus der jüdischen Bankiers- und Juwelierfamilie Salomon (später in Saaling geändert)

1838–47 Besuch des Gymnasiums. Bekanntschaft mit Jacob Burckhardt

1847 Beginn des Studiums der klass. Philologie und Kunstgeschichte in Berlin

1849 Bekanntschaft mit Hermann Hettner in Heidelberg. Einfluß Feuerbachs. Korrespondenz mit dem Verlagshaus Vieweg in Braunschweig

1850–55 Berlin. Verlängerung des Stipendiums. Arbeit an der ersten Fassung des «Grünen Heinrich», erschienen 53–55
Gast im Salon Fanny Lewalds und im Haus des Verlegers Franz Duncker, ferner bei Varnhagen v. Ense und dessen Nichte Ludmilla Assing
Kontakt zu Christian Friedrich Scherenberg, bedeutendes Mitglied des «Tunnel über der Spree», wo Keller allerdings nur einmal verkehrte (vgl. Brief 27 an P. Heyse)
1853/54: Bekanntschaft mit Julius Rodenberg, dem späteren Hrsg. der «Deutschen Rundschau»

1854 Ablehnung des Angebots einer Professur am Zürcher Polytechnikum
1854/55: Unglückliche Liebe zu Betty Tendering

1855–61 Keller wohnt als «freier Schriftsteller» bei seiner Mutter in Hottingen.
1856: «Die Leute von Seldwyla» (I) bei Vieweg
1857: Freundschaft mit Paul Heyse
1859: Beginn des Briefwechsels mit Paul Heyse

1849 Forts. der Studien in Bonn mit dem Schwergewicht in der Romanistik. Erste Schweizer Reise. Besuch bei Jacob Burckhardt

1850 Wieder an der Universität Berlin. Verkehrt in der literarischen Gesellschaft «Tunnel über der Spree», lernt u. a. Theodor Fontane kennen. Eine Märchensammlung und das erste Drama erscheinen

1852 Promotion zum Dr. phil. Reisestipendium zur Erforschung provenzalischer Handschriften in italienischen Bibliotheken. Romaufenthalt

1853 Ausweisung aus der Vaticana, der päpstl. Bibliothek. Neapel und Sorrent. Sammlung italienischer Volkslieder. «L'Arrabbiata» entsteht. Im Herbst Rückkehr nach Berlin

1854 Berufung nach München durch König Maximilian II. von Bayern mit 1000 Gulden Jahrespension. Heirat mit Margarete Kugler

1856 Gründung der Münchner Dichtergesellschaft «Krokodile»: P. Heyse, J. Große, H. Lingg, F. Bodenstedt, E. Geibel u. a.

1857 Besuch bei G. Keller in Zürich

	1859 «Vier neue Novellen» (3. Sammlung), Gottfried Keller in freundschaftlicher Gesinnung gewidmet
1861 Wahl zum 1. Staatsschreiber des Kantons Zürich	1862 Tod von Margarete Heyse-Kugler
1864 Tod der Mutter	1864 Tod der Mutter Heyse verzichtet auf seine Pension des neuen bayr. Königs Ludwig II. und lebt als unabhängiger Schriftsteller in München
1866 Verlobung mit Luise Scheidegger, die im Juli desselben Jahres den Freitod wählte	1867 Heirat mit der Münchnerin Anna Schubart (1850–1930)
bis 1866 Mitglied des Großen Rates des Kantons Zürich	
1869 Ehrendoktor der Universität Zürich	1869 Freundschaft mit Franz von Lenbach
1872 «Sieben Legenden» bei Göschen Besuch bei Heyse in München	1872 Erste Gesamtausgabe der Werke Paul Heyses
bis 1876 Amtstätigkeit	ab 1873 Reger Kontakt mit Johannes Brahms. Heyses erster Roman «Kinder der Welt» erscheint
1876 Besuch bei Heyse in München. «Zürcher Novellen» in der Deutschen Rundschau	1876 Heyse schlägt Keller für den Bayerischen Maximilians-Orden für Wissenschaft und Kunst vor
	1878 Kur im Engadin. Besuch auf der Durchreise bei Keller in Zürich

1879/80 zweite Fassung des «Grünen Heinrich»

1881 Vorabdruck «Das Sinngedicht» in der Deutschen Rundschau

1883 «Gesammelte Gedichte» bei Hertz

1884 Freundschaft mit Böcklin, den Heyse seit seinem Romaufenthalt kannte und förderte

1886 «Martin Salander» bei Hertz

1889 «Ges. Werke», 10 Bde., bei Hertz

1890 Keller stirbt am 15. Juli

1879 Heyses und Kellers gemeinsamer Freund Bernhard Fries stirbt

1883 Auflösung der Dichtergesellschaft «Krokodile»

1884 Verleihung des Schillerpreises an P. Heyse, gemeinsam mit E. von Wildenbruch (1845–1909)

1885 Besuch bei Keller in Zürich. Letzte Begegnung der beiden Dichterfreunde

1910 Nobelpreisverleihung an P. Heyse

1914 Heyse stirbt am 2. April

1924 «Ges. Werke», 15 Bde., bei Cotta

Literaturverzeichnis

Das Literaturverzeichnis erfaßt die benützte Literatur für Einleitung und Anmerkungen. Die Titel, auf die im Kommentar nur verwiesen wird, sind hier nicht mehr erwähnt.

Baechtold, Jakob: Gottfried Kellers Leben. Seine Briefe und seine Tagebücher, 3 Bde., Berlin 1894–1897.

Benjamin, Walter: Gottfried Keller. Zu Ehren einer kritischen Gesamtausgabe seiner Werke (1927), in: W. B., Gesammelte Schriften, Bd. 2/1, Frankfurt/M. 1977.

Brandes, Georg: Paul Heyse, in: «Moderne Geister – Literarische Bildnisse aus dem 19. Jahrhundert», Frankfurt 1882.

Breitenbruch, Bernd: Gottfried Keller in Selbstzeugnissen und Bilddokumenten, Hamburg, 7. Aufl. 1978.

Burckhardt, Jacob: Briefe, vollständig und kritisch bearbeitet, hrsg. von Max Burckhardt, Basel/Stuttgart 1949–1986.

Der Briefwechsel von Jacob *Burckhardt* und Paul *Heyse,* hrsg. von Erich Petzet, München 1916.

Ermatinger, Emil: Gottfried Kellers Leben, Briefe und Tagebücher, 3 Bde., Stuttgart und Berlin 1915/16, 5./6. Aufl. 1925.

Ermatinger, Emil: Gottfried Kellers Leben. Mit Benutzung von Jakob Baechtolds Biographie dargestellt von E. E., Zürich, 8. Aufl. 1950 (zit.: E/B und Seitenzahl).

Fontane, Theodor: Aufsätze zur Literatur, hrsg. von Kurt Schreinert, München 1963.

Fontanes Briefe, hrsg. von Gotthard Erler, Berlin 1968.

Heyse, Paul: Gesammelte Werke (GW I), 38 Bde., Berlin, Stuttgart 1872–1914.

Heyse, Paul: Gesammelte Werke (GW III), 15 Bde., Stuttgart 1924 (erscheint seit 1985 als Nachdruck beim Olms Verlag, Hildesheim).

Heyse, Paul: Werke, mit einem Essay von Theodor Fontane, hrsg. von Bernhard und Johanna Knick und Hildegard Korth, 2 Bde., Frankfurt/M. 1980.

Paul *Heyse* und Gottfried *Keller* im Briefwechsel, hrsg. von Max Kalbeck, Berlin 1919.

Der Briefwechsel zwischen Theodor *Storm* und Paul *Heyse,* hrsg. von Clifford Albrecht Bernd, 3 Bde., Berlin 1969–1974.

Der Briefwechsel zwischen Theodor *Fontane* und Paul *Heyse,* hrsg. von Gotthard Erler, Berlin/Weimar 1972.

Heyse, Paul: Jugenderinnerungen und Bekenntnisse, Berlin, 2. Aufl. 1900.

Deutscher Novellenschatz, 24 Bde., hrsg. von Paul *Heyse* und Hermann *Kurz,* München o. J. (1871 ff.).
Paul *Heyse.* Eine Bibliographie seiner Werke, hrsg. von Werner Martin, Hildesheim/New York 1978.
von Ian, Annemarie: Die zeitgenössische Kritik an Paul Heyse 1850–1914, München 1965.
Kaegi, Werner: Jacob Burckhardt. Eine Biographie, 7 Bde., Basel 1947–1982.
Kafka, Franz: Briefe 1902–1924, hrsg. von Max Brod, New York 1958.
Kaiser, Gerhard: Gottfried Keller. Das gedichtete Leben, Frankfurt/M. 1981.
Kaiser, Gerhard: Gottfried Keller. Eine Einführung. München und Zürich 1985.
Keller, Gottfried: Der grüne Heinrich. Erste Fassung. Frankfurt/M. 1978.
Keller, Gottfried: Sämtliche Werke, hrsg. von Jonas Fränkel und (ab 1942) Carl Helbling, Erlenbach/Zürich/Bern 1926 ff. (zit.: W Bandnummer u. Seite).
Keller, Gottfried: Gesammelte Briefe, hrsg. von Carl Helbling, Bde. 1–4 (in 5), Bern 1950–1954 (zit.: Helbling Bandnummer u. Seite).
Der Briefwechsel zwischen Theodor *Storm* und Gottfried *Keller,* hrsg. von Peter Goldammer, Berlin 1960, 2. Aufl. 1967.
Der Briefwechsel zwischen Gottfried *Keller* und Hermann *Hettner,* hrsg. von Jürgen Jahn, Berlin/Weimar 1964.
Paul *Heyse* und Gottfried *Keller* im Briefwechsel (s. Heyse).
Aus Gottfried *Kellers* glücklicher Zeit. Der Dichter im Briefwechsel mit Marie und Adolf *Exner,* hrsg. von Irmgard Smidt, Stäfa (Zürich) 1981.
Mein lieber Herr und bester Freund. Gottfried *Keller* im Briefwechsel mit Wilhelm *Petersen,* hrsg. von Irmgard Smidt, Stäfa (Zürich) 1984.
Gottfried *Keller*–Emil *Kuh.* Briefwechsel, hrsg. und erl. von Irmgard Smidt und Erwin Streitfeld, Stäfa (Zürich) 1988.
Gefährdete Künstler. Der Briefwechsel zwischen Gottfried *Keller* und Johann Salomon *Hegi.* Edition und Kommentar, hrsg. von Fridolin Stähli, Zürich und München 1985.
Gottfried *Keller* und Josef Viktor *Widmann.* Briefwechsel, hrsg. von Max Widmann, Basel/Leipzig 1922.
Krausnick, Michail: Paul Heyse und der Münchner Dichterkreis, Bonn 1974.
Die *Literatur-Nobelpreisträger* (Hermes Handlexikon), hrsg. von Gertraude Wilhelm, Düsseldorf 1983.
Martini, Fritz: Deutsche Literatur im bürgerlichen Realismus. 1848–1890. Stuttgart, 2. Aufl. 1964.

von Moisy, Sigrid: Paul Heyse. Dichterfürst im bürgerlichen Zeitalter, München 1981.
Muschg, Adolf: Gottfried Keller, München 1977.
Neumann, Bernd: Gottfried Keller. Eine Einführung in sein Werk. Königstein 1982.
Preisendanz, Wolfgang: Die Keller-Forschung der Jahre 1939–1957, in: GRM, N. F. VIII, 1958.
Richner, Max: Gottfried Kellers Briefe aus Deutschland, in: M. R., Sphären der Bücherwelt. Aufsätze zur Literatur, Zürich 1952, S. 60–67.
Reich-Ranicki, Marcel (Hrsg.): Anbruch der Gegenwart. Deutsche Geschichten 1900–1918. München 1971.
Storm, Theodor: Briefwechsel s. Heyse u. Keller.
Weber, Werner: Freundschaften Gottfried Kellers. Versuch über die Einsamkeit eines Genies, Erlenbach 1952.
Zaech, Alfred (Hrsg.): Gottfried Keller im Spiegel seiner Zeit, Zürich 1952.

Für die Ausarbeitung der biographischen Kurzportraits im Kommentar dienten mir i. w.:

- Allgemeines Lexikon der bildenden Künstler von der Antike bis zur Gegenwart, hrsg. von Ulrich Thieme und Felix Becker, Leipzig 1907 ff.
- Deutsches Literaturlexikon. Biographisches und bibliographisches Handbuch. Begründet von Wilhelm Kosch. Dritte, völlig neu bearbeitete Auflage, hrsg. von Bruno Berger und Heinz Rupp, Bern und München 1968 ff.

Personen- und Werkverzeichnis

Das Register erfasst alle Personennamen, die in der Einleitung, in den Briefen und Anmerkungen vorkommen, mit Ausnahme der wissenschaftlichen Interpretationsliteratur. Die literarischen Werke erscheinen alphabetisch geordnet unter dem Namen des Autors. *Kursiv gesetzte Zahlen* verweisen auf die Anmerkungen.

Alfieri, Vittorio (1749–1803) *278*
Anzengruber, Ludwig (1839–1889) 111, *113*
Ariosto, Lodovico (1474–1533) 176
Assing, Ludmilla (1821–1880) 11, 13, 18, 19, 24, *45f.*, *69*, *270*, 294
Auerbach, Berthold (1812–1882) 76, *76f.*, 167, *168*, 183f, *185*, 207, *209*, 210, *212*

Baechtold, Jakob (1848–1897) 31, 35, 96, *97f.*, *101*, *106*, *108*, 111, 130, *130*, 142, *143*, 145, 157f., 163, 167, 174f., 197, 226, 231, 240, 243, 251, 255, 258, *259*
Bartsch, Karl (1832–1888) 91, *92*
Baumgartner, Wilhelm (1820–1867) 11, *90*
Belli, Giuseppe Gioacchino (1791–1863) *278*
Birch-Pfeiffer, Charlotte (1800–1868) *81*, 188, *190*
Bismarck, Otto (Fürst von, 1815–1898) 247, *248*, 249, 261 f.
Björnson, Björnstjerne (1832–1910) 166, *168*, 214, *215*, 218
Bleibtreu, Karl (1859–1928) *106*
Blumenthal, Oskar (1852–1917) *79*
Boccaccio, Giovanni (1313–1375) *59*
Bodenstedt, Friedrich (1819–1892) *67*, *101*, *278*, 294
Böcklin, Arnold (1827–1901) 7, 10, 30, *92*, 239, *241*, 255, 262f., *264*, 269, *271*, 283, 296
Böhlau, Helene (1859–1940)
241, *242*, 251, *252*
Brahm, Otto (1856–1912)
143, 229, *231*
Brahms, Johannes (1833–1897) 35, 295
Brandes, Georg (1842–1927) 22, 87, *89*
Bruckmann, Peter (geb. 1850, Bildhauer) 262f., *264*
Buchser, Frank (1828–1890) 179f., *182*, 183
Büchner, Georg (1813–1837) 120, *124*
– Dantons Tod 120
– Woyzeck 120
Büttgen, Heinrich (1821–1876) *78*
Burckhardt, Jacob Christoph (1818–1897) 7, 11, 25, 44, *45f.*, *101*, 188, *190*, 293f.,
– Der Cicerone 188, *190*
– Die Cultur der Renaissance *46*
Busch, Wilhelm (1832–1908) *200*
Busoni, Ferruccio (1866–1924) *64*

Calame, Alexandre (1810–1864) *74*
Cäsar, Gaius Iulius (100–44 v. Chr.) 115
Catull, Gaius Valerius (um 87–um 46 v. Chr.) *273*

Cellini, Benvenuto (1500–1571) 244, *245*
Cervantes, Miguel de (1547–1616) 141, *142*
Chamisso, Adelbert (eigentl. Louis Charles Adelaide de Ch. de Boncourt, 1781–1838) 12, 99, *101*
Cicero, Marcus Tullius (106–43 v. Chr.) *209*
Claudius, Matthias (1740–1815) 214, *215*
Conrad, Michael Georg (1846–1927) *106*
Cotta, Georg v. (1796–1863) und Verlag J. G. Cotta *48*, 296

Dante, Alighieri (1265–1321) 257, *259*
Daudet, Alphonse (1840–1897) 250, *252*
– Sapho 250, *252*
Daxenberger, Sebastian Franz (1809–1878) 71, *72*, 77, *78*
Dingelstedt, Franz v. (1814–1881) *76*, 207, *209*
Döllinger, Ignaz v. (1799–1890) 71, *72*
Doré, Gustave (1832–1883) 151, 155, *156*, 157
Dreber, Heinrich (1822–1875) 7, 90, *92*
Droste-Hülshoff, Annette v. (1797–1848) *82*
Dulk, Albert (1819–1884) 25
Duncker, Franz (1822–1888) *272*, 294
Duncker, Lina (1825–1885) 11, 18, 270, *272*
Dürer, Albrecht (1471–1528) 91, *92*

Edlinger, Anton (1854–1919) *207*
Ebner-Eschenbach, Marie v. (1830–1916) 25
Eckstein, Ernst (1845–1900) *79*
Eichendorff, Josef v. (1788–1857) *67*
Eller, Henriette und Marie 233, *234*
Ermatinger, Emil (1873–1953) 11, 35, 37, *114*
Eyck, Jan van (um 1390–1441) 91, *92*
Exner, Adolf (1841–1894) 37, *75*, *234*
Exner, Marie (1844–1925) 37, *234*

Feuerbach, Ludwig (1804–1872) 294
Fleischl, Ernst (1846–1891) 144, *145*
Floerke, Gustav (1846–1888) 262, *264*, 269, *271*
Fontane, Theodor (1819–1898) 12, 25, 31 f., 34, *83*, 294
– Von Zwanzig bis Dreissig *101*
Franzos, Karl Emil (1848–1904) *124*
Frapan, Ilse (Pseud. für Ilse Levien, 1852–1908) 229, *231*, 233, *234*
Freiligrath, Ferdinand (1810–1876) 12, 18, *90*
Friedrich Wilhelm IV. (1795–1861, König von Preussen 1840–1861) 200, *200*
Fries, Bernhard (1820–1879) 74, *74f.*, 81, 88, 100, 106, *107*, 111, *113*, 253, *253*, 296

Geibel, Emanuel (1815–1884) 10, 12, 25, 48, *49*, *78*, 105, *168*, *185*, *207*, 252, 256, *278*, 294
– Frühlingswunder *107*
– Spanisches Liederbuch 278
Genelli, Bonaventura (1798–1868) 10
Giesebrecht, Wilhelm Friedrich Benjamin (1814–1889) 71, *72*
Gildemeister, Otto (1823–1902) 25
Giorgione (um 1478–1510) 162, *164*
Giusti, Giuseppe (1809–1850) *278*
Glümer, Claire v. (1825–1906) *69*
Goethe, Johann Wolfgang v. (1749–1832) 18, 25, *59*, *67f.*, 145, 148, *178*, 189, *209*, *212*, 243, 249, *252*, *268*, *291*
– Die Leiden des jungen Werthers 152, *155*

- Faust 62, *63,* 207, *209,* 210, *212,* 221
- Götz von Berlichingen 120, *124*
- Hermann und Dorothea 176, *178*
- Iphigenie auf Tauris 176
- Leben des Benvenuto Cellini 244, *245*
- Lilis Park 270, *272*
- Über den sogenannten Dilettantismus oder die praktische Liebhaberei in den Künsten *148*
- Xenien *268*

Goldsmith, Oliver (1728–1774) *155*
- Vicar of Wakefield 152

Gottfried von Strassburg *164*
Gotthelf, Jeremias (Albert Bitzius, 1797–1854) *82*
Gottschall, Rudolf (1823–1909) 66, *67*
Grabbe, Christian Dietrich (1801–1836) *218*
- Don Juan und Faust 216, *218*

Gregorovius, Ferdinand (1821–1891) 7
Grillparzer, Franz (1791–1872) 166, *168, 268*
- Weh dem, der lügt 267, *268*

Grosse, Julius (1828–1902) *49,* 204, *206,* 211, *212,* 294
- Gedichte 204, *206,* 208, *209,* 211 f.,

Guadagnoli, Antonio (1798–1858) *278*
Gutzkow, Karl (1811–1878) 21, 251, *252*

Haessel, Hermann (1819–1901) *200, 209*
Harden, Maximilian (eigentl. Maximilian Felix Ernst Witkowski, 1861–1927) 32
Hebbel, Friedrich (1813–1863) 217, *218*
Hegi, Johann Salomon (1814–1896) 46, *47, 74*
Heine, Heinrich (1797–1856) 18, 178, *182*
Helbling, Carl (1897–1966) 36 f.
Hemsen, Wilhelm (1829–1885) *101,* 174, *175*
Hering, Edith 52
Hertz, Hans (Sohn des Verlegers) 261, *261*
Hertz, Wilhelm (1835–1902, Dichter) *103,* 108, *168,* 214, *215,* 237, *238*
Hertz, Wilhelm (1822–1901, Verleger) 8, *92,* 138, *140, 197,* 197, *198,* 198 f., *200, 214 f.,* 224, 227, 248, *261,* 296
Hettner, Hermann (1821–1882) 7, 11, 12, 18, 34, *45, 114, 190,* 294
Heusser, Christian (1826–1909) 11
Heyse, Anna, geb. Schubart (1850–1930, Heyses zweite Frau) 30, *56,* 59, 76, 78, 84 f., 88, 97, 113, 120, 132 f., *133,* 136, 138, 142, 145, 148, 150, 155 f., 160, 162 f., 167, 170 ff., *171,* 173, 175, 177, *178,* 180 f., 184, 186 f., 189, 193, 196 f., 200 f., 203, 205, 209, 212, 214, 218, 224, 226, 229 ff., 234 ff., 239, 246, 248, 253, 255, 258, 260 f., 263 f., 266 f., *268,* 270, 273 f., 276 f., 279, 281, 283
Heyse, Carl Wilhelm Ludwig (1797–1855, Vater Paul Heyses) 191, *193,* 293
Heyse, Clara (1861–1931, Heyses jüngste Tochter) 76, 78, 88, 113, 132 f., *133,* 136, 138, 142, 145, 151, 155, 157, 160, 162 f., 167, 170, 172, 184, 186 f., 193, 196 f., 201, 203 ff., 214, 218, 224, 226, 234 ff., 238 f., 246, 248, 255, 258, *259,* 260, *261,* 262 f., *264,* 267, *268,* 273
Heyse, Ernst (1859–1871, Heyses drittes Kind) *66*
Heyse, Franz (1855–1919, Heyses erstes Kind) 187, 273, *274*
Heyse, Johann Christian August (1764–1829) 191, *193,* 201

Hölderlin, Friedrich (1770–1843) 96, *98,* 100
Hoffmann, Ernst Theodor Amadeus (1776–1822) 205, *207*
Hoffmann, Hans (1848–1909) 218, *218*
Homer 141, *142,* 219, *220*
Hopfen, Hans (1835–1904) 183, *185*
Horaz (Quintus Horatius Flaccus, 65–8 v. Chr.) *96*
Huber, Jakob (1828–1909) *97, 252*
Hutten, Ulrich von (1488–1523) *196,* 206, *207*
Ibsen, Henrik (1828–1906) 166, *168*
Iffland, August Wilhelm (1759–1814) *168*
Kafka, Franz (1883–1924) 33
Kalbeck, Max (1850–1921) 35 ff., *63, 108*
Keil, Ernst (1816–1878) *275*
Keller, Elisabeth, geb. Scheuchzer (1787–1864, Mutter Gottfried Kellers) 10, *45, 47, 56,* 293 ff.
Keller, Gottfried (1819–1890)
– Am Mythenstein *46, 48*
– Autobiographisches 15, 134, *134*
– Das Fähnlein der sieben Aufrechten *48,* 85, *86, 209*
– Das Sinngedicht 24, 28, *45, 64, 128, 140, 145,* 149, *151,* 152 ff., *156,* 158, 160 ff., *161, 164, 169, 190,* 296
– Das verlorene Lachen 176, *178*
– Der Apotheker von Chamouny 178, *182,* 182 f., *185,* 229, *231,* 233
– Der grüne Heinrich (1. Fass.) 7, 11, 17, *60, 84, 92, 100,* 105, *107,* 142, *143,* 294
– Der grüne Heinrich (2. Fass.) 22, *84, 92,* 105, *107,* 110, 112, *113 f.,* 118, *119,* 120, *124,* 125, 127 f., *128,* 129 ff., *131 f., 134,* 134 ff., *136,* 138, *139 f.,* 142, *143,* 144, 148, *168,* 266, *268, 275 f.,* 289, 296
– Der Landvogt von Greifensee *128*
– Der Narr auf Manegg *81*
– Der Narr des Grafen Zimmern *96*
– Die drei gerechten Kammacher 11, *164*
– Die Leute von Seldwyla (I) 11, 16, *60,* 61, 294
– Die Leute von Seldwyla (II) 15, 16, 63, *64,* 71, *72,* 97
– Die missbrauchten Liebesbriefe *56*
– Dietegen 186, *187,* 188
– Dramatisches
– allg. *114*
– Der Starke 188, *190,* 192
– Die Medizinerin 180, *190,* 192
– Therese (Fragment) *274*
– Gedichte (1846) 8, 293
– Gesammelte Gedichte (1883) 26, 87, *90,* 103, *103,* 105, *107,* 171, *173,* 174, *175,* 176 f., *178,* 183, 188 f., 192, 194 f., *196,* 197, 199, 202, 204, *206,* 212 ff., *212, 214 f.,* 224, 227 ff., *227, 231,* 233, 296
– Gesammelte Werke in zehn Bänden *198,* 296
– Hadlaub 78, *79*
– Martin Salander 26 ff., 171, 174, *175,* 176, *178,* 186, *187,* 188, *190, 198,* 206 ff., *207,* 210, 237, 240, *241,* 246, *247,* 253, *253,* 261, 263, *264,* 267, 269, *271,* 272 f., *273,* 274, *275 f.,* 296
– Melancholie *92*
– Neuere Gedichte (1851 u. 1854) 17
– Pankraz, der Schmoller *82*
– Prolog zur Schillerfeier *46*
– Romeo und Julia auf dem Dorfe 14, 58, *60,* 60 f., *61, 64, 67*
– Sieben Legenden 16, *64, 69,* 208, 295
– Tagebuch 25
– Ursula 85, *86,* 87, *89*
– Winternacht 87, *88 f.*

– Zürcher Novellen 16, 84, *86, 89,* 194, *196,* 295
Keller, Regula (1822–1888) 28f., 177, 183, *185,* 199, 202, 276, *276,* 278f., 281
Keller, Rudolf (1791–1824, Vater Gottfried Kellers) 293
Kinkel, (Johann) Gottfried (1815–1882) 62, *63,* 64, 195, *196*
– Margret 62, *63*
Kinkel, Johanna (1810–1858) 62
– Musikalische Orthodoxie *63*
Kirschner, Aloisa (s. Schubin)
Kitt, Heinrich (1819–1903) *113*
Kleist, Heinrich (1777–1811) *206*
– Michael Kohlhaas 204, *206*
Koch, Joseph Anton (1768–1839) *140*
Koller, Rudolf (1828–1905) 11, *160*
Kotzebue, August (1761–1819) *168*
Kröner, Adolf (1836–1911) 274, *275*
Kugler, Franz (1808–1858) 11, *46, 48,* 99, *100f.*
Kugler, Margarete (s. Heyse-Kugler, Margarete)
Kuh, Emil (1828–1876) 19, 37, *65, 90, 107, 115*
Kurz, Heinrich (1805–1873) 240, 243, *245*
Kurz, Hermann (1813–1873) 14, 25, 49, 51, *51,* 57f., *59,* 60, 62, 64, *67, 73, 83, 151,* 157, 247, *248, 278*
– Deutscher Novellenschatz 57, *59,* 60, *67*
– Die beiden Tubus *151,* 155, *156*
– Rasender Roland 247
Kurz, Isolde (1853–1944) *51f.*
Lachner, Franz (1803–1890) 71, *72*
Laistner, Ludwig (1845–1896) *101,* 172, *173,* 186, *187,* 188, 205, *207*
– Neuer deutscher Novellenschatz *173,* 228, *228*
La Roche, Sophie v. (1731–1807) 159, *160*
L'Arronge, Adolph (eigentl. A. Aaron, 1838–1908) *126*
– Doktor Klaus 124
Leemann, Robert (1852–1925) *182,* 183, *185*
Lenau, Nikolaus (1802–1850) 12, 96, *98,* 100
Lenbach, Franz v. (1836–1904) 229f., *231,* 295
Leopardi, Giacomo (1798–1837) *278*
Lessing, Gotthold Ephraim (1729–1781)
– Laokoon 141, *142,* 145
– Nathan der Weise *72,* 197, *197*
Lessing, Karl Friedrich (1808–1880) *140*
Leuthold, Heinrich (1827–1879) 48, *48f.,* 96, *98,* 99f., 103, *103,* 104f., *106,* 108f., *108,* 111f., *113, 168,* 251, *252,* 255, *256,* 258, *259*
– Gedichte *97f., 101,* 101f., *103,* 109, 251, *252,* 255, *256,* 258, *259*
Levi, Hermann (1839–1900) *110, 115,* 161, *164,* 229, *231,* 233, *234*
Lewald, Fanny (1811–1889) 25, 294
Liebig, Justus v. (1803–1873) 77, *78*
Lindau, Paul (1839–1919) *182,* 183, *185*
Lingg, Hermann (1820–1905) *49, 103,* 105f., *155, 168,* 205, *207,* 282, *283,* 294
– Habent sua fata *107*
Logau, Friedrich v. (eigentl. Salomon von Golaw, 1604–1655) 153, *156*
Longfellow, Henry W. (1807–1882) 206, *207,* 210
Lope de Vega, Felix (1562–1635) 237, *238*
Ludwig I. (1786–1868, König von Bayern 1825–1848) *126*
Ludwig II. (1845–1886, König von Bayern 1864–1886) *78*

Mähly, Jakob (Mähli, 1828–1902) 104, *106*
Mann, Thomas (1875–1955) 32
Manzoni, Alessandro (1785–1873) *133*
Maximilian II. (1811–1864, König von Bayern 1848–1864) 9, 71, *72*, *78*, 294
Mengs, Anton Raphael (1728–1779) 187, *190*
Meyer, Betsy (1831–1912) 258, *259*
Meyer, Conrad Ferdinand (1825–1898) 78, *78f.*, 80, *81f.*, 97, 100, 103, 105, *106*, 110, 113, 195, *196*, 199, *200*, 202, *203*, 205, *206*, 208, *209*, 255, *256*, 257f., 288
– Der Heilige (Thomas Becket) 100, *101*, 103, *103*, 105, *107*, 113, *115*
– Die Hochzeit des Mönchs 255, *256*, 257
– Fülle 205, *206f.*
– Gedichte (1882) 199, *200*, 202, *203*, *206f.*
– Im Gebirg *79*, 103
– Jürg Jenatsch 78, *78*
Meyer von Schauensee, Luise (1829–1902) 240, 243, *245*
– Sturm auf dem Vierwaldstättersee *245*
Meyer, Joh. Rudolf (1803–1857) 293
Meyer, Viktor (1848–1897) 145, *146*, 213, *214*, 225f., *226*, 231, *231*, 240, 243, 255, 263
Mind, Gottfried (1768–1814) 147, *148*
Monti, Vincenzo (1754–1828) *278*
Morel, Karl (1822–1866) 11
Mörike, Eduard (1804–1875) 12, 71, *72*, 81, *83*, 91, 204
– Das Stuttgarter Hutzelmännlein *92*
– Der Bauer und sein Sohn *206*
– Maler Nolten 81, *83*
Moser, Gustav v. (1825–1903) *126*
– Veilchenfresser 124
Mozart, Wolfgang Amadeus (1756–1791) 219, 226
– Don Juan 219f.

Neureuther, Eugen Napoleon (1806–1884) *75*
Neureuther, Gottfried (1811–1887) 71, *72*, 74, *75*
Nietzsche, Friedrich (1844–1900) 22

Oldenbourg, Rudolf (1811–1903) und Verlag Oldenbourg *59*
Overbeck, Johann Friedrich (1789–1869) 7

Palladio, Andrea (1508–1580) 204, *206*
Parini, Giuseppe (1729–1799) *278*
Parthey, Gustav (1798–1872) 91, *92*
Petersen, Wilhelm (1835–1900) 19, 22, 24, 37, *84*, *107*, 120, *124*, 131, *131*, *139f.*, 141, 145, 147f., *148*, 150, 159, *160*, 163, *164*, 165, 167, *168*, 235, *236*, 237, *238*
Petzet, Erich (1870–1928) 32, *45*, *83*
Platen, August (Graf von, 1796–1835) 102, *103*
Prölss, Johannes (1853–1911) 255, *256*, 258

Raabe, Hedwig (Niemann-Raabe, 1849–1905) 224, *224*
Raabe, Wilhelm (1831–1910) 34
Rachel, Luise (1820–1858) 155, *156*
Rettich, Julie (1809–1866) *128*
Ribbeck, Otto (1827–1898) 8, 25, *92*
Riehl, Wilhelm Heinrich (1823–1897) 51, *52*
Rittmeyer, Emil (1820–1904) *160*
Rodenberg, Julius (1831–1914) 19, *69*, *75*, 78, *79*, *83*, 87, *89*, 128, *156*, *190*, 205, 270, *272*, 294
Ruge, Arnold (1802–1880) 238, *239*

Sachs, Hans (1494–1576) *51*
Semper, Gottfried (1803–1879) 11
Shakespeare, William (1564–1616) *82,* 126, 254, 258, *278*
– Der Kaufmann von Venedig *258*
– Romeo und Julia *63*
Sonnenthal, Adolf (1834–1909) 226, *227,* 232, *234,* 237
Schack, Adolf Friedrich (1815–1894) 71, *72,* 105, 208, *209*
– Auf dem Libanon *107*
Scheffel, Josef Viktor v. (1826–1886) 25, *92, 101,* 178, *182*
Scheidegger, Luise (1843–1866) *56,* 295
Scherenberg, Christian Friedrich (1798–1881) 99, *100,* 294
Scherer, Wilhelm (1841–1886) 142, *143,* 225, *226,* 232
Schiller, Friedrich (1759–1805) 44, *46, 68,* 160, 166, *168,* 249, *252,* 257, *259, 268*
– Die Horen *268*
– Die Räuber 120, *124*
– Xenien *268*
Schirmer, Johann Wilhelm (1807–1863) *140*
Schlegel, August Wilhelm v. (1767–1845) *177*
Schmidt, Julian (1818–1886) 195, *196*
Schneegans, Ludwig (1842–1922) 88, *90*
Schott, Sigmund (1818–1895) 20, 30, *268*
Schröder, Friedrich Ludwig (1744–1816) *168*
Schubart, Anna (s. auch Heyse, Anna, 1850–1930) *54,* 295
Schubin, Ossip (eigentl. Aloisa Kirschner, 1854–1934) 241, *242,* 251, *252*
– Die Galbrizzi 241
– Geschichte eines Genies 241
– Unter uns 241
Schwab, Gustav (1792–1850) 12
Schweninger, Ernst (1850–1924) 247, *248,* 249
Spielhagen, Friedrich (1829–1911) 177, *178,* 181, *182,* 204, *206,* 237
Spitteler, Carl (Pseud. Felix Tandem, 1845–1924) *209,* 210 f.
– Extramundana 208, *209,* 210
– Prometheus und Epimetheus *209,* 210 f.
Steiger, Peter (1804–1874) 293
Stieler, Karl (1842–1885) *103,* 262, *264*
Storm, Theodor (1817–1888) 8, 19 ff., 25 ff., 34, 40, *76, 82f., 86, 90, 106f., 115,* 128, 133, 141, *142, 155,* 157 ff., *158,* 163, *164,* 167, *168f.,* 189, *190, 194,* 200, *200,* 203 f., *206,* 222, *222, 231, 236,* 237, *238,* 240, *242,* 244, *245, 270, 275,* 278, *280,* 281
– Aquis submersus *169*
– Der Schimmelreiter 281, *282*
– Die Söhne des Senators *133*
– Ein Bekenntnis 28, 279, *280*
– Eine Halligfahrt *169*
– Hans und Heinz Kirch 200, *200*
– Im Sonnenschein *169*
– Wald- und Wasserfreude *169*
Stückelberg, Ernst (1831–1903) *160*

Tacitus, Cornelius (um 55–120) *119*
Tauchnitz, Christian Bernhard (1816–1895) und Verlag Tauchnitz 54, *54*
Téllez, Fran Gabriel (1572–1648) 226, *227*
Tendering, Betty (1831–1902) 294
Tieck, Ludwig (1773–1853) 21, *67,* 176, *177,* 205, *207*
– Der gestiefelte Kater *103*
Tirso de Molina (s. Téllez)
Turgenjew, Iwan S. (1818–1883) 241, *242*

Varnhagen von Ense, Karl August (1785–1858) 106, *107,* 294
Vergil (70–19 v. Chr.) *212*
Verne, Jules (1828–1905) 138, *140*
Vieweg, Eduard (1796–1869) 7, *60f.*
Vieweg, Friedrich & Sohn, Verlag *60,* 60, 294
Vieweg, Heinrich (1826–1890) *60*
Vilmar, August Friedrich Christian (1800–1868) *82*
Vischer, Friedrich Theodor (1807–1887) 11, 43, *45,* 49, *156,* 183, 231, 238, *239, 252,* 262, *264*
– Ischias, Heldengedicht in drei verkehrten Gesängen *185*
– Nicht Ia 238, *239*
Vögtlin, Adolf (1861–1947) *271*
Voss, Richard (1851–1918) 25
Wagner, Richard (1813–1883) 11, 22, *98,* 247, *248*
Waiblinger, Wilhelm (1804–1830) *98,* 171, *173*
Weibert, Ferdinand (1841–1926) *89f.*
Welti-Escher, Lydia (1858–1891) 26, *140*
Widmann, Josef Victor (1842–1911) *64, 67, 79,* 174, 176, *178,* 208, *209,* 211, *212, 283*
– An den Menschen ein Wohlgefallen. Pfarrhausidyll *178*
– Der Wunderbrunnen von Is *178*
– Die Königin des Ostens *177*
– Iphigenie in Delphi *178*
– Oenone 174, *175f.*
Wieland, Christoph Martin (1733–1813) 176
Wilbrandt, Adolf (1837–1911) 105, 112, 138, *140,* 170, *171,* 172, 198, *200*
– An die Erwählte *107*
– Der Gast vom Abendstern 138, *140*
– Tochter des Fabricius 112, *114*
Wildenbruch, Ernst von (1845–1909) *259,* 296
Wilhelm I. (1797–1888, dt. Kaiser 1861–1888) *90,* 163, *164*
Wolff, Julius (1834–1910) *203*
Ziegler, Luise (1837–1915) *259*
Zendrini, Bernardino (1839–1879) *101,* 111 f., *113*
Zola, Émile (1840–1902) 120, *124,* 251, *252*
– Nana 120, 250, *252*

Abbildungsverzeichnis

Gottfried Keller. Photographie 90×55 mm von Johannes Ganz, Zürich, um 1867. Zentralbibliothek Zürich (Gottfried-Keller-Nachlaß): GKN 314. S. 50.

Paul Heyse. Photographie 85×54 mm von Loescher und Petsch, Berlin, o. J. Bayerische Staatsbibliothek München: Portrait. A (Paul Heyse, Nr. 1. Alter unbekannt). S. 70.

St. Moritz mit dem Piz Crasta Mora. Bleistiftzeichnung von Paul Heyse aus dessen Skizzenbuch «St. Moritz 1878». Privatbesitz München. S. 93.

Val Suvretta mit Piz Albana und Piz Julier. Bleistiftzeichnung von Paul Heyse aus dessen Skizzenbuch «St. Moritz 1878». Privatbesitz München. S. 95.

Keller an Heyse, 29. März 1880, Faksimile in Originalgröße. Zentralbibliothek Zürich: Ms GK 78c. 1. Nach S. 120.

Landschaft mit Eichen. Bleistift und Aquarell, 125×213 mm. Bez. (auf der Rückseite): «Gottfried Keller Berlin 1855». Zentralbibliothek Zürich: GKN 90a. (Legat von Justina Rodenberg). S. 137. Der Künstler schenkte dieses bild Justina Rodenberg anlässlich ihres Besuches mit ihrem Mann Dr. Julius Rodenberg in Zürich am 29. August 1878 und hielt folgende Widmung auf der Rückseite des Aquarells fest:

«Dies trübe Bildchen ist vor drei und zwanzig Jahren
Im einstigen Berlin mir durch den Kopf gefahren;
Mit Wasser wurd' es dort auf dem Papier fixieret,
Von Frau Justinen nun dahin zurück geführet,
Wo es entstand, vom regnerischen Zürichsee
Bis hin zur alt berühmt- und wasserreichen Spree,
Auf Wellen fähret so, ein Niederschlag der Welle,
Des Lebens Abbild hin, die blöde Aquarelle!
Zürich, 29. August 1878, Gottfr. Keller.»

Gottfried Keller im Alter von 53 Jahren. Öl auf Leinwand, 318×260 mm. Bez. (links vorne): «Frank Buchser 1872». Zentralbibliothek Zürich: GKN 315 (seit 1985 im Rathaus Zürich ausgestellt). S. 179.

Paul Heyse im Alter von 60 Jahren. Öl auf Pappe, 530×420 mm, von Franz von Lenbach (um 1890). Städtische Galerie im Lenbachhaus München: L 8. S. 230.

Heyse an Keller, 3. September 1885. Faksimile in Originalgröße (Postkarte, Vorder- und Rückseite). Zentralbibliothek Zürich: Ms GK 79c. S. 265.

Inhalt